子どもNPO白書 2015

| 創刊号 | 特定非営利活動法人
日本子どもNPOセンター（編）

刊行によせて

　わが国において特定非営利活動促進法が制定（1998年）されてから、はやくも18年目を迎えています。いま、特定非営利活動法人（以後「NPO法人」という）の数は5万に達し、そのうち子ども・子育てにかかわるNPO法人（複数の事業にコミット）は、約半分近くを占めると思われます。

　特定非営利活動促進法の成立には、阪神淡路大震災時のボランティアの活動が大きく関わったとされています。それ以前から市民の自発的な活動はありましたが、それが欧米諸国のように社会的に位置づけられてはいなかったのです。震災時のボランティアのパワーが議員を動かし、国を動かして立法化に漕ぎ着けたといえます。日本は立法国ですから法人化することによって社会的に認められるようになり、以来、事務所や資金、レンタル用品の貸借をする場合に信用が得られ、活動がしやすくなったのです。

　日本子どもNPOセンターは、2002年に法人格を取得しています。その主旨・ミッションは、設立趣旨書（262頁参照）にも謳われているように、多くの子ども系NPOをつなぐこと、設立や活動の振興を支援することにあります。そのために、NPOに関わる政策の動きや全国の子ども系NPOの動向・情報をキャッチして、子ども系NPOと共有するとともに、多くの子ども系NPOと手をつなぎ、子どもたちにとって幸せな地域社会、子育ちの環境を創造することにあります。全国の子ども系NPOにとって有益な情報をキャッチしそれを共有するという、つまり、全国の子ども系NPOをつなぐ方法としては、情報ネットを駆使して最新情報を会員に提供する、情報誌を発行する、フォーラムを開くなどいろいろありますが、そのひとつとして『子どもNPO白書』のような冊子を出版することもあげられます。

　ところで、昨年（2014）は子どもの権利条約が国連で採択されてから25周年目にあたり、わが国で批准されてからもちょうど20年になった年でした。しかも、特定非営利活動促進法が成立してから15年を数年過ぎたという画期的な年でありました。それを期して機関誌に特集が組まれたり、関係機関がフォーラムを開いたりする企画が全国的にいくつかありました。しかし、そんな節目の時を経ても、全国的に子ども系NPOがつながる動きはほとんど見当たりませんでした。その点で、全国規模で子ども系NPOがどうなっているかを知り、日本初の『子どもNPO白書』で公開するというのは、絶好のタイミングであると考えました。しかも、この企画は、私たち日本子どもNPOセンターのミッションである"つなぐ"という主旨にも合致していますし、幸いなことに全国に散らばっている会員・団体だけで、かなりの程度領域的・地

域的にもカバーすることができると考えました。

　当センターでは、昨年（2014年）の総会以来、幾度かの企画・編集委員会を重ね、目次にあるような構成と内容に落ち着きました。紙面の制約もあり十分とはいえませんが、子どもの権利条約が謳う"子ども最優先"の理念を軸にして、それぞれの領域の概説と、その領域が抱える課題の解決に向かうモデル的な実践を取り上げることにより、領域毎のあるべき姿、方向性を示すことができ、ひいては"子どもNPO"が今後辿るであろう道筋を示すことができるのではないかと考えたのです。ぜひ、子ども系NPO関係者をはじめ多くの方々が、NPOが社会的に果たしてきた役割を実感していただき、新たなステップに向かっていただければと願っています。

　実をいえば、"日本子どもNPOセンター"は発足以来、全国のおやこ劇場（固有名称は多様）をはじめ、多くの研究者や文化人、子どもNPOの実践団体、関係団体が会員となり、全国を網羅したNPO法人として華々しい活動を展開してきていた（ご記憶の方も多いと思います）のですが、次第に運営が立ち行かなくなり、解散寸前まで追い込まれました。しかし、この時代に、ほんとうに解散してしまってよいのか、過去の栄えある実績を消してしまってもよいのかと問答した2～3の会員有志が、再建に乗り出したという経緯があります。2012年のことです。しかし、組織・団体を再建するというのは、団体を誕生させるよりも何倍ものエネルギーを要することです。そういう中で本書は、再建途中にある当センターの最初の大事業であるといえます。その点も、ぜひご理解いただきたいところです。

　日本子どもNPOセンターでは、これまでもいくつかの調査をし、データの集約に努めながら、全国各地の子どもNPOの実態を把握するとともに、子どもNPOをつなぐ取り組みを実施してきました。近年それが、またしても強く自覚されるようになってきました。この『子どもNPO白書2015』は、それらの延長線上にあります。先にも記したように、子どもの権利条約や特定非営利活動促進法がそれぞれ節目の年を迎えたことをよい契機として捉え、わが国最初の取り組みとなる『子どもNPO白書2015』を発刊することによって貢献したいと、編集に着手することになりました。

　ちなみに、本書の編集方針としては、①わが国の"子どもNPO"活動の全体像が鳥瞰できるような内容での冊子を目指す　②全国に点在する多くの"子どもNPO"の振興と実践に役立つヒントに満ちた内容を目指す　③とくに"子どもNPO"の実践者とそれに関心を寄せる方々にとって、読みやすく理解しやすい内容・表現を目指す　④"子どもNPO"の可能性に確信を持っていただき、モチベーションを高めるこのような内容を目指し、表現方法など、いろいろな工夫を試みました。

　さて、本書の構成についてですが、本書は、第Ⅰ部に総論を置き、子どもNPOをめぐる今日的動向を7つに絞り、それぞれの分野のエキスパートに執筆していただきました。つまり、子どもの権利条約、子どもの貧困、子どもの学びの保障、発達障害の子ども・青年、子どもNPOの位相、子ども・若者NPOの本領、福島の子どもたち

刊行によせて

ですが、これらの今日の国内外の動きはあまりにも激しくめまぐるしく変わっていくので、それらを正確に追い求め書いていくのは並大抵のことではなかったと察しています。しかも、頭でっかちではなく、実践を浮かび上がらせたいとの思いから大幅に分野を絞って取り上げたために、例えば昨今の教育政策の動向とかメディアの功罪、地球環境の変化、諸外国の子どもNPOの動きなどを割愛せざるを得ませんでした。

　それを受けて、第Ⅱ部は実践領域を11に絞って設定しました。子どもNPOとして活動している保育・療育、子育て支援サークル・団体、学童保育・放課後児童クラブ、子どもの地域施設、子ども文化、スポーツ、プレーパーク、フリースクール、社会的養護、少年司法、国際的視野です。そして領域別の主担当者を中心にして、先駆的実践や発展し続ける子どもNPO、新しいスタイルの子どもNPOなど、全国各地から総数28の実践をピックアップしていただき、掲載することができました。全国で活躍する2万とも3万とも言われる子どもNPO（子ども系NPOを含む）からすれば、ほんの一握りに過ぎませんが、そこには、実践者の熱い思いとエネルギッシュな活動実態、山積する課題などが描かれています。その情熱は文章の行間に表れていますが、書きたい内容が多過ぎて、所定のページ数に収めていただくのに苦労されたようです。中には、書き慣れない方の実践も見られ、それらが手づくりの冊子の善さを留める結果となっています。

　いずれにしても、こうして節目の年に『子どもNPO白書』として子どもNPOの活動実践を世に出すことができたことをうれしく思っています。第2号は、諸般の事情からして、おそらく3年後になるかと思いますが、ご期待いただければ幸いです。

　最後になりましたが、本書の出版を快くお引き受けくださり、私たち編集委員会のメンバーとも一緒になって、本書を作り上げてくださったエイデル研究所編集部の山添路子さん、杉山拓也さん、その他作成に関わってくださった皆さんに感謝申し上げます。

2015年　盛夏

日本子どもNPOセンター代表理事 &
『子どもNPO白書2015』編集委員長

小木 美代子

基本用語の解説

●子ども
"子ども"とは、国際条約でもある「子どもの権利条約」（日本国名は「児童の権利に関する条約」）第1条に規定されている「18歳未満のすべての子ども」を指す。子どもはおとなと同様に独立した人格を有する権利の主体として捉えるとともに、反面で発達途上にあるために特別に保護される必要があり、おとなから支援され、援助される存在でもある。

●若者
"若者"という用語も包括的な概念であるが、"子ども期"を過ぎておおむね30歳くらいまでの青年を指す。つまり、高校生くらいから、それ以後もゆるやかな発達、とくに精神発達が続いており、近年は「子ども・若者」というくくりで捉えられることも多く、事実、そうした捉え方がNPO法人にも間々見られる。

●NPO
"NPO"とは、「Non Profit Organization」の略語で、「民間非営利組織」と訳されている。わが国では、1998年に「特定非営利活動促進法」が制定され、それぞれの団体・組織は、固有名称の前に「特定非営利活動法人」や「NPO法人」を付したりして使用している。本書では、法人格を持たない任意団体やNGOも一部登場しており、また、"営利を目的としない"という本質に照らし、便宜的に社会福祉法人なども含めている。

なお、NGOは「Non Goverrmmental Organizaition」の略語で「非政府組織」と訳されているが、本書ではNPOとほぼ同義語と解釈して使用した。

●子どもNPO&子ども系NPO
いずれも、「子ども・若者」の健やかな育ちを支援することへの貢献をミッションとする"子どもNPO"の総称。多くのNPO組織は、すべての人びとを対象として活動しつつも、子どもとのかかわりを重視するようになったり、おとなを対象として立ち上げた団体が次第に"子ども・若者"にまで対象を拡大している実践も見られるようになった。本書では、"子ども・若者"への直接的な働きかけのみならず、間接的な支援、つまり、"子ども・若者"の健やかな育ちを支援するおとなたちも含めている。

●白書
"白書"とは、「White Paper」を指すが、イギリス政府の報告書に白表紙が用いられたことから名づけられ、初期の頃は政府関係の公式調査報告書をさしていた。わが国では、1947年の片山内閣時代から使用されているが、近年は、調査報告書そのものの客観的な記載内容は維持されつつも、表紙のみならず、中身もカラフルになってきている。また、民間の実情報告書にも「白書」と名づけるものが増え、内容・記述も多様になってきている。本書もそうしたものの一環として位置づけている。

目次

刊行によせて　小木美代子（日本子どもNPOセンター代表理事）........................2

第Ⅰ部　特集　子どもNPOをとりまく動き―今日の焦点

1 子どもの権利条約批准20周年と子どもNPO........................10
　喜多明人（子どもの権利条約ネットワーク代表／早稲田大学教授）

2 深刻化する子どもの貧困に抗して、何をなすべきか........................18
　〜国・行政がすべきこと、市民・大人ができることは何か〜
　浅井春夫（立教大学コミュニティ福祉学部教授）

3 子どもの学ぶ権利の保障と教育の多様化をめぐって........................26
　奥地圭子（NPO法人フリースクール全国ネットワーク代表理事）

4 発達障害の子ども・青年に必要な社会生活支援の課題........................34
　〜「生きづらさ」と「障害」への共感的理解とNPOの活動に焦点を当てつつ〜
　木全和巳（日本福祉大学社会福祉学部教授）

5 NPOのあゆみと子どもNPOの位相........................42
　田中尚輝（認定NPO法人市民福祉団体全国協議会専務理事）

6 子ども・若者NPOが直面する矛盾と本領........................50
　立柳　聡（NPO法人日本子どもNPOセンター専務理事）

7 福島の子どもたちは今どうなっているのか........................58
　〜東日本大震災から4年を経て〜
　吉野裕之（NPO法人シャローム災害支援センター）

第Ⅱ部　領域別にみた子どもNPO

1-1 子どもNPOと保育・療育........................68

概説　子ども・子育て支援とNPO 〜「強み」を創造・蓄積・成長させる実践〜
　中部学院大学／岐阜県スクールソーシャルワーカー スーパーバイザー　宮嶋淳　68

実践1　子どもと一緒で、多世代が輝くとき
　NPO法人どんぐり会　事務局　宮川佳子　74

実践2　広げよう笑顔の輪〜小児がん経験者を繋ぐイベントづくり〜
　NPO法人にこスマ九州　代表理事　白石恵子　78

実践3　日本初！の父親支援団体として〜発達障害児のいる父親とその家族支援〜
　NPO法人ファザーリング・ジャパン　代表　安藤哲也　プロジェクトリーダー　橋謙太　82

1-2 子どもNPOと子育て支援サークル・団体........................86

概説　子ども・子育て新制度を超えて
　NPO法人日本子どもNPOセンター／NPO法人日本ソーシャルワーカー協会　井上恵子　86

実践1　子ども虐待防止とNPOの役割〜CAPNAの実践を通して〜
　NPO法人CAPNA　理事長　兼田智彦　92

実践2　NPO法人"びーのびーの"の軌跡と教訓
　NPO法人びーのびーの　事務局長　原美紀　96

実践3　多様な事業を展開する"山科醍醐こどものひろば"
　〜すべての子どもがよりよく豊かに育つために〜
　NPO法人山科醍醐こどものひろば　理事長　村井琢哉　100

1-3 子どもNPOと学童保育・放課後児童クラブ……104

概説 NPO法人が運営する学童保育でも実施主体は市町村
全国学童保育連絡協議会　事務局次長　真田祐　104

実践1 あそびは育ちの栄養素
所沢市宮前学童クラブ　指導員　坪好子　110

実践2 子どもを真ん中にして、保護者と指導員がともに取り組む共同の学童保育の輪
NPO熊取こどもとおとなのネットワーク（編）　116

2 子どもNPOと地域施設……122

概説 子どもが居つき、出会い、活動する地域施設づくりとは
～居場所をつくる子どもの活動に寄り添う場の動向・展開過程～
中高生施設職員交流会TEENS 事務局／東京大学大学院　大山宏　122

実践1 人、世代、つながり続ける地域の館
NPO法人北摂こども文化協会　理事　山路知之　128

実践2 西立川児童会館の歴史と現状
社会福祉法人西立川児童会館　理事長　守重芳樹　132

実践3 おせっかいの連鎖で地域を変える・子どもが変わる・未来を変える
NPO法人豊島子どもWAKUWAKUネットワーク　理事長　栗林知絵子　136

3 子どもNPOと子ども文化……140

概説 "子どもと文化・地域づくり"に半世紀～チャレンジと進化を続けるNPOに～
NPO法人子どもNPO・子ども劇場全国センター／NPO法人子ども劇場千葉県センター　中村雪江　140

実践1 わたしの子どもからわたしたちの子どもへ－MORE！
～活動の最大のウリは一貫して舞台鑑賞事業～
認定NPO法人こどもステーション山口　理事　臼井裕貴子　146

実践2 遊びの力で子どもと大人がつながる!!～子どもがつくるまち"ミニいちかわ"～
NPO法人市川子ども文化ステーション　理事長　渡慶次康子　150

実践3 "子ども支援"が子どもの未来を拓く ～"チャイルドラインいしかわ"の活動を～
子ども夢フォーラム　代表　髙木眞理子　154

4 子どもNPOとスポーツ……158

概説 スポーツを中心とするNPOの活動～格差広がる子どもの体力・運動・スポーツ～
市民スポーツ＆文化研究所／日本体育大学名誉教授　森川貞夫　158

実践1 総合型地域スポーツクラブ～認定NPO法人クラブネッツの中間支援活動～
認定NPO法人クラブネッツ　水上博司（日本大学）　黒須充（順天堂大学）　164

実践2 NPO法人エルム総合型地域スポーツクラブ～子どもスポーツ教室発進～
NPO法人エルム総合型地域スポーツクラブ　理事長　原正子　168

5 子どもNPOとプレーパーク……172

概説 冒険遊び場が社会に問うこと～その始まりから未来に向けて～
NPO法人日本冒険遊び場づくり協会／大正大学　天野秀昭　172

実践1 子どもも大人も地域の中で育つ！～遊びの力がもたらすもの～
NPO法人プレーパークせたがや／羽根木プレーパーク　プレーワーカー　吉田貴文　178

実践2 子どもの遊びの理想郷「あそびあランド」の試み
～ひがしねスタイルの子育て支援への挑戦～
NPO法人クリエイトひがしね　事務局長　村山恵子　182

6 子どもNPOとフリースクール……186

概説 フリースクールの位置と役割
NPO法人東京シューレ／東京シューレ葛飾中学校教頭　木村砂織　186

実践1 「フリースクール」における、子どもの自律と社会的な役割の相関
NPO法人寺子屋方丈舎　理事長　江川和弥　192

| 実践2 | 東京シューレ子どもがつくる子どもと創る場として
NPO法人東京シューレ　理事　木村砂織　佐藤信一　196

| 実践3 | NPO法人ふぉーらいふ「発達障害」の子ども支援の取り組み
NPO法人ふぉーらいふ　理事長　中林和子　200

7 子どもNPOと社会的養護 204

| 概説 | 社会的養護の現状と課題　～満ち足りることのない社会的養護～
NPO法人全国こども福祉センター／名古屋市子ども・若者支援地域協議会　佐次田海斗　204

| 実践1 | 環境の中で生まれ育つすべての子どもたちに適切な支援を
～社会的に孤立しやすい子どもたちと、社会をつなげていく～
NPO法人3keys　代表理事　森山誉恵　210

| 実践2 | 社会的養護の当事者活動から見えてきたこと～任意団体活動からNPO活動へ～
NPO法人なごやかサポートみらい　理事長　蛯沢光　214

8 子どもNPOと司法 218

| 概説 | 傍観者、無関心が育てる子どもの未来～法「改正」に頼る少年司法の行方～
NPO法人全国こども福祉センター　社会福祉士　荒井和樹　218

| 実践1 | 子どもたちを守るヒーローポスト
NPO法人こどもハートクラブ　代表理事　小林恵明　224

| 実践2 | 社会貢献を「居場所」にする包括型アウトリーチ
NPO法人全国こども福祉センター　理事長　荒井和樹　228

9 子どもNPOと国際的視野 232

| 概説 | 子どもたちへの多文化共生・国際的な取り組み～提言力のある市民社会組織へ～
認定NPO法人　ラオスのこども　理事　森透　232

| 実践1 | 外国にルーツを持つ子どもたちが抱える問題への取り組み
認定NPO法人多文化共生センター東京　代表代行　枦木典子　新宿校担当　中野真紀子　238

| 実践2 | 平和のために、今、私たちにできること
～カンボジアの農村とシリア、イラク難民の子どもたちへの教育～
認定NPO法人IVY（アイビー）　理事・事務局長　安達三千代　242

| 実践3 | 世界一大きな授業
教育協力NGOネットワーク（JNNE）　事務局長　三宅隆史　246

※子供の未来応援国民運動趣意書

第Ⅲ部　資料編 − 関係法規等の解説

❶ 条約・勧告 252
子どもの権利条約　アナンド・グローバー勧告

❷ 基本法規 254
改正教育基本法　特定非営利活動促進法（平成24年改訂）　児童福祉法　少年法
スポーツ基本法　文化芸術振興基本法　地方自治法

❸ 関係対策・支援法等 257
生活困窮者自立支援法　子どもの貧困対策の推進に関する法律＆子供の貧困対策に関する大綱
子ども・子育て支援法　いじめ防止対策推進法　児童虐待防止法　放課後児童健全育成事業の設備及び運営に関する基準（厚生労働省令）　原発事故子ども・被災者支援法　障害者総合支援法

❹ 宣言・憲章等 260
不登校の子どもの権利宣言　IPA・子どもの遊ぶ権利宣言
外国にルーツを持つ子どもの学習権保障　児童憲章

日本子どもNPOセンターの紹介 262

第Ⅰ部

特集

子どもNPOをとりまく動き
―今日の焦点

Ⅰ 特集　子どもNPOをとりまく動き - 今日の焦点

子どもの権利条約批准20周年と子どもNPO

子どもの権利条約ネットワーク代表／早稲田大学教授
喜多 明人

1　子どもの権利条約とともに発展してきた子どもNPO

　日本で初めて、『子どもNPO白書』（日本子どもNPOセンター編）がエイデル研究所から刊行されます。そのこと自体が、子どもNPOの発展を意味していますが、正直なところ、後述する通り、日本の子どもNPO（＊）は「曲がり角」に差し掛かっている時期にあり、その節目に本書が出ること（その後定期刊行の予定）はきわめて有意義なことであるといえます。

　わたしが、NGO（＊）活動に従事し始めたのは、今から四半世紀前、1991年（1990年準備会設置）に子どもの権利条約ネットワーク（代表・筆者）を立ち上げたころでした。このNGOを設立した際には先輩研究者からは、「喜多君の研究者生命は終わったね」「喜多は市民運動家になるのか」といわれたものです。当時の市民団体の多くは、行政に対して何かをやらせていこうとする要求団体、あるいは何かをやらせないよう反対する団体など、いわゆる圧力団体的な色彩が強く、自分たちが何をするか、という認識はとても希薄でした。

　しかし、私たちのNGO＝条約ネットワークはそもそも発想が異なっていたのです。1989年11月20日に国連で子どもの権利条約が採択されて以来、政府サイドの条約の広報活動は、日本の子どもに影響を及ぼさない範囲（途上国向けの条約等）に留められてきたことから、政府・行政に任せておけない、私たちが広げていかなければ、子どもにも知らせていこう、という立場で活動を始めたのです。1990年代には、こうした子どもとかかわる「市民が行う自由な社会貢献活動」（特定非営利活動促進法1条、略称NPO法、1998年制定）が各地、各分野で展開され、平和、人権、環境問題などのNPO活動とともに子どもNPOがその一翼を担っていくことになりました。

　なお、子どもNPOの中には、条約自体の普及に取り組んだ条約ネットワークのような団体のほか、その多くは、子どもの権利条約の理念（子どもの最善の利益等）や子ども観、実践観に依拠し、多様に生かしていくNPOでした。その意味では、子どもNPOは、子どもの権利条約の実施と普及に大きく貢献してきた、と評価することができます。さらにいえば「子どもの権利条約と子どもNPOの20年」は不離一体の関係にあったということができ、かつ子どもNPOは条約と共に発展してきた、と

いってよいでしょう。

＊本稿で子どもNPOとは、「地域における子どもの能動的な活動を支援することを目的としたNPO＝ Non Profit Organization＝非営利団体」をさします。1998年の特定非営利活動促進法制定以前は、同義的な言葉としてNGO ＝ Non Governmental Organization ＝非政府組織と呼ばれることが多く、当時の市民運動団体とは区別して使われ始めていました。

2 子どもの権利条約の初心に立ち戻る

ところで、子どもの権利条約は、1994年4月22日に日本政府が批准して20年(2014年)、1989年11月20日に国連で採択されてから丁度25周年の時期を過ぎました。そのような節目の時期に子どもNPO白書ができることから、あらためて子どもの権利条約の初心に立ち戻ってみましょう。

批准20年たったいまでさえ、条約は途上国の子どものためのものであり、日本の子どもが権利を主張するのは「わがまま」、といった批判が根強くあります。条約を提案したのはユニセフという誤解もありますが、条約を提案し国連採択を主導したのはポーランドでした。ポーランドは、この条約が、①戦争・ホロコーストを二度と起こさないための「有効な防波堤」となることを期待し、さらには、この条約の提案を通して、②「子どもに対する態度の変化を促したかった」といわれています（アダム・ウォパトカ議長・ポーランド代表当時、子どもの権利条約ネットワークニュースレター7号、1993年1月15日）。その思想的なバックボーンは、「子どもの権利条約の精神的な父」（ユニセフ）と呼ばれているヤヌシュ・コルチャックであり、彼の子ども観、実践観が反映されていたといえます。

彼はこう主張しました。

「子どもは、だんだん人間になるのではなく、すでに人間なのだ」と。

このような初心をふまえて、日本の現状をみると、第一の点については、いま、日本は中国・韓国など東アジアにおける緊張関係の中にあり、加えて北朝鮮の拉致問題、またそれらを背景として国内では集団的自衛権、道徳の教科化などの問題に直面しています。そのような時代にあって、子どもの権利の実現こそが平和的な生存への礎になることを改めて確認していく必要があります。

また第二の点は、従来からの子どもと向き合うおとな側の姿勢、「教えてやる」「導いてやる」「守ってやる」といった指導関係、保護・管理関係の見直しが課題とされてきました。具体的には、子どもの権利条約に依拠して、「子どもの現場」などにおけるおとな側の子ども観、実践観の転換が必要でした。本稿は、この第二の視点に立って、批准20年をふりかえることにしたいと思います。

3 子ども支援を目的とした子どもNPOの台頭と展開

1994年に、日本が子どもの権利条約を批准して以降、子どもを権利行使の主体と

Ⅰ 特集　子どもNPOをとりまく動き‐今日の焦点

して、言い換えれば子ども自身が権利を実現する力と要求を持つ存在として認識され始めました。そして、子どものこのような能動的な活動を支えていこうという様々なNPOの活動が開始され、以下の通り、子ども支援を目的とした子どもNPOが急成長を遂げていくことになりました。

1）安心して生きる権利とチャイルドライン、CAP、カリヨンの活動

　一つには、昨今のいじめや虐待、体罰など子どもに向けられた暴力の問題や青少年自殺の深刻化の中で、子どもが安心して相談できる活動が求められてきています。その受け皿になったのがチャイルドラインです。

　チャイルドラインの特徴は、①あなたの秘密は守ります（守秘義務）、②名乗らなくていい（匿名関係）、③いやなら切ればいい（主導権は子どもに）、という原則にたって、もっぱら傾聴をめざした子ども専用電話です。とくに、この団体は、④子どもの気持ちに寄り添い、受容、共感関係をつくり、子どもの自己肯定感の回復支援をはかること（子どものエンパワメント）を実践の要においた子どもNPOであり、子どもが抱えている様々な悩み、直面している問題について子どもと共に解決の道を考え合うこと（＝伴走者）がめざされています。

　チャイルドラインの存在は、現在では誰もが知り得るまでに発展しています。チャイルドラインが日本に入ってきたのは1998年、世田谷から始まりました。翌1999年にはチャイルドライン支援センターが設立されて、現在では40都道府県以上、70実施団体まで広がっています。

　1990年代に発展してきた子どもNPOとしては、チャイルドラインのほか、CAP（キャップ＝Child Assalt Prevention＝子どもの暴力防止）があります。1997年神戸須磨の小学生連続誘拐殺人事件を契機として全国化しました。

　近年では、PTAや教育委員会の協力もあり、CAPプログラムの小学校での実演が、全国各地でみられるようになりました。そこでは、自分に向けられるいじめや虐待、誘拐などの暴力に対して子ども自身で考え、話し合う、自己の権利を守るための権利学習プログラムが実行されています。CAPが近年枝分かれする前の段階で、すでに47都道府県164余りのCAPグループが地域で権利学習を進めており、CAPプログラムへの参加は、子ども約200万人（2,047,187人）、おとな約150万人（1,483,603人）述べ350万人以上にのぼっています。（2008年CAPセンター調べ）

　また、子どもに向けられる暴力から緊急避難するための「子どもシェルター」作りが、弁護士会などを軸にして全国で展開されています。現在では、東京のカリヨン子どもセンターを皮切りとして、神奈川、愛知、岡山、広島、福岡、和歌山、新潟、北海道、千葉など10か所に上っています。日弁連はシェルターが都道府県ごとに必要であると述べています。

　子どもシェルターの発端は、弁護士劇「もがれた翼」の上演をきっかけとして、2004年6月、司法、福祉、地域など、様々な分野で子どもの人権問題に関わってきた人たちの連携ネットワークがつくられて、子どもたちのためのシェルター「カリヨン

子どもの家」が開設されたことです。その後、このホームを運営するための組織「特定非営利活動法人カリヨン子どもセンター」（理事長：坪井節子）が設立され、現在まで活動を続けています。

2）遊ぶ権利とプレーパークの活動

　子どものエンパワメントは、以上のような虐待等の暴力によるダメージからの回復支援として大事ですが、それだけでなく、子どもたちの日常生活の中での自己実現、自分らしく「やってみたい」ことをすべてやってみようとするチャレンジの場でこそ本領発揮します。とくに、子どもの「遊びたい」という本能的な欲求を全面的に受け止めてきたプレーパーク（冒険遊び場とも言います）の活動が全国に広がっています。この活動の特徴は、土や水、火や木材など自然の素材や道具や工具を自由に使い、子どもたちの「やってみたい」という遊び心によって自由につくりかえられる遊び場です。ここでは、「自分の責任で自由に遊ぶ」ことがめざされており、遊びを制限するような禁止事項をできるだけつくらないことで、子どもたちが自分で決めたり、危険を判断したりできるようにしています。

　このプレーパーク活動は、IPA（略称：子どもの遊ぶ権利のための国際協会）日本支部の人々の努力もあり、1979年国際児童年記念事業として、世田谷・羽根木で初めて開始されました。1998年11月には、57団体のもとで「第1回冒険遊び場全国研究集会」が開催され、翌年には、IPA日本支部冒険遊び場情報室が設立（現在のNPO法人日本冒険遊び場づくり協会）され、現在までの協会参加団体は311団体（2012年度）にまで広がっています。

3）自分らしく生き、学ぶ権利とフリースクール・オルターナティブスクール

　また、フリースクール、フリースペース、ホームエデュケーションなど子どもの居場所実践もこの20年で急成長しています。1985年に設立された東京シューレは、日本における不登校問題の分岐点（＝学校以外の「新たな学びの場」づくり）にあたるフリースクールといえます。7年前には、学校法人のフリースクール「東京シューレ学園葛飾中学校」が設立され、「不登校であること」が入学条件である中学校が誕生しました。それはフリースクールの公教育参入への"歴史的な実験"であり社会的に注目されました。そこでは公立の学校で不登校であった子どもたちの多くがこの学校では生き生きと通学し、学び、高校へ進学していきます。筆者も非常勤理事を務めていますが、毎年、卒業していく子どもの姿を見るたびに日本の公教育のあり方を問い直す必要性を感じてきました。

4）子どもの学ぶ権利の行使と多様な学び保障法の提案

　上記のような「葛飾中学校」の挑戦は、いまフリースクール等の法制化へとつながっています。日本における子どもの不登校は、義務教育段階だけでも12万人、高校段階まででは中退含めて20万人を超えて、高止まり傾向が続いています。そこで

は、学校に通っていない12万〜20万人の子どもの学習権保障について、文科省など教育行政責任が問われています。その中で、2015年度の文科省概算要求に「フリースクール等の調査」費用が計上され、現在「有識者会議」で審議が進行しています（2015年6月現在で、フリースクール、夜間学校の法制化をはかる「多様な教育機会確保法」案が制定途上にあります）。

　学校外の学びの場としては、長年学校教育法制から除外されてきたフリースクールのほか、フリースペース、ホームエデュケーション、オルターナティブスクールとして活動し始めたシュタイナー、フレネ、サドベリ学校など、朝鮮学校などの民族学校や、インターナショナルスクール、ブラジル学校などの外国人学校などが該当し、いわゆる「1条校」問題とかかわる問題の解決が含まれていたといえます。

　もともと学校教育法制は、憲法26条の子どもの教育を受ける権利（1項）とこれを具体化する保護者の「普通教育」を受けさせる義務（2項）の受け皿であると解釈されてきました。しかし、子どもが権利として受ける「普通教育」を、すべて学校教育に委ねること（「学校復帰」型の不登校対策等）には無理があり、子どもが「自分に合った方法で」学ぶ権利（「不登校の子どもの権利宣言」2009年）を行使できるように、上記のような学校外の学びの場を普通教育法制に取り入れていく時期に来ていると思われます。

　こうした流れの中で、2012年7月には、その社会的なニーズの高まりの中で「多様な学び保障法を実現する会」が設立されました。そのような努力が、2015年に入っての「多様な教育機会確保法」制定の動きに結実しています。また、この会を軸として、これまで2013年、2014年の2回にわたって、子ども支援実践の質的な向上をめざした「オルターナティブな学びの実践交流研究集会」も開催されています。

5）子どもの権利条約フォーラムの20年

　1991年からは、以上述べてきたような子ども支援活動を共有する市民グループ、NPO等のほか、国際子ども権利センター（シーライツ）やセイブザチルドレン・ジャパン、フリーザチルドレン・ジャパンなど国際的な子ども支援団体も合流して、毎年条約採択記念日（11月20日）前後に、全国的な実践交流、条約の普及啓発などを目的とした「子どもの権利条約フォーラム」が開催されています。東京（計4回）、大阪、神奈川、福岡、群馬、青森、千葉、兵庫、茨城、滋賀、熊本、長野、三重、戸山、宮城、広島、愛知（20回目）をへて2013年、2014年には、条約批准20周年に合わせたイベントなどが東京で開催されました。（2015年度は、11月21－22日、石巻専修大学を会場に、初めて被災地でのフォーラムIN石巻が予定されています。）

　このフォーラムを発起してきたのが、子どもの権利条約ネットワーク（同ネット編『NCRCから見た子どもの権利の20年』を参照）です。子どもの権利条約が風化し始めているといわれる今日において、2014年4月22日には、国会参議院会館において、条約批准20年記念集会が開催され、国会議員25名、条約所管の政府関係者10名、その他市民団体関係者、マスコミなど150名以上が集まり意見交換会が開かれ、記者会

見の場で「子どもの権利条約の実施と普及を進める声明」が出されました

4 子どもに対する伝統的な観念からの脱却―指導から支援へ

　これらの子どもNPOの実践に共通するのは、子どものエンパワメントです。
　そこに共有されているのは、子どもには生まれながらに力があること、その力への気づきと信頼に基づき、その子どもの能動的な活動、人間としての要求・意志を尊重し自身の力と意志による自分育ち、自己形成活動を支援していこう（＝サポート）という実践認識です。
　今日、子どもたちの自己肯定感の急激な低下、「学ぶ意欲」「人とかかわる意欲」など能動的な活動意欲の喪失、極端に「受け身」になっている子ども・若者が目立ちます。そうした子どもの現状に直面して、子どもの現場の子ども支援実践が広がってきました。その実践認識の基本は、国連子どもの権利条約の子ども観、実践観です。子ども自身が遊びの権利、文化の権利やアイデンティティの権利、人間的な意志の表明と尊重の権利の実現主体として登場し、これを支援していく保護者、市民の実践的な力量が問われています。

＜指導から支援へー「力のある存在としての子ども」、そしてイニシアティブの転換＞

　そこでは、ポーランドが提唱してきたように、子どもに対するおとなの姿勢の転換、おとな側の伝統的な考え方をいったん壊すことが必要です。
　では、子どもに対する伝統的な考え方とは何か。
　日本の教育界が、そして長く日本の教師がとらわれてきた子ども観、すなわち、子どもは発達途上であり、未成熟で、力が備わっていない存在という考え方でした。かつて、近代公教育の成立は、おとなに対して相対的には区別された発達可能態としての「子ども」の発見を思想的なバックボーンとしてきました。そうした子ども観そのものを問い直すことが求められ始めています。
　子ども自身が自分の持っている力＝その人間としての生命力、自己形成力に気づき、その力を信頼し、自己の意思で能動的に活動していくこと、その活動を支えていくことを子ども支援と呼んでいます。子ども支援の本質は、指導との比較でいえば、おとな側のイニシアティ（主導性）を子どもにわたすことであり、イニシアティブの転換にあります。
　日本の学校が、この批准20年で変わらなかった根本の問題がそこにあります。確かに21世紀に入りゼロ・トレランス（厳罰主義）などの政策もあり、学校は子どもの権利の視点が弱くなっていますが、それ以上に「指導から支援へ」という実践認識の転換（指導だけでなく支援が、という意味）が必要です。

5 子どもNPOが直面している実践的、制度的な課題にせまる

　さいごに、以下の通り、子どもNPOが現時点で直面している実践的、および制度的な課題にせまっておきたいと思います。そこをクリアしていくことで新たな発展があるといってよいでしょう。

1）子どもNPOが直面している実践的な課題
①子ども支援等の実践の質の維持・向上
　第一には、子どもNPOが実践面で直面しているクゥオリティー・コントロールの問題です。

　民間、NPOレベルで開拓されてきた子ども支援実践の質の維持、向上、専門性の確立をいかにはかるのか。その手法の開拓が求められています。公的な制度下の実践の場合は、そのクゥオリティーは、免許・資格・養成・研修制度によって担保されていました。民間、NPOの場合は、自主的な研修プログラムを作っていくしか方法がなく、これに一部の市民団体、NPOは、欧米的な特許主義的手法を取り入れて、民間としては高額の受講料を支払う講習会参加による権威づけをはかるなどしてきました。しかし、日本の草の根の民間団体の活動スタイルとしてはそぐわない面もあり、そのギャップがまだ埋まっていません。今後は、子ども支援の実践交流、研究交流を深め、「子ども支援学会」（仮称）などによる子ども支援専門職（「子ども支援士」等）の養成などを図っていくことも検討すべきでしょう。

②子どもNPOと自治体との協働
　第二には、子ども支援施策の推進における自治体との連携・協働の問題です。

　現実には、NPO側の多くは、まだ協働できる力を十分には備えておらず、むしろ自治体からの「市民団体助成」制度など支援を受けたい立場の団体も多いと思います。ユニセフが提唱してきた「子どもにやさしいまち（Child Friendly Cities）」、とりわけ子ども支援のまちづくりにとっては、子どもNPOと自治体との連携、協働は不可欠です。とくに、自治体側が「人事異動」によって、子ども支援実践・施策の継続性を欠くきらいがあるのに対して、市民団体、NPOはその実践と経験を継続し、蓄積していく力があります。現在定着しつつある「指定管理者」制度においても、指定管理を受けた市民団体、NPOの力量の高まりとは裏腹に、自治体側の意識面の「後退」（ある自治体の指定管理担当職員は、「施設を貸してやる業務」程度の認識でした）がやや目立っています。

　ただし、子どもNPOにも弱点が多くあります。先の財政支援のほか、人的、物的な条件整備、後援名義などの社会的信用などは、自治体からの支援が欠かせません。人的な条件としては、身分の不安定な子ども支援スタッフに対する公的支援の模索（経済的支援、人的支援、制度的な支援）が始まっています

　以上みてきたように、だからこそ両者の弱点を補い合うコラボレーション＝協働が重要だと言えます。

③創る時代から続ける時代へ―世代交代の問題

　第三には、子どもNPOの「世代交代」の問題です。

　子どもNPOは、いま、「創る時代から続ける時代」へと舵を取っていく時期に来ています。多くの子どもNPOの設立メンバーは、そのボランティア性において自己実現、自己啓発的な要素が強く、自己完結してしまうリスクが伴っています。これに対して、自治体など公的な機関は、定期的な異動があり、それが実践、経験の蓄積にとってはマイナスな反面、事業の継続性や年齢構成上の調整が行われてきた面では、民間との違いが歴然としています。

　子どもNPO側は、実践の蓄積がプラス面ではあるが、それがかえって世代交代の妨げになる場合があります。とくに1990年代に子どもNPOの台頭期に子ども支援の実践を開拓してきた40代―50代世代（団塊世代）が、いま60代をむかえて、NPOも世代交代期をむかえています。しかし多くのNPOが後継者不足もあり、ここにきて後退してきている側面もあります。しかし子どもNPOの社会的な役割からすれば、継続していくことの意義を深めつつ、これ自体を実践的な課題として克服していくことが求められているといえましょう。

2）子どもNPO活動を支える制度条件の改善

　以上のような実践的な課題の解決のためには、実践を支える制度面の改善が必要です。1998年に制定されたNPO法は、確かに子どもNPOの発展の後押しをしてきた側面が強いと言えます。しかし、半面で、①NPO法人を申請していくための許認可制度の問題、②NPO法人としての総会開催、人事等の活動報告等について所轄庁の管理、監督を受けること、③法人事務局スタッフ等への財政支援の欠如などが指摘されてきており、「市民が行う自由な社会貢献活動」にふさわしく、①、②についてはより規制の緩和を、かつNPOへの公的支援（財政的支援のほか、スタッフの計画養成、研修への支援等）の拡充をはかるために、NPO法改正を視野に置いた取り組みが求められると思います。

Ⅰ 特集　子どもNPOをとりまく動き‒今日の焦点

深刻化する子どもの貧困に抗して、何をなすべきか
～国・行政がすべきこと、市民・大人ができることは何か～

立教大学コミュニティ福祉学部教授
浅井 春夫

1 わが国の子どもの貧困の現状

1）国の姿勢を示す本物の目安

　ユニセフ・イノチェンティ研究所の「先進国における子どものしあわせ－生活と福祉の総合的評価－」（国際子ども基金、2007年）の冒頭で「国の姿勢を示す本物の目安とは、その国が子どもたちに対して、どれほどの関心を払っているかである」という視点を提起しています。

　日本の現状はいま大きな分かれ道にあるといってよいでしょう。ひとつの道はまず国家の安泰、強い国の存在があってこそ一人ひとりの子ども・人間を守ることができるという考え方で、安倍政権の政治観の骨格にある考え方です。もうひとつの道は、日本国憲法や子どもの権利条約の基本理念と具体的条項の内容・考え方を活かす道であり、一人ひとりの幸せが束になって国の幸せがあるという考え方です。この点で国の政治のあり方が鋭く問われています。後者の立場で考える私にとって、一人ひとりの子どもたちの幸せをどう保障するのかは、国の姿勢を示す「本物の目安」として、子どもの貧困対策の中身が問われているのです。

2）アベノミクスと子どもの貧困

　安倍総理大臣は第3次安倍内閣の発足を受けて、2014年12月24日、総理大臣官邸で記者会見し、「アベノミクスの成功を確かなものにすることが最大の課題だ」としたうえで、先の衆議院選挙で「信任」されたとして、「この道しかない」と政策実現にまい進する決意を述べています。安倍総理大臣は今後の政権運営について、「政権発足以来、東日本大震災からの復興、教育の再生といった重要課題にも全力で取り組んできたが一層加速させていく。デフレ脱却、社会保障改革、外交・安全保障の立て直しと、どれも困難な道のりだが、私は全身全霊を傾けて『戦後以来の大改革』を進めている」と述べています。そのうえで、安倍総理大臣は「すべからく『新たな挑戦』だ。当然、賛否は大きく分かれ、激しい抵抗もあるが、今回の衆議院選挙で『引き続き、この道を、まっすぐに進んで行け』と国民の皆様から力強く背中を押していただいた。『信任』という大きな力を得て内閣が一丸となって、有言実行、政策実現にま

い進していく決意だ」と述べています。

"アベノミクス"とその考えの根底にある新自由主義的政策は、「子どもの貧困」対策は不十分なままに、かえって「子どもの貧困」を悪化・深刻化させています。アベノミクスの第1の矢（量的・質的金融緩和）、第2の矢（財政出動、国土強靭化政策）から第3の矢（規制緩和政策）は的に当たらず、矢は折れた状態ですが、それ以上に危険なのは第4の矢（集団的自衛権行使の容認に見られる戦争のできる国づくり）の放ち方です。第4の矢に抗する私たちの運動がますます重要になっています。

2014年では役員を除く雇用者5240万人のうち、正規の職員・従業員は、前年に比べ16万人減少し3278万人となり、非正規の職員・従業員は56万人増加し、1962万人となりました（総務省、2015年2月発表）。

2014年11月の毎月勤労統計調査（速報、事務所規模5人以上）の発表によれば、現金給与総額（1人平均）は前年同月比1.5％減の27万2762円となり、9か月ぶりに減少、現金給与総額に物価変動の影響を加味した実質賃金指数も前年同月比4.3％減と、17か月連続で減少しています。下げ幅は前月（3.0％）から拡大し、2009年12月（4.3％）以来の大幅な落ち込みとなっています。

アベノミクスは複合不況をさらに深刻化していくことになるでしょう。伊藤光晴氏が『アベノミクス批判－四本の矢を折る－』（岩波書店）で指摘しているように、その経済政策は国内市場の縮小＝国民の消費支出の抑制へとすすんでおり、貧困の拡大・深化は必然的になっていきます。子どもの貧困は改善されることなく、より深刻化することになることが予想されます。

3）貧困ライン低下のなかの「子どもの貧困」の広がり

「子どもの貧困」を示すデータのひとつに、学用品や学校給食などの費用に対する地方自治体による「就学援助」制度があります。2014年2月、文部科学省の調査結果の発表によれば、「就学援助」を受ける公立小中学生の割合は、2012年度には15.64％に上っています。対象の子どもの割合が過去5年間で増えたのは、東京、大阪を除く45道府県で、1985年に10％を超えたところから、約1.5倍になっています。この背景には、「権利として就学援助の受給申請をしよう」という、住民運動の発展という一面もありますが、この20年間で国際的にみても子どもの貧困を悪化させた特異な国であるといえます。

2012年5月に、国際連合のユニセフ・イノセンティ研究所が発表した「先進国における子どもの貧困」では、OECD（経済協力開発機構）35か国中、日本は9番目に子どもの貧困率が高い国となっています。一人当たりのGDPが高い20か国中では、高い方から4番目に子どもの貧困率が高い国です。いま先進諸国の35か国における「子どもの貧困」にカウントされる子どもの数は約3366万人ですが、日本では305万人を数えています。わが国の子ども（18歳未満）人口全体で2222万人（0歳～19歳）のうち16.3％では、単純に計算しても362万人であり、これだけの層が「子どもの貧困」状態に置かれているのです。憲法25条のある国で、"あってはならない現実"が

広範囲に存在しているのです。

とくに子どもの貧困が集中しているのは母子世帯です。「ひとり親世帯」のうち母子世帯の貧困率は統計的には、1985年の56.0％から2009年には50.8％に下がっています。しかし、97年以降、勤労世帯の賃金所得総額が下がっていることや、勤労者の36.7％（総務省「労働力調査」2013年）が非正規雇用になっていることで、国民全体の貧困ラインが下がっているなかでの貧困率が低下しているというところに本質があります。つまり、これまで貧困層としてカウントされていた人たちが、国民全体の貧困ラインが下がることによって、貧困層から統計的に外れただけなのです。こうした統計上の仕組みがあるにもかかわらず、貧困率が上昇していることに、子どもの貧困の深刻さがあります。

表1にみるように、子どもの貧困率は、1985年の10.9％から2012年には16.3％に上昇、27年間で「貧困率」が5.4ポイント増加し、子どもの貧困率は約1.5倍となりました。貧困ラインが低下しているもとでの子どもの貧困率が上昇しているのです。この傾向は、現在の勤労者の勤労・所得状況をみると、さらに増加していく可能性が大きいといえます。

また表2　所得の種類別にみた1世帯当たり平均所得金額及び構成割合にみるように、「児童のいる世帯」の稼働所得の比率が89.6％、年金以外の社会保障給付金は3.4％にすぎないのが実際です。年間総所得が243.4万円の「母子世帯」でさえ、いわば社会保障による子育て応援率は20.2％という現状で、税の控除と社会保障による所得の再分配政策が機能していない現実は明らかです。

2014年1月の雇用統計では、1年間で非正規雇用が135万人増加して1,956万人となっています。非正規雇用の人たちの多くが子どもを育て、またこれから子どもを持つ勤労者であることを踏まえると、日本において貧困の裾野が確実に広がっているといえます。

表1　相対的貧困率・子どもの貧困率の年次推移

調査実施年	1985年	1988年	1991年	1994年	1997年	2000年	2003年	2006年	2009年	2012年
相対的貧困率(％)	12.0％	13.2％	13.5％	13.7％	14.6％	15.3％	14.9％	15.7％	16.0％	16.1％
子どもの貧困率	10.9％	12.9％	12.8％	12.1％	13.4％	14.5％	13.7％	14.2％	15.7％	16.3％
子どものいる現役世帯	10.3％	11.9％	11.7％	11.2％	12.2％	13.1％	12.5％	12.2％	14.6％	15.1％
大人が一人	54.5％	51.4％	50.1％	53.2％	63.1％	58.2％	58.7％	54.3％	50.8％	54.6％
二人以上	9.6％	11.1％	10.8％	10.2％	10.8％	11.5％	10.5％	10.2％	12.7％	12.4％
名目値(万円)										
中央値(a)	216	227	270	289	297	274	260	254	250	224
貧困線(a/2)	108	114	135	144	149	137	130	127	125	122

出典：厚生労働省　2014年「国民生活基礎調査の概況」より作成
　　なお貧困率はOECDの作成基準に基づいて算出している。名目値とはその年の等価可処分所得をいう。実質値とはそれを昭和60年（1985年）を基準とした消費者物価指数（持家の帰属家賃を除く総合指数）で調整したものである。

表2　所得の種類別にみた1世帯当たり平均所得金額及び構成割合（2013年）

	総所得	稼働所得	公的年金・恩給	財産所得	年金以外の社会保障給付金	仕送り・企業年金・個人年・その他の所
	1世帯当たり平均所得金額（単位：万円）					
全世帯	537.2	396.7	102.7	16.4	8.6	12.8
児童のいる世帯	673.2	603.0	29.1	11.5	23.2	6.3
母子世帯	243.4	179.0	7.6	1.7	49.3	5.8
	1世帯当たり平均所得金額の構成割合（単位：％）					
全世帯	100.0	73.8	19.1	3.1	1.6	2.4
児童のいる世帯	100.0	89.6	4.3	1.7	3.4	0.9
母子世帯	100.0	73.5	3.1	0.7	20.2	2.4

出典：厚生労働省「平成25年国民生活基礎調査の概況」

2 「子どもの貧困対策大綱」の問題点

　政府は2014年8月29日に「子供の貧困対策に関する大綱について」（以下、「大綱」と略記）を閣議決定しました。「大綱」のサブタイトルは、「全ての子供たちが夢と希望を持って成長していける社会の実現を目指して」です。

　大綱の第1の柱として「子供の貧困対策の意義」と「大綱の策定」に関して、「子供の将来がその生まれ育った環境によって左右されることのないよう、また、貧困が世代を超えて連鎖することのないよう、必要な環境整備と教育の機会均等を図る子供の貧困対策は極めて重要である。そうした子供の貧困対策の意義を踏まえ、全ての子供たちが夢と希望を持って成長していける社会の実現を目指し、子供の貧困対策を総合的に推進する」ことを掲げています。

　大綱の第2の柱では「子供の貧困対策に関する基本的な方針」として、以下の10項目が掲げられています。いくつかの項目を紹介しておきますと、「1.…略、2. 第一に子供に視点を置いて、切れ目のない施策の実施等に配慮する。3. 子供の貧困の実態を踏まえて対策を推進する。4. 子供の貧困に関する指標を設定し、その改善に向けて取り組む。5. 教育の支援では、『学校』を子供の貧困対策のプラットフォームと位置付けて総合的に対策を推進するとともに、教育費負担の軽減を図る。6.～10.…略 」などが掲げられています。

　まず大綱が使用する用語で違和感を持ったのは、「子ども」という用語が「子供」に統一されていることです。そもそも子どもの貧困対策法（「子どもの貧困対策の推進に関する法律」2013年6月26日成立）においても「子ども」が使用されていたのに、大綱では「子供」になっていることは不可解です。あえて「子供」を使った意味に関しては不明です。

　つぎに大綱の最大の問題点は、多くの団体・個人が要望し期待してきたことで、改善の目標数値を明示することが求められていましたが、最終的に数値目標を設定され

ることはありませんでした。大綱の柱として、「子供の貧困に関する指標」が具体的に示されているのに、その数値の改善目標が明示されることなく、総花的な課題列挙で終わってしまっているのが実際です。子どもの貧困率16.3％に関して、イギリスなどの子どもの貧困根絶法などを参考に10年で半減を目標値とすべきと考えています（表3を参照）。

表3　子どもの貧困法－日英の比較

比較項目	イギリス子どもの貧困根絶法	日本子どもの貧困対策法
成立年月日	2010年3月25日	2013年6月26日
国の責務	子どもの貧困根絶戦略の策定	子どもの貧困対策を総合的に策定し、及び実施する責務を有する
達成項目	相対的低所得（等価純世帯所得が中央値の60％未満）のもとで暮らす子どもを10％未満に　※数値目標の設定	「子どもの貧困率、生活保護世帯に属する子どもの高等学校等の進学率等子どもの貧困に関する指標及び当該指標の改善に向けた施策」
担当委員会の設置	国務大臣のもとに「子ども貧困委員会」の設置	内閣府に「子どもの貧困対策会議」
基本的な施策	根絶戦略の策定・実施・報告地方自治体や諸団体の義務を明記、貧困のニーズ調査	都道府県子どもの貧困対策計画子どもの教育・生活の支援、保護者の就労支援、調査研究
自治体の責務	地域の戦略の結合、削減のための協同、ニーズ調査	当該地域の状況に応じた施策を策定し、及び実施する責務
法律・とりくみの評価	子どもの貧困根絶に関する具体的な方策は明確ではない	大綱でどのように規定されるかにかかっているが、数値目標は示されず

　高等学校等卒業後の進路に関して進学率22.6％を5年以内で、50％を目標とし、就職率69.8％と逆転させることを目標として設定されるべきです。

　さらに大綱は「おおむね5年ごとを目途に見直しを検討する」ことが謳われていますが、中間時点での積極的な見直しをすべきです。そのためにも見直しをする際の指標としても、明確な数値目標を設定することが必要です。

　現在のような大綱では、子どもの貧困の削減さえおぼつかないでしょう。残念ながら、日本政府においては子どもの貧困を削減する本気度は高くはないことを実感せざるをえません。

3　子どもの貧困対策の課題

1)「子どもの貧困」対策づくりの課題

　これまで述べてきたことを踏まえて、「子どもの貧困」対策づくりでの課題を列挙しておきます。

　①政府およびすべての地方自治体で子どもの貧困対策の目標と計画策定をし、子どもの貧困率の削減目標を明記すること。子どもの貧困の解消に向けて、子どもの貧困率を当面は「10年後の達成目標を8％（現在より半減させる）」、「20年後に根

絶を目標」に据えること。
②目標達成に向けた政府・地方自治体の施策実施の義務、施策の進捗状況に関して報告義務を明記すること。
③法律には子どもの定義がないため、支援対象が広がり、進学できる子どもが増えることが期待されている。法律で対象とする子どもの年齢については、0歳から大学卒業程度までを網羅することが必要である。
④法律の見直し規定を明記すること。その期間は5年ではなく、2～3年とすべきである。
⑤子どもの貧困の定義と貧困を測る指標を策定すること。とくに相対的貧困と絶対的貧困、一時的貧困と慢性的貧困、所得貧困と潜在的能力の欠如などの指標に即して検討がされるべきである。
⑥子どもの貧困調査を実施すること。独自の調査を継続的に実施し、相対的貧困率と剥奪指標の組み合わせ等、「貧困」の実態を総合的に把握すること（相対的貧困ラインが低下していることを踏まえた調査をすること）。
⑦財政上の措置と責任主体を明記すること。
⑧これらの諸課題に立ち向かうために、責任省庁を明確にし、政府・自治体に必要な委員会を恒常的に設置すること。

　これらの諸点は「子どもの貧困」に本気で立ち向かおうと考えれば、必然的に抽出される課題です。その意味で国の決意のなさが浮き彫りになっている現状があるといわなければなりません。

2）子どもの貧困対策の「4つの矢」

　子どもの貧困対策には「4つの矢」が必要です。
　第1の矢は「食の保障」です。衣食住のなかでも、とくに子どもにとって発達の原動力である健康で文化的な食生活を保障することは、優先すべき基本的課題です。
　学校のなかで養護教諭や担任の先生たちが自分でおにぎりをつくってきて、食べさせている現実があります。朝食も食べていない子は夕食だってまともなものを食べていない。こうした現実に対して、英国では「朝食クラブ」のある小学校46％、中学校62％（2007年）、アメリカでは12万5000校のうち8万7000校以上で実施しているのです（2010年）。これらの国々では必要な子ども・家族に対して登録制度で実施しており、わが国でも検討されるべき課題です。
　第2の矢は「学習権・進学権の保障」です。NPO・民間団体などによる無料学習塾やこども食堂などのとりくみなどがあります。さらに今後は低学力の子どもへのメンター制度（Mentorの意味は、助言者、相談相手）を積極的に取り入れることが検討されてよいのではないでしょうか。
　とくに、「進学保障」に関して、高校進学という課題が重点政策というだけではなく、大学等への進学をどう保障していくのかが問われています。2014年では高校進学率96.5％（通信制を含めると高校進学率は98.0％－2010年度－）に到達している現

状での課題は、①残りの数％の中学生の進学支援であり、②高校等の中退問題への対応と再チャレンジの保障、さらに③2014年度入学では56.7％となっている大学等（大学学部・短期大学本科入学者）の進学を本格的に保障することが課題となっています。そのためには国・自治体が給付型奨学金を拡充し、各大学においても独自の奨学金制度を創設・拡充していくことが求められています。

第3の矢として「経済的保障」の課題があります。現在の子育て家庭への総所得に占める現金給付による社会保障の割合は3.4％に過ぎません。この割合を大幅に増額することが求められているのです。

最近の調査（アギーなど、2008年）では、「9歳のネイティブ・アメリカンの子どもたちの世帯所得を外因的に大きく増やす（25％増）ことにより、その結果、十代後半での犯罪活動の減少、21歳での学業成績の向上がみられた」ことが報告されている。経済的支援は子どもの貧困対策の骨格にあり、効果は確実で大きいのです。

そして、第4の矢として「労働生活への連結」の施策があげられます。大学や高校を卒業する課題とともに、労働生活との連結をどう保障していくのかが問われています。現在、14歳～24歳の若年労働者層では、実際にはほぼ50％が貧困層に近い状況になっているのが現状です。

したがって、これらの「4つの矢」をどう具体的に政策化していくのかが行政施策として問われているのです。そのためには必要な財源を優先的に確保する政策的決意がなければならないことも明らかです。

わが国においても子どもの貧困法が成立し、大綱が存在しているもとで、子どもの貧困削減委員会を国および自治体で設置することが重要な課題となっています。本委員会の課題は、①子どもの貧困調査の実施、②子どもの貧困削減目標の掲示、③子どもの貧困削減条例の制定、④子どもの貧困率の動向に関する評価、⑤政策提案機能・実行機能・チェック機能などをあげておく。国に設置の意思がないなら、自治体で具体化し、地方から国に子どもの貧困問題対策を押し上げていくソーシャル・アクションの課題を提起しておきます。

3) 子どもの貧困に関わる実践の課題

子どもの貧困の改善のための重要な課題は政策的課題ですが、同時に、子どもと直接かかわる専門職にあっては自らの実践を通してアプローチしていく課題でもあります。

第1は"子どもの声"に耳を傾け続けることをあげておきます。そもそも"子どもの声"とはどのようなものなのかという問題があり、表現される声もあれば、"沈黙する声"もあります。そうしたなかで、子どもたちが「自分の言い表しがたい気分に共感を持って接してくれる、安心できる、好感の持てる相手の眼の中に映っている自分と出会うことによって、人は自分自身を新しい眼で見直すことを学ぶ」（窪田暁子『福祉援助の臨床－共感する他者として－』誠信書房、2013年、55頁）というストーリーを持っていることを踏まえて、子育て実践を創っていくことができるかどうかが

問われています。

　第2は、貧困の文化への対抗文化をどう形成していくのかという課題です。ここでいう対抗文化とは、平和・共生の文化であり、自分らしさ・アイデンティティ形成の文化であり、希望を持ち続ける文化のことです。とくに非暴力の平和・共生の文化を暮らしの中でどう形成していくのかは、いま求められている実践内容です。

　第3は、地域に生起している子どもの貧困の現実に対して、それぞれの学校、保育所、学童保育、児童館、行政職、NPO団体などでできることを自力で具体化していく課題をあげておきます。憲法25条を持ち、子どもの権利条約を批准した締約国である日本において、子どもの貧困問題が社会問題になっている時点で、本来は国・自治体が解決の第一次的責任を担っているのです。しかし行政がその責任をサボタージュしている現状では、子どもの現実と最前線で向かい合っている人々が、「子どもの貧困」の解決・緩和・軽減のための地域実践を組織していく課題があります。

　全国で実践されている無料学習塾、子ども食堂（食事提供）、フードバンクなどのとりくみを組織していくことも必要です。目の前にある現実にかかわりながら、行政から支援を引き出していくことはいのちの尊厳を守る運動の重要なあり方であるといえます。

　第4として、さまざまな子ども・人間と出会い、協働できることに喜びを感じるちからが実践には求められています。できることは限られていますが、人間のつながりを創ることに生きがいを感じ希望を見出したいと願っています。

4 まとめにかえて

　子ども・若者の貧困の広がりは、アメリカの現実をみるまでもなく、戦争をすすめるための兵士を供給する社会的基盤となります。大学に進学することが経済的に困難な青年層をターゲットに、奨学金の提供によって兵士として徴用するシステムにつながっていく可能性があります。今日のわが国の政治状況はそうした懸念を抱かざるをえません。貧困と戦争をいまこそ問い直していきたいものです。

I 特集　子どもNPOをとりまく動き - 今日の焦点

3 子どもの学ぶ権利の保障と教育の多様化をめぐって

NPO法人フリースクール全国ネットワーク代表理事
奥地 圭子

1 はじめに

　戦後70年、憲法、教育基本法の新教育体制のもと、日本の公教育は高い就学率を誇り、戦後復興や高度経済成長をも支えてきました。しかし、高学歴社会化を背景に、校内暴力、学級崩壊、いじめ、いじめ自殺、不登校、ひきこもり、ニート、虐待など、子ども、若者をめぐって、次々と問題と思える状況が生まれ、それに対する対応がまた、不信感を生み、子どもを追いつめることになっていきました。

　大人が困ったものだとまゆをひそめる状態は、実は、子ども、若者自身が困っているのであり、学校や教育が苦しいというサインでもありました。国連子どもの権利委員会が指摘したような、競争と管理の教育やストレスフルな環境を変えるのでなく自己責任とされていたのです。

　私は、フリースクールを開設して30年になります。市民でできる学習権保障をしつつ、不登校から学び続けてきました。そして、不登校は少数ですが、提起した問題は大きく、日本の教育全体にも関わると感じています。以下それを見ていきたい。

2 小中学生の不登校をめぐる状況

1）高止まりする小中学生の不登校数

図1　日本の不登校の子どもの数の推移

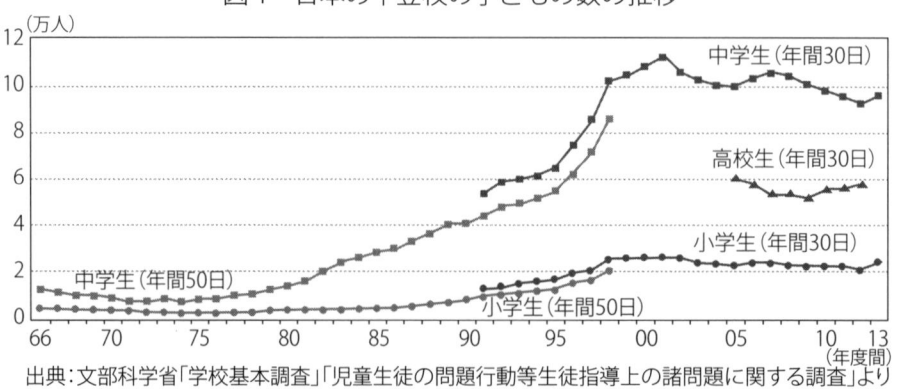

出典：文部科学省「学校基本調査」「児童生徒の問題行動等生徒指導上の諸問題に関する調査」より

不登校の子どもの数について、最も使われているのは、文部科学省が毎年行っている学校基本調査によるもので、左下に示しました。

　文科省は、1966年より調査を開始、当時は年間50日以上の欠席を統計に上げていましたが、早期発見・早期対応のかけ声のもと、年間30日以上欠席で線引きし、今は「経済的理由や病気欠席でなく、主として心理的理由で年30日以上休んでいる子ども」を不登校として数にあげています。

　これで見ると、日本は就学率が100％に近い国ですが、70年代半ばに、より学校と距離をとる子が急増し、2000年代からは、小中学生の不登校数は約12万人台で高止まりし、微減・微増しています。それに高校生の不登校が約6万人いますので、18万人の子どもが不登校ということになります。しかし、30日以上の欠席をいうので、1ヶ月にすると2〜3日休んで殆ど登校している子も入っているし、1年間1日も登校しなかった子も入っているのですが、多くの方は後者のイメージに近く、深刻だと言われています。学校は休みながら通えばいい所と思いますが、欠席は良くない事、というイメージが日本社会には強く、大人は有給の年休が20日間認められているにもかかわらず、子どもは1日も休まず、まっしぐらに学校に通うことが期待されている社会なのです。

　このグラフは実数であり、日本は80年代後半をピークに子ども総数はどんどん減少してきた少子化社会ですから、割合は増えています。実数においても、最新データは、昨年発表された2013年度間のものですが、6年微減していたものが、小中学生だけで、7000人跳ね上がっています。学年別でいえば、小学生より中学生が圧倒的に多いことも知られています。

図2　学年別不登校生徒数

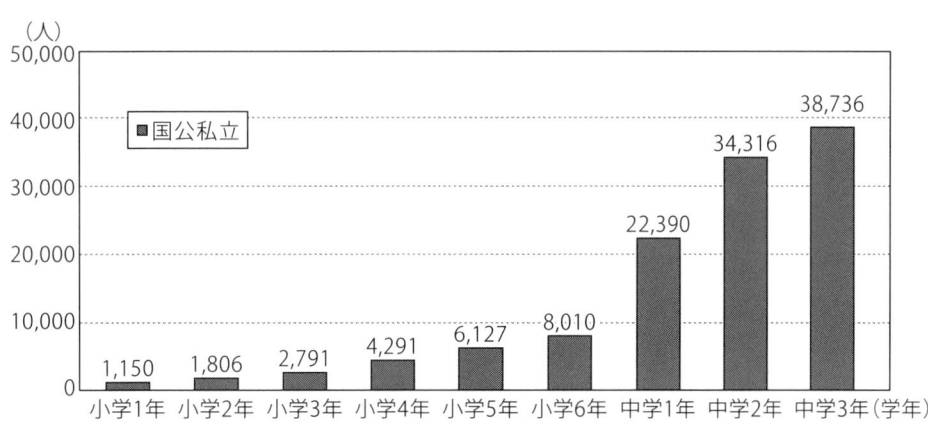

出典：平成25年度「児童生徒の問題行動等生徒指導上の諸問題に関する調査」について
　　　平成26年10月16日（木）文部科学省初等中等教育局児童生徒課

　中学生は、クラス担任制ではなく教科担任制、学習負担が高く、部活も含めた在学校時間は長く、受験戦争や管理教育、大規模人数などストレス度が小学校に比べ非常に高い空間です。その上生徒は微妙な思春期ですから、この数字はそりゃそうでしょ

う、というふうに思います。

2）なぜ不登校になるのか

　ごく一般的には「怠けだろう」「やるべきことから逃げる」「弱い子、耐性のない子」「心が病んでいる子」など個人の問題、個人病理のように見られてきました。しかし、不登校の親の会32年目、学校外の子どもの居場所学び場を開設して30年の私から見ると、学校に行かない、行けない子どもにとって、学校と距離を取らざるを得ない何らかの状況があってのことで、学校・家庭・社会のあり方が絡む社会的問題だといえます。

　不登校の子にとって、多くは学校が苦しい存在です。恐怖感、不信感、不安感、違和感を覚え、安心できず、つらいのです。いじめ、子ども同士の人間関係、教師不信、学習困難、個のあり方を認めない一斉指導、体罰・差別、部活のしごき、宿題の多さ、期待過剰などどうしていいかわからないが登校しなければならないと思っています。いじめがあっても登校しなければならないのであれば、楽になるには命を絶つしかなくなり、毎年2学期の始まる9月1日前後に数人から十数人の小中高生の自殺が起こっています。深刻といえば、それが深刻であって、休む子が多いのが深刻ということではありません。むしろ、休めないことが深刻な事態を招いていることを知っていただきたいのです。子どもの権利条約にある「休息の権利」は、日本の子ども達は保障されていません。「休んでいるじゃないか」と不登校の子どもを見て思う方もいらっしゃるでしょうが、安心して休めるわけではなく、「もう限界」「休んじゃいけないけど行かれない」「どうしても行く気になれない」という子が殆どであって、自責感でいっぱいになりながら休んでいるのです。

3）不登校への対応

　そんな子ども達にまず親は休みを認めず、何とか登校させようとします。ふとんをひきはがす、叱りつける、どなる、なぐる、玄関から放り出す、柱にしがみつく指を1本1本ひきはがす、車に押し込み校門で降ろして車は行ってしまう、親が同伴登校する、ゲームやおこづかいでつる、等々本当に大変でした。それでも行けないものは行けない。行きたくないものは行きたくない。そうなると、治そうとして相談機関、医療機関めぐりをする家庭があります。子どもが望まないのに、親が連れて行くケースは、特に問題を残します。また昨今の医療機関は、不必要と思われる投薬、多剤多量投与、不必要な入院、なかには拘束もあり、私たちが過剰医療とよぶ状況もあります。

　一方、学校も、まず登校させようと直接的に働きかけをします。家庭訪問、電話をかける、親・本人からかけさせる、友達をよこす、先生のお迎えがある、とりわけ70～80年代は、首に縄をつけても登校させよ、という指導方針がありました。この強引な学校復帰のやり方は子どもたちを追い詰め、また教師側にたつ親をみて、子どもは孤立感と親への不信感から、口をきかない、自宅にこもる、家の中で荒れる、母親の作った食事を食べない等々親子関係の悪化にもつながりました。

92年、文部省は「誰にでも起こる登校拒否」と認識転換し、カウンセリングマインドをとりいれ、フリースクールに通うのを出席扱いするなど、やり方がソフト化しましたが、基本は学校復帰が前提です。適応指導教室やカウンセラーも設置されましたが、学校復帰を目的としたため、嫌な気持ちがして行かない子も多くいました。
　社会全体も、学校へ行くのが当然、不登校は困ると否定視が強い社会です。こころない言葉を投げつけられたり、普通じゃないと見たりします。以上のようなことが重なって、不登校の当事者自身、自分はダメな人間だ、生きていても価値がない、とか、どうせもう手遅れだ、とか思い、罪悪感や劣等感を抱え、人に会いたくなく、自己肯定感がもちにくくなるのです。
　まとめていえば、学校が苦しく、傷ついたり、疲れたりして休むまでに安心して学ぶ権利が侵害され、休み始めてからも不登校を理解されず安心して育つ権利を侵害されており、どこにも居場所がないと感じる二重の人権侵害状態におかれている場合が多い、といえます。不登校になれば、元気をなくし、落ち込んだり、いらだったり、学ぶ意欲も失い、ゲーム漬けになり、夜昼逆転し、体調も悪く、誰とも会いたくない生活になるのも不思議はない、といえましょう。それを強引に、外からの圧力で治そうと矯正施設に入れられ、命を落とした悲劇も何例もあり、悲惨な歴史を忘れることはできません。

3　フリースクールの果たしている役割

1）学校外の居場所・学びの誕生

　1で述べたような不登校の子どもに手を差し伸べ、具体的に子どもの育つ場を作ったのは、市民や民間による学校外の居場所・フリースクール・フリースペースでした。公的な場は皆、学校復帰を目指させていたため、学校へ行っていない気持ちを理解し、その子の有り様を尊重し、その子のニーズに応えながら学校復帰にこだわらない成長支援をやれるのは、市民・民間でした。
　日本のフリースクールの草分けと言われる東京シューレの設立は1985年、親の会に来る子どもたちが、「学校外の場があったらいいな」と言い出しそれに、気付かされ、奥地は親の会のメンバーに協力してもらって、雑居ビルの一室から始めました。居場所があることによって、短期に元気になったのです。2年あまり一歩も外へ出なかった女子中学生の子は、3ヶ月くらい毎日通っているうち、頬に赤みがさし、とてもいい表情になってきたし、ひけめから帽子を深くかぶって室内でも脱がなかった男子中学生は、いつのまにか脱ぐようになり、散髪もして顔があいてきました。苦しくて家で暴れていた子は、自分がおかしくなったわけではないと気づき、家庭内暴力が出なくなってきました。そして、ミーティングでいろいろなことを話し合いながら、学びたいこと、活動のやり方、イベントやルールなどを決め、スポーツや音楽、通信作りや料理などやりたいことに参加し、本当に元気に育っていきました。高校進学やアルバイト、海外留学、大検を取得など自立への道を歩んでいる姿を見せてくれました。

I 特集　子どもNPOをとりまく動き - 今日の焦点

　元気で育っている姿を見て、当時の見学者はよく「この子達、ほんとに登校拒否ですか。信じられません」といいました。登校拒否は皆、ひざを抱えて一人ずつ隅に座って漫画やゲーム、みたいな暗いイメージでいたようです。フリースクールでは、なぜ元気になるのでしょうか。自分一人ではないこと、スタッフのまなざしが学校にこだわらずに肯定的であること、個々のペースや気持ちを大事にしてもらえ、ほっとできる居場所であること、友達ができたり、やりたいことができること、相談にのってもらえること、学校以外でもやれるとわかって肯定的に自分のことをとらえるようになること、などからだと考えられます。

　日本では、80年代半ばからぽちぽちとフリースクールが増え、90年代に全国各地に広がりました。文部省は、92年にフリースクールへの出席を学校の出席にカウントして良いこと、93年にフリースクールに通う小中学生に通学定期券の適用を認めました。

2) 親の会、登校拒否を考える全国ネットワーク

　ここで、不登校の子どもを支えるには、親の理解がとても大切であることを強調したいと思います。東京シューレも親の会が出発点であり、また月にいくつもの親の会をやってきました。フリースクールに来る来ないに関係なく、誰でも参加でき、思いや悩みを出し合う、聞いてもらう、人の経験から学ぶ、狭い知識でなくいろいろ情報を得る、それらが親を楽にします。

　強い不安から解放され、余裕を取り戻し、ようやく子どもの気持ちに寄り添うことができるようになります。不登校を受け入れ、子どもと共に歩ける保護者になり、子どもは大きな安心と信頼を覚え、それを土台に、子ども自身の人生作りが可能となります。

　親の会は80年代後半から燎原の火のように各地で広がり、中には親の会から居場所が生まれるようなところもあり、1990年には、親の会と子どもの居場所・フリースクールがつながり合って、「登校拒否を考える各地の会ネットワーク」を結成、数年後に「全国ネットワーク」に改称、2008年にはNPO法人となりました。24団体くらいから現在は約80団体がつながって活動しています。

　子どもの権利条約批准2年後、実際子どもの権利はどうなっているか各地の会の世話人で集まり、泊まりがけで点検し「登校拒否と子どもの人権」という報告書を作成、他の市民団体と共に、国連へ提出しました。

　親の会系のこの全国ネットは、年に1回全国から集まって、講演・シンポジウム・分科会・懇親会など学び合いと交流を数百人規模で開催しておりましたが、同時に、子ども達も集って、全国こども交流合宿を、子ども実行委員会の手で準備し、やっていました。親子で参加しやすくしてありました。このこども交流合宿のきっかけは、広島で起こった衝撃的な事件です。瀬戸内海の小さな島に風の子学園という矯正施設があり、そこにいれられていた中学生の男の子と女の子が、罰としてコンテナの中に2日放置され、死んで発見されたのです。1年後、島で追悼集会が持たれ、全国から集った子達で、二度とこういう事件がおきないように、不登校の子ども同士つながり

合ってやっていこう、という主旨で毎年、不登校・フリースクールの子達が交流するイベントが積み重ねられてきたのです。この合宿に来て、自分の地域では肩身が狭いと思っていた子が、本当に自信を得て、元気になったり、日常的に友達づきあいが始まったりしました。

　もうひとつ、不登校やフリースクールを支えることになった大きな活動が、東京シューレや全国ネットの活動を背景に誕生しました。「全国不登校新聞社」が発行する「不登校新聞」で後に「fonte」（フォンテ、イタリア語で源流から、の意）と改名しました。ちょうどNPO法が誕生した時であり、子ども系NPOの中で最も早く認証を受けたと思いますが、我が国唯一の不登校・引きこもりの専門紙であり、当事者の目線で、当事者や親の思い、体験、また関連のニュースや政策、専門家の話などを掲載、月2回タブロイド版で発行しています。とりわけ、最近数年は、子ども・若者編集部の活動がめざましく、自らの不登校・引きこもり体験が役に立っています。いずれにしろ、自分たちのメディアを持つ素敵さ、意義深さをとても感じています。

4　NPO法人フリースクール全国ネットワークの位置と役割

1）全国ネットワーク誕生の頃

　各フリースクール・フリースペースが、不登校の個々の子どもや親の成長を支え、地域の理解を広げたり、相談に乗ったりしています。そのフリースクール同士がつながり合って「フリースクール全国ネットワーク」を誕生させたきっかけになったのは、2000年に日本で開催した「世界フリースクール大会」でした。国内に全国ネットがあって、世界大会を開いたのではなく、逆なのです。

　では、世界大会の開催はどうして可能になったか、というと、1998年、東京シューレの3人の高等部の子どもがスタッフ1名とともに、その年のInternational Democratic Education Conference（IDEC・これを私たちが世界フリースクール大会と表現）に参加しました。ウクライナで開かれたIDECで、日本ではダメ人間と見るフリースクールが、外国では、選択肢の一つとして堂々と学んでおり、政府の決めた教育と違って、皆で真の自由とは何かを論じ、とても感動して帰国しました。彼はすぐ私のところへ来て「あんないい大会にシューレのみんなを連れていってやりたい。でもお金がかかるから無理。そこで帰国の飛行機で考えた。日本で開けば、皆出られるじゃないか、と。だからぜひ協力してくれ」というのです。

　さっそく、東京シューレの"子どもミーティング"にかけられ、「よくわからないから、今年のIDECに行ける人に行ってもらって、そこで考えたい」ということになりました。99年の開催地はイギリスのサマーヒルでした。約20名で参加して、感動したり、刺激を受け、次年度の開催地に子どもたちが立候補、日本開催が決まったのです。不登校の子どもは、人と何もできないように言われてきましたが、こんなに素晴らしい社会性と行動力が育っていることに感動しました。

　帰国してからの1年間は、IDECの準備に追われましたが、子ども実行委員会に25

人くらい、あとさまざまな他団体、市民、識者の方々が協力してくださり、50人くらいの力で1週間、1,300人の参加で、すばらしい大会ができました。しかも、東京シューレは99年、NPO法人になっていましたので、IDEC開催の寄付をよびかけ1000万円以上集まり、世界の貧しい地域のフリースクールには大人1人、子ども1人きてほしい、と子ども実行委員会で決定、すばらしい使途となりました。

そのIDECに集った日本国内のフリースクール関係者から、国内のネットワークがほしいと声が盛り上がり、IDECの実行委員のリーダー的存在の一人だった若者が走り回って、2001年2月、NPO法人フリースクール全国ネットワークが誕生しました。

現在、約70団体がつながり、活動しています。

2）主な活動

フリースクール全国ネットワークができてから、秋に毎年「フリースクールフェスティバル」を行うようになりました。フリースクール単体では行いにくい文化祭を連合で行い、社会への理解を広げる機会ともしています。これが子どもの実行委員会で準備すると共に、子ども自身の表現の機会でもあり、毎年新しい企画も出て、400〜500人の参加もあり面白い。また前述した登校拒否を考える全国ネットワークとフリースクール全国ネットワークは協力し合って、夏の全国大会を共催することになっていますが、子ども部分のプログラムである全国こども交流合宿は、フリースクール全国ネットワークが担当しています。

フリースクールはどうやって作るのか、運営はどうするのか、フリースクールのスタッフはどういう資質を身に付け、子どもとどう関わるのか等学ぶことを目標にフリースクールスタッフ養成研修を毎年開催し、70〜90人の特に学生や若い人々の参加があります。

フリースクールの子ども中心の考え方、興味や個性を重んじる学び方、子どもを一人の人として尊重する関わり方、不登校の状況などを一人でも多くの人に知ってもらうことが子どもを楽にすると考えています。

調査研究も大事な活動の一つです。2004年には、『フリースクール白書』を刊行、たとえばこんなデータがあります。

子どもへの「あなたはフリースクールに入ってよかったと思いますか」の回答では、「よかった」が82.3％、「まあよかった」が13.7％で、あわせて96％にのぼりました。

「2003年1月31日現在の団体規模では、平均で24.3人で、11〜20人が29.3％、1〜10人が28.0％、21〜50人が26.8％となっており、フリースクールの規模は小規模なところが多いとわかります。またスタッフの給与は、平均が7万8571円で最大値20万円、最小値は20万5000円でした。非常に低いことがわかります。これでは安定してやっていくことができません。

3) 日本フリースクール大会と政策提言

　IDECに対してJDEC（Japan democratic Education Conference）を開催し、フリースクール関係者が学び合ったり、意見交換したい、もちろん一般社会にもっと理解してもらいたい、ということになり、2009年に第1回を開催しました。第1回大会で、もっとも注目されたのが「フリースクールからの政策提言」です。

　これは、フリースクールの直面している課題を一歩でも二歩でも前進させるため、政策を提言し、具体的に求めようというものでした。大会での何回かの議論のあと、新し立法の提案と9つの提案が採択され、それを文科省と議連に提出しました。議連では、「新法について、どんなことを考えているのか骨子案を持っていらっしゃい」と言われ、それをチャンスに、自分たちで法案を考えようと、月1回「新法研究会」を立ち上げました。

　素人でよくわからないけれど、こんな内容にしたい、こういう問題はどうする、と侃々諤々やってきて、翌年の第2回大会に提案、議論、またフリースクール全国ネット傘下団体の意見、次に外部の意見を聞いていきました。2011年の第3回大会では、枠を広げて、シュタイナー教育、外国人学校、ホームエデュケーションなど多様な教育を実際展開している人々と共にシンポジウムを行いました。憲法、教育基本法を下に、現在は学校教育法一本しかなく、もう一本「（仮称）オルタナティブ教育法」を求めて、多様な学びを選択できるように、公的支援も受け、進学、就職にも通用するように、というこの法律は、学校教育法一条校ではない多くの学び場にとって共通の願いであり、一緒にやっていく方針になりました。フリネット内でやるには無理があり、実現する会を別に立ち上げることになり、約30名の識者に発起人をお願いし、2012年4月に発起人会を、7月に設立総会を開催、200人以上の参加で盛り上がりました。その後の検討で、機関の支援ではなく、子ども一人一人の学ぶ権利を保障するしくみづくりを基本におこうということから、10月に開いた第2回総会で、法案名を「子どもの多様な学びの機会を保障する法律（仮）」、会名を「多様な学び保障法を実現する会」として、活動を続けています。法律を要求するだけではなく、自分たちの質を高め、社会からも理解と信頼を受けられるように、14年には東京で、15年には大阪で、教育実践研究交流集会を開催、今後も積み重ねていく予定です。

　幸いにして、国がフリースクールへの支援を検討する方針を打ち出し、総理・文科大臣のフリースクール視察、国のフリースクールフォーラム開催、検討会議の開始など実際的な動きが進んできました。これをチャンスに発達障害や貧困の問題も含め全ての子どもが笑顔で暮らせる社会を目指して、子どもの権利が十全に満たされる仕組みをつながりながら作っていきたいと考えています。

I 特集　子どもNPOをとりまく動き - 今日の焦点

特集 4

発達障害の子ども・青年に必要な社会生活支援の課題
～「生きづらさ」と「障害」への共感的理解とＮＰＯの活動に焦点を当てつつ～

日本福祉大学社会福祉学部教授
木全 和巳

1　問題意識

　2004年12月に発達障害者支援法が公布、翌年4月から施行され、10年が経過しました。この法律の目的では、「自立及び社会参加に資するようその生活全般にわたる支援を図」るために「心理機能の適正な発達及び円滑な社会生活の促進のために発達障害の症状の発現後できるだけ早期に発達支援を行うことが特に重要であること」が確認されました。ここでいう「発達支援」とは、「発達障害者に対し、その心理機能の適正な発達を支援し、及び円滑な社会生活を促進するため行う発達障害の特性に対応した医療的、福祉的及び教育的援助」と定義されました。この定義にあるように、子ども期だけではなく、青年期、成人期にまで人生のライフステージを見通した支援と、医療、福祉、教育という多分野における支援が必要であることが確認されました。こうした規定を受けて、「国及び地方公共団体は、発達障害者の支援等の施策を講じるに当たっては、医療、保健、福祉、教育及び労働に関する業務を担当する部局の相互の緊密な連携を確保するとともに、犯罪等により発達障害者が被害を受けること等を防止するため、これらの部局と消費生活に関する業務を担当する部局その他の関係機関との必要な協力体制の整備を行うものとする」とあるように、「各部局の緊密な連携」や「協力体制の整備」が責務となりました。しっかりと予算の裏付けが伴う法律ではありませんが、理念としては大切な点が盛り込まれました。

　また、「発達障害」については、「自閉症、アスペルガー症候群その他の広汎性発達障害、学習障害、注意欠陥多動性障害その他これに類する脳機能の障害であってその症状が通常低年齢において発現するもの」と定義されました。こうした発達障害の概念や診断については、知的障害（精神発達遅滞）を含めないなどの日本の定義の課題、十分な支援と結びつかないラベリング診断の在り方など現在でもさまざまな議論があります（高岡健2007）。

　このような多くの課題はあるものの法律により定義ができ、国家レベルによる支援の方向性が定まり、医療、保健、教育、社会福祉、司法などのさまざまな領域において、具体的な実践が行われるようになってきたことは、評価すべきであると思います。そして、各地域における数々の実践と並行して、さまざまな領域においてもたく

さんの研究が積み重ねられてきました。こうした実践や研究のなかから、発達障害は、学力の遅れ、いじめ、うつ病、ニート・ひきこもり、不安定就労、児童虐待、非行、犯罪などのいろいろな社会問題の一因となっており、十分な支援がなされないまま本人たちの生活の困難も含めての「生きづらさ」や家族の悩みの要因となっていることが明らかになりつつあります。

　また、こうした「生きづらさ」や悩みの背景には、環境要因である貧困や暴力などの複合的な社会問題が横たわっているために、支援者も課題の解決に向けて相当な苦労がある実態も浮き彫りになってきました。このような状況にあっても、困難や苦労を抱えながらそれでも工夫をしつつ生きる本人や家族の発言、相談支援に取り組む支援者らの報告も数多く見られるようになりました。マスコミも、犯罪事件時のセンセーショナルな取り上げのみならず、当事者に寄り添った報道がなされるようになりました。このように発達障害に対する社会的関心も急速に高まってきています。日本においては、2015年1月、障害者の権利条約（2006年国連採択）が公布され、すべての障害者が差別されることなく「合理的配慮」を受けつつ市民として生活する権利が確認されています。しかし、政策的な取り組みは、こうした現状と理念に追いついていません。

　本稿では、このような問題意識に基づいて、本書の『子どもNPO白書』という特色から、さまざまな課題のなかでも児童期から青年期に焦点を当てて、NPO団体の活動も視野に入れつつ、発達障害のある子ども・青年の生活実態を踏まえた社会生活の支援課題について、いくつポイントを絞って解説をしていきます。

2　発達障害の子ども・青年と「生きづらさ」

　発達障害のある本人たちの「生きづらさ」については、これまで佐藤幹夫（2008）下野新聞編集局取材班（2012）などのルポ、全国地方新聞の記事のみならず、『モーツァルトとクジラ』（2005）『シンプルシモン』（2010）などの映画の公開、NHK『ハートネット』の特集や民間放送のドキュメントなどの放送、小道モコ（2009、2013）、沖田×華、野波ツナ、寺島ヒロなど当事者や家族による漫画や手記なども数多くみられるようになってきました。アマゾンで「発達障害」を検索すると5,000件を超える本がヒットします。また、CiNiiで「発達障害」をキーワードに論文検索をすると12,105件もヒットをします。このように現在では、「発達障害」という用語が、たとえば「コミュショウ」というように「コミュニケーション障害」の安易な診断の一つのように使われるなどしています。このような「ラベリング」も含め、子どもや青年たちの多様な現象を理解し、この時代を読み解くキーワードの一つになっている感もあります。

　発達障害の診断そのものが幅広く、一人ひとりの機能障害のタイプ、性別、年齢、家族状況、家庭生育環境、教育条件なども異なり、「生きづらさ」も一人ひとり異なります。同じ一人の人の「生きづらさ」もライフサイクルとライフステージとともに変化していきます。

「生きづらさ」は曖昧なことばです。「つらい」とあるようにマイナスの感情が表現されています。自信がない、希望がない、居場所がない、本当の自分ではない、どうなってもいい、死にたいなど、将来への見通しがなく、自尊感情が低いなかでわき起こります。自己決定が他者により枠づけられ、意味づけられるときに起きやすい感情です。発達障害と診断される子どもや青年たちの多くは、多かれ少なかれこうした「生きづらさ」を抱えています。結果的に、虐待やいじめの被害などにより二次障害と呼ばれるうつなどの精神症状を誘発し、引きこもり、薬物依存、非行、自殺などの行動を伴うこともあります。こうした「生きづらさ」には、貧困と格差を増大させている現代社会の「生活の困難」が背景にあります。

こうした社会環境の変化とともに、発達障害の特性の側からこの「生きづらさ」に共通する特性要因には、次のようなことがあります。一つ目は、コミュニケーションが苦手なことです。場の空気がうまく読めず、素直に思ったことを口にしてしまうなど、人とのコミュニケーションに苦手さを感じています。二つ目は、日常生活の管理が苦手なことです。金銭、時間、食事、整理整頓、提出物など同時にいくつかの課題をこなすのが苦手です。一つのことに集中してしまうと、物忘れや単純なミスをしがちになります。三つ目は、感覚がとても過敏なことです。特定の音や光や色、匂いなどの日常の生活にある刺激が本人にはストレス要因になりやすい傾向があります。四つ目は、イメージの過剰な記憶力があることです。良いことだけでなく嫌な思い出も忘れるということを困難にします。フラッシュバックと呼ばれる何年も前のネガティブな体験がささいなきっかけによりいつまでたっても鮮明によみがえり、苦痛を生じさせます。五つ目が、興味・関心の幅の狭さです。一度関心を抱いたことには周囲を気にせず没頭します。関心事が趣味の枠を超えて依存に陥りやすい傾向にあります。六つ目は、気分の変わりやすさです。ちょっとしたことが気になり、気分が変わりやすく、常にイライラしてしまいがちです。そして、七つ目に、臨機応変な対応の苦手さがあります。急な予定変更が感情的に受け入れにくく、現実的な対応もしにくいという特徴があります。

こうした発達障害の特性は、一人ひとり異なります。こうした特性を本人と周囲が理解しつつ、こうした特性を活かした仕事に就き、成果をあげ、自信をもちつつ生活をしている人もいます。しかしながら、過度に競争を強要し、自己責任を当然視し、コミュニケーションのちからをとりわけ重視する現代社会においては、こうした特性が本人にさまざまな「生きづらさ」を強く生じさせる原因になります。

3　国際生活機能分類(ICF)の視点から発達障害の理解の重要性

発達障害という「障害」は、生活することに困難さを抱えているゆえに、まずは精神神経分野において医学的に診断されます。対応は、薬物療法や精神療法により「治す」というよりも、こうした治療とともに本人の周辺環境を調整し、生活上の課題を解決していくことに重点が置かれるようになってきました。

このような支援が重視されるようになってきた背景には、「障害」の理解に対する考え方の変化があります。これまで「障害」といえば、個人の身体的・精神的な欠陥だとする生物学的な不全や欠損という医学レベルの問題として捉えられてきました。そこには専門的な治療の対象として治癒や改善がみられなければ、仕方がない個人の問題であるとする考え方がありました。現在では、こうした「障害」に対する考え方は変化しています。日本においても、2011年に改正された障害者基本法では、発達障害が「精神障害（発達障害を含む）」と位置づけられるとともに、社会環境である「社会的障壁」が「障害」に大きく影響し、障害者の日常生活や社会生活に困難を及ぼすことが確認されました。「障害」とは、心身の機能に不全がある人たちの「生活の困難」や「生きづらさ」を示す概念となったのです。

　こうした「障害」観の変化の背景には、人権意識の高まりやノーマライゼーション思想の広がりと本人たちによる自立生活運動などの影響があります。このような変化を促す大きな契機となったのは世界保健機関（WHO）より、1980年に障害に関する世界共通の理解と科学的なアプローチを可能にすることを目的に作成した国際障害分類試案（ICIDH）を発表したことと、その翌1981年の国際障害者年の理念がありました。この国際障害分類試案の考え方をさらに推し進めて作成されたのが、2001年5月に世界保健機関（WHO）の第54回総会において採択された国際生活機能分類（ICF）です。国際生活機能分類（ICF）の考え方は、障害をもつ人も障害をもたない人と同じ「市民」であり「生活者」であるという認識を促す意味では画期的な考え方でした。この特徴は、「障害」の要因となる個人因子のみならず、環境因子（物理的環境、人々の意識的環境や制度的環境、生活情報や福祉サービス等を含む）の重要性にも着目したことにあります。この考え方は、「障害者権利条約」にある「合理的配慮」の問題を考える上でも重要な意味をもっています。

　「合理的配慮」は、機能障害のある当事者から何らかの助けを求める意思の表明があった場合の、負担になり過ぎない範囲の、社会的障壁を取り除くために必要な便宜のことです。2011年に改正された障害者基本法では、「障害を理由として、差別することその他の権利利益を侵害する行為をしてはならない」と差別を禁止する規定を設けるともに、「社会的障壁の除去は、それを必要としている障害者が現に存し、かつ、その実施に伴う負担が過重でないときは、それを怠ることによって前項の規定に違反することとならないよう、その実施について必要かつ合理的な配慮がされなければならない」という規定が設けられました。そして、こうした規定は、具体的に2016年度から施行される障害者差別解消法において、行政機関においては、「その事務又は事業を行うに当たり、障害者から現に社会的障壁の除去を必要としている旨の意思の表明があった場合において、その実施に伴う負担が過重でないときは、障害者の権利利益を侵害することとならないよう、当該障害者の性別、年齢及び障害の状態に応じて、社会的障壁の除去の実施について必要かつ合理的な配慮をしなければならない」と義務が、事業者などには、「配慮をするように努めなければならない」と努力義務の規定が設けられました。こうした動向を受けとめると、発達障害と診断された一人

ひとりに対して、これからは何らかの「合理的配慮」が求められていくことになります。

発達障害に関わるさまざまなNPOにおいても、こうしたICFの考え方に基づく理解と具体的な「合理的配慮」の在り方を視野に入れた活動が求められていくことでしょう。

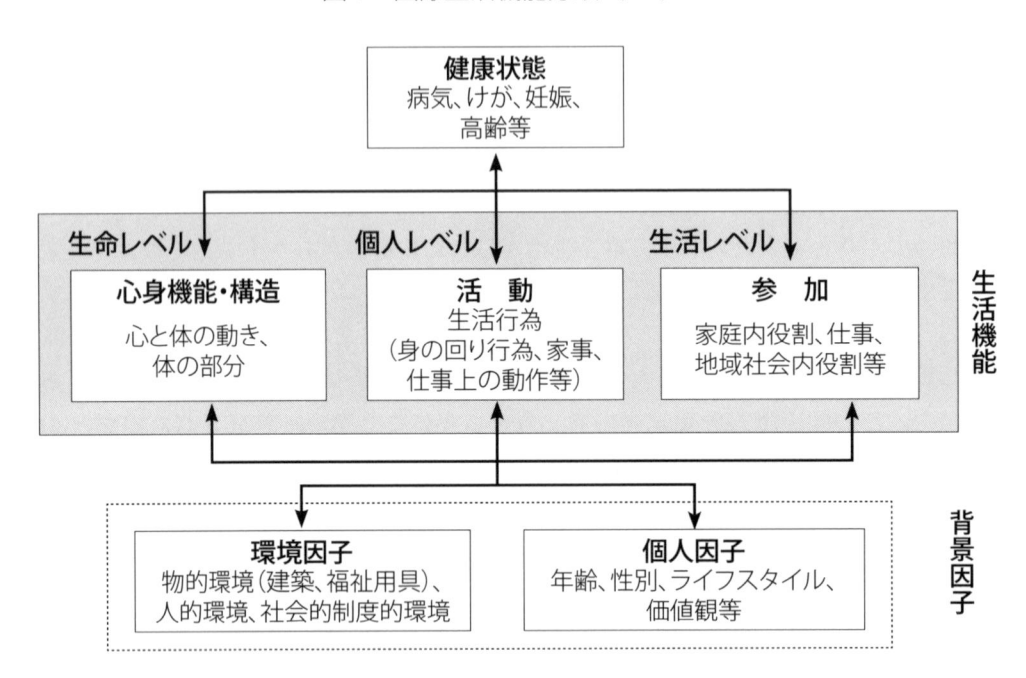

図1　国際生活機能分類（ICF）

```
                    健康状態
                    病気、けが、妊娠、
                    高齢等
                       ↕
    生命レベル      個人レベル       生活レベル                  生
    ┌──────────┐  ┌──────────┐   ┌──────────┐                 活
    │心身機能・構造│ │  活  動  │   │  参  加  │                 機
    │心と体の動き、│ │生活行為  │   │家庭内役割、仕事、│         能
    │体の部分    │  │(身の回り行為、家事、│ │地域社会内役割等│
    │           │  │仕事上の動作等)│ │               │
    └──────────┘  └──────────┘   └──────────┘
         ↕              ↕              ↕
    ┌──────────────┐    ┌──────────────┐               背
    │ 環境因子      │    │ 個人因子      │               景
    │物的環境(建築、│    │年齢、性別、   │               因
    │福祉用具)、    │    │ライフスタイル、│              子
    │人的環境、社会的│   │価値観等      │
    │制度的環境    │    │              │
    └──────────────┘    └──────────────┘
```

4　NPO法人によるさまざまな活動

現在、発達障害に関連するNPO法人は、全国各地に数多く存在し、活動を続けています。わたくし自身も「しゃべりば」と名づけられた青年の居場所づくり、「性と生」を学習する場づくりなど、発達障害の子ども・青年への支援の取り組みをいくつかのNPO法人とともに実践してきました。

NPO法人データベース「NPOヒロバ」に登録されているNPO法人は2015年3月1日の時点で53,811件でした。発達障害で検索をすると241件のヒットがありました。東京都41件、神奈川21件など首都圏など人口の多い地域には、事業をする多くのNPO法人が固まっていることもわかります。けれども40都道府県に必ず一つは活動を展開しています。一つひとつの活動内容の特徴をていねいに分析することはできませんでしたが、これらのNPO法人のホームページを改めて読んでみると、それぞれ必要が求められるなかで設立され、さまざまな特色ある事業が行われていることがわかります。設立の母体や事業内容などから、大まかに次のように分類をしてみました。例として選んだNPO法人は、任意です。

一つ目は、保護者が中心になり立ち上げたNPO法人です。ここに支援者たちも集

いながら、保護者や本人の相談をはじめ、遊びや学習を通して、子どもや青年を支援しています。全国レベルでは「全国LD 親の会」、「えじそんくらぶ」などがあります。また「かたつむり」（愛知）、「クローバー」（京都）、「ピュアコスモ」（兵庫）など各地で活動している発達障害の親の会などがあります。ここに研究者や支援者も集いながらさまざまな事業活動が展開されていきます。「アスペ・エルデの会」（愛知）、「SPICY」（長崎）などの活動が典型的です。

　二つ目は、青年、成人期の当事者たちが立ち上げたNPO法人です。「DDAC（発達障害をもつ大人の会）」（大阪）、「軽度発達障がい支援協会」（愛知）などがあります。NPO法人化されていなくても、各地に当事者たちの集いの場、居場所ができつつあります。

　三つ目が、障害者総合支援法や児童福祉法による就労支援事業所や放課後デイなどの事業、あるいは学習塾やソーシャルスキルトレーニングなどを行う事業所です。生活訓練事業を利用した福祉型専攻科「エコールKOBE」（兵庫）、放課後支援や就労支援など多角的に事業展開をしている「それいゆ」（佐賀）、助成金を活用しながら相談、教育、調査研修事業を行っている「Wing PRO」、就労移行支援と自立訓練（生活訓練）」の多機能施設「NECST ユースキャリアセンターフラッグ」（千葉）、ソーシャルスキルなどのトレーニングを行う「発達障害児支援LOF 教育センター」（大阪）、「ひかり学園」という学習塾のようなかたちの事業をしている「教育総合研究所」（愛知）など多数あります。

　四つ目が、不登校や引きこもりなどの若者支援をしているNPO法人です。不登校や引きこもりという状態の要因の一つに発達障害のある子ども・青年たちがいることから、この課題に焦点を当てた事業を行っています。「全国引きこもりKHJ 親の会（家族会連合会）」、「不登校・ひきこもり支援センター NPO法人Nest（ネスト）」、「京都オレンジの会」などがあります。

5　当事者の会と当事者研究の重要性

　発達障害そのものは仮説として脳の感覚や認知の機能の働きの偏りや遅れが要因とされていますが、社会的環境との相互作用によって生活の困難を伴う「生きづらさ」として具体的な名前をもった個人に現れます。学力の遅れ、いじめ、不登校、ひきこもり、うつ病、不安定就労などを防ぐ、起こさせないようなシステムづくりも大きな課題です。こうした大きな課題の解決には、まずは当事者たちがどこでどのように困っているのか、当事者なりにこうした現実をどう把握し、理解しようとしてるのか、当事者なりにどのように解決をしようとしているのかなどについて、わたしたちは当事者自身に学ぶことが大切です。このためにも、「生きづらさ」を解消するために仲間と出会い交流するための当事者自身が集まり、語る場が重要になります。発達障害の当事者たちは、偏りがあるものの優れた表現者たちでもあります。こうした発達障害のある青年たちにとってピアサポートと呼ばれる当事者の会の果たす役割は重

要です。いま全国各地に立ち上がっています。

　「発達凸凹（はったつでこぼこ）」という言葉を広げた広野ゆいさんが代表である「NPO法人発達障害をもつ大人の会（DDAC）」を取り上げてみます。この団体は、もともと2002年に私が兵庫県芦屋市で立ち上げた「関西ほっとサロン」という自助グループがスタートでした。月に一度集まり、自由におしゃべりをするという、居場所のような意味合いもある当事者サロンでした。ところが、2005年の発達障害者支援法施行を機に、電話相談が増え、メディアの取材や講演依頼も来るようになり、今までのグループ体制では対応が難しくなってきたのです。そこで、今までの体制は残しつつ、さらに幅広い活動が展開できるように、2008年に現在の「発達障害をもつ大人の会」を設立し、2010年にNPO法人化しています。

　もう一つは、「当事者研究」です。当事者である綾屋紗月さんは、自分自身の「生きづらさ」を自らが研究することで、自らの課題の解決を考えてきました（綾屋紗月・熊谷晋一郎2009）。たとえば、「東京は池袋のサンシャイン通りに差しかかる交差点で突然、私は無数の看板たちに『襲われた』感覚」。綾屋さんは、大量に刺激が感受されすぎて、たくさんの感覚で頭が埋め尽くされている状態を「感覚飽和」と呼び、情報に処理がおいつかないと「フリーズ」や「パニック」が起こると、解き明かしていきます。そして、看板とはなるべく「目を合わさないように」繁華街を歩くことで、身を守るという手立てを身につけていったことを綴っています。まずは当事者どうしが他の当事者のちからも借りつつ、括られた診断名ではない自分自身の個別の困難の特徴と要因について研究しつつ、自分に合った解決方法を獲得していきます。家族も、支援者も、こうした本人自身と「生きづらさ」を対象化して研究をともに行うことで、本人への共感的理解と本人への適切な支援の手がかりを得ることができます。

　こうした当事者たちの会の活動と当事者研究の成果は、具体的な「合理的配慮」を求めていくうえで、また、こうした「合理的配慮」を社会が受けとめて、実現していくうえで、重要な取り組みとなるでしょう。

6　ライフサイクルとライフステージごとのきめ細かい柔軟な支援を

　発達障害のある子ども・青年の生活の困難をともなう「生きづらさ」を解決していくためには、日常の暮らしの中でのちょっとした気づかい、当たり前の、自分らしい暮らしの積み重ねができていくような支援を行うことが重要です。コミュニケーションが苦手で、傷つきやすく、思い出しやすいという特性からしても、本人の意思決定を大切にしつつ、強圧的、暴力的ではない関わりが必要です。こうした関わりが、エンパワメントや「寄り添う支援」の本質でしょう。

　具体的な「生きづらさ」の内容、その適切な支援は、本人の年齢や社会的な立場などによって変わってきます。幼児期から学童期、思春期、青年期、成人期に至るライフサイクルとライフステージに応じて、かつ一本筋の通った「ぶれない」支援が求め

られます。思春期になると二次性徴によりからだの変化を意識します。また、性に目覚め、性的対象としての異性や同性との関わりを求めるようにもなります。職業の選択も含めて、仕事や労働の意味についても考えるようになります。信頼できる友達や恋人も欲しくなるでしょう。困ったときに相談を受けてきちんと受けとめてくれる大人の存在も求めるようになります。こうした必要な支援が、何よりも本人を中心にして、医療・教育・福祉・就労・司法など多彩な専門家だけでなく、地域の人々も含めてネットワークが築かれていくことが重要です。

　発達障害者支援法が施行されて10年、子どもの権利条約を批准して10年、ようやく障害者権利条約も批准をしました。これら条約の精神には、「だれもがかけがえのない存在」だという人権理念がもとにあり、他の市民と同等に差別されないこと、排除されず地域でともに生活すること、そのためにも「合理的配慮」が求められることが確認されています。「合理的配慮」を行わないことは、人権の侵害であり、差別であることが確認されつつあります。

　わたしたちには、本人たちの「生きづらさ」や困り感を受けとめ、この要因となっている競争や格差や貧困などの社会問題との重なりを共有しつつ、ともに課題を解決していこうという実践が求められます。個別の傷つきの回復支援、居場所づくり、仲間づくり、学び合い、就労支援などのこうした実践は、いくつかのNPOにおいてもすでに取り組まれてきています。こうした取り組みに学びながら地域の実情に応じて本人が人生の主人公になりうるような支援を創造していく必要があります。こうした実践に対して、地域の実情に応じた財政的な支援も含めての柔軟な政策的保障が求められます。

【文献】

佐藤幹夫（2008）『ルポ青年期の発達障害とどう向き合うか』PHP研究所

佐藤幹夫編著（2013）『発達障害と感覚・知覚の世界』日本評論社

下野新聞編集局取材班（2012）『ルポ・発達障害』下野新聞社

小道モコ（2009、2013）『わたし研究1・2』クリエイツかもがわ

高岡健（2007）『やさしい発達障害論』批評社

「綾屋紗月（2014）「シリーズ発達障害の理解①〜⑥」『臨床心理学』第79号〜第84号　金剛出版

熊谷晋一郎（2009）『発達障害当事者研究』医学書院

I 特集　子どもNPOをとりまく動き - 今日の焦点

特集 5　NPOのあゆみと子どもNPOの位相

認定NPO法人市民福祉団体全国協議会専務理事
田中 尚輝

1　はじめに

　日本のNPO法は、草の根からの動きによって生まれたものではありません。阪神・淡路大震災（1995年）のボランティア活動の実績によって突然に生まれたものです。それまでにNPO的実績があったのは、私が担当している高齢者ケアの世界くらいのものでしょう。私自身は1980年の初めからNPO法制定の重要性を主張していたのですが、当時は振り向いてくれる人はいませんでした。

　子ども系の市民組織で言えば、子ども（親子）劇場が単独で数百の単位劇場の全国ネットワークを持っていたことは、NPOの幕開けを促進した存在として記憶しておいてよいでしょう。1997年のNPO法成立は、子ども（親子）劇場と介護系NPOが主要な社会的勢力でした。その後、行政支援により全国的に生まれてきた「子育て広場（地域子育て支援拠点）」がはじまったのは、NPO法成立後のことでした。

　こうしてみると、日本のNPO法は草の根からの活動で成立したものではないことがわかります。阪神・淡路大震災⇒NPO法成立となっており、どちらかといえば「上」からつくられたものでした。だから、個々のNPOがない段階に、NPOを応援するNPO中間支援団体の方が早く生まれることになったりしました。NPO中間支援団体の主要な顧客は個々のNPOなのですが、その存在がきわめて少ない段階でスタートするという逆転状況になっていたのです。したがって、このようなNPO中間支援団体はNPO法成立当初の行政支援がなくなると消滅していく運命を持っていたわけです。

　今や、NPO法が生まれて15年余になり、法人数でいえば5万団体をこえていますが、まともにNPOらしい活動をしているのは半分もないでしょう。つまり、NPOとして設立したものの根を張っていないNPOが多いのです。

　NPOが根を張っているというのは何でしょうか？それは世の中を変える力になっているかどうか、そして、それを支持し一緒に活動する人が増えていくということです。このためには①質の高い活動、②量としてのネットワークが形成されていなければなりません。この観点から子ども系NPOは、どうであったでしょうか。

2 子どもNPOの位相

　私が専務理事を担当している介護系NPOのネットワークである「認定NPO法人市民福祉団体全国協議会（市民協）」は、現在1380を超える団体会員を抱える日本一の中間支援団体になっていますが、これは介護保険制度に支えらえられているからのことです。つまり、制度サービスを執行しているNPOだからです。

　2000年からサービスがスタートした介護保険制度（1997年成立）は、法人格さえあれば、バリアが低く簡単に介護保険事業者になることができました。つまり、98年末から施行したNPO法が、この前提条件をクリアしてくれたのです。それまであった介護系の有償ボランティア団体は1999年中にNPO法人格を確保したのです。私は、この時期には全国を駆け巡ってNPO法人になり、介護保険事業を担うように勧めました。この結果、現在4000程度ある介護系NPO法人の年間収入の平均は7000〜8000万円程度になっているわけです。これは年間予算が500万円以下のNPO法人が半数程度もある業界からすると大きな収入を得ている方になります。

　さて、子ども系NPOの位相についてです。日本の社会にとっては、高齢者問題は戦術的には大切なのですが、戦略的には子ども問題が重要です。つまり、当面は高齢者問題が重要なのですが、高齢化はあと数十年で終了し、その後の社会設計をどうするのかという長期的・戦略的課題については少子化問題なのです。今後は公的支援については子ども問題に重点がおかれるのが当然でしょう。

　ところが実態としては、年金、医療、介護という高齢者対策には毎年70〜80兆円つかわれていますが、子どもには5兆円以下でしかありません。

　どうしてこのようになるのでしょうか。これは単純なことです。高齢者は票を持っており、子どもたちとその若い親は票を持っていない、あるいは票を使おうという意識が低いからです。水準の低い日本の政治家は当面する「票」だけを見て、それを追いかけるのです。だから、子ども施策に資金が回らないのです。このギャップが子どもNPOの発展しない根幹にあるといってよいのではないでしょうか。

　NPOは公益法人であり、「公共善」の担い手の1つです。一般マーケットで企業などと競合して生き残っていける存在ではありません。したがって、いくらかの公的支援を得られるシステム形成が子どもNPOにとっても基本要件となるのです。

　ところが、高齢者系NPOが介護保険制度を確保したのに比べて、子どもNPOは、これに失敗したのです。一時期「子ども保険」の構想もありましたが挫折しました。どうしてこのようになるのでしょうか。

　1つは、子どもの多様性です。子どもは乳幼児、幼児、保育園・幼稚園、小学生低学年、高学年、中学生、高校生と年齢と共に状態とニーズが変わっていきます。また、低所得者や片親だけの家庭、あるいは引きこもり状態などという置かれた状況の相違もあります。

　このことは高齢者が「介護」問題という1つの課題に括れることに対して、子どもの場合には処理しなければならない課題が多様だということになります。だから「子

ども問題」といってもそれぞれ異なる課題に取り組んでいる場合が多いわけです。
　そして、子ども系NPOは、それぞれが当面する課題に必死だから、大きく「子ども問題」で括ることができないわけです。こうした課題の違いは考え方の相違になります。保育園へ子どもを預けたい親は、制度としての保育園増設に力を注ぐでしょう。小学校高学年になると学童保育がないから、それをつくろうとするでしょう。ところが引きこもりの子どもを抱える親は、なんとか社会になじんでくれないかということが課題になるでしょう。こうして「子どもNPO」として子ども問題をすべて纏めようという試みは、子どもNPO活動の初期の段階では失敗することになるわけです。
　組織論としていえば、個別課題ごとのNPOネットワークを形成し、その連合としての「子どもNPO」の結集が望ましいわけです。NPO法が成立して、15年を超えた今、子ども系NPOにとっては、そのチャンスが巡ってきています。その前提としてのNPOの環境変化を整理しておきましょう。

3　NPOをめぐる環境変化

　NPO法ができてからの主な制度をめぐる変化は税制改革であり、寄付税制の恩典がくわえられたことです。そして、環境変化でいえば、政府主導による「新しい公共」の取り組みがあったことでしょう。こうした変化に子ども系NPOはついていけているのでしょうか。

1）税制の優遇措置制度

　この2つともが、政権交代が起こった民主党政権の時代に起きたことです。やはり、NPOやその法制度は政治に揺り動かされるのです。
　まず、税制ですが、成立段階のNPO法は法人格確保のための法律であり、税制の優遇措置のない欠陥制度だったわけです。これは成立当時の政治状況からすれば無理ないことでした。改正は寄付金額に条件はあるが、税額控除されるという画期的なものでした。2010年、当時の鳩山首相の言によれば「NPOは公益を担うのだから、その寄付については半額を政府が寄付者に還元するということでよいのではないか」という大胆なものでした。また、鳩山首相は首相の直轄機関として「新しい公共をすすめる円卓会議（金子郁容慶応大学教授が座長）」を設置し、政策推進を図ろうとしました。

2）「新しい公共」政策

　だが、制度ができたからとはいえ、NPOへの寄付が急速に増大したわけではありません。この事態に失望する声も聞こえましたが、それは当然であって、寄付は制度が変わったからおこなわれるものではなく、NPOが良き活動をしているからおこなわれるのです。税制改革から5年、NPO法成立してから15年たった最近になってようやく、その効果が現れ始めてきています。
　次にNPOをめぐる環境変化で最も大きいのは、民主党政権として打ち出され実行

された「新しい公共」政策の提起です。

　これは、公共の担い手が行政だけではなく、一般市民、NPOなどにあることを認めた上で、新しい公共の担い手の強化をしようという意欲的な政策展開でした。国費として80億円弱が計上され、都道府県を通じて政策実施をしていこうとしました。

　私は、長野県の「円卓会議」の座長となり、阿部知事は委員のメンバーの一人として参加しました。長野県に関していえば、約2億円の資金があり、これを2年間にわたって活用し、政策展開をしました。これによって、長野県のNPOや自治体と市民・NPOの協働の考え方や仕組みは前進しました。

　ところが、全国的には残念なことに、都道府県の多くはNPOや協働政策について国が予算をつけてくれた程度の認識であり、旧来の政策の延長線でしか策を講じなかったのです。だが予算自体は執行せざるを得なかったわけだから、NPOを活性化させたことは確かでした。

　つまり、「新しい公共」という、それまでの政治や行政の発想になかったことが堂々と論じられたのは日本の歴史上初めてのことでした。子どもNPOを含むNPO全般がこれに対してもっと意識的に取り組んでいれば、もう少し世の中も変わったでしょうが、残念ながらその意識は低かったのです。これに追い打ちをかけたのが民主党政権の退陣、自民党政権の復活であり、自民党は税制優遇措置さえはずそうとする旧来型政治に後戻りするのです。

　ところで、歴史というものは巨視的に見ると「変化をおこさなかった政策」があとになって別の理由で息を吹き返さざるを得なくなる時があるのです。歴史は直進せず、蛇行するのです。

　それが、自民党政権になってから、財政窮迫時代の福祉政策における自助・共助政策の推進であり、このためには市民の助け合い、支え合いのエネルギーを活用せざるを得なくなったのです。つまり、「新しい公共」の亡霊が再登場してきたのです。

　このことを最もよく理解できるのは2015年度から施行されている介護保険法の改正（詳しく知りたい方は『改正介護保険実務ガイド』市民協監修、田中尚輝、奈良環著を参照）でしょう。介護に携わっていない人には分かりにくいかもしれないですが、この改正はこれまでの制度の哲学を変えるものであって、介護サービスをする側に市民を組み入れようとするものです。これまで行政や行政が指定した事業者がサービスを提供していたのに、改正後は市民相互の助け合い・支え合いをシステムの中に登場させたのです。

　つまり、民主党政権時代の理念先走り気味の「新しい公共」ではなく、財政の切迫を理由にした「やむを得ず」の「新しい公共」が登場してきたのです。当然にも、このやむを得ない新しい公共の主要な担い手はNPOになるわけです。

　このような事態は介護制度が先頭を切っているのですが、子ども政策においても実態化されざるを得ないでしょう。

　たとえば、社会福祉法人や学校法人に任せていた保育園・幼稚園を一般市民やNPO法人が参入できるようにする、ゼロ歳児からの子育てに「地域力」を活用する

ために、主婦や退職者のボランティア参加を促す、学童保育を自治会、NPOに委任する、フリースクールに参画する市民団体を行政が支援する、などなどのことです。

時代は変わりつつあるのです。問題なのはNPOのリーダーたちに、この認識があるかどうかということなのです。

4 展開方法

では、どのようにして子どもNPOをまとめていけばよいのでしょうか？

①まず、政策を一致させることです。これには大ざっぱな政策でよいのです。官も巻き込まなければならないから、「少子化」対策と子どもの教育に差別を持ち込まない（子どもの貧困対策）、というようなことが骨子になるでしょう。その上で、個別政策を確立していけばよいのです。

このためには、実行委員会方式で「子ども政策全国会議（仮称）」というようなものをNPO法人子どもNPOネットワークなどが音頭を取って実施したらどうでしょうか。年1回開催で数回やればかなりのまとまりを見せると思います。私の知っている高齢者の移動問題では1人の中心人物だけによって、年1回の学会的なフォーラムを開催し、それなりの成果を上げている例があります。

②つぎに、子ども問題の資料館をネット上で作り上げることです。近年子ども問題についての調査や実践記録が多くでてきています。これをネット上で図書館をつくりあげ、そこへアプローチすれば何でもわかるようにすることです。これにITにつよい若者たちのボランティア活動によってできるのではないでしょうか。このことによって子ども問題に関心のある団体や個人のネットワークが広がることになるでしょう。

③そして、「子どもを大事にする自治体連合」をつくっていくことです。子ども問題を第1の課題に掲げる自治体がチラホラでてきています。それらをネットワークし、それぞれの政策を分析し成果を整理していきます。子ども問題を上位の政策として掲げなくてはならない自治体が増えてくるので、この「連合」は日本を変えていくことになるでしょう。子どもNPOは、自治体のコンサルティングをして、資金も稼げばよいのです。

④最後に、「子ども議員連盟」の強化を図ることです。これは国会議員だけではなく地方議員連盟もつくることです。今後、政府は子ども政策に力点を置かざるを得ないので、それに関係しようとする議員は与野党を問わず多くなってきます。現在も議員連盟はあるが名存実亡なので活性化させることです。

以上のことは、「決意」した数人がいればできるはずです。

5 NPOの課題

私のフィールドはNPOと介護保険です。その観点からNPO全体に、したがって子

どもNPOにも参考になることを纏めていきましょう。この件について、私は総合的な視点から『社会を変えるリーダーになる～「超・利己主義」的社会参加のすすめ』（明石書店、2014年）を出版しているので参考にしてください。

1）NPOに夢と覇気が欠けている

　NPOの存在価値は何でしょうか。それは第1セクターの行政、第2セクターの産業に続いて、第3セクターの市民セクターの中核に位置し、そのセクターを強化し、第1、第2セクターに刺激を与え社会全体を人間的なものにしていくことでしょう。

　ところがこういう観点からNPOをやっているリーダーはどれほどいるのでしょうか？　目前の課題にフーフー言って取り組んでいることが多いのです。扱っている事業の種類は何であれ、NPOが市民セクターを強化することによって社会を変えるという原点を忘れてしまってはその存在価値はないのです。

　ことに、このことの重要なのは日本社会に「市民性」が薄く、このことが社会をゆがめることになっているのです。

2）大胆な社会改革の構想を

　例えば、子どもの貧困の克服をとりあげましょう。日本では6人に1人の子どもが貧困家庭（日本人の平均収入の半分以下、おおむね年間所得が200万円以下）で育っています。世界でも貧困率が高い恥ずかしい国なのです。

　この問題を解決しようとすれば、貧困の連鎖をさせないために、低所得の家庭の子どもも大学までの教育を受けられる仕組み、授業料の無償化や奨学金制度の充実、若者年金などによって解決していかなければなりません。だが、これらの政策は部分的なことであって、根本的には「同一労働同一賃金」システムを定着させなければならないわけです。これには高額所得者、大企業の正社員、男性などから大きな抵抗を受けることでしょう。つまり、小さなことに見える課題の根は深いのです。

　だからNPOリーダーは当面の課題に真摯に向かいあうだけでは問題解決がないことを知るべきであり、それに対しての手をうたなければならないのです。

3）「協同の輪」を拡げよう

　市民が自らの希望を実現しようとすれば、市民相互の結集が第一義の課題です。これは歴史を見ても分かることで、市民の協同が市民の夢を実現するのです。そして、私たちはこの協同を実現するためにNPO法というツールを持っているわけです。

　子育てNPOでいえば、最初は子育てに困った親が子どもの「預けっこ」をしながらグループをつくっていきます。これが協同の原点で、だんだんと協同の輪を広げていくのです。

　まずは、同じ境遇にいる人同士の共同の輪、次には同じ地域での課題の違う子どもNPOの共同の輪をつくり、そして、その事業化を手掛けます。保育園の全入ができずに待機児童がいるなら、保育所をつくっていきましょう。子育てを地域で支えるの

にバウチャー制度が効果的なら、それをつくればよいでしょう。
　協同の思想は、最初は仲良しグループではじまるのですが、それを質的に強化し、事業化していかなければなりません。リスクを負わない仲良しグループは分解するのです。共同の論理によって、自治体を変え、政府を変えていくのです。
　ことに協同の論理を理解している生活協同組合、NPO、ある地域では労働組合などに働きかけてみましょう。彼らは役所のように堅苦しいことは言いません。

4) マーケットを形成し、支配しよう

　NPOは自立しなければなりません。自立とはミッションと経済的な自立を含む概念です。そのためには個々のNPOのマネジメントの確立が必須であり、社会全体を視野に入れれば、マーケットへの影響力を強めていくことです。この視点があらゆるNPOに欠けているのです。
　現在の日本のGDPは約500兆円であり、この約60％の300兆円は個人消費です。一般の市民が生活のために買い上げている商品やサービスが300兆円にも上るのです。この1割の30兆円に対してNPOが意識的に生産・消費の側から関われるようにならないものでしょうか。
　つまり、NPOが作り出した商品・サービス、あるいはNPOに協力的な企業が作り出した商品とサービスにいつも使っているお金を集中させるのです。30兆円といえば、それをすべてNPOで消費をしたとし、NPOはサービス業が多いので人件費が50％とすれば15兆円になります。これは現在の生協の総売上高の5倍であり、年収500万円で雇用すれば3万人を雇用できるのです。NPOや市民が知恵を働かせればこうした資金を動かせるのです。
　子どもNPOでいえば、保育園や子育て支援サービスに子どもNPOがどんどん加わっていけばよいのではないでしょうか。そして、ここで企業とのコラボレイトも大胆にやればよいでしょう。
　つまり、NPOは世の中を変えなければならないのだから、ミッションを前提として、経済にも政治にも力を持たなければならない、ということなのです。

5) 真のNPO中間支援をつくりあげよう

　こうした活動を通じて、NPOがまずは行きつく先は、NPOとNPOがもつ社会的影響力を総結集できるナショナルな意味でのNPO中間支援ネットワークをつくりあげ、政府との交渉力を確保することです。
　考えてみれば、個別NPOのレベルの目的達成とは何なのでしょうか。子育てで困っていれば、そのことが解決できればそこで終わりなのでしょうか？　ひきこもりであった子どもがフリースクールに通いはじめたら問題は解決したのでしょうか？
　そうではないでしょう。確かに当面する課題の解決は重要ですが、そこから発して「世の中」を変えるのがNPOのミッションでしょう。だとするならば、個別課題を抱えるNPOは、その特殊的利害からはなれて、世の中を変える連合にもエネルギーを

割かなければならないのです。この組織が全国的なNPO中間支援団体です。現在の日本では、NPO中間支援団体を自認する団体はあるものの、この機能を持っていないのです。

　子どもNPOは、全国的な中間支援団体の形成にも寄与すべきです。このためには、自力で市民のシンクタンク形成を行い、官僚機構と対峙できる能力を持たなければなりません。これも最初から完成形ができるのではなく、個別政策のためのシンクタンクが多くできた上で、そのネットワーク形成によってできあがっていくのです。

　次には、資金確保ができるようにしなければなりません。これは突出したNPOを創ることであり、これが可能なのは高齢者系NPOでしょう。そこにおいて、全国的なNPO中間支援団体の受け皿をつくっていくことです。智慧と資金があれば、人材の結集は可能であり、立派なNPO中間支援団体が創れることになります。

　以上、子ども系NPOの現実からすれば、あまりに先のことをのべたかもしれません。だが、このようなことを考えられる時代になったのです。ということは、夢のような構想を実現できる客観的基盤が形成されてきていることを意味するのです。こうした中で自らのNPOの位置を確認し、課題を整理することが今後の子どもNPOの進むべき道ではないのでしょうか。

6　おわりに〜地域包括ケアと子育て

　私の現場が介護関連であるためによく見える地点からのメッセージを述べ「おわりに」に代えさせていただきたい。

　2015年からの介護保険改正の施行の論理的な柱は「地域包括ケア」です。これは、主に高齢者ケアを医療や介護の専門分野から「点」として追いかけるのではなく、地域社会において包括的に（地域の人々の支援を得て、つまり、地域づくりをすることによって）ケアをしていこうということです。たとえば、一人ぐらしの高齢者のケアなどは医療や介護で専門家が対応できるわけではなく、隣近所の人々、自治会、ボランティア、NPOなどが担った方が効果的です。

　こうしたなかで「通いの場（サロン、コミュニティカフェなど）」を人口1,000人（高齢者約250人）あたりにボランティアの力で1つずつ作っていこうという政策があります。そして、この通いの場には高齢者だけではなく、子どもも障碍者も含もうというのです。

　これまでの縦割り政策からすれば考えられない取り組みで、町づくりをやっていこうということです。子どもたちが地域のさまざまな人によって育てられる場ができるのです。そこでは子どもたちは高齢者や障碍者ケアのボランティアとして活躍することでしょう。

　時代が変わってきました。子どもNPOも変わらなければなりません。

I 特集　子どもNPOをとりまく動き - 今日の焦点

特集
6　子ども・若者NPOが直面する矛盾と本領

NPO法人日本子どもNPOセンター専務理事
立柳　聡

1 はじめに

　1998年に特定非営利活動促進法（通称・NPO法）が成立して、早くも17年の歳月が経過しました。すでに認証NPOの数は49,970団体（2015年2月28日現在）にまで増大しています。この内、定款に、特定非営利活動の種類の一つである「子どもの健全育成を図る活動」を掲げている団体は、21,381あります。これは、特定非営利活動の種類別では、上から5番目に多い数です。一番多い「保健・医療又は福祉の増進を図る活動」、2番目の「社会教育の推進を図る活動」、3番目の「まちづくりの推進を図る活動」にも、子どもを対象にしたり、子どもの幸せに寄与することを念頭に置いたものが間々認められますから、実質的な子どもNPOの数は、どれほど少なく見積もっても、認証NPO総数の半分を超えていることは間違いないでしょう。法人格を持たず、ボランティアグループとして活動しているものも加えれば、その数は一段と増えます。

　一方、国や自治体の政策的な追い風も受けて増加が著しい学童クラブの数は、全国に、22,096（全国学童保育連絡協議会調査、2014年5月1日現在）ですから、21381という数は、概ねそれに匹敵するものであることがわかります。また、年々減少しつつある児童館の数は4,444（厚生労働省発表、2012年10月1日現在）ですから、すでにその5倍弱に当たります。数の上（量）だけで見ても、子どもNPOが、地域や放課後・休日における子どもの健やかな育ちの支援に資する活動のプロモーター・拠点として、今や極めて注目すべき存在になっていることが伺えます。そればかりか、そうした学童保育所や児童館を指定管理者として管理代行に当たり、運営の実質を担保する役割も担いうる事実や、本書第Ⅱ部に紹介されているものの他、全国各地で展開している子どもNPOの先駆的な実践を踏まえて考えれば、当該分野の事業の改善や新機軸の開発にも出色の貢献を果たしうる能力を携えた存在であることは明らかであり、事業の質においても相応の評価を要する存在になっていると認識します。

　すると、①なぜ、こうしたことが可能なのか。②しかし、折々に全国の子どもNPOから伝わる声に耳を傾ければ、優れた潜在的な可能性の開花を阻害する大きな社会的条件がいくつか横たわっている矛盾にも気づかされます。そこで、本稿では、

NPO法成立に少し先立つ時期からの子どもNPOの歩みを、筆者の個人的な体験と関係者の声、特定非営利活動法人日本子どもNPOセンター（以下、JCNC）の取り組みを踏まえて振り返り、特に指定管理者制度を手がかりとして、①の背景と②の矛盾のからくりを考察し、子どもNPOの今後の発展の糸口や心得どころと考えるものを提示してみたいと思います。

2　子どもNPOの誕生前夜

　概ね1980年代の後半と1990年代の前半を、東京特別区の公務員である児童厚生員・放課後児童支援員として過ごしていた筆者が、この時代にあれこれ考えさせられていた児童館の課題の一つは、紛れもなくその民間委託や廃止、職員の非常勤化をめぐる動きでした。児童館の存亡の危機を前に、都内を中心に、全国の有志とも手を携えて児童館の自己革新運動（以下、自己革新運動）と学習・研究活動に、旺盛な関わりを持つようになりました。その一定の評価は、既に別稿（「90年代・児童館自己革新運動の隆盛と児童館実践」、『子育ち支援の創造』、学文社、2005年）に草しましたので、併読していただきたいと思いますが、そこに記していない当時の個人的な認識の一つをご紹介します。

　それは、自己革新運動に関わりを深めるほどに、二つの事柄に対する思索もまたどんどんと深められていったことです。その一つは、「児童館の本質」についてです。個人的には、今でも、児童館の目的や本質を、"子どもの遊び場、遊ばせるところ"といった認識に立つ児童厚生員に間々出会ってあきれるのですが、それも念頭に、この点の思索の簡単な総括を、1993年2月、当時の厚生省発児第123号厚生事務次官通知の件を引用しながら私が記した拙文の一部を以下に再録してご紹介します。

　"…ここで「児童に健全な遊びを与える…とともに、…児童の健全育成に関する総合的な機能を有する」とされたことは示唆的でした。すなわち、「遊び」は飽くまで健全育成（＝真の目的）のための一つの手段であって、それが児童館の目的ではないということです。しかし、現実にはこの錯覚がかなり広く認められ、単に子ども達と同じ目の高さで遊びに埋没する館運営や職員の姿勢でよしとする傾向が目についていなかったかどうか…絶えずその時代の健全育成の課題（不健全状況の背景）と将来的な展望が明らかにされ、それに資する活動が着実に企画、実践される（遊びという手法を上手にブレンドしながら）中で児童館の真価は高められていくと考えます。今日児童館の危機が叫ばれるとすれば、そうした取り組みになっていたか否かがまずは真剣に内省されるべきでしょう。…"（「手段と目的の取り違いに終止符を」、『がんばれ東京の児童館』、都政新報社）

　結局、時代的、地域的に、目の前にいる子どもたちの健やかな育ちを阻害する障壁となっていることとは何か？それが生じてくる背景やからくりとはどのようなものか？よって、どのような予防、改善、解決策を構想し、事業（日々の遊び"方"の工夫、子どもを取り巻く大人たちへの啓発、まちづくりなど）として実践すればよい

か？それを明らかにしたり、実現できる思考力、行動力、学習能力といったものが、児童館の本質に迫る活動を展開する上で、不可欠な前提として児童厚生員に求められることが悟られたのでした。

　もう一つは、「子どもの本質とその育ちの特色」についてです。すると、子どもとは何なのか？1989年に国連総会で子どもの権利条約が採択され、この条約と子どもの権利に関する学習や日本政府に批准を求める運動が広まりを見せる時代とも重なり、また、1990年代前半は、「子育て支援」の概念が登場し、急速に普及した時期でもありますが、それと連動するように思索が深められていきました。

　それが導いたものは、すなわち、子どもを「発達主体」とする認識です。思えば、「健全育成」は、為政者が自分たちに都合のよい後継者を意図的に育てる意味合いを込めて使った経緯もある言葉で、大人の側からの管理的で施し的な含意が払拭できない時代錯誤なものになっていました。また、「子育て支援」も親を中心に、子どもを育てる大人の負担を軽減する取り組みであって、支援の対象は大人です。子どもが主体性を有する存在であるなら、それを尊重しつつ子どもと直接関わり、その健やかな育ちを促す取り組みが積極的に構想、実践されるべきであることが明らかになった時、この概念を表現する言葉も必要になりました。実はそれが、自己革新運動の中で、現在のJCNC代表理事である小木美代子さんが提起した「子育ち（支援）」だったのです。（『児童館・学童保育と子育ち支援』、萌文社、1994年）そして、この本質的な理念を普及させた原動力は各地の子どもNPOであったと思います。

3　子どもNPOの胎動と揺籃の時期

　こんな折、1995年に阪神大震災が発生しました。復興支援に全国から集まった多くのボランティアが活躍し、その公益的な意義が一挙に認知されることになりました。こうした追い風を受けて、1998年にNPO法が成立することになったわけですが、各地の有力なボランティア団体や民間団体が、NPO法人に次々と衣替えしていきました。管見では、特に子どもの育ちの支援を担ってきた団体にこの傾向が顕著であったと思われます。

　実は、ここには三つの伏線がありました。一つは以下です。1970年代は、女性、障がい者、子ども、マイノリティなど、従来、等閑視されがちだった人々に視線を集め、その人権擁護の運動が世界的に隆盛した時代でした。これを受けて、1980年代ともなると、「個人主義（自分らしさ・固有な生き方へのこだわり）」、「自己実現」といった価値観が広い支持を集めるようになりました。この「自己実現」を文字通り実現する上で、大きな役割を果たしたものがボランティア活動です。そこに生きがいや「自己実現」の機会を見出し、半ば専業のように関わる人々がにわかに増え始めたのです。こうした人々に導かれたボランティア活動団体は、地域の諸問題に対する理解と解決策をめぐって有効な知的財産を多々蓄積し、やがて行政の関係分野にも影響を与えるほどになりました。1990年代ともなると、自主的、積極的に自治や「公益」を

担おうとする意志を持つ団体も現れ、そのために一段と有意義な活動を実現できる条件を国や自治体に求めるまでに力強く成長していました。このマグマが、ついに噴出を始めたのです。

第二は以下です。偶然ですが、こうした動きと並行するように、国と自治体は財政破綻による疲弊をどんどんと深刻化させていました。1980年代も半ばとなると、東京の児童館は、「無用の長物」とまで揶揄され、行革やリストラの激しい波が幾重にも襲いかかってきたことを今も鮮明に記憶しています。一方、「個人主義」が広まり、多様化した住民の価値観やニーズに応える創造的な行政を展開する必要にも迫られ、長らく前例踏襲、機関委任事務で形式的に国の下請けに終始することが多かった自治体は、それこそ前例がない事態に遭遇してなす術を失い、窮地に追い込まれてしまっていました。

第三は、既述のような世の中の大きな変化を背景に、「公益」を実現する方法が再考されるようになったことです。誤解されている方が大変多いように思うのですが、「公共」とは、"不特定多数の人々"のことであり、よって、「公益」とは、"不特定多数の人々の利益"を意味します。例えば、長い保育の歴史の中で、私立（民営）の保育園が保育のニーズを有する不特定多数の親たちのために、どれほど貢献してきたかを想起していただくと、とてもわかりやすいと思うのですが、「公益」の担い手は、すなわち、「官」なり「行」（役所）ではありません。第二の伏線のように、公務員たちの多くが時代に見合った仕事ができない状況の一方で、第一の伏線のように、それを凌駕できるほどに代行可能な「民」が意欲旺盛に育ってきているのであれば、この力を積極的に活用したり、せめて「官」または「行」と「民」の協働（違った役割を請け負いながら協同すること）で、「公益」を生み出そうとする新たな方法が、納得を伴って「公共」の強い支持を得る状況が生まれていたのです。

こうして他のNPO法人にも負けず劣らず、法人格を取得した子どもNPOが次々と各地に誕生し、頭角を現し始めました。目を見張る成果と潜在可能性は国も認識するところとなり、その支援も得て、全国規模でこうした力を束ね、振興する機運が隆盛したのです。NPO法の成立からわずか5年目の2002年にして、全国規模で活動する代表的な子どもNPOや、子どもの育ちの支援に造詣の深い研究者、NPOの活動家などが理事者として結集し、JCNCが設立されるまでに至り、中間支援が本格化する時代となりました。

4　子どもNPOにとっての画期 ―指定管理者制度の登場―

その翌年の2003年、厳密には子どもNPOに限らず、特に法人格を取得した多くのNPOにとって、身を乗り出す施策が動き始めました。地方自治法の改正による、「指定管理者制度」の登場がそれです。これにより、時代に取り残されてしまった自治体は、「公の施設（法律上の定義では、「住民の福祉を増進すする目的をもってその利用に供するための施設」となりますが、一般に言う「公共施設」の多く）」の設置の目

Ⅰ 特集　子どもNPOをとりまく動き‐今日の焦点

的を効果的に達成する必要があると認める時は、条例を定め、自らが指定する法人その他の団体（「指定管理者」）に、自らに代行して、当該の「公の施設」の管理を行わせること（「管理代行」）ができるようになったのです（「指定管理者制度」）。

　一方、「指定管理者」となりうる法人やその他の団体には、NPO法人が含まれていました。このため、「官」なり「行」を凌駕する「公益」の実現に確信を漲らせた関連分野の様々なNPO法人が、自らのミッションを実現する好機の到来と捉え、「指定管理者」に名乗りを上げ始めたのです。

　こうした状況の下で、自治体直営や「管理委託」されていた児童館や学童クラブなどの子ども施設も「管理代行」の対象となりうる公共施設であったため、ここには子どもNPOが手を挙げ始め、次第に「指定管理者」となる子どもNPOなどの民間団体が増えていきました。すぐれた「公益」の増産者が各地に台頭し、子どもたちにとって正に福音となる時代の到来が予見されましたが、その後の展開は少なからず異なるものとなりました。

　立場上、児童厚生員や放課後児童指導員の皆さんの研修会や研究会に招かれることが多い私が、概ね2000年代の前半、そうした折々にしばしば耳にすることになったのは、児童館や学童クラブを中心に、子ども施設を「指定管理者制度」に委ねることへの疑問と「指定管理者」となることを希望する子どもNPOなどの民間団体に対する危惧、並びにそれをめぐる議論でした。

　そうした声を私なりに整理すると、中心的な主張は二つに要約できると思われました。一つは、「直営の形態こそが最高、最善のものであって、そこに不備があれば、財政措置を求めたり、人員を増やすなど、相応の条件整備を行って改善していくことが望ましく、民間団体のごとく脆弱な者たちに任せることはゆゆしきことである。」というもの。

　もう一つは、「企業はもとより、結局、民間団体は営利や経営効率に運営の原理を求めており、採算が合わなくなれば事業を投げ出したり、人員や給与の削減などに踏み出し、労働条件を悪化させて、事業の安定や継続が困難になる。」というものです。

　因みに私は人類学者で、文化や社会の研究が専門ですが、そうした学問的な知見も踏まえ、こうした主張の特色と背景について、次のように見えていたことを、参考に御紹介いたしておきます。

　幕藩体制が成立した近世以降に本格化したと認識していますが、日本における民生や厚生の充実を図る施策は、ムラ内の互助慣行に支えられるものもあったにせよ、為政者の沙汰による施しとなり、御上の意思は、通常では覆しがたい絶対性を帯びて庶民を支配するようになりました。やがて明治政府が成立し、近代がやってきても、殖産興業・富国強兵策を軸とした官僚制による上からの改革が推し進められることとなりました。戦後となっても、伝統的な利権や人間関係に支えられた保守政党の支配が長らく続いてきたことはご承知の通りです。文化の重要な本質は、いつの頃からか多くの人々に共有され、意識の中に定着し、後世に伝えられるようになった規範（絶対性を有する価値観）であって、知らず知らずに日々の生活の中で人々の思考や判断を

拘束する機能を持つものであることです。私ども日本人の多くは、４００年を超える長い時間の中で、御上の考えや行動を最高・最善のものとし、常にその指示を仰ぐことを当然とする文化を身につけてしまい、しかもそのことや文化の本質に気づいていないのだと思われます。私は、全国で最も保守性が強い地方とも言われる東北で、民間有志による児童厚生員や放課後児童指導員の学習・交流の機会を多々設けてきましたが、民間の独自の催しであるにも関わらず、詳細の問い合わせやそこへの参加の判断を行政の担当課などに求める実態を多々知り、驚愕した経験を持っています。常に公ごとの沙汰（通知）は御上（役所）から降りてくるものであり、そのお墨付きを得ることを大前提とする人々の認識や行動に文化の恐ろしさを痛感しました。こうした傍証も踏まえて振り返ると、結局、公営史上論に立つ人々は、既述の文化の頸木にしっかりと押さえ込まれると共に、3節にご紹介した世の中の重大な底流の変化や「公益」とは何か、NPOの本質を全く認識できていない人々なのだと思えてなりません。

　しかし、経営困難に陥るなど、この人々の主張を裏付けている可能性がある事実も垣間見られるようになってきていることに、私は注目していました。

　一方、同じ時期に子どもNPOの関係者との交流の機会も増えてきていましたが、そこで第一義的に話題とされるのは、子どもの育ちの現状にみる様々な危うさやその背景、それを改善、解決していくための方策やビジョン、自分たちの取り組みといったもので、その熱い語りに感動することが間々ありました。

5 「がんばれ！民間の児童館・地域子ども施設交流の集い」の開催

　そうした矛盾を抱えた現状の下で、子どもNPOをどのように振興していくか。まずは身近なところから関係者の交流を促進する必要があるとの結論を得て、JCNCが取り組んだ全国規模の催しが、「がんばれ！民間の児童館・地域子ども施設交流の集い」でした。2007年度から毎年度1回、東京で、2010年度まで4回にわたって続けられました。毎回、いくつかの分科会が設けられましたが、特に重大な事柄として「指定管理者制度」に関わる分科会は一貫して開催されました。この中で、次第に、「指定管理者」に集う高い志気や優れた創造性、旺盛な行動力を持つ有為な人材をワーキングプアや不条理な風評被害の陥穽に落とし込めている実態や、「指定管理者制度」の運用をめぐる自治体の誤解や不備、しかも、その矛盾が指定管理者にしわ寄せされる実態などが次々と明らかになっていきました。

6 「児童館・放課後児童クラブの指定管理にあたるNPO法人等の実態調査」が明らかにしたことと矛盾の解消に向けた展望

　事態を重く見たJCNCは、矛盾の背景やからくりを解き明かすための研究プロジェクトを立ち上げました。それが、独立行政法人福祉医療機構からの助成を得て、2009

Ⅰ 特集　子どもNPOをとりまく動き - 今日の焦点

～2010年度に行われた標記の調査です。全国の市町村と東京特別区を対象とする悉皆アンケート調査と「指定管理者」である団体に対するアンケート調査と対面調査によって判明したこととして、特に重要と見られることの要点は以下です。

1) 2003年7月、「指定管理者制度」の導入を決めた地方自治法の改正直後に総務省自治行政局長から出された通知（総行行第87号）の記載は最も端的と思いますが「A 多様化する住民ニーズにより効果的、効率的に対応するため、公の施設の管理に民間の能力を活用しつつ、住民サービスの向上を図るとともに、B経費の削減等を図ることを目的とするもの」（アルファベットは筆者による）
　実は、「指定管理者制度」の目的はA、B、二つあるのですが、「指定管理者」、特に子どもNPOはAを重視し、自己のミッションの実現を目指して積極的、創造的に活動しようとするのに対し、自治体はBを重視し、ひたすら財政効率と自己の既得権の保持を目ざす一方、「指定管理者制度」の詳細や本質的な理解には疎い傾向が見受けられるのです。この結果、両者の利害調整機関や制度もない中、「指定管理者」を選定する立場の自治体による専ら安上がりで、しかし、統制しやすい「管理代行」を期待する動きが拡大し、そのことが"財政難で離職者やワーキングプアを生み出し、経営難に陥る"、"ミッションや自己実現を阻まれ、モチベーションを下げていく"「指定管理者」を増やしている。正に「指定管理者」の困窮は、「指定管理者制度」やNPOそのものに内在する問題ではなく、多くは自治体による制度運用の不備がもたらす人災と考えられます。

2) 問題意識とそれを解決しようとする高い志気によって築かれたミッションの実現を目指す「指定管理者」である子どもNPOは、総じて自主的な学習意欲と能力が高く、本質を鋭く捉えた事業の創造に優れ、その実行力が旺盛であるとみられます。子どもの権利条約の理念を咀嚼し、体現する活動への熱心な取り組みは典型的な一例でありましょう。

（参考：『児童館 放課後児童クラブの指定管理にあたるNPO法人等の実態調査』、JCNC、2012年）

総括的に言えば、子どもNPOの強みである特色は、事業の本質性と先駆的な実行力にあると思われますが、御上至上の日本文化の規範の下では、民間団体であるが故に、今なお「悪・劣・低」なるものとして折々に位置づけられてしまい、不条理な処遇を受ける事態に直面していることが矛盾の本質と認識されます。ご承知のように、自治体職員による不祥事の報道は日常的で枚挙に暇がありませんが、それでもここに権威を見出す文化の壁は厚いのです。質の高い事業の前衛的な積み重ねで自分たちの信用を高め（同時に信用失墜を徹底して予防し）、気長に、しかし、着実に文化を変えていく努力が欠かせません。

本書に収録された放射線汚染から子どもたちを守る取り組み、貧困化する子どもたちを支援する実践などは典型と思いますが、2015年4月から本格実施となった「子ど

も・子育て支援新制度」、特に「地域子ども・子育て支援事業」の創造的な担い手となることや、「地方版子ども・子育て会議」への積極的なコミットなどは、そこにつながる当面の重要な道筋と考えます。

7 まとめにかえて －子どもNPOの本領を発揮しよう！－

「がんばれ！民間の児童館・地域子ども施設交流の集い」の開催にあたり、世話人たちは、NPOならではの持ち味＝本領はこんなところであろうと整理し、それらの積極的な発揮を呼びかけました。「児童館・放課後児童クラブの指定管理にあたるNPO法人等の実態調査」はそれを裏付けたと認識するので、ここまでの話の要点の要約と全国の子どもNPOへのエールを兼ねて再録し、結びといたします。

一．義務感ではなく、使命感で仕事をします！
一．職員の福利厚生・労働条件ではなく、お客様＝子ども本位・住民本位に考えます！
一．自分の能力・都合でできることではなく、子どもや住民のニーズに適うことをします！
一．施設の存在意義と世間からの評価を念頭に、常にサービスの質の向上を図ります！
一．世の中の変化に敏感であるため、活発な情報収集を進めます！
一．新たな仕事を開拓するため、旺盛な学びと創意工夫に励みます！
一．伝統や前例にとらわれず、進取の気象で行動します！
一．子どもの育ちに関わるあらゆる人たちと協力し、子どもたちに最善の貢献をします！

弁護士、医師、看護師など、専門職能者の団体は、一般に、独自な倫理規定や自主的な能力向上、専門的力量形成の取り組みを促す仕組みを持っていて、逸脱する者には、自分たちで懲戒を科すなど、専門職能者全体の信用の確保に努め、自分たちの社会的な存在価値を確立してきました。民間の児童館や地域子ども施設の職員も、本来専門職能者であるなら、同じこと。いざ、その第一歩の機会に踏み出しましょう！

7 福島の子どもたちは今どうなっているのか
～東日本大震災から4年を経て～

NPO法人シャローム災害支援センター
吉野 裕之

1 はじめに

1) 東日本大震災から4年が過ぎて

　東日本大震災と福島第一原子力発電所の爆発から4年が過ぎました。「復興」を目指して沢山の汗が流されてきました。そして涙も。残念ながらその涙は、まだ乾いていません。

　このところ、レジリエンスという言葉をよく耳にします。誰かが意識して使い始め、広められているような気がします。元々は物理学の用語で「外力による歪みを跳ね返す力」とされ、精神医学では「極度の不利な状況に直面しても、正常な平衡状態を維持することができる能力」つまり抵抗力を意味する概念とされるようです。「自尊感情」「安定した愛着」から「支持的な人がそばにいてくれること」までがこのレジリエンスを育てる因子とされるところをみると、この困難な時代を生きるのに必須な価値観ということなのかもしれません。しかし、今の福島では？　放射能汚染の残るこの漠然とした不安がうっすらと日常を覆う中、それを甘んじて受け入れざるを得ない状況が作られていくのだとしたら？愛着のあるこの地で生きる為に飲み込まなければならない数値は、決して子ども目線でのものではないようです。

2) 福島県民の6区分と子どもたちの育ちにみられる変化

　福島県民は大きく分けて6つに区分できるようです。強制避難区域からの県内避難・県外避難。いわゆる自主的避難地域からの県内避難・県外避難。もともと居住していた場所に在住している人。そして避難先から帰還した人。それぞれの家族における子どもたちの負担は様々です。地域社会そのものが失われたことによる故郷の喪失。学校が変わったことによる学習環境と友人関係の変化。家庭環境が変わったことによる親子関係や居場所の変化です。これらに子ども特有の困難さ（理解・表現・伝達）も相まって上記の6区分に掛け合わされ、より重層的に複雑化しています。また、放射能汚染への懸念から屋外活動を制限された影響で運動能力の低下や肥満傾向が顕著に表れているほか、学力や社会性の低下、不登校の増加といった問題を投げかけています。

2 福島の空間放射線の現状

　原発事故から4年を経て、福島では日常的に被曝に備えようとする意識が薄くなってきているようです。福島市の場合、住宅除染の進捗率は約51%（2014年末時点）。学校や公園、公共施設内は除染されたとはいえ、まだ生活環境での被爆対策は道半ばといった状況です。山林の除染は家屋から半径20m以内にとどまり、ほとんど手付かずです。一方、危険性を意識しての生活は精神的な負担を伴い、避難しなかった選択への確信も揺らぎかねません。このため、今では線量計で身近な生活範囲での放射線量を測定する市民の姿はほとんど見られなくなっています。

　私たちはそうした住民感情を無用に刺激することの無いように配慮しながら、保育園のお散歩コースや通学路などの空間線量を住民の皆さんと共に測定しています。一般的な基準としての1mのほか、子どもの基準とされる50cm、より小さな子どもたちのための10cmの3点を同時に測定し1秒ごとに記録します。データは保護者や園関係者に提供し、無用な被ばくを避ける手段を考えるための材料として頂いています。地上10cmでの測定結果は1mよりも高い傾向にあります。これは原発事故直後に雨とともに降り注いだ放射性物質が地表に沈着し、今もって汚染しているからにほかなりません。地面に近いところを歩いているのは子どもです。残念ながら、一般的な基準である1mで測定され、公表される結果からは見えない汚染・被ばく影響が、より背の低い子どもたちに暗い影を落とすことになっているものと推察されます。測定値は一歩ごとに違います。推定値ではなく、子どもたちが実際に歩いているその場所を、遊んでいるその足元を実測することが不可欠。その結果を基に対策を講じなければ意味が無いのだと考えています。子どもの最善の利益のために大人がなすべきこと。その実現には「大人基準での測定で子どもの生きている世界を測らない」ということが前提でなければなりません。

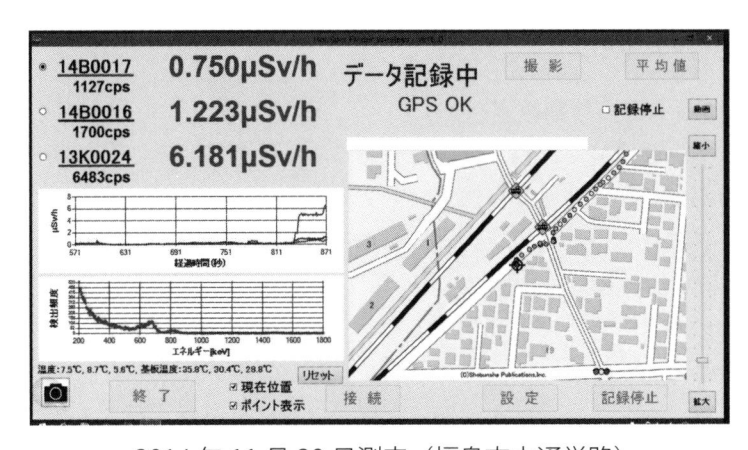

2014年11月20日測定（福島市内通学路）

　　1mでの測定値　　0.750 μSv/h
　　50cmでの測定値　1.223 μSv/h
　　10cmでの測定値　6.181 μSv/h

I 特集　子どもNPOをとりまく動き－今日の焦点

福島市内の公園での測定風景 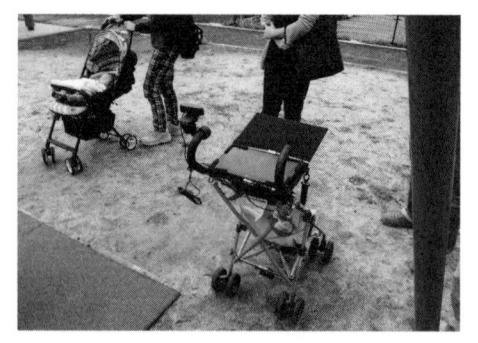　　　　　　ベビーカーに乗った赤ちゃんと

適切に除染された公園の放射線量は低くなった（10cmでの測定結果）

3 問題解決に向けての対策

1）保養プログラムから移動教室へ

　測定を通じて生活環境で無用な被ばくを避ける手段を講じることと同様に大事なのは、被ばくの不安のない地域で自然体験や交流を楽しめる時間の確保でしょう。本来であれば、生まれ育った故郷の自然に抱かれるのが最善なのかもしれませんが、幸運なことに全国の善意あふれる団体が「保養プログラム」を実践してくださっています。神戸大学の鈴木一正さんの研究によると、2013年の夏休みには全国で264、一年間で410件の保養プログラムがインターネット上で募集されました。そのほとんどは市民団体による計画です。受け入れ先でプログラムを組んでくださる皆さんの熱意と工夫が継続の鍵とはいえ、原発事故から時間が経つにつれて、人的・経済的に継続が難しくなっていることも事実です。民間の力だけで続けることの限界もあります。参加機会の公平性も考え、民間の保養プログラムを更に応用発展させたものが「移動教室」です。

保養プログラムでの外遊び　　　　　　　　運動不足の解消をかねて

　「移動教室」とは、学業期間中に通常のカリキュラムを非汚染地域に持ち出して行う教育の実践です。福島県内では伊達市教育委員会が率先して取り組み、2014年度までの3年間に全21校での「移動教室」を一巡させました。シャロームでは2013年度と2014年度、3市6校と連携して移動教室を実施することができました。2014年度からは福島県外での実施につき文科省の補助事業としても位置付けられるようになりました。子どもたちが教育を受ける権利を守る有効な手段になっているものと考えています。

　受け入れ先の自治体に協力を仰ぎ、受け入れ校を設定していただきます。空き教室をお借りして自校のホームルームや学習を行うと共に合同の授業を取り入れます。給食や掃除、クラブ活動などで交流の時間も楽しみます。地域住民の皆さんに食事のご協力をいただくことで、温かなお気持ちに触れることもできます。結果的に、実施校ばかりではなく、受け入れ校の子どもにとっても、地域にとっても、非常に良いプログラムであるとの評価が得られました。震災の記憶をつなぎながら被災した子どものために一肌脱ぐことができる機会は、地域の魅力を感じてもらう機会となり、互いの人間性を認め合い、「困ったときはお互い様」の精神を培ってくれます。今後への防災意識も醸成され、自治体同士の交流が始まり、防災時の相互協力関係構築にまで発展する可能性があります。当初は、外遊びができる環境の確保といった放射線対策として想定した「移動教室」ですが、実践を経た経験からは、より深い意義が見出せそうです。それは『生きる力』の獲得です。

移動教室での自然体験　　　　　　　　　　移動教室での創作体験（陶芸）

61

I 特集　子どもNPOをとりまく動き - 今日の焦点

学校ぐるみでの歓迎を受ける　　　　　　お別れには涙のシーンも

2）甲状腺がんの不安とその対策

　一方、初期被ばくの影響が心配です。半減期が8日の放射性ヨウ素が、子どもたちの甲状腺にどのような悪影響を及ぼしたのか正確な評価ができずにいます。福島県県民健康調査検討委員会では「原発事故の影響は考えにくい」「地域差も確認できない」との見解を出していますが、医者や科学者の間でも評価が定まっていないのが本当のところではないでしょうか。これまでに298,577人（81.2％）調べて110名に甲状腺がんが見つかっています（2015年2月現在）。また、一回目の検査で異常がなかった子どもたち8名に、二回目の検査でがん・疑いがみつかりました。うち1名は17.3ミリまで大きくなり、手術の結果、甲状腺がんが確定するなど「甲状腺がんは進行が遅い」という専門家とされる方々の言説にも矛盾が生じ始めているようです。「リンパなどへの転移が認められたための必要に迫られた手術が多く、過剰診療とは言えない」という説明もなされています。30万人調べて118人のがん・がんの疑いが出るということが自然発生的なこと（原発事故の影響でない）としたら、東京都内には何人の、全国ではいったい何人の小児甲状腺がん患者がいることになるのでしょうか？転移など手術の必要性が切迫した子どもたちが見過ごされている可能性が否定できず、今すぐにでも全ての子どもたちの甲状腺検査を実施すべきなのでは？と考えます。しかしそのような要請は甲状腺学会からも、当の福島県立医科大学の医師たちからも聞こえて来ません。「影響は福島だけだから？」なのでしょうか？

　　出典：以下の資料は福島県民健康調査「甲状腺検査」実施状況より抜粋
　　　　　県民健康調査「甲状腺検査（先行検査）」結果概要[暫定版]、
　　　　　http://www.pref.fukushima.lg.jp/uploaded/attachment/101599.pdf、並びに、
　　　　　県民健康調査「甲状腺検査（本格検査）」実施状況、
　　　　　http://www.pref.fukushima.lg.jp/uploaded/attachment/101600.pdf

```
ア 平成23年度実施対象市町村
 ・悪性ないし悪性疑い　15人（手術15人：良性結節1人、乳頭癌13人、低分化癌1人）
 ・男性：女性　　　　　5人：10人
 ・平均年齢　　　　　　17.3±2.0歳（13-20歳）、震災当時　15.7±1.9歳（11-18歳）
 ・平均腫瘍径　　　　　14.1±6.6mm（6.0-33.0mm）
```

イ 平成24年度実施対象市町村
- 悪性ないし悪性疑い　56人（手術50人：乳頭癌49人、低分化癌1人）
- 男性：女性　　　　　21人：35人
- 平均年齢　　　　　　17.2±2.7歳(8-21歳)、震災当時14.9±2.6歳(6-18歳)
- 平均腫瘍径　　　　　14.5±7.8mm(5.2-40.5mm)

ウ 平成25年度実施対象市町村
- 悪性ないし悪性疑い　39人（手術22人：乳頭癌21人、低分化癌1人）
- 男性：女性　　　　　12人：27人
- 平均年齢　　　　　　17.2±3.0歳(11-21歳)、震災当時14.4±2.8歳(8-18歳)
- 平均腫瘍径　　　　　13.3±6.9mm(5.1-35.9mm)

アからウの合計
- 悪性ないし悪性疑い　110人（手術87人：良性結節1人、乳頭癌83人、低分化癌3人）
- 男性：女性　　　　　38人：72人
- 平均年齢　　　　　　17.2±2.7歳(8-21歳)、震災当時14.8±2.6歳(6-18歳)
- 平均腫瘍径　　　　　14.0±7.3mm(5.1-40.5mm)

平成23〜24年度実施対象市町村細胞診結果

平成26年度実施対象市町村
- 悪性ないし悪性疑い　8人（手術実施1人：乳頭癌1人）
- 男性：女性　　　　　4人：4人
- 平均年齢　　　　　　15.6±3.4歳(10-20歳)、震災当時12.1±3.4歳(6-17歳)
- 平均腫瘍径　　　　　10.2±3.9mm(6.0-17.3mm)

平成26年度実施対象市町村細胞診結果

図1　細胞診で悪性または悪性の疑いのあった8人の年齢・性区分

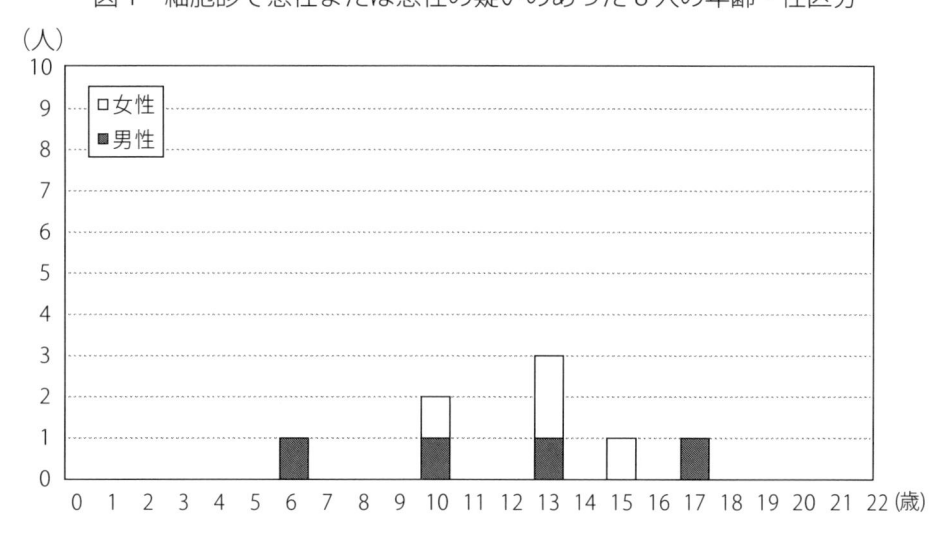

図2　平成26年度細胞診で悪性または悪性の疑いのあった8人の内6人の実効線量推定

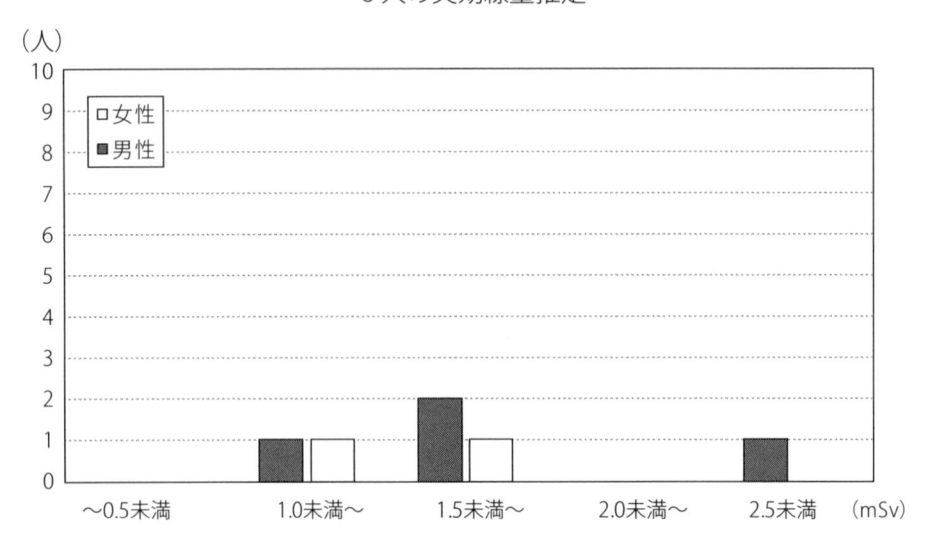

4　皆さんの身近な地域にも広がっているかも知れない

　福島にとどまらない様々な地域から放射能への不安を抱えて沢山の避難者が、全国各地に住まわせていただいています。平成26年10月1日現在も、福島県内外に24,873人の子どもたちが避難しています。その親たちは、子どもたちは孤立していないでしょうか？複雑化・細分化するばかりの苦悩。なお影響の判断できない放射能汚染。被災地となってしまった故郷と避難先の文化・習慣の違い、分断されてしまった家族、母子避難の心細さや避難者である肩身の狭さに疲れていないでしょうか。いつ帰れるのか、その確たる判断材料もそろわず、先行きは曖昧です。福島から全国各地への保養プログラムも活発に行われています。皆さんの身近なところにそんな避難者が、一時のリフレッシュのために来訪する子どもたちがいることを、時々思いやって頂ければ嬉しく思います。そして福島県民が苛まれている辛苦を、ぜひ教訓として頂きたいのです。リスクコミュニケーションやレジリエンス、エンパワメントなど、耳触りのよい言葉が便利に使われていますが、それは為政者が、まして加害者が口にすべき言葉ではありません。私たちはそれを鵜呑みにし、放射線へのリスクを甘受することはありません。私たちが真に現状を確認・理解し、自分たちの行く末を見定めることができるまでの道のりは、まだ果てしなく遠いのですから。

図3　全国避難者情報システムによる福島県の子どもの避難者数
[平成26年10月1日現在]

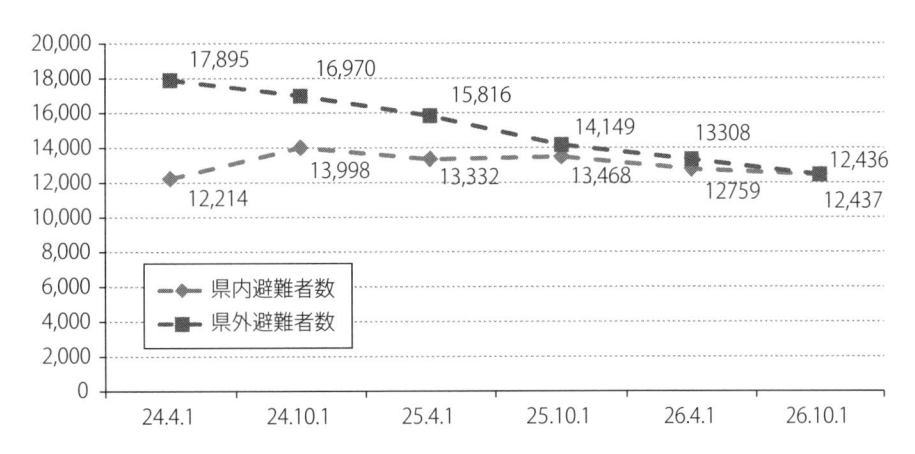

	24.4.1	24.10.1	25.4.1	25.10.1	26.4.1	26.10.1
県内避難者数	12,214	13,998	13,332	13,468	12759	12,437
県外避難者数	17,895	16,970	15,816	14,149	13308	12,436

出典： 福島県HPより抜粋、東日本大震災に係る子どもの避難者数調べ、
https://www.pref.fukushima.lg.jp/uploaded/attachment/97852.pdf

5　みちのりの半ばで

1) 生きる力

　文部科学省初等中等教育局によると、生きる力とは次のような意義の中でとらえられます。「変化の激しいこれからの社会を生きるために、確かな学力、豊かな人間性、健康・体力の知・徳・体をバランスよく育てることが大切です。私たちを取り巻く社会経済のあらゆる面が大きく変化している中、自ら課題を発見し解決する力、コミュニケーション能力、物事を多様な観点から考察する力（クリティカル・シンキング）、様々な情報を取捨選択できる力などが求められると考えられます。」まさにこの「生きる力」獲得への重要なステップが「自然体験」や「様々な人々との交流」、「移動教室」の体験にちりばめられていることを実感します。一時、日常を離れ、様々な生の体験の中でこそ育まれる力。福島の子どもたちに求められる力が、この『生きる力』にほかなりません。もちろんそれは、全国のすべての子どもたちに培ってほしい力。東日本大震災と原発事故を経験した福島の子どもたちは、震災の記憶を伝え、防災の意識を県外の方々の間に醸成するメッセンジャーとしての力と共に、この『生きる力』を身につけた若者として今後の世界を切り開いていくに違いありません。この貴重な学びの機会を、ぜひ福島県のすべての子どもたちに、日本の、世界の子どもたちに獲得させてあげたい。そのチャンスを体得するのは子どもたち。それを準備するのは、原発事故を引き起こしてしまった大人の役割だと改めて感じます。子どもたちの育ちは待ったなし。適時性を鑑みると、人格形成期での取り組みを益々促したいところです。

2)「防災世界会議」の教訓

　2015年3月14日〜18日に、仙台をメイン会場として「防災世界会議」が開催されました。国連が主催する部分のほか、市民活動団体が主導する部分とが相互に連携しあって実施されました。NPO法人シャローム災害支援センターでは、福島県内の団体と連携したパブリックフォーラム、国際NGOと連携したパブリックフォーラムの2つで現状報告を行いました。海外の研究者・防災をテーマとしたNGO等を交えたセッションで共有された成果は

　①住民がみずから情報を把握し、共有し、発信することの大切さ（情報の独立性の確保）
　②日々の実践で得られた経験の整理（現場で得られた経験の教訓化）
　③防災・減災に向けた国際法規への「人権保護」の明記

の3点でした。現在の防災に関する国際法規には人権、特に人々の健康に関する権利の明記がなく、東日本大震災を経験した日本からこそ、その脆弱性が問われるべきとの指摘がありました。翻ってみると、原発事故への備えともいうべき避難計画策定は、原発からの半径30km内に限られています。放射能汚染に苦しむ福島県中通り地方の多くの都市は、原発から50km〜60km離れた場所にあります。自主避難の発生や外遊びの制限、除染など、原発事故の影響は今も広範囲に及んでいます。実際に事故を経験した日本国内でさえ、今回の事故を教訓として活かそうとしない現状で、何を世界的な防災策として問えるのでしょうか？原発事故直後でさえ「社会的便益」という経済優先の価値観によって子どもの被爆を強いた日本。子どもを守り、子どもを尊重し、彼らの最善の利益のために大人が義務を果たそうとする意識から、いかに遠いかが分かります。子どもは社会の付属物なのでしょうか？決してそうではないと、私たち福島の保護者こそが意識を高く持たなければなりません。世界に同じような事故が起きないようにするためにも。

2015.03.14. 市民防災世界会議パブリックフォーラムにて

市民参加を説くO.フロラン氏　　　　　　人権規定導入を説くM.プリエール氏

第Ⅱ部

領域別にみた子どもNPO

保育・療育／子育て支援サークル・団体
学童保育・放課後児童クラブ／地域施設
子ども文化／スポーツ／プレーパーク
フリースクール／社会的養護／司法
国際的視野

> **概説**
>
> # 子ども・子育て支援とNPO
> ～「強み」を創造・蓄積・成長させる実践～
>
> 中部学院大学／岐阜県スクールソーシャルワーカー スーパーバイザー
> 宮嶋　淳

1 はじめに

　2015（平成27）年3月20日、国は「少子化社会対策大綱～結婚、妊娠、子供・子育てに温かい社会の実現をめざして～」を公表しました。この大綱では「少子化は、個人・地域・企業・国家に至るまで、多大な影響を」及ぼすが、「少子化危機は克服できる」課題であると述べています。そして「少子化のトレンドを変えるため、直ちに集中して取り組む」としています。対策のゴールは「結婚、妊娠、子供・子育てに温かい社会の実現」です。一つの価値体系の中で、人間像・家族像を描き出しており、支持できる側面も多いでしょう。この大綱の方向性は「経済財政諮問会議専門調査会『選択する未来』委員会」報告書や「まち・ひと・しごと創生総合戦略」にみる政策パッケージと重ね合わせて検討されてきました。その方向性とは、「地域の実情に応じた取組みの強化」であり、地域の強みを活かした生き残り策の展開を、我々一人ひとりに求めていると考えられます。

　国は今、我々一人ひとりがどこに住み、どのように暮らすのか、そして「家族をつくり」「子どもを生み・育てる」という生き方を選ぶのか否かなど、我々の根本的なLIFE（人生・生活）に関わる選択を、我々の責任で行うよう「権限委譲（＝エンパワメント）」しようとしているのではないでしょうか。

2 子ども・子育て支援と福祉の充実

1）「少子化対策」から「子育て支援」へ

　子ども・子育て支援は、わが国における一連の「少子化対策」の中で充実してきました。「少子化対策」と「子ども家庭福祉」とは、「子どもが幸せに生きる」権利を保障・擁護するための両輪となり、関係省庁のタテ割りを改革しながら進められてきたと解釈できます。改革の出発点は「計画行政」「政策評価」に見出せます。子ども家庭福祉領域における「計画行政」の出発点は1994年の「エンゼルプラン」と同年の「緊急保育対策等5ヵ年事業」です。このとき、「年次計画」と「目標値」が示され、4大臣合意により、施策の方向づけがなされたのです。新エンゼルプランに続き、2002

年には「少子化対策プラスワン」が示され、「子育てと仕事の両立支援」が明確に打ち出されました。翌年には「次世代育成支援対策推進法」が時限立法として成立し、地方公共団体や事業主の「努力義務」規定が盛り込まれました。2004年、少子化社会対策大綱に掲げられる4つの重点課題に沿って「子ども・子育て応援プラン」が、2010年には「子ども・子育てビジョン」が策定されました。

2）児童福祉法の「多面化」

子ども福祉の施策・制度展開の基盤は児童福祉法です。「少子化対策」施策が「計画行政」の中で推進される一方で、同法も大きな改正に直面してきました。

1997（平成9）年の同法改正は、「少子化」「共働き」「地域での子育て再生」「保育の充実」を掲げて、「気になる子ども」の子育て支援の場としての「児童家庭支援センター」の法制化がなされました。2001年改正では、「児童委員」の位置づけ・機能が明確化されました。2004年と2007年の改正で「児童虐待への市町村対応」が具体的に施策化され、「要保護児童対策地域協議会」が法定化されました。そして2008年「子育て支援事業」が法により創設され、2010年には「障がい児」施策が児童福祉法に「定義の見直し」とともに充実されました。続く2012年の改正で「親権停止」が盛りこまれ、翌年「難病等を有する子ども」が同法にいう「障害児」と規定されました。そして、2014年「小児慢性特定疾患」が同法の支援対象となりました。

このように子どもたちを「ダイレクトに支援する」法としての児童福祉法の充実「多面化」が、「少子化対策」とあいまって進めてきたのです。まさに「子ども・子育ての『社会化』」がわが国で進展してきたといえるでしょう。

3）「社会保障の充実」との関連

2015（平成27）年3月17日に厚生労働省が開催した「全国児童福祉主幹課長会議」資料から、子ども・子育て支援と福祉の充実に関わる記述を紹介しておきましょう。

平成27年度における「社会保障の充実」の考え方として「優先的に取り組む施策」があります。その第1が「子ども・子育て支援の充実」、第2が「医療・介護サービス提供体制改革の着実な実施」、そして「国保への財政支援の拡充」となっています。注目すべきは、「妊娠期からの切れ目ない支援」の方策として、2014年度にモデル事業が展開された「子育て世代包括支援センター整備事業」があります。このセンターは児童虐待防止の観点から構想され、要保護児童対策地域協議会との連携により子育て支援を行うセンターであり、保健師やソーシャルワーカーが配置されることが想定されていることです。また「地域子ども・子育て支援事業」においては「延長保育、一時預かり、病児保育」の充実と質の改善が明記されています。目指すところは、「全国どこでも必要とするサービスが受けられる」ということです。

3　子ども・子育て支援NPOの概況

わが国の子ども・子育て支援に関わるNPOは、21,381法人（平成26年9月30日現在；内閣府）で、全NPO法人の43.2％に相当します。内閣府による2009（平成21）年

Ⅱ 領域別 1-1　子どもNPOと保育・療育

度以降の国民生活選好度調査では「新しい公共」は1つのキー概念として定着しており、NPO概況を述べるにあたっては、看過できない尺度となり得ると考えます。

1）これまでの沿革や動向

かつて「子ども会／ガール・ボーイスカウト⇒青年団／YMCA・YWCA⇒婦人会⇒日赤奉仕団／食生活改善委員会⇒福祉ボランティア⇒老人クラブ・婦人部」という一連の流れを形成する「婦人」を主な構成員とするボランティアが、「世代ごと」で所属を変化させつつ、社会福祉領域におけるボランティア組織を形成していました。この時期のボランティア並びにボランティア組織は活動の「主体」とはなり得ず、行政の「補完的機能」を果たすべく、地域の社会福祉協議会の傘下のもとに留まって活動していた傾向が強いでしょう。

子ども・子育て支援に関わるNPOは、いわゆる「ママ友」集団の出現とともに大きく成長しました。「ママ友」集団は、「高学歴・時間的余裕・自己表現」をキーコンセプトとした、自分たちに出来ることを、自分たちの手で実現していく集団として、「口コミ」というツールを惜しみなく駆使して、活動領域を拡大してきました。そしてママたちの少しの工夫が「お金」を生み出すことも経験し、「パートよりNPO」という一群の動きを構成するに至っています。

この流れは、今や「ママ友」の領域に留まらず、「会社」から脱皮した「マン」にも拡大し、専門職ボランティアも拡大の道を進んでいます。専門職ボランティアは、例えば地域の子ども・子育て支援計画作りの委員として委員会に参画し、地域のミニ講演会などの講師活動を行うなど、活躍場面の広がりを見せています。

2）当面の課題と発展方向

子ども福祉の視点とは、Child Well-beingをめざすことと重なり本書の一貫した主張と一致します。「ママ友」により発展の契機を得た子ども・子育て支援系福祉NPOは今、どのような地域であっても、世代・性差・職業的位置や地位を超え、「気づき」とともに拡大しています。この「気づき」を信頼し、システム化していくところにソーシャル・キャピタルが創造され、「新しい公共」が機能します。そしてユニバーサルな「地元」や「居場所」が構築されていこうとしています。

以下で紹介する3つの事例の特徴を簡単に整理すると、表1のようになります。

表1　子ども・子育て支援系NPOの特徴

特　徴	NPO 1	NPO 2	NPO 3
子どもが参画の梯子をどこまで登っているのか（子どもの主体化）	大人と共に	主体となる	大人と共に
活動地域の広がり（地域性）	ミクロ	メゾ	マクロ
「お互いさま」（理解し、協働し、共存する）の範囲	行政、他団体、異世代	異世代、異職種	従来、未参加だった異端者
イベント性（一過性）	大	中	小
IT化	小	中	大
活動のターゲットとターゲットの参画（当事者性）	小	大	多様化
行政との関係	大	小	大
組織基盤（ヒト・モノ・カネ）	弱	弱	中

備考：NPO 1 ＝どんぐり会、NPO 2 ＝にこスマ九州、NPO 3 ＝ファザーリング・ジャパン　　出典：筆者

「子どもの主体化」を測る尺度として、アメリカの社会学者アースタインが提唱した市民が政策に参画するときの原則である「参画の梯子」を援用して考察しました。「参画の梯子～子どもバージョン～」での最上段には「子ども主導で大人と一緒に決める」という参画レベルがあり、その下に「大人の見守り」「大人主導」「子どもが意見を言う」「役割を与えられる」と続きます。「活動地域の広がり」は解説の余地はないでしょう。

「お互いさま」の範囲とは、活動を展開させていく上で、理解しあい、協働し、共存を求めていく組織や団体、あるいは個をイメージしました。NPO 1にいう「異世代」とは、活動に参加する子どもに対する高齢者のことです。また、「他団体」とはNPO 1がネットワークを組む相手となる「他のNPO」のことです。さらにNPO3にいう「従来、未参加だった異端者」とは「マン＝父親」です。ここでは「子育てする者＝正統派」と捉え、象徴的に「子育てしない者＝異端者」と表現しました。「IT化」は言及するまでもありません。

「活動のターゲットとターゲットの参画（当事者性）」とは、上記の「子どもの参画（主体化）」とは異なります。上記の「主体化」は「活動への本人の参加・参画」の度合いを「意思表示」という側面で捉えていました。しかし、ここで言う「当事者性」は、「子ども」が活動に参画した後、大人へと成長しても、当該NPOとのかかわりを持ち続けているのかという「継続性」という観点から捉えました。また、ターゲットとなる「子ども」が「意思表示」をしづらい状態にあり、「参画の梯子」では十分に説明しきれない、「参加・参画」の姿を捉えようとしました。この意図が的確であったか、尺度として活用できるのかについては、実践事例を熟読していただいたのち、再度、ご検討頂きたいと思います。「行政との関係」「組織基盤」については、事例では十分に読み取れないかもしれません。NPO法人としての責任で行っている情報公開資料において確認することができるでしょう。

4 紹介する実践事例の特徴

ここでは子ども・子育て支援系NPO3団体を紹介します。

1) どんぐり会の「強み」

どんぐり会の「強み」は、山県市における各種会議に出席し、行政との信頼関係の中で「子育て支援」「高齢者支援」「多世代間交流」の3つを柱とした実践に取り組んでいることです。山県市は「新しい市」ですが、旧町村時代に培ってきたソーシャルキャピタル（社会関係資本）を活かした取り組みを行おうとしています。そして、見逃せないのは従来から活動していた「スタッフ」が核となる取り組みに発展させています。行政との信頼と要請に応える形で、2006（平成18）年に法人化し、指定管理者となっています。山県市には子育て支援NPOがいくつかあり、子育て支援センターや児童館も複数設置されています。そうした機関がネットワークを形成し、「子育て支援NPO連合」が組織されています。そしてその連合体で行政のメニュー事業を受託しようという動きになっていることも特徴的です。

Ⅱ 領域別 1-1　子どもNPOと保育・療育

　どんぐり会の「強み」は、地道な事務や運営を「ママ経験者」らが自前で勉強し分担し「地元で生きてきた者」たちで回している、そのような「地元」と「ひと」が共に育ち合いをしているところではないでしょうか。

2）にこスマ九州の「強み」

　にこスマ九州の「強み」は、NPOの立ち上げから「小児がん経験者」と「医療関係専門職」がつながっていること。そしてそのつながりの根底に「パッション（情熱）」が脈々と流れていることでしょう。法人の役員に臨床心理士、小児科医、小児看護専門看護師、理学療法士、小児がん経験者、保育士などが参画しています。そして、法人の運営の中心である事務局長はじめ運営スタッフを小児がん経験者が担っています。

　医療関係専門職が会を立ち上げた背景に、「医療の枠だけでは『支えきれないこと』がある」という気づきがありました。子どものがん治療には、「くらし」「教育」「遊び」「仲間」という側面からのアプローチが見落とされてはならないということです。小児がん経験者がスタッフとして活動に参加することで「みんなで分かち合う経験」が積み上げられていく。それは「ピア・サポート」な蓄積であり、この蓄積こそがにこスマ九州を居場所と感じている子どもたち、経験者の支柱になっています。にこスマ九州は、その名のとおり「九州」と「山口」を活動エリアとしています。それに加えて公益財団法人がんの子どもを守る会など全国組織と連携し、「小児がん」を身近なことにしていけるよう、市民に働きかける啓発活動を重視しています。

　にこスマ九州の活動の柱は、「キャンプ」「トーク」「家族の集い」「啓発活動」とされ、それらの活動が年間事業計画としてスムーズな流れをなし、かつスタッフ間の無理が生じないように創意工夫されています。にこスマ九州のもう一つの「強み」は、「人財」にあるでしょう。「小児がんの子ども」として「にこスマキャンプ」に参加した子どもたちが、治療後、ボランティアとして、スタッフとして戻ってきます。そうしたプラスの循環回路が出来上がりつつあるのです。

3）ファザーリング・ジャパンの「強み」

　日本初の「父親支援」団体であるファザーリング・ジャパンの「強み」は、「よい父親を目指すのではなく、笑っている父親になろう」というスローガンのもと、生き方・働き方を変革した男たち、すなわち「多様性」ある父親たちが集っていることです。その中には「子どもに発達の問題がある」という状況の中にいる父親たちもおり、父親が子どもにとっての「メインマン」（親友、大切な人）であることをめざしています。これは母親にも好評で、いわば「当事者性」を育んだパパたちの誕生を後押ししています。そして「当事者パパたち」を中心に「メインマン・プロジェクト」が展開されています。

　メインマン・プロジェクトは、3つの特徴ある「強み」活動が展開されています。1つ目はITを活かした機動力です。「メールマガジン」「SNS」は密度の濃い情報発信活動になっています。2つ目は「パートナーと協力して、障害児を育てよう！」というスローガンに見られる「母親と父親」の協力へのサポートです。そして3つ目が、子どもたちが育つ地域を意識した活動を展開していることです。

表2 子ども・子育て支援施策に関する数値目標

項目	現状	目標	備考
子育て支援関連			
認可保育所等の定員	234万人	267万人	＊
保育所待機児童数	21371人	解消をめざす	＊
放課後子ども総合プラン	−	1万ヵ所以上で一体的に実施	
放課後児童クラブ	94万人	122万人	＊
放課後子供教室	11991ヵ所	全小学校区で実施	＊
延長保育	81万人	101万人	
病児保育	延べ57万人	延べ150万人	
地域子育て支援拠点事業	6233ヵ所	8000ヵ所	
一時預かり	延べ406万人	延べ1,134万人	
養育支援訪問事業	1225市町村	全市町村での実施	
地域ぐるみで子供の教育に取り組む環境の整備	3746ヵ所	全ての学校区で	
ひとり親家庭への支援			
自立支援教育訓練給付金事業	93.30%	全都道府県・市・福祉事務所のある町村	
要保護児童対策地域協議会への専門職配置	74.10%	90.00%	
児童相談所一時保護所の環境改善	53ヵ所	全都道府県・指定都市・児童相談所設置市	
社会的養護の充実			
里親等委託率	15.60%	22%	
専門里親登録者数	652世帯	850世帯	
小規模住居型児童養育事業（ファミリーホーム）	223ヵ所	520ヵ所	
小規模グループケア	943ヵ所	1870ヵ所	
地域小規模児童養護施設	269ヵ所	390ヵ所	
児童自立生活援助事業（自立援助ホーム）	113ヵ所	190ヵ所	
児童家庭支援センター	98ヵ所	340ヵ所	
情緒障がい児短期治療施設	38ヵ所	47ヵ所	
里親支援専門相談員	226ヵ所	420ヵ所	
結婚・妊娠・出産・教育支援			
フリーターの数	179万人	124万人	＊
結婚希望実現指標（注1）	68%	80%	＊
子育て世帯包括支援センター	−	全国展開をめざす	＊
不妊専門相談センター	62ヵ所	全都道府県・指定都市・中核市	
妊娠・出産に関する知識の普及	34%	70%	
男女の働き方改革			
男性の配偶者の出産直後休暇取得率	−	80%	
男性の育児休業取得率	2.03%	13%	＊
年次有給休暇取得率	48.80%	70%	＊
第1子出産前後の女性の継続就業率	38.00%	55%	＊
結婚・妊娠、子ども・子育てに温かい社会づくり			
ベビーカーマークの認知度	−	50%	
子育てのバリアフリー（特定道路）	83%	100%	
ノンステップバスの導入割合	33.20%	約70%	
バリアフリー化された航空機の導入割合	92.80%	100%	
福祉タクシーの導入台数	13978台	約28000台	
企業（くるみん取得企業）	2031社	3000社	＊

備考：目標は「2019年度末」まで。
　　　備考欄に「＊」を記載している項目は、「まち・ひと・しごと創生総合戦略」等の閣議決定及び「仕事と生活の調和推進のための行動指針」において政労使の合意として定められたもの。
注1）結婚の希望と、「まち・ひと・しごと創生総合戦略」の期間（5年間）経過後の結婚の実績の対比
出典：内閣府「少子化社会対策大綱〜結婚、妊娠、子供・子育てに温かい社会の実現をめざして〜」（平成27年3月20日）の「別添2　施策に関する数値目標」より抜粋

II 領域別 1-1　子どもNPOと保育・療育

実践1　子どもと一緒で、多世代が輝くとき

NPO法人どんぐり会
事務局　宮川 佳子
HP：http://npo-dongurikai.com/

① 実践の背景

　岐阜県山県市の子ども・子育て支援は、平成22年度から後期計画がスタートした「山県市次世代育成支援行動計画　やまがたっ子すくすくプラン」によって推進されています。この計画は「次世代の育成を支援する総合的な取り組み」を推進することであり、子育ての負担感を減少させることを目指しています。そして山県市における次世代育成の姿として「1.やさしく思いやりのある子どもに育つ　2.親と子がともに育ち合い、健康で豊かな人生をおくる　3.子どもを地域（ふるさと）の宝として大切にみんなで育てる」が掲げられ、「めざす姿」を実現するための活動として、次のような「家庭」と「地域」の取り組みが具体化されています。

家庭での取り組み
・人間性、思いやりを育む子育てをする
・個性を生かす
・夢を持たせる
・適切なしつけをする
・生きるための技術や学力を身につける
・危険な場所や行動をきちんと教える
・家族そろって健康に気をつける
・子育てに悩んだり、問題が生じたら相談する

地域での取り組み
・親同士の助け合いを大切にする－自助とピアサポート（仲間支援）機能を持った親グループを育成
・コミュニティで次世代育成を支える－地域住民や関係機関を中心とする子育てサポートグループを育成
・必要な制度、システムをつくる－子育て支援の公的サービスを充実
・関係機関が連携する－計画は、福祉・保健・医療・教育をはじめ生活環境の広い分野にまたがっており、これらの関係機関（専門家）が連携して進める

　私たちは、山県市における各種会議（山県市自治基本条例策定委員会、食育会議、地域福祉推進計画策定委員会など）に出席し、中山間地域といわれる山県市で「子育て支援」「高齢者支援」「多世代間交流」の3つを柱とした実践に取り組んでいます。

② 実践の概要

　2003（平成15）年4月1日、2町1村が合併し山県市が誕生しました。それにともない、山県市は新事業「山県市高齢者元気生活支援事業」を、国庫補助「高齢者の生きがいと健康づくり推進事業」（補助率3/4）を実施しました。この事業を実施するにあたり、「地域の力で運営を」というもう一つの目的を実現するため、私たちのグループに声がかかりました。私たちは山県市の中でも北部に位置する地域を中心に活動してきたグループで、小学校や児童館の廃止を目の当たりにし

てきました。現在、行政から借り受けている事務所も元は保育園だったところです。毎年12月から2月中旬までは「雪深し」地域となり、高齢者が孤立しがちになる地域です。私たちのグループに声をかけて頂き、たいへん光栄に思いましたが、その一方で「何ができるのか」を不安にも思いました。しかし、私たちはグループの名称を「どんぐり会」とし合併後の活動をスタートさせました。私たちは従来のメンバーに加え、有償ボランティアとしての会員を募り、行政からのオーダーに応えていくことにしました。

新市が誕生したその年から「山県市高齢者元気生活支援事業」を受託することになりましたが、それを可能とした基盤がありました。旧町村時代に、高齢者支援活動として行ってきた「ミニデイサービス：高富町」「人生これから会：美山町」「お達者クラブ：伊自良村」の活動が母体となっているのです。スタッフもこれらの事業に携わってきた精鋭が核となっています。

私たちのNPOの運営は、月1回の定例会、年3回の執行部会、年5回の研修、年1回の先進地視察などで会員の育成をはかっています。そして事業計画案、予算案を年度末の総会にて決定し、運営・事務・会計処理は行政の指導と助言を受けつつ実施してきました。平成17年度に至り今後の会の運営、目標が議論され、より一層地域の信頼を得て明るい地域社会の実現に寄与できる特定非営利活動を行うため、2006（平成18）年4月1日より「青波福祉プラザ（現在の事務所と同じ元保育園）」の指定管理を受け、同年5月31日付で特定非営利活動法人の認証を受けました。

③ 活動内容

NPO法人となり、自分たちである程度自由に使える活動拠点の指定管理を受託できたことで、私たちの活動に広がりが生まれたと思います。そして、近隣にある小学校や児童館、あまり活用されていない公民館がある一方で、私たちのプラザには、多くの子どもや親、そして高齢の方々が参集されるようになりました。とりわけ人気のある「子育て支援」「高齢者支援」「多世代間交流」の3つの活動について紹介します。

1）子育て支援：わらべうたベビーマッサージ

「わらべうたベビーマッサージ」とは、お母さんと赤ちゃんが肌と肌をふれあわせ、お母さんと赤ちゃんの心が通じ、互いの心が育っていくこと、そして親子の心の絆が強まっていくことを応援する活動です。とかく初産のお母さんたちは、「初めて赤ちゃんを抱いた」という「初心者マーク」のお母さんたちが多く、「赤ちゃんにどんな声をかけたら良いかわからない」という悩みを抱えがちです。そして声かけの方法ばかりでなく「どうやって赤ちゃんに触れたら良いの」「どうやってあやしてあげたら良いの」と、「不安」があるものです。こうした悩みと不安を和らげるお手伝いがこの活動なのです。他の地域でも同様な活動がなされており、活動への参加は生後2週間からとされているようですが、私たちのグループでは「生後2ヶ月から」としています。

「わらべうたベビーマッサージ」の様子

活動は毎週木曜日を基本に、寒い時期には隔週になることもあります。雪の時期には交通の便の良い場所に移動して集いを行うこともあります。毎回、10組程度の親子さんが

II 領域別 1-1　子どもNPOと保育・療育

参加されています。「わらべうたベビーマッサージ」の効果は、①皮膚に刺激（触覚）を与え、②歌や語りかけ（聴覚）によって赤ちゃんがお母さんを認識するようになり、③ギュッとすることでお母さんの匂い（臭覚）を確認できるようにしていきます。そして、④歌に合わせてお母さんと赤ちゃんがリズムを取り合うアイコンタクト（視覚）が頻繁に交わされます。こうした赤ちゃんの成長に欠かせない感覚の成長を促すことができます。そして、悩みと不安を抱えながら「はじめの一歩」を踏み出してくれたお母さんたちの成長も日を追うごとに、またその日のうちに、目に見える変化として感じ取れるようになっていきます。さらに私たちを驚かせたことに、いわゆる「ヤンママ」や「ちょっと気になる子」のお母さん方も多く参加され、いつの間にか大きな声で歌を唄い、赤ちゃんをギュッとし、「ママ友」だらけになっているのです。

6回を1クールとしていますが、1クールを終えて、次のクールのリピーターになってくださるお母さんたちがとても多く、私たちは喜んでいます。そして私たちのメンバーになってくれるのではないかなと期待しています。

2）高齢者支援：かんたん筋トレ、男の生きがい教室、いこいの広場

私たちが取り組んでいる高齢者支援事業は、「山県市とじこもり防止事業」の委託を受けて行っているものです。その趣旨は「とじこもり・寝たきり・転倒・認知症の各介護予防」で「特に男性」にスポットを当てています。市内在住の60歳以上の方が対象で、平成25年度実績で参加者延べ8,911人、総予算13,100千円でした。

かんたん筋トレやいこいの広場は、他の地域でも市町村保健センター（前者）や社会福祉協議会（後者）が主管し、運営をNPOが行っているということをよく聞きますし、私たちの活動もほぼ同じだと思います。私たちの活動で特徴があるとすれば、「男の生きがい教室」ではないでしょうか。この活動の参加者は「男性ばかり」です。講師やスタッフは女性が多いので、教室はいつも「紅一点」状態です。よく「男性が孤立しがち」「誘っても出てこない」といわれます。しかし、この教室には「一人暮らし男性」が多く参加されますし、まさに「昔とった杵柄」で身のまわりにある藁や木片、石ころや木の実を持ち寄られ、次々に作品が出来上がっていくのには、驚かされるばかりです。そして出来上がった作品を鑑賞し、「今度は○○さんが先生で、子どもらに教えてやらんと」という話になるのです。話題にされた○○さんの照れくさそうな「笑顔」が私たちは大好きです。

しかし、何分「一人ぐらし男性」ですので、心配のことも多くあります。先にもふれましたが「冬場の雪」です。岐阜県が雪深い北国であるということではありません。私たちの地域は岐阜市（平野部）に接し、名古屋郊外地域が車で1時間程度の通勤圏です。数年後に東海環状自動車道のインターチェンジが山県市に出来、交通の便が良くなるでしょう。そうした中で、逆に「車に乗れない」方々の孤立化が進むのではないかと危惧しています。「とじこもり防止」には「引っ張り出す」という方法が一番なのでしょうけれども、引っ張り出し手も減少している集落があるのも事実です。

3）多世代間交流：わんぱくキッズ、各種イベントの開催

「男の生きがい教室」で披露された腕前は、行政と共催するイベントのほか、多世代間交流の機会にも活かされます。私たちの多世代間交流は「わんぱくキッズ」と命名し、年5回の体験講座とその準備への主体的な参加を内容としています。

「わんぱくキッズ」への参加は、年間登録制とし、初回参加時に活動保険に加入して頂

くよう親御さんにお願いしています。また、地域が広く、かつ人手が足りないので、お子さんの送り迎えを親御さんでして頂くようにしています。

　平成26年度の具体的な活動を紹介すれば、6月13日「グリーンフェスタで友達つくろー」、8月2日「夏休みの工作・すいか割り」、10月3日「ドッチしよーかね・パンケーキつくり」、12月6日「ピザ窯でピザを焼いてみよう」、3月7日「デジカメ使って春見つけ」などです。

三世代で楽しんだ、どんぐり会・ミニコンサート

「わんぱく」ができる「自然」が豊かです。人気のログハウスが年中営業しているキャンプ場もあり、カップルでボートに乗れる湖もきれいです。そして「じりき」のある「人財」も豊かです。イベントを行う体力・財力が今のところ維持できています。これを発展させていくことや偏りのないサービスの提供をシステム化していくこと、これらは私たちの課題かと思っています。

④ NPOの意義

　山県市には子育て支援のNPOがいくつかあります。そして子育て支援センターや児童館も複数設置されています。そうした機関がネットワークを形成し、「子育てネットワーク協議会」を構成しています。

　NPOの良さは、こうした協議会を必要に応じて言い出しっぺ等により、「何か」を創ってしまえるところでしょうか。私たちのNPOも、ここまで来るのに組織改変を繰り返し、たびたびメンバー間のぶつかり合いを経験しました。指定管理を受けるようになり、防災マニュアルを完備し、個人情報の保護に努め、行政に報告するための報告書を作るためIT化も進めました。そうした地道な事務や運営を「ママ経験者」や「地元で生きてきた者」で行い、それが力となっていくことが素敵なことだと思っています。

「わんぱくキッズ」に参加した子どもたち

　定員は20名。山県市の少子化の現状からすると、毎回よく集まっているのかなと考えています。参加する親子に地域の偏りがある事が少し心配なところです。私たちが受託運営している「青波福祉プラザ」は、中心からやや北部に位置しています。「子ども」が遊んでいる姿を見かけることが少なくなっています。ここより「北」にも集落はあり、かつては保育園も児童館もありました。しかし今では…。

実践 2 広げよう笑顔の輪
〜小児がん経験者を繋ぐイベントづくり〜

NPO法人にこスマ九州
代表理事 白石 恵子
HP：http://nicosuma.net/

① 概要

　小児がん経験者のための支援団体であるNPO法人にこスマ九州は、「広げよう笑顔の輪」を合い言葉に活動しています。運営も小児がん経験者を中心に行っています。

　小児がんは、治療の進歩によって大部分が治る病気となり、たくさんの子ども達が学校や社会に復帰しています。厳しいがん治療を乗り越えた子ども達は、人の気持ちや痛みがわかる人として成長し、前向きな強い使命感を持って社会で活躍しています。その一方で、治療後の晩期合併症や再発・その他諸処の健康状態に対する悩みが絶えないのも事実です。小児がんになると、子ども達は非常に大変な治療を受けなければなりません。そして治療を終えてからもずっと病気と付き合っていく必要がある人もいます。私たちは、小児がん経験者が病気を乗り越え、自分らしく社会で活躍できるよう支援しています。

　にこスマ九州は、2009年9月前身である「にこにこスマイルキャンプin九州実行委員会」を立ち上げ、2012年10月11日に福岡県より認証されたNPO法人です。役員は、小児がん経験者を含んで、小児科医、小児看護専門看護師、臨床心理士、理学療法士、保育士など子どもたちをサポートする経験豊かな方々に参画して頂いています。

② 活動の背景

1）医療の枠では「支えきれないこと」

　がん治療専門病院に勤務する私は、入院をきっかけに子ども達と出会います。子ども達がいろいろな思いを抱えながらもつらい治療を乗り越え、外来に通うようになり社会に出て行く姿を傍で見守ってきました。その中で、医療の枠では「支えきれないこと」があることに気がつき、私達の支援と並行して社会の理解も必要だと感じるようになりました。

　医療の枠では「支えきれないこと」とは、通常子ども達が普段の日常の中で当たり前にしているだろう「経験」や当たり前に参加している地域や学校の行事・イベントへの参加「体験」が少ないことに対する支援です。例えば、青少年育成活動や学校行事への参加です。このような行事では「みんなで経験を分かち合う」ということに参加するので、子ども達はグループを作り、リーダーを決め、したいことをみんなで考え、実際に指導を受けながら、したいことに挑戦します。そしてうまくいけば継続的に発展させ、失敗すればみんなで改善していきます。

　病気になっても子ども達がしたいことには、「流しそうめん」もあれば、「虫取り」「川遊び」「キャンプファイヤー」もあると思います。こうした経験・体験をする機会を私たちがサポートできないだろうかと、私は身近な医療スタッフとともに話し合うようにな

りました。そして九州・山口で小児がん治療を行っている大学病院等の仲間や小児がん経験者のグループに声をかけ、この会の発足の契機となる場を設けました。

2）みんなで分かち合う経験

小児がん経験者には、それぞれ小児がんを経験したからこそ芽生えた「思い」があります。私は多くの小児がん経験者から話を聴きながら、小児がんの経験は決して無駄なことではなく、現代の社会にとって非常に貴重なものであると感じています。彼らは、時に自分の軌跡を振り返り、今の環境の中でどう生きていくのかを考えています。そうした彼らが自分らしく力を発揮するためには、「同じような経験をした仲間」と語りあうことが大きな助けになります。仲間との出会いにより、これまでの悩みが「力」に変わることがあるからです。そういう意味でも「ピア・サポート」が重要で、「経験者だからこそ」それ以上に「経験者でなければわからないこと」を共感できる場が必要だと思います。

3）「小児がん」という病気を正しく知ってもらう

平成25年2月に国のがん対策基本法に基づき小児がん拠点病院が選定されました。その後「小児がん」について、時折マスメディアが取り上げ、現状や改善の必要性を伝えていただいています。入院中のQOLの向上はもちろん必要ですが、退院後に待ち受けている進学、就労、結婚などのライフイベントについて様々な課題があることも多くの方に知って頂きたいと思います。

成人期を迎えた小児がん経験者は現在、日本では「約700人に1人」いると言われています。小児がんは希少な病気であるため社会の理解が広がりにくく、そのためにぶつかる壁があるもの事実です。そのため、小児がんに対する正しい理解が進めば、それらの多くの問題は少しずつ解決していくのではないかと私達は考えています。

そのような思いを込めて、私たちは小児がん経験者が集う場を作り、啓発活動に取り組んでいます。

③ 具体的な活動内容

にこスマ九州は、九州・山口において、小児がん経験者が同世代の人と同じような生活を送ることができるように支援し、「笑顔の輪」を広げていきます。そして、小児がん経験者とその家族が安心して暮らせる社会を目指して、以下のことを行います。

・小児がん経験者が集って、お互いの経験や想いを共有する場を提供することで、わかり合える仲間づくりを支援します。
・小児がん経験者が病気を乗り越え、自信をつけ自分らしく社会で活躍できるよう支援します。
・小児がんに対する正しい知識を伝え、小児がんに対する偏見をなくすように啓発活動を行います。

私たちの活動の柱は、「にこスマキャンプ」「にこトーク」「にこスマ家族の集い」「小児がんに対する啓発活動」です。

1）にこスマキャンプ

にこスマキャンプとは、小児がん（又はそれに準ずる病気）を経験した子ども達の交流キャンプです。キャンプは年2回春と夏に開催しています。キャンプでは、同じ境遇の仲間と出会い、お互いの病気や普段の生活の悩みなどを気軽に話し合える場所を作っていきたいと思っています。また、子ども達に自然の中での活動や団体行動での楽しさを体験する場ということも大切にしています。キャンプ中は小児がん経験者同士の話し合いの時間を持ったり、レクリエーションや創作活動を行ったり、バーベキューやキャンプファイヤーをしたりもします。

II 領域別 1-1　子どもNPOと保育・療育

にこスマキャンプ2014夏

にこスマキャンプの企画をしているのは、小児がん経験者や大学生たちです。参加者は小学生・中学生が多いですが、高校生や成人した人もいます。高校生になると子ども班長として班をまとめ、進行に協力しています。そして高校を卒業した"元参加者"は、運営スタッフや当日のボランティアスタッフとして活躍しています。このように小児がん経験者が自ら進んで、「スタッフになりたい」「企画作りに参加したい」という思いを抱いてくれることは、キャンプを継続的に運営していくためには良いサイクルです。

にこスマキャンプに保護者は同行しません。キャンプ当日、参加者の集合場所で保護者の方が子ども達を見送ります。子ども達は1日、あるいは1泊2日の間、親の「保護」から離れて過ごすことになります。参加する子ども達の中には治療中の子や介助が必要な子もいますので、一対一でサポートのスタッフがついています。スタッフは小児がん経験者や医療者、学生や一般の方など多くの方のボランティアで成り立っています。

にこスマキャンプの目的は、①仲間をつくる。仲間の存在を知る②理解者を増やす③いろいろな経験を通して自信をつけることです。仲間とは、「説明しなくてもわかりあえる仲間」であり、「困ったときに相談できる友達・先輩」であり、先輩たちは「将来の目標」でもあります。

2）にこトーク

17歳以上の小児・若年性のがん経験者が集まり、病気や今の生活やこれからのことなどの話ができる場所が欲しいという声から、にこトークを企画しました。

治療中・治療後の子ども達と、社会で活躍している小児がん経験者には、共通する体験や不安がたくさんあります。彼らは経験者ならではの「思い」を持っています。それをお互いに語り合い、問題を乗り越えるために共に考えることは、貴重な仲間からの刺激であり、彼らの更なる成長につながります。そして、"わかってもらえた"という感覚が、彼らの力の源にもなっていきます。

にこトークでは、「治療のこと」「親や友達、異性のこと」「学校や会社のこと」などを話します。1回の集いは「2時間程度」ですが、アッという間に終わります。

小児がん・若年性がんにとって、発症・治療・治癒した後の人生は、それまでの年月より長いものです。思春期・青年期はただでさえ迷いや不安が多い時期です。病気のことまで重なるとさらに複雑になると思います。

中には「自分の話をする勇気はないけれど、人の話を聞いてみたい」という人もいるでしょう。私たちは語りの場にまずは一度来てみてほしいと思っています。

3）にこスマ家族の集い

にこスマ家族の集いは、小児がん（またはそれに準ずる病気）を経験した子どもと、ともに病気に取り組む家族が集う場です。家族同士の交流や家庭内の絆を深めることを目的としています。

5月の初夏の風が気持ちよい中、ビーチでバーベキューやレクリエーションをして交流を深めます。バーベキューではお父さん達が子ども達のためにお肉などを焼いてくれたり、レクリエーションで体を張って頑張ってくれたりします。病院以外ではなかなか会うことがないお母さん達の交流にもなります。キャンプとは違った子ども達の笑顔が見えるイベントです。

4）小児がんに対する啓発活動

　会員や寄付をいただいている方などに、活動報告、新年度事業計画、スタッフ募集や寄付のお願いなど、を盛り込んだ会報誌「にこスマたより」を発行しています。ホームページからも閲覧できますが、ここでは、子どもたちの声を転載して紹介しておきます。

　「にこスマ九州はみんな同じ環境にいた経験者同士、何も気にせず、思いきり楽しめる、そんなところです。病気の事や退院後の生活、お互いのことを共感できる場所ってホントに少ないと思います。そんなかけがえのない場所にいつも寄付をしてくださる皆さん、ありがとうございます。本当に感謝しています。」

　また、がん啓発イベント、各学会や講演会などへ参加し、小児がんに対する社会的認知とQOL（生活の質）の向上を目的とした活動を行っています。その一部で、毎年「チャリティーカレンダー」を多くの方に届けています。これは、入院中の子ども達やにこスマキャンプに参加した子ども達が作った作品を掲載し、病気をしても前向きに過ごしている子どもたちの様子が感じられるものです。カレンダーは1口500円の寄付で1冊プレゼントしています。

④ 活動の目標と今後の展望

1）ボランティアスタッフの活躍

　事務局長は、設立時から「小児がん経験者」として実行委員会に参加してくれた仲間です。彼は当時、教育委員会で青少年育成活動を担当していて、立ち上げの際にボランティアを快く引き受けてくれました。今では唯一の職員として、にこスマになくてはならない存在です。小児がん経験者だからこそできる活動を幅広く展開しています。

　小児がん経験者がボランティアをすることもまた良い経験になっています。いろいろとしてもらう立場から、自分がする立場になることで、自己有用感を感じることもできます。多くの小児がん経験者が、活動を通して自信をつけていってほしいと思います。

　また、ボランティアで参加していた学生達は、それぞれ医師や看護師、心理士などになっています。一般企業に就職する人もいます。彼らもまた、にこスマで経験したことから得たものがあり、それらを今後社会に発信していってくれると信じています。将来的に小児がん経験者の良い仲間になっていくはずです。

2）継続のために

　私たちは、NPO法人としての基盤の拡充を今後の課題としています。その1つ目には「場所」、2つ目には「後継者」があります。

　独立した場所があれば、職員が働く場所となり、また小児がん経験者達がいつでも話に行くことができる空間が確保できるのではないでしょうか。事務所を持てるだけの財源と事業を展開していくための「人手」を継続的に確保したいと思っています。

　私たちの活動を通して、子どもだけでなく、関わった人みんなに豊かな芽が育ちつつあります。それを大きく育てていくためにはNPO法人としての継続した活動が大切です。

　子ども達を支える活動には、人的・物的・経済的支援などが必要です。また私は医療関係者だけでなく、教育・福祉・企業など多岐に渡る分野からの理解や支援が大切だと考えています。

Ⅱ 領域別 1-1　子どもNPOと保育・療育

実践 3

日本初！の父親支援団体として
～発達障害児のいる父親とその家族支援～

NPO法人ファザーリング・ジャパン
代表 安藤 哲也　プロジェクトリーダー 橋 謙太
HP：http://fathering.jp/

1 概要

　NPO法人ファザーリング・ジャパンは2006年に設立された、おそらく日本で初めての「父親支援」の団体です。明治時代以降、日本では「父親は仕事、母親が育児家事」という男女の役割分担の意識と行動が根付きましたが、平成になり「核家族」「夫婦共働き」「長引く不況」「少子化」など家庭を取り巻く環境が激変し、もはやかつての役割分担システムでは家計も育児も賄えない状況の家庭が、都市部を中心に増えました。また男女共同参画、ワークライフバランスの浸透も追い風となり、いまや男性の育児参加の普通化が進んできており、ファザーリング・ジャパンの役割は大きいと自負しています。

　「よい父親を目指すのではなく、笑っている父親になろう」。これが我々の合言葉です。こうして2006年から日本の父親たちの育休取得や働き方改革、子育ての楽しさの追求などを推進する中で最初は10数名で始めたファザーリング・ジャパンも今では全国に会員が400名を超えました。が、しかし実はそこで気づいたことがあります。

　それは「父親の多様性」でした。「子育て家庭の多様性」と言い換えることができますが、つまりさまざまな課題を抱えた父親がいるのだ、ということです。「シングルファザー」「子どもを亡くした父親」「自分が病気の父親」「子どもが障がい（ハンデ）をもつ父親」等々。会員の家庭事情や働き方も様々でこうした課題を抱え悩むひとりひとりの父親に寄り添い、支援していくことも我々の重要な活動ではないかと思い至り、「父子家庭支援」を皮切りにこれまでにインクルージョン系の事業を展開。2014年には「メインマン・プロジェクト」（発達障害児のいる父親とその家族支援）をスタートしました。

　子どもに発達の問題があると気付いて、それから夫婦でどう向き合ってきたか。子どもの情況や成長に合わせ、どうやって家庭や学校での生活を支えてきたか。たとえ、ハンデを持っていても子どもを愛おしく育て、子どもを未来に 導こうとするパパの姿がそこにありました。彼らは子どもにとっての「メインマン」（親友、大切な人）なのです。

　しかし発達障害の子がいるママたちに訊いてみると、以下のような声がありました。

1）パパに支えてもらいたい。

　初めて「発達障害」の可能性を告げられたとき、健診や専門医療機関などで指摘されたときに、たいへんつらい気持ちになったことを知ってほしい。ママ自身、ショックが大きい（大きかった）のだということをわかってほしい。同時に、自分のせいで子どもが障害になったのではないかと、自分を責めるママも大勢いる。

2）パパに受け入れてもらいたい。

　発達障害という現実。ママが少しずつ受け入れられるようになっても、「どこが障害？」

「ほかの子と何が違う？」「うちの子は普通」と壁になるパパが多い。

3）パパたちに理解してもらいたい。

発達障害の特性、子育ての大変さ。例えばこだわりの強い特性から、言葉のつたない幼児期、思い通りにいかないとすぐに手が出てしまうケースが多い。そのため、周りの子とトラブルになりやすく、ママは、ほかのママにいつも謝って回らなくてはならない。

4）パパに味方になってほしい。

「障害」を受け入れられない祖父母も多く、なかには、「ママのしつけや子育て」を原因にされてしまうケースも。一方で、「障害」がわかったことで、自分の子育てのせいではなかった、と安堵するママもいる。

5）パパに一緒に考えてもらいたい。

子どもの生活や進路、将来。親自身の関わり方、家族生活のあり方。ほかの子との関わりや、保育園、幼稚園、学校でいじめられないかなど、ママはただでさえ不安でいっぱい。障害への理解がない保護者から心無い言葉をかけられることさえある。

すべての家庭がそうではないにしろ、パパが子どもの障害を認めなかったり、しっかり向き合っていない状況が少なからずあるということが分かりました。ママは思いを持って子どもに寄り添っているが、折れそうになるときもある。そのとき同じ方向を見ていてくれる優しいパパがいてくれたら。

ファザーリング・ジャパンは「笑っている父親になろう！」と言っています。それは、発達障害児を抱えた家庭のお父さんも同じです。なので当事者パパたちを中心に「メインマン・プロジェクト」を立ち上げました。発達障害児をもつパパたちを支援し、子どもとママが家族みんながもっと笑顔になってほしい。そして、地域社会など広く一般に発達障害のことについて知識を深めてもらい、みんなでその子の成長を応援できるような社会を目指すプロジェクトです。

② メインマンプロジェクト

1）発達障害児の日本の現状

年々増加傾向にある発達障害児。2012年の文部科学省の調査（表1）によると、通常級に6.5％の割合で「学習面又は行動面で著しい困難を示す」児童生徒が在籍しているという結果が出ています。仮に1クラス30人学級とすると1クラスに約2人が「困難を示す」児童生徒ということになります。決して過小評価できる数値でないことが見て取れます。また、年次推移を見てみても、ここ10年で急激に発達障害児が増加していることが分かります（図1）。

表1 質問項目に対して担任教員が回答した内容から、知的発達に遅れはないものの学習面又は行動面で著しい困難を示すとされた児童生徒の割合

	推定値（95％信頼区間）
学習面又は行動面で著しい困難を示す	6.5％（6.2％～6.8％）
学習面で著しい困難を示す	4.5％（4.2％～4.7％）
行動面で著しい困難を示す	3.6％（3.4％～3.9％）
学習面と行動面ともに著しい困難を示す	1.6％（1.5％～1.7％）

※「学習面で著しい困難を示す」とは、「聞く」「話す」「読む」「書く」「計算する」「推論する」の一つあるいは複数で著しい困難を示す場合を指し、一方、「行動面で著しい困難を示す」とは、「不注意」、「多動性―衝動性」、あるいは「対人関係やこだわり等」について一つか複数で問題を著しく示す場合を指す。

出典：「通常の学級に在籍する発達障害の可能性のある特別な教育的支援を必要とする児童生徒に関する調査」（文部科学省）

2）メインマンプロジェクトについて

メインマンプロジェクトでは、こうした発達障害児が増えている現状を踏まえ、父親たちが子どもを、家族を支援していくことを目的としています。特に通常学級や特別支援学級に通う、いわゆるグレーゾーンの発達障害児は、見た目は健常児と変わらないため、社会での理解が足りず、保育園、幼稚園、学校で生きにくさを感じています。父親たちがそんな発達障害児を理解し、関わり、彼ら彼女らが生きやすく、楽しく過ごせる社会を作り出す。それが本プロジェクトの目的です。

Ⅱ 領域別 1-1　子どもNPOと保育・療育

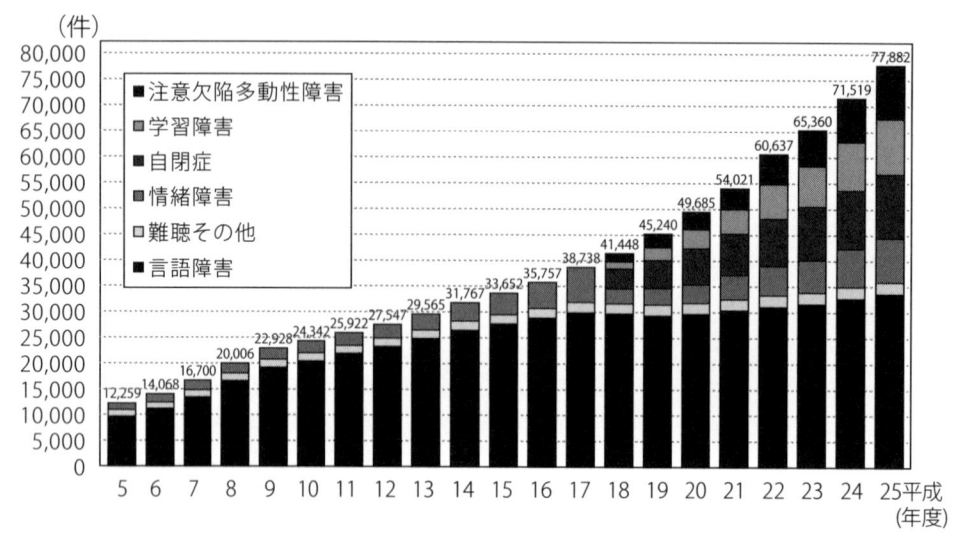

図1 通級による指導を受けている児童生徒数の推移（公立小・中学校合計）

※各年度5月1日現在
※「難聴その他」は難聴、弱視、肢体不自由及び病弱・身体虚弱の合計である
※「注意欠陥多動性障害」及び「学習障害」は、平成18年度から通級指導の対象として学校教育法施行規則に規定（併せて「自閉症」も平成18年度から対象として明示：平成17年度以前は主に「情緒障害」の通級指導の対象として対応）
出典：「平成25年度通級による指導実施状況調査結果」（文部科学省）

3）プロジェクトの3本の柱

メインマンプロジェクトでは、3つのテーマを中心に活動を行っています。

①『障害を理解し、障害を理解してもらおう!』

発達障害に関する社会の関心は、発達障害児の増加、マスメディアにも取り上げられる機会も増え、年々高まっています。しかしながら、障害児を抱える父親たちは、どのように子供と接していいのか分からず一人で悩んでいるケースが多いのも実情です。また保育園、幼稚園、学校、地域活動等を行っている方々は、発達障害に関する理解に乏しく、子どもらに誤ったアプローチをすることも少なくありません。

そのため、メインマンプロジェクトでは、障害児を抱える父親、及び母体となるファザーリング・ジャパンの会員の中にいる健常児の父親、およびメールマガジン購読者、SNSで繋がっている父親たちに情報発信を行い、当事者、非当事者に関係なく、関心のある方にプロジェクトが主催する勉強会に参加してもらっています。勉強会で発達障害児との関わり方を学んだり、悩みを打ち明けて、当事者の父親は自分の子供とのコミュニケーションに役立てる。また非当事者の父親らは、保育園、幼稚園、学校、地域活動の中で役立ててもらう。そんな場を提供することを目的としています。

②『パートナーと協力して、障害児を育てよう!』

現在、父親の育児参加に関して「イクメン」等の言葉に象徴されるように、日本社会全体が子供と積極的に関わろう、母親と一緒に育児をしよう、という流れがあります。しかしながら、その流れもまだ道半ば。母親が主体で育児を担当する家庭が多いのが実情です。さらに発達障害児は、理解力、コミュニケーション能力等に問題を抱えているため健常児と比べると育児が困難なケースが多く、母親が一人で悩み、ストレスを溜めています。場合によってはうつ病、父親の障害への理解不足により、残念なことに夫婦仲が悪くなり離婚という結果に繋がっているケースも

あります（図3）。

本プロジェクトでは、当事者の父親が発達障害を勉強するだけでなく、家庭の中で育児に積極的に参画することによって母親の良きパートナーとなる父親を増やすことを目的にしています。

図2 抑うつの比較

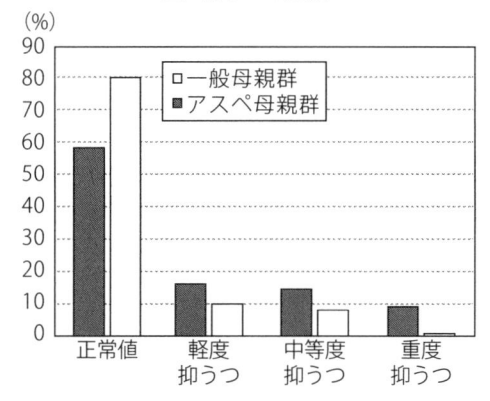

…ASD母親群では40%が抑うつ状態（一般母親群は20%）重度抑うつは10%（一般母親群では1%）

出典：『発達障害児に対する有効な家族支援サービスの開発と普及の研究』（厚生労働省科学研究費補助金障害者対策総合研究事業）

③障害児を地域のみんなで見守り一緒に育てていこう！

先の『障害を理解し、障害を理解してもらおう！』でも述べたように、地域全体で発達障害児を見守り育てていこうということが第一。そして当事者の親は、可能な限り自分の子供の障害の特性を周りの人たちに理解してもらい、よりよい環境で成長していけるように働きかけることが重要です。もちろん、子どもの障害を周囲に伝えることは、親の心の整理、子どもの友人関係、地域の方々との関わり等、段階を踏む必要はあります。ただし、自分の子どもの障害の状態、接し方を地域の方々に伝えることは、子どもが生活圏でサポートを受ける機会も増え、デメリットよりもメリットの方が大きいと本プロジェクトでは考えています。さらには社会全体が障害に対する偏見がなくなるようにすることも目的としています。

③ 現状、今後の活動に関して

1）勉強会（メインマン・カフェ）

数ヶ月に1度、東京都内で行う勉強会。参加者は、発達障害児を持つ父親、母親はもちろん健常児の父親、母親も参加しています。最大の特徴は、父親がメインであること。毎回、父親が講師となり、発達障害に関わる話をします。また、抱えている悩みを打ち明け、情報共有も行っています。

今後、首都圏以外でもやっていく予定です。

図3 メインマンプロジェクトが目指すもの

想定される現状

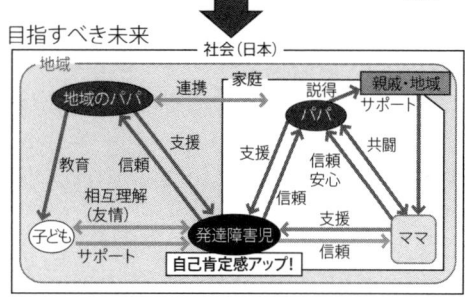

目指すべき未来

ダイバーシティな地域・社会の創出

2）シンポジウム、イベント

2014年に父親の役割をテーマにシンポジウムを行いました。今後も同様のシンポジウムを計画しています。また、15年3月には、ママを囲んでのパパトーク等、母親といかに育児に関わっていったらいいか、をテーマにイベントを開催しました。

3）ホームページ、SNS

ファザーリング・ジャパンのHP、メルマガ他、Facebookを使って発達障害に関わる情報発信をおこなっています。

II 領域別 1-2　子どもNPOと子育て支援サークル・団体

概説　子ども・子育て新制度を超えて

NPO法人日本子どもNPOセンター／NPO法人日本ソーシャルワーカー協会
井上 恵子

1　はじめに

　子育て支援サークル・団体にはさまざまな成り立ちによる多彩な活動があります。大きく分けると①子どもや親等に関わるひろば活動を主とするもの、②虐待や引きこもり・自立支援等、子どもの問題状況に関わろうとするもの、③困難な状況にある子どもや家庭支援と地域づくり活動も視野に入れたもの、に分けることができるかと思います。ここではそれらのサークル・団体事例をとりあげます。

2　子育て支援をめぐって

1）子育てひろばサークル・団体

　本年は子ども・子育て支援新制度が開始された年でもあり、これらのサークルや団体の動向に注目が集まっています。子ども・子育て新制度は平成24年8月に成立した子ども・子育て関連3法（「子ども・子育て支援法（平成24年法律第65号）」「就学前の子どもに関する教育、保育等の総合的な提供の推進に関する法律の一部を改正する法律（平成24年法律第66号）」「子ども・子育て支援法及び就学前の子どもに関する教育、保育等の総合的な提供の推進に関する法律の一部を改正する法律の施行に伴う関係法律の整備等に関する法律」（平成24年法律第67号））に基づく制度のことをいいます。おもなポイントとしては①認定子ども園、幼稚園、保育所を通じた共通の給付（「施設型給付」）及び小規模保育等への給付（「地域型保育給付」）の創設、②認定こども園制度の改善、③地域の実情に応じた子ども・子育て支援（「地域子ども・子育て支援事業」）の充実、④実施主体は市町村、⑤社会全体による費用負担、⑥内閣府に子ども・子育て本部を設置する等の政府の推進体制の充実、⑦子ども・子育て会議の設置、などがあげられます。この新制度では55の既存法律の改正や平成26年度の政省令22、通知33を伴い、大きな改革となりました。

　従来の幼稚園・保育所・認定こども園の特に認定こども園に学校及び児童福祉施設としての位置づけを与え、〈幼稚園型、保育所型、地方裁量型〉に分けて制度の改善を行い、また、教育・保育施設を利用する家庭だけでなく、在宅の子育て家庭を含む

すべての家庭及び子どもを対象とする事業として、市町村では地域の実情に応じて行う子ども・子育て支援（利用者支援・地域子育て支援拠点・放課後児童クラブ等）の事業を設けて、基礎自治体ごとに地域の実情に合わせた施策が展開していきます。

地域子ども・子育て支援事業の中で利用者支援事業はそれまで地域機能強化型に統一されていましたが、地域子育て支援拠点事業と利用者支援事業に分けられます。親子の交流の場や子育てに関する相談援助、地域の子育て情報の提供、子育て支援に関する講習と地域支援を合わせた地域子育て支援拠点事業と利用者の個別ニーズを把握した情報集約と相談、地域の施設や事業の総合的な利用支援、関係機関との連携や調整、協働の体制作りや広域啓発等を行う利用者支援事業の展開です。これら地域子育て支援拠点事業と利用者支援事業が一体となって子育て家庭の支援を行います。（[子ども・子育て支援法]第59条参照）。実際の活動では個別的な相談を専門機関や地域のネットワークにつなげ、地域の要支援家庭をはじめとして多くの家庭を対象としたコーディネーターや地域子育て支援拠点にかかわる支援者、ボランティアの養成と活躍が期待されています。

平成25年度の子育て支援地域拠点事業に対応する施設は6,233か所でした。これらは、一般型と連携型に分類され、一般型は5,031か所で約900あまりのサークルが「子育てひろば全国協議会」として繋がっています。そこでは各ブロックの交流会や研修会、コーディネーターや子育て支援士2種養成講座、子育て支援拠点研修事業などを行い、大学の研究者の協力等も得て『利用者支援事業ガイドライン』の出版や政府へ意見書の提出等の活発な活動を行っています。

協議会に属するNPOには〈マミーズネット（上越市）〉や〈松戸市子育てさぽーとハーモニー〉、〈E-こどもの森・ほっとるーむ新松戸〉、等の事例も興味深いものですが、ここでは3か所の地域子育て支援拠点を運営するNPO法人「びーのびーの」事務局長の原さんにサークルの立ち上げから協議会結成までの道筋を記していただきました。子育て当事者の共通の思いを広げて大きな流れを作り出していった活動の広がりに意義を感じるものです。

2）虐待に関するサークル・団体

今日、子どもに関する問題として取り上げられているのは虐待通報相談件数の多さです（表1参照）。平成25年現在全国207か所の児童相談所への通報相談件数は73,765件（前年比110.6％）で、平成10年（6932件）ごろからウナギのぼりに増え続けています。件数そのものは毎年2,000件前後から最近は7,000件を超え、その内実が示されています。（表1参照）。原因は孤立や夫婦間の不和、育児疲れなどと共に失業や不安定就労による経済的な困窮が指摘されています。虐待された子どもたちの受け皿は570あまりの児童養護施設で、約3万人もの子どもたちが生活しています。しかしながらテレビでも放映された「消えた子ども」にみられるように、虐待されている子どもの魂の叫びは学校や近隣の住民にもなかなか届くことなく、その存在までもが消されてしまう現状もあります。こうした家族の問題、とりわけ親の貧困や精神不安定とも絡んだ家庭の問題はどこで対応したらいいのでしょうか。

II 領域別 1-2　子どもNPOと子育て支援サークル・団体

　すでに親権停止制度や未成年後見制度が創設され（改正民法・児童福祉法）、地域型保育事業者にも特別な支援を要する家庭の福祉への配慮が定められています。児童虐待の定義については「児童虐待の防止等に関する法律」（2000年成立）で次のように定められています。

　第2条
　この法律において、「児童虐待」とは、保護者（親権を行う者、未成年後見人その他の者で、児童を現に監護するものをいう。以下同じ。）がその監護する児童（十八歳に満たない者をいう。以下同じ。）について行う次に掲げる行為をいう。

1. 児童の身体に外傷が生じ、又は生じるおそれのある暴行を加えること。
2. 児童にわいせつな行為をすること又は児童をしてわいせつな行為をさせること。
3. 児童の心身の正常な発達を妨げるような著しい減食又は長時間の放置、保護者以外の同居人による前二号又は次号に掲げる行為と同様の行為の放置その他の保護者としての監護を著しく怠ること。
4. 児童に対する著しい暴言又は著しく拒絶的な対応、児童が同居する家庭における配偶者に対する暴力（配偶者（婚姻の届出をしていないが、事実上婚姻関係と同様の事情にある者を含む。）の身体に対する不法な攻撃であって生命又は身体に危害を及ぼすもの及びこれに準ずる心身に有害な影響を及ぼす言動をいう。）その他の児童に著しい心理的外傷を与える言動を行うこと。

　この問題にいち早く気づいた人たちは児童相談所の枠を超えて繋がりあい、全国で虐待防止の活動を開始しました。日本子どもの虐待防止民間ネットワーク設立の経緯をCAPNA理事長の兼田さんにご紹介していただきます。ネットワークに属する組織には、子どもの虹情報研修センター子育て支援やひとり親のサロン活動などを行政と協働で行うサークルを結んだ「彩の子ネットワーク」やNobody's Perfectに基づく講座やアンケートなどの調査活動、さらには児童虐待通告義務者への性虐待の疑われる子どもに対する半構造化した虐待発見時の面接プロトコル（リフカー）の研修事業、学校への訪問活動などと共にコモンセンス・ペアレンティング講習などを繰り広げる「子どもの虐待防止ネット・にいがた」、さらには被害者加害者用シェルターを併設し、DVやジェンダー視点を取り入れた男性の為のペアレンティング講座の実施を行う「家族再生センター」、虐待・育児放棄・その他、家庭を失い傷ついた社会的養護を必要とする子どもたちの援助システムの研究開発や人材育成を行い、社会的養護の発展に寄与する「子どもの村を設立する会」等の試みも注目されます。

　昨年は、名古屋で世界規模の大会が開催されました。「子ども虐待防止世界会議名古屋2014」のテーマは、①子ども虐待に対応する社会制度の発展への挑戦、②世代間連鎖を断つ子どもと家族のケア、③妊娠期からの親子支援、④子ども虐待の予防と虐待の被害者の治療など、虐待対応に関わる機関・人材の育成、⑤災害の被害を受けた子どもたちのための社会制度の開発等でした。子どもたちの悲痛な叫びに真剣に向き合えば、子どもの生きづらさは大人をも苦しめている社会の問題でもあることを再確認させられます。このネットワークの今後の活動に期待したいと思います。

3 困難を抱えた子ども・若者支援と地域づくり

　子どもの中には様々な困難を抱えた子ども・若者がいます。さまざまな原因で自尊感情を低くさせられ不登校・引きこもり、更には中退へとつながる子どもたちの存在も指摘されています。

　引きこもりについては「様々な要因の結果として社会的参加（義務教育を含む就学、非常勤を含む就労、家庭以外での交遊など）を回避し、原則的には6か月以上家庭にとどまり続ける状態（他者と交わらない形での外出をしていてもよい）を指す現象概念である。」（「ひきこもりの評価・支援に関するガイドライン」(2010)）とされています。彼らは本来的な性格傾向や親子や学校・社会との関係性の問題により自信を失い不安感を抱き、将来への展望がひらけず孤立・無気力状態に陥っています。家族関係や社会の構造的問題への共通認識に基づく支援と情報により、原因とされている阻害要因を克服して自信を回復し関係性を修復していくことが求められています。そうした点からも「さいたまユースサポートネット」や「文化学習協働ネット」、「フリースペースたまり場」等の居場所づくりの取り組みは首都圏に限らず全国的にもよく知られています。

　また、問題になりながら放置され続けてきたことに女性と子どもの貧困があります。一億総中流といわれた高度経済成長期を過ぎて、低経済成長期では企業収益が減少し、家計にしわ寄せが行き、また家族賃金に基づいた男性稼ぎ型モデルが主流の中で女性たち（特にひとり親）は非正規労働と低賃金での働きを余儀なくされてきました。いわば政策の失敗を最も弱者である女性と子どもがこうむり、貧困問題の解決は今日の最優先課題となっています。経済協力開発機構（OECD）の10年の総体的貧困率をみると、日本は加盟34か国中10番目に高い16.3％です（アメリカ21.2％、フランス11.0％、イギリス9.8％、ドイツ9.1％）。子どもがいるひとり親世帯（母子世帯125万余世帯）に限ると事態はより深刻（54.6％）で加盟34か国の中でワースト1でした（平均31.0％）。このことは生活保護世帯を増加させ、子ども達は19.2％しか大学に進学できず貧困の世代間連鎖を引き起こしています。さらに世界第3位という女性の自殺率は子どもも生きていけない環境に投げ込まれることを示しています。

　こうした現実の中で「子どもの貧困対策の推進に関する法」（2013）に基づき昨年「子どもの貧困対策大綱」が策定され、さらに本年4月から「生活困窮者自立支援法」（2013年成立）が施行されています。そこには市町村の責務が定められ、職業安定機関や教育機関での相談助言、住居確保給付金の支給等の生活支援、学習援助、就労準備、自立促進などがあげられています。住宅確保給付金の支給、家計支援と就労準備支援は公費より支給され、就労訓練事業の実施に関するガイドライン（案）では、引きこもりやニート・長期間の失業者、中退者が対象となりました。親子が経済的な自立の困難を抱えると安定した生活が保障されず、世代を超えて社会の底辺を彷徨い続けることになります。それは個人のみならず国の損失でもあり、早急に効果的な対策と地域社会での対応が必要です。大綱では学校を拠点にした対策が示され、スクール

II 領域別 1-2　子どもNPOと子育て支援サークル・団体

ソーシャルワーカー等の配置が求められ、困難な状況の家庭に対しては包括的な支援が必要とされています。

子どもを対象としたNPO活動には「豊島子どもWAKUWAKUネットワーク」による夜の児童館活動や、「『なくそう！子どもの貧困』全国ネットワーク」、「フードバンク山梨」、「山科醍醐こどものひろば」等の活動がよく知られています。ここでは山科醍醐こどものひろばのなり立ちと活動を理事長の村井さんに報告していただきます。

「子どもの貧困対策推進計画」を全国で最初に策定した京都市では生活保護やひとり親（特に母子家庭）の現状を踏まえ、「家庭の経済状況が学力や高校中退・大学進学などに影響することから、きめ細やかな学習支援が子どもの社会的自立につながる」との課題を明らかにし、計画の基本理念を「子どもは将来を担う社会の宝であり、すべての子どもが生まれ育つ環境に左右されることなく、その将来に夢や希望を持って成長していける社会の実現を目指す。」としています。

そこでは学校をプラットホームとした地域連携を推進し、NPOや自治体、民生児童委員らによるネットワークにより、子どものライフステージに応じた学習と生活支援を行い、地域における支援としてNPOや自治会との連携による学習できる環境づくりと居場所づくりが目指されています。更に若者の生活・就業支援については「若者等就職支援条例」の制定を検討する等、子育てや就学、生活安定のための経済的支援も加え、実態把握による対策の推進も掲げており、今後の展開が注目されています。

4　未来を拓くために

政府は2015年4月より総理、内閣官房長官、文部科学、厚生労働、内閣府特命の各大臣と地方公共団体、経済界・労働組合、マスコミ、支援団体などからなる「子どもの未来応援国民運動」を推進することになりました（図2ならびに250頁参照）。

また教育支援現場での学習支援とカウンセラーやソーシャルワーカーの配置や児童養護施設退所後のアフターケアや支援、さらに児童扶養手当や養育費、面会交流に関する支援もあります。同国民運動ではHPを立ち上げ支援の集約化や、支援活動と支援ニーズのマッチングサイトも開設する方針です。今後の在り方を注意深く見守りたいと思います。

子どもの貧困は親の経済力の確立が最重要課題です。非正規労働や派遣労働、無給労働やボランティアなら受け入れても雇用となれば排除される社会こそが問題の根源です。「女性の活躍」が政策課題となった時代に、雇用者側へは何よりもヒューマンな施策や家族賃金に固定されない賃金体系と、貧困などで困難を抱えている親たちへの中途正規枠の拡大等の就労支援が何よりも求められていると思います。

そして子育て支援サークル・団体にもお互いに情報交換することで新たなシステムを構築し、子どもの育ちと家庭を社会全体で支えることで、明るい未来が拓けてゆくことに期待したいと思います。

統計・グラフ等ページ

表1　児童虐待相談対応件数の推移

年度	平成16年度	平成17年度	平成18年度	平成19年度	平成20年度	平成21年度	平成22年度	平成23年度	平成24年度	平成25年度
件数	33408	34472	37323	40639	42664	44211	56384	59919	66701	73765
対前年度比	＋125.7%	＋103.2%	＋108.3%	＋108.9%	＋105.2%	＋103.6%	－	－	＋111.3%	＋110.6%

（厚生労働省）

出典：児童相談所での児童虐待相談対応件数

図1　児童相談所における児童虐待相談対応の内容

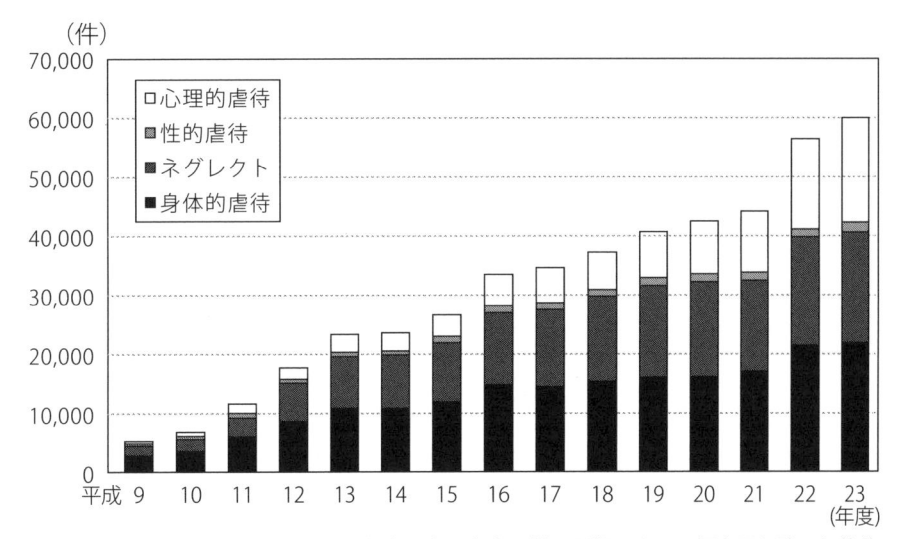

※平成22年度は東日本大震災の影響により、福島県を除いた数値

出典：オレンジリボン運動統計データより

図2　困難を抱えた子ども・家庭支援

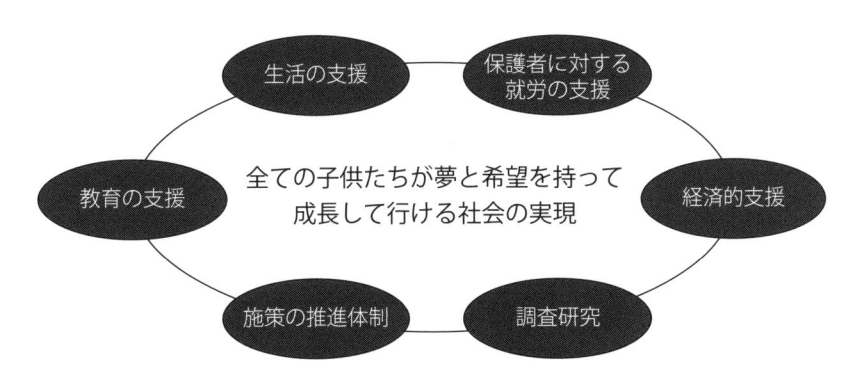

- 生活の支援
- 保護者に対する就労の支援
- 教育の支援
- 経済的支援
- 施策の推進体制
- 調査研究

全ての子供たちが夢と希望を持って成長して行ける社会の実現

出典：「子どもの未来応援国民運動」パンフレットより

実践 1　子ども虐待防止とNPOの役割
～CAPNAの実践を通して～

NPO法人 CAPNA
理事長　兼田 智彦
http://www.capna.jp/

1　わが国の子どもの虐待防止市民活動の始まり

1) 始まりから今日に至るまでの歴史

わが国における子どもの虐待問題は、一部の児童相談所のケースワーカーや養護施設指導員、さらに子どもの人権にかかわっていた弁護士など、ごく一部の関係者のみがかかわってきた時代が長く続きました。

1990年代に入り、世界的に子どもの人権問題が注目され、わが国でも市民が虐待問題を認識し始めました。それは、これまで、長い間子どもの虐待をまぢかに見ながら、十分なかかわりを持てなかった関係者が中心となり、虐待防止の市民運動が始まったといっても過言ではありません。

1990年3月には、児童虐待を防止するために、日本で初めて、医療、保健、福祉、法曹、教育、報道などの関係者により、大阪で「児童虐待防止協会」が創設されました。これがわが国で初めての虐待防止民間団体であったのです。

一方、東京では広岡知彦氏を中心とするグループが、「子どもの虐待防止センター」を立ち上げました。1991年5月のことです。

二つの団体とも、最初に行ったのは電話相談でした。虐待防止センターの広岡氏は電話相談を行うにあたって次のように述べています。

「先進国といわれているところで、児童虐待について市民団体による活動が見られない社会のほうが珍しい。言うまでもないことだが、これら市民団体による相談事業は公的機関の対応と競合したり、対立したりするものではない。むしろ、利用者の声を全面的に受け入れ、批判せず、それでいて彼らの必要にはできる範囲で誠実に対応することによって、行政になじまない、きめ細かなサービスを行い、公的サービスを補完するという機能を持っている」(『子どもの虐待防止センター報告書』1993年発行より引用)

大阪・東京に続いて名古屋でも虐待防止市民団体が産声を上げようとしていました。子どもの権利条約の国連総会採択を機に、名古屋弁護士会(現愛知県弁護士会)が子どもの人権相談を開始したところ、父親からの性的虐待事件が持ち込まれました。この事件を弁護士と社会福祉士、児童養護施設関係者が協力して取り組み、それがきっかけとなって、愛知県にも子どもの虐待防止市民団体を設立しようとする機運が高まりました。東京の広岡氏や大阪の平田氏を招き、準備活動を行いました。

1995年10月に「子どもの虐待防止ネットワーク・あいち」が設立され、電話相談を始めることになりました。

その後、全国的に虐待防止市民団体が設立されることになりました。しかし、設立されていても人的資源の少なさや財政的な脆弱さで十分な活動ができない団体も少なくありません。また、未だ虐待防止民間団体が設立されていない地域もあり、今後の設立が待たれています。

2）なぜ、市民活動か

社会問題の発生から市民活動に至るまでの系図を示すと以下のようになります。

社会問題の発生
⇩
一部の人だけが関わる
⇩
社会全体の問題として提起される
（市民活動・マスコミなど）
⇩
国や自治体が関わる
⇩
対応する公務員ができる
⇩
法律や予算が通る
⇩
問題がはっきりとして社会全体で取り組む
⇩
すべてを税金でまかなうことは無理
⇩
市民活動によるきめ細かで継続的なかかわり

②　児童虐待防止法の施行と民間団体の役割

2000年11月に施行された「児童虐待の防止等に関する法律」の第4条のなかで、
「国及び地方公共団体は、児童虐待の予防及び早期発見、迅速かつ適切な児童虐待を受けた児童の保護及び自立の支援並びに児童虐待を行った保護者に対する親子の再統合の促進への配慮その他の児童虐待を受けた児童が良好な家庭的環境で生活するために必要な配慮をした適切な指導及び支援を行うため、関係省庁相互間その他関係機関及び民間団体の間の連携の強化、民間団体の支援その他児童虐待の防止等のために必要な体制の整備に努めなければならない。」
と記されています。

この条項が追い風となり、全国各地で民間団体が行政との協働を行うようになりました。

1）日本子どもの虐待防止民間ネットワークの設立

2004年3月、子どもの虐待防止ネットワーク・あいち、理事長岩城正光と子どもの虐待防止ネットワーク・滋賀代表の甲津貴央が呼びかけ人となり、仮称「全国虐待防止民間連絡会」の開催を呼びかけました。

2004年4月29日、滋賀県草津市に全国から16都府県の23団体が集まりました。

折しも、当日の会議では大阪府岸和田市で起きたショッキングな虐待事件が話題となりました。行政や専門機関だけでは虐待への対応は不十分であり、民間団体は「専門性」とともに「普通の人」の立場で当事者に寄り添うことができ、その利点を生かす必要が強調されました。

子どもの虐待防止民間ネットワークの今後の活動についても、話し合われました。毎年1回全国大会を開き、お互いの実践を交流すること、メーリングリスト・ホームページなどを使い情報を共有すること、当面事務局を子どもの虐待防止ネットワーク・あいち内に置くことなどを決めました。

2）全国子どもの虐待防止民間団体ネットワークの構築事業

2005年度より3年計画で、福祉医療機構の助成を受け「全国子どもの虐待防止民間団体ネットワーク構築事業」を行うことになりました。主に以下の事業を行うことにしました。

①毎年1回定例会議を開催する。
②情報交換のため、専用のホームページやメーリングリストを運用する。
③全国各地で活動する民間団体の資料を収集し、リストを作成して活用する。
④全国の虐待対応実践事例を検討し、モデル的な事例集を作成する。
⑤全国の虐待防止電話相談について調査・研究・ノウハウの交換をすすめる。
⑥11月の児童虐待防止推進月間には「全

II 領域別 1-2　子どもNPOと子育て支援サークル・団体

国一斉　子育て・虐待防止ホットライン」を実施する。
⑦民間団体の活動が比較的少ない地域での講演会・シンポジウムなどの啓発活動を実施する。

3) 子どもの虐待防止民間団体実態調査の実施

①調査の目的

実施したのは、すべての団体に行ったアンケート調査と、現地で行った実態調査である。

この二つの調査で、日本における日本子どもの虐待防止民間団体の実態の一端を知ることが出来、今後の虐待防止民間団体に与えられた課題の一部を明らかにすることができた。

②調査方法

アンケート調査は、調査票を各団体に送付して回答用紙による回答を得た。回答団体20団体。

③調査結果の概要と考察

I 団体の種類等

20団体の内、社会福祉法人2団体、NPO法人9団体、任意団体8団体、有限会社1団体であった。まだまだ、任意団体が多く組織の脆弱さが見て取れた。

II 会員数

総会員数が多い順に、東京784人、愛知699人、北海道394人、大阪372人、宮城284人、滋賀250人、と続く。これらの会員数は2003年に同様の調査をした時より減少している団体が多かった。市民団体活動の継続性の難しさが感じられた。

III スタッフの実態

20団体の内、有給の専従スタッフがいるのは4団体のみであり、その数も10名以下である。その他のスタッフについては、有給の非常勤職員が9団体である。ボランティアスタッフについては、愛知が250名、宮城が132名である。10名以下も7団体あり、ボランティア確保の難しさが見受けられた。

IV 活動組織

会則は20団体すべてが持っている。運営に関しては、理事会・評議会・運営委員会等で行っている。民間団体としては平均的な姿であると考えられる。

V 会の財政

子どもの虹情報研修センターは別格の1億6千万円の予算規模で、次が東京の3,200万円、愛知が1,300万円である。その他は、1,000万円～500万円2団体、500万円～100万円9団体100万円以下3団体である。

VI 団体の設立

設立時期については大阪の1990年を最初に、90年代に11団体が設立され、2000年代に入って9団体が設立されている。

設立のきっかけとしては、虐待問題に関心のあるメンバーが集まり、学習会等を開催しながら、講演会やセミナー・電話相談をはじめた例などが多い。

VII 活動上の困難

最も多いのが資金確保で14団体、次が事務員確保・会員確保の9団体となっており、財政とそれを会費や寄付等で支える会員の確保に、四苦八苦している民間団体の実態がはっきりした。

この項目の回答については、2003年の調査でもほぼ同じ回答の内容であり、資金と会員の確保が難しいことを示している。

VIII 今後に予定している活動

2003年の調査に比べ、各項目とも数が減少している。2003年調査ではホームページの公開・専門研修が各8団体、電話相談が4団体であったが、2005年ではホームページの公開1団体、専門研修2団体、電話相談0団体となっており、ある程度活動目標を達成した団体が多いものと考えられる。その他の活動で新しいものとして、シェルターの開設をあげたところが2団体

あった。

4）虐待防止民間団体現地実態調査の考察

民間団体の現地実態調査については、各団体毎にまとめた。全体として言えることは、どの団体も同じような悩みを抱えている。

① ボランティアメンバーの不足

虐待に対してさまざまな支援を行おうとすると専門的なスタッフと多くのボランティアが必要になって来る。しかし、大都市圏を除く地方では専門家は少なくボランティアも集まりにくい。

② 財政問題

どの団体も資金の調達が難しく、予算不足になりがちである。イギリスのチルドレンファーストの経験から学び、資金調達のチャンネルを多元化する必要がある。

③ 団体運営の難しさ

どの団体のリーダーも会の運営の難しさを指摘している。ボランティア団体では、会の使命のみがメンバーを結びつける唯一のきずなであり、その使命を常に意識しながら運営しなければならない。また、メンバーの構成が年齢・考え方・これまでの経験など極めて多様なので、一度もめると活動が停滞しがちである。

④ 全国ネットワークの必要性

大都市圏以外の地方では、一団体のみの力では活動が難しいので、全国のネットワークを生かして活動を広げられるようにする必要がある。

5）全国一斉　子育て・虐待防止ホットラインの実施

虐待防止民間団体が多く行っている事業として電話相談があります。この電話相談は各団体が独自に行っていましたが、2005年11月に大阪と東京の呼びかけでイベント的に「電話相談マラソン」を行うことになりました。

2006年には名称を児童虐待防止推進月間全国一斉「子育て・虐待防止ホットライン」とし、全国の22団体が参加し、11月14日〜17日の4日間を中心に実施しました。その成果として受信件数は211件、実施受信時間数は568時間となりました。また、チラシを約12万枚作成し関係団体に配布し広報に努めました。電話相談の事前研修として、19団体が電話相談スタッフの研修を行いました。参加者は全国で約400名にのぼりました。しかし、全国の各団体が各々の電話番号を広報するのには限界があり、2007年度はNTTのナビダイアル（ホットライン：0570-011-077）を利用して全国統一番号での受信を行いました。同時に特設ではなく、年中通話できるように常設として運用を開始しました。

③ 今後の課題

日本子どもの虐待防止民間ネットワークは、設立してから4年が経過しました。

この間、全国の団体に呼びかけネットワークへの参加を促しました。その結果41団体が加入し、関係者はおよそ5,000人となりました。これまでは任意団体として活動してきましたが、法人格の取得が必要との判断で、2007年12月にNPO法人として認証されました。

全国の虐待防止民間団体は、子どもたちの健やかな成長への支援、子育てをするすべての家族への支援、子育てが楽しくなる社会の構築などの課題を背負っています。これらの課題を解決するためには、全国の団体が力量を向上し、地域で信頼され、行政と協働していくことが求められています。そのためには、民間団体の組織運営と財政基盤の確立が必要だと考えています。

実践 2　NPO法人"びーのびーの"の軌跡と教訓

NPO法人びーのびーの
事務局長　原　美紀
http://www.bi-no.org/

① NPO法人"びーのびーの"の誕生とあゆみ

1）産声をあげたNPO法人"びーのびーの"

「おやこの広場"びーのびーの"（菊名ひろば）（以後：菊名ひろば）」が生まれたのは、2000年4月19日です。横浜市港北区の東急東横線と横浜線が結節する菊名駅から歩いて3分の西口商店街の中、路地裏のような一角に、元雑貨商店の跡を借り受けて早15年が経とうとしています。母体であるNPO法人"びーのびーの"（以下：びーのびーの）が法人化されたのは、2ケ月前の2月1日。当時所管であった神奈川県からの認証が受託された日となります。

オープン前日は不眠不休で、当時の立ち上げメンバーは家族総動員して準備にかかりました。「こんな場所が自分たちの子育て中に欲しかったのだ」という希望と出会いを胸に、皆がワクワクして、手と体を動かしていたような気がします。準備する親たちの傍らで子どもたちもワイワイはしゃいでいます。"びーのびーの"の船出は、まさに航海図も羅針盤もない前進あるのみの勢い出航だったとも言えます。見ず知らずの人同士が皆「家族のように思える時間」を多くの人と共有したいという一心だったのです。

2）"びーのびーの"の活動のきっかけ

この楽観すぎるほどの立ち上げメンバーは、実は出会って約半年ばかりの集団でした。それまで代表と副代表の2人が港北区の当時保健所（現：福祉保健センター）で、行政が発行する「子育て通信223（二人三脚）」という通信づくりの編集ボランティアとして子連れで参加したのが出会いのきっかけでした。年4回の機関誌でしたが、一方的な発信だけでなく、読み手も交流できるように「区内4ケ所の大規模公園で公園遊びをしてみよう！」という企画が上がりました。そこで驚いたのはどの公園でも参加者は100人以上、どの親子も「みんなで遊べる企画、外に1歩出るきっかけを必死に求めているのだ」というニーズを、改めて知らされた気がしました。現代のしかも都市型の在宅家庭の方々の集える場所のニーズを痛感させられたのでした。

3）0123吉祥寺・みずべとの出会い

その出来事からほどなく、武蔵野市吉祥寺にある「0123吉祥寺（以下0123）」の施設の存在を知り、お互いの子ども達を連れて横浜から電車で訪問してみました。吉祥寺駅から市民バスに乗車して着いた住宅街の中の1軒家。その施設は廃園した幼稚園を改修して出来た、総床暖房で地下室ロッカーがあり、庭もあり、絵本文庫など木工素材がちりばめられた素敵な空間でした。喜び駆け回るわが子を傍らに当時園長だった森下久美子先生が丁寧に私たち二人の対応をしてくださいました。

「こんな施設がぜひ横浜にも欲しい！」と思い帰途しました。横浜にはまだ当時、子育て支援の必要性は高まっておらず、元々児童

館もなかったので、在宅家庭比率が高い割に乳幼児を抱えた親子が行ける場の選択肢はとても少なかったのです。

それなら自分たちで施設（ハード）は足元に及ばなくてもコンセプトは0123を目指して、さらにその後に見学に行ったボランティアの活用や親子の交流場面で見本となる実践をされている「江東区子ども家庭支援センター東陽みずべ（以下みずべ）」も視野に入れて、「自分たちでやれるところまでこの横浜に、自分たちの地域に創ってみよう！」と動き出したのでした。

到底私たち2人でできることではありません。森下先生が紹介してくださった、地元港北区内の小児科のスペースで、カナダの子育て支援の取り組みを研究されていた専門職の方々と実際のひろば的活動を実践されていた臨床心理士の諸先生方と出会うこともできました。また法人格取得のためのマネジメント的なアドバイスを貰えるようにと元銀行支店長で高齢者支援でのNPOを立ち上げてこられたシニアの男性の方にご助言をいただくなど、多方面の有識者に協力を仰ぎました。

場所を占有で借り上げて運営していくからこそ任意団体でなく、子育て支援を地域に根差し、継続しながら責任をもって活動していくために「NPO法人化」をすることからスタートしました。1998年に日本にNPO法が導入されたことから、その翌年に定款や許認可の準備を行い、いよいよ仲間づくりです。森下先生に0123が休館日に横浜までお越し頂き「講演会と設立趣旨のお披露目会」を企画しました。70人くらいが集まってくれたでしょうか、「手伝ってもいい」という方が20人程集まりました。それぞれがこの港北区に常設の居場所をつくり、「みんなで子育てする環境づくりをしてくのだ」、という共通の理念を掲げ、場所探し、コンセプトづくり、広報などを、それぞれの関心事と得意なことを活かして部会ごとに進めていきました。皆が無償（ボランティア）であり、かつ子育て真っ最中です。ベクトルがそれぞれ違う人たちで集まったのですから様々な葛藤が起きるのは必然です。日々夜な夜な打ち合わせしつつ、誰もが成功、失敗とか考えず、無我夢中で「居場所を立ち上げる」ということに邁進していた時でした。この時こそ「皆が子育て当事者である」ことが、原動力となり理念の礎となっていった時でした。

絵本を楽しむ子どもたち

② NPO法人であること、そのことの意味

立ち上げ当初はその場をどう維持していけるか、自分たちの理想に近づけるか、など精一杯で、NPOであること、法人化することのメリット、デメリットなどあまり意識していなかったのが正直なところです。

逆にその勢いがあったから躊躇せず進めたというのもあったかもしれません。私たちが立ち上げた当初、NPO法人化の動きが急速に高まり、阪神淡路大震災でのボランティア活動の活発化や、2000年の介護保険法の成立によって高齢者分野での幅広いサービス供給のための母体としてNPO法人への関心が高まってきたのです。子育ては常に福祉分野であれば高齢・障がい分野、引いてはまちづくり・環境系分野のNPOの先人たちが切り開いてきてくれた道を追随する形でさまざまな場面でその恩恵を賜りました。

"びーのびーの"は立ち上げ期、中間支援

の働きかけやコーディネートによって、他のNPOとの連携が進むようになりました。自分たちの困りごとは自分たちだけのものではないのだという課題の共有と、その課題解決のための方策を連携によって知恵を出し合う基盤ができたこと、そして一番は利用者にとって乳幼児期から学童思春期、家族支援の場面で他のNPOの実践や人脈によって支援が重層的になる事例を沢山経験してきました。こうした利用者にとって実益がある部分が一番のメリットである気がしています。

　主管課や市町村への報告義務などを求められ、力量をスキルアップしていく目標ができたことも団体として力になったのでしょう。また支える仕組みとしても、当事者が当事者を支える小さな枠組みから、当事者の活動を寄付や助成といった形で外部評価、説明責任を問われながら、子育てに関係の無い層に働きかけたり、理解を求めたり、支え手を増やしていく取り組みが必要になってきたのもNPOであることの大きな利点だと思います。

③ 大きく動いた2006年

　菊名ひろばは親と子が集う場ですが、数年経つと、ひろばで過ごすにはちょっと持て余してしまう2、3歳児の子どもにとって集団体験をし、遊び込める環境の必要性が高まってきました。さらに親にとってもリフレッシュできる場の必要性やひろばでの信頼関係の土台があって初めて子どもを委ねられる助走期間を経ての預かりの有効性もわかってきました。全日型でも緊急型でももちろん幼児教室型でもない、少数グループでお弁当を持って過ごす保育形態の実現です。在宅家庭に向けた預かり保育「ゆーのびーの」を立ち上げることが決まりました。

　一方で、横浜市には「次世代育成支援行動計画　かがやけよこはまこどもプラン」という17年度からの5か年かけてのマスタープランの策定がスタートしていきます。この策定委員会に有識者枠で"びーのびーの"の臨床心理士の先生や代表が参画していき、民間主導で実施してきたひろば事業だけでなく、政策としてセンター型でいよいよ横浜市も拠点事業を展開するべきではないか、と提言していきます。こうして産まれたのが「横浜市地域子育て支援拠点事業」です。18区それぞれ1区に1ケ所、計画実行の5か年で整備していくというものでした。その1区1館目のモデル事業をこの港北区でスタートすることになり、その受託運営法人に"びーのびーの"に白羽の矢が立ちます。

　政策提言としては拠点型でこれまで横浜市が公的支援としてしっかり着手していくという流れになったわけで喜ばしいことではありますし、その必要性も十分感じていたわけですが、いざ自分たちがその運営主体となる、ということには不安感と動揺が走りました。

　『必要なものは自分たちの手で』というNPO的なミッションが浸透している私たちに用意されたものに乗りかかるというトップダウンの形態に、違和感や不安感があったのかも知れません。

　公設の場は求めていましたが、今まで「気持ち」で動いてきた私たちが「職員」となること、そして何か事故や失敗があれば、本体である大切な菊名ひろばさえも失ってしまうかもしれないという不安もありました。

　NPOというのは常に当事者性を高く活動しているので、自分たち自身も当事者であるびーのびーののような団体にとっては、目の前にいるたった一人の人のために動きたい、動かなくてはならない、という意識が働きます。公的なものを受けるということは、一人のためという動き方は許されず、課題、現象、傾向が大衆（マス）として存在しないと公益性として認められないという論理に陥ってしまうのではないかという懸念もありました。

　もともと"びーのびーの"は「みんなの広

場」になる、というよりも「その人一人ひとりにとっての居場所になる」ということを目指してきたからかも知れません。

　私たちは受託にあたっては実は内部でかなりの葛藤と逡巡がありました。そのことを受け5つの条件を提示しました。「①場所選択に関わらせて欲しい　②利用料は少額でもいいから参画費用としてでも有料に　③対等な事業推進の実現のために「協働協定書」の締結　④スタッフ、とくに対人で関わるひろばスタッフの充足感をしっかり考えたい（そのことが利用家庭に還元される）、支援者の支援の充実　⑤要綱上5本柱のうち単年度で5つすべての実現は求めず（まずはひろば事業に注力できるよう理解して欲しいこと）」でした。利用料のこと以外は全て前向きに進められてきたことは行政との協働の成果とも言えます。

親子でくつろぐ1コマ

④ 15年経とうとしている"びーのびーの"

　地域性にこだわり、この港北区に特化した活動ではありますが、少なくともここで生まれたわが子たちにとっては必ずや故郷となる場所です。当事者にとって必要と思われる環境づくりに注力した結果が今の活動に繋がってきました。「菊名ひろば」と「どろっぷ」の2つの拠点（居場所）と、それを支える「事務局」機能や「企画室」と言われる情報発信事業、企業連携による収益活動やサイト運営、研修セミナー企画を行う機能、そしてグループ保育として「ゆーのびーの」から名称と場所を変更しての「まんまーる」、そして今春からはいよいよ子ども子育て新制度に位置付けられた小規模保育事業としての「ちいさなたね」を0,1,2歳児のための認可保育事業をスタートしていきます。

　関わるスタッフも50人を超え、他、活動に欠かせない学生ボランティア、親子ボランティア（利用者がボランティアとして登録して活動する）、シニアボランティア、アドバイザーとしての有識者、理事含め、親和性の輪が拡がっていっています。

　当事者性を強みに活動してきた私たちですが、当事者性を兼ね備えた新たな専門性をどう打ち立てていくかが問われています。保育、教育、心理、福祉分野における既存の専門職としての資格取得を各々が目指しつつも、ひろばという日常の場で関わる対人援助の在り方とは何か？地域での資源を創るための働きかけをする、地域支援の在り方など、この分野に特化した新たな専門性の構築はいまだこれからなのだと思います。

　以上のように地域子育て支援をNPOで深（進）化させていくことはネットワークの構築は欠かせない活動の両輪に据えなくてはなりません。全国的なネットワークはもとより、県域、市域、区域、地域でのネットワークづくりは、これからの社会が子ども・子育てをどう応援していく環境になるかを見出すための基盤でもあると考えています。

　"びーのびーの"の活動は子育てしやすい社会を取り戻すためのまちづくりでもあり、自分たちが子どもを中心とした地域社会の実現のためにどう関わっていくかの親、大人、地域の人として自治形成の取り組みに繋がっていきます。だからこそ全国それぞれの地域で実践されている子育て支援のNPOの人たちと連携して、子ども子育て新制度はじめ日本全体の子育ての議論を親自身もその主体に参画してもらい、今後も高めていきたいと思っています。

Ⅱ 領域別 1-2　子どもNPOと子育て支援サークル・団体

> **実践3**
>
> ## 多様な事業を展開する
> ## "山科醍醐こどものひろば"
> ～すべての子どもがよりよく豊かに育つために～
>
> NPO法人山科醍醐こどものひろば
> 理事長 村井 琢哉
> http://www.kodohiro.com/

① 実践の背景

　戦後から続く子どもたちを取り巻く文化環境が、高度経済成長期、家庭にテレビが普及し、遊びは外を走り回るような体全身で遊ぶことや、遊び道具を自身で作って遊ぶということからおもちゃによって与えられるものに変わり、80年代には家庭用ゲーム機が普及し、遊びの場所はゲームの中へと変化していきました。このような歴史の流れの中、子どもたちに人と人がふれあう文化を伝えようと親子での文化鑑賞や異年齢集団づくりに取り組む組織として全国に「親と子の劇場（おやこ劇場、こども劇場）」として広がった活動のひとつとして、1980年にスタートし、1999年に"山科醍醐こどものひろば"として、再スタートしました。

　前身の20年間の活動は、地域の子どもたちに子ども会活動、文化や芸術に触れる鑑賞活動、夏に行うキャンプに代表される野外活動、そしてそのキャンプを創る若者たちの成長の場としての青年活動を多く行ってきました。運営は会員となったその親たちが中心でした。いわゆる「会員制」「共助型」の活動です。「文化」「実際に触れる体験」「女性の社会参加」「自分たちで子どもたちの育ちを豊かなものにする」ことに取り組んできました。その後高度経済成長からバブル崩壊、阪神淡路大震災、特定非営利活動促進法の成立の時代といった社会の変化と家族の変化を確認しながら、「共助型」からより「公助型」の事業体を目指しました。そして生まれたのが"山科醍醐こどものひろば"です。地域のすべての子どもたちがよりよく豊かに育つことができる「社会環境」「文化環境」を創造することを目指す組織として、多様なアクションをここから生み出すことになります。一方で京都市のなかでは、生活保護受給世帯などが多い地域でもあるのがこの山科・醍醐地域であり、経済的困難から派生するさまざまな問題を抱えるようになってしまった子どもが比較的多い地域でもあります。現在注目いただいている子どもの貧困対策事業などは、そのような地域性からも住民や市民のボランティア主体ではありますが、専門性が高い実践も年々求められています。

② "山科醍醐こどものひろば"の実践の概要

　さて、前述した"山科醍醐こどものひろば"のミッションは、「すべての子どもを対象に、鑑賞活動や子どもたちが創る活動などを行うことによって、子どもたちを取り巻く文化環境・社会環境を充実させ、子どもたちの伸びやかで豊かな成長に寄与することを目的とする」としています。事業そのものは、前身の20年間で大切にしてきた部分を活かし、その体験活動・鑑賞活動などの方法を用いて「すべての子ども」の「よりよい豊かな育ち」とその「育ちの環境」の部分にこだわ

り事業の展開を重ねています。年齢・世代別（未就園児、幼児低学年、高学年中学生、若者）の事業展開や各世代の関心や地域に根付く事業展開といった、大きく２つの展開をしています。世代がつながるという縦の展開と、ひとつの世代での関心による横展開といったイメージです。この２つの展開が重なり合い、事業を多様化し年々事業が増えております。

さらに集団活動型の活動提供型事業に加え、居場所提供型、集団から個別提供型という展開も加わり、その組み合わせにより無限といえる事業展開ができる組織となっています。もちろん資金をはじめとして限界がありますが、子どもや家庭、地域からの声、活動者の声から、できることであれば全ての子どもたちに届くことを意識し事業を進めていいという土壌を作っています。

このような土壌により、山科・醍醐地域を歴史や文化にふれる「まちたんけん」や、鑑賞するだけでなく自ら創る「創作劇」、普段チャレンジすることができないようなものづくりなどに取り組む事業といった体験活動の充実が図られました。さらにこれまで週末余暇の体験活動が中心だった事業展開から、平日の日中に０歳から３歳の子どもとその親が集うことができる場の運営といった事業の日常化。さらに事業実施主体もこれまでは子どもとその親で創ってきたものを、多くの市民ボランティアの力を集結し、また様々なセクターとの協働による運営というまち、社会を巻き込んだ事業を実施する体制になっています。

これらのことは基本的にボランティアで、住民・市民主体で事業運営していますが、活動のなかでは専門性が必要な関わりを求められることも増えてきており、この５年間の中では、個別支援型の事業や特に子どもの貧困対策事業（食事・入浴などの生活支援、学習支援、余暇支援、地域参加）という社会問題の深部に触れるアクションも増えてきています。また多様な体験も複雑な社会問題も、そこから湧き出る多くの課題解決を一組織で向き合っていくには限界もあります。そこで近年は特に、これまでは主催する企画、場に参加を促す取り組みから、子どもがいる場へこれまで取り組んできた活動を届けその場で活動するというアウトリーチ型の事業や、さらにその場に"山科醍醐こどものひろば"にはない専門性をもった団体をつなぎ、活動を届けるというコーディネート型の事業が増えてきています。

これに取り組むには多くの関係機関の協力がなければいけません。なにより"山科醍醐こどものひろば"がある種の主役にはなれません。しかし子どもにとっては、だれが支えたかということより、子ども自身が「たくさんの人に関わり私は育ったんだ」という実感をもてるかどうかに拘ることが大切なのだと思っています。

このような意識が結果として、地域にある市立の小中学校のいくつかの学校運営協議会（京都市は全小・中学校をコミュニティースクールにする方針で取り組んでおり、各校に学校運営協議会を設置し運営のサポートを行っている）に参画し、すべての子どもが通過する義務教育期間に通う場をよりよいものにするための協力などもはじめています。実際にこのような連携から困難を抱えた家庭の子どもの放課後の生活支援や学習支援を学校の内外で実施することも出来ており、特に学校外での生活支援においては、学校から子どもをつないでいただき、子どもに活動を届けることができています。

③ 子どもの豊かな育ちを支えるNPO活動の意義

ちなみにNPOの本質というのは、ミッション達成に向けて、課題を捉え、課題解決のための事業を実施していくことです。"山

II 領域別 1-2　子どもNPOと子育て支援サークル・団体

科醍醐こどものひろば"では、「すべての子どもたちに活動が届くように」、そして、今の育ちの環境を「よりよく」していくために事業を生み出しています。その視点で事業をとらえると、「子育て支援、子どもの貧困対策といった、社会的にみても福祉課題として認識できるテーマ」と「まちたんけん、創作劇、ものづくりや野外活動といった育ちをよりよい豊かなものへみんなでしていくためのテーマ」を掲げ事業化していくことで、それぞれの子どもの育ちの環境の現状より「よりよい」ものにしていくことに取り組んでいます。その意味では日々新たな課題が生まれ、それにチャレンジしていくことを大切にしています。

一方でまた、ミッションという言葉は、伝道という側面もありますが、今、目の前の子どもたちの「よりよい育ち」を自分たちだけのものにしていても、社会はよくなりません。「地域のすべての子どもたち」と掲げていますが、この地域という言葉の意味は広く、ある意味「山科・醍醐」という一地域の取り組みから、広く地域社会で暮らす子どもたちが豊かに育つことができるように取り組んでいきたいと考えています。

それゆえに見学や調査協力、メディア取材、講演会などへスタッフを派遣し、取り組み内容で大切にしていることを伝えています。実際に子どもの貧困対策事業は全国から声をかけていただき、実際にその地域の特性を活かした、食事や学習支援がいくつも動き出しています。また法整備や自治体の対策計画策定にも声を届けることができました。地域の目の前の子どもから、地域社会の子どもまですべてが「よりよく」を目指した仕組み作り、これもNPOとして活動をする大切な意義だと考えています。

最後にもうひとつ大切だと考えているNPOの意義は、このような活動を地域の住民や関心をもった市民の参加により、解決していくことだと考えています。スマートなビジネス型の手法や解決方法により、専門家や仕事で関わる方々だけが動けば解決することも多いのですが、そのことで、啓発自体はできず、地域にはこれらの問題がなかったかのように思われていては、きっといつか問題は再燃すると思います。しかし一般の地域の住民や市民が専門性をもっていなくても簡単なお手伝いや、声掛けをはじめとしたボランティアや運営を支える資金に寄付で協力してくれることなど様々な形でそれぞれができることで地域の課題解決に参加することが将来の課題再燃を予防するひとつの手立てでもあると思います。その点からも、いかに多くの方々に子どもや子どもを取り巻く課題の解決に触れる機会を社会に創出していくことができるかということを意識しておくことが必要とも考えています。

④ 到達点と今後の課題と展望

地域の子どもたちの豊かな育ちの環境を創造することを目指すと掲げている点からすると、活動地域の18歳未満人口が約30,000人おり、まだ活動が届いていない状況があります。もちろん何か特定の活動で30,000人を受入れることはできませんが、どのような子どもであっても希望した未来に向けて、サポートを受けられることやチャレンジできる環境を地域のなかに溢れさせておくことで、30,000人に繋がることができると思っています。前述したように、アウトリーチをして多様な機関とも一緒に達成していくことが望ましいと思っています。しかし学校、公共施設などは場所によっては、なかなか連携がスムーズにいかないものです。それぞれの機関・施設にもさまざまな考え方や事情があります。そのなかでまず数校の連携などで動き出せたのがこの3年です。

学校を例にみるなら、学校とのアクショ

ンは、学校の中の調整、教育委員会との調整、学校と地域団体やPTAなどとの調整、とNPOの調整だけをすればはじめられるものではありません。ここをひとつひとつクリアしながら、山科・醍醐地域にある学校すべてと連携を図ることができる状態を構築することが重要だと考えています。もちろん、学校だけには限りません。区役所、幼稚園・保育所、児童館、社会福祉施設、高等学校、民生児童委員、大学、病院など子どもに関わる方々と暮らしと育ちはひとつながりと思い、一生関わりあえるようなまちにしていきたいと考えています。すでに資料やテキスト（まちたんけんガイドブックや山科かるた）の配布などで連携が進んでいますので、ここからより関係を密にし、実質的に子どもへの活動を一緒に創るステージに進んでいきたいものです。さらに課題と感じていることには、義務教育期間には支援をつなぐ糸口が見えていますが、乳幼児期や中学校卒業後の子どもたちへの支援というのが非常に不足しています。居場所事業とよばれるものは社会に多く存在しています。

　乳幼児期の支援としては"山科醍醐こどものひろば"でも取り組んでいますが、本当に困難を抱えた子育て世帯の子どもと親が来所できる時間や雰囲気ではありません。共働きや一人親家庭で仕事をされている方は夜あいていればという声も届きます。また来所できても他に来られている親と比べられることが嫌で行き難いという方もおられます。しかしそういう方ほど困っているはずです。また中学校卒業後に進学しなかった、もしくは、高校を中途退学した若者の支援も重要なのですが、そこでは具体的に資金援助や就労支援といったこれまでの活動にない専門性が求められます。いかに社会で生きていくかの具体的方法を伝えていく力というのは、現状の活動では難しい状況です。しかし長く活動しているなかで必ず子どもは成長し、そのような支援が必要になります。また親になるための学びなども必要かもしれません。このような乳幼児期の支援や中学卒業後の支援は命にもかかわる重要な活動にもなりえるため、責任や覚悟もより大きくなります。だからこそ住民・市民主体の組織としてどこまでできるのかというのは非常に悩ましい点でもあります。日本全体として2015年度からは子ども・子育て新制度も生活困窮者自立支援制度も本格的にスタートします。学校現場でも地域と連携した学びの充実が言われています。そして子どもの貧困対策も動き出しました。専門事業として取り組む方々もたくさん現れると思いますし、"山科醍醐こどものひろば"にもその役割を求められる部分もでてくると思います。そのなかで制度して取り組むことにしばられず、やはりその制度のはざまで困っていたり、もっと面白いことを求められた時に地域のみんなで応えられる、そういう組織でありたいなと願っています。

川遊びを楽しむ子どもたち

> **概説** NPO法人が運営する学童保育でも実施主体は市町村

全国学童保育連絡協議会
事務局次長 真田 祐

1 はじめに

　学童保育は、共働き・ひとり親家庭等の小学生の放課後および土曜日・長期休業日の「生活の場」として、必要性は年々高まっています。学童保育数、入所児童数は毎年増加し、2014年5月1日現在、学童保育は全国に2万2,096か所あり、93万3,535人の子どもたちが毎日、生活しています。

2 まだまだ足りない学童保育

　増えているとはいえ、まだまだ足りない現状があります。学童保育のない小学校区が3,468校区、学童保育のない市区町村が130自治体あります。小学校低学年の子どもを持つ母親の7割前後が働いており、学童保育を必要とする低学年の子どもは約120万人と推測されます。まだ約40万人の低学年の子どもが学童保育に入所できていない（潜在的な待機児童）のが現状です。

　政府は、2014年7月に「放課後子ども総合プラン」（厚生労働省と文部科学省が連携して行う総合的な放課後児童対策）を推進していくとして、学童保育の利用児童数を2019年度末には122万人に増やす目標を掲げていますが、それも十分とは言えません。学童保育を利用する高学年も年々増えていますし、2012年の児童福祉法改正により、学童保育の対象児童が「おおむね10歳未満の小学生」から「小学生」に変わり、6年生までを対象とすることが法的に定められたからです。今後は、高学年の利用が急増すると予想されています。

3 条件整備もまだたいへん遅れている

　学童保育はまだまだ足りないことに加えて、これまでは十分な条件整備が図られてきていないという現状がありました。

　学童保育の実施場所は、表1のように学校施設内が半数以上とありますが、地域に多様な施設を使って実施されています。狭い施設に大勢の子どもたちがひしめき合っ

て生活している現状もあります。学童保育は、年間290日程度開設しており、年間1600時間以上の長い時間を子どもたちは学童保育で過ごしています（小学校低学年の子どもたちが学校にいる時間は1200時間程度）。「毎日生活する場所」としての施設や整備が十分に整っていない現状があります。

　また、学童保育には1施設に平均4人～5人の指導員が働き、子どもたちの安全で安心して生活できる学童保育をつくっていますが、指導員に関わる条件整備も遅れていて、たいへん劣悪なことが大きな問題となっています。

　現在、9万人以上いる指導員は、雇用形態は非正規職員が8割を占めています。年収が150万円未満が約7割にまで増えています（2012年全国学童保育連絡協議会調査結果。2007年調査では5割強でした）。市町村からの補助金等が少なく、厳しい運営状態のなかで、パート的な指導員を配置しているのが現状です。あまりに劣悪な労働条件のために、3年間で半数の指導員が退職している現状があります。

　このほか、1施設に大勢の子どもたちが生活している「大規模問題」も深刻ですし、保育料が高くて経済的に厳しい家庭（母子家庭など）が学童保育を利用できないという問題などもあります。

4　学童保育の3割は保護者たちが運営している

　学童保育の運営主体は、表2のようになっています。公立公営が4割ですが、6割は多様な運営主体が運営しています。施設の8割は公設でも運営は6割が民営ということで、公設民営という運営形態が多いのが現状です。

　特に注目すべきは、学童保育にわが子を預けている保護者自身が運営している学童保育が全体の3割に及んでいるということです。

　表2のなかで「地域運営委員会」というのは、地域の役職者（学校長、自治会長、民生・児童委員など）の方々と父母会・保護者会の代表などで運営委員会を構成し、行政からの補助金の受け皿となって事業を運営する方式ですが、日常の運営は父母会が行っているところが少なくありません。

　表2の「父母会・保護者会」は文字通り、保護者たちが運営している学童保育です。そして、「法人等」のなかにも父母会・保護者会がNPO法人格を取得して運営している学童保育が含まれています（全体の1割弱）。この三つの運営主体の合計が約3割に及ぶのです。

　実は、学童保育は1960年代頃から増えてきていますが（表3）、最初に学童保育を始めたのは私立保育園や学童保育を必要とした親たちでした。保育所は、1947年にできた児童福祉法において市町村の保育実施義務が課されていましたが、小学生になった留守家庭児童を保育するという条文や制度、施設はありませんでした。そのため、保育所を卒所したわが子の放課後や夏休みなどの生活を守るために、親たちが集まり、「学童保育」と称する施設をつくって（場所を確保し、指導員を雇用して）学童保育を始めたのです。

Ⅱ 領域別 1-3　子どもNPOと学童保育・放課後児童クラブ

しかし、国は学童保育の必要性は認めず、留守家庭児童対策は児童館や校庭開放事業などの安全な遊び場を整備していくという方針でした。国が必要性を否定していても、働く親たちは学童保育を必要として、各地に学童保育が増えていきます。市町村でも学童保育を始めたり、親たちが始めた学童保育に補助金を出すところも増えていきました。

5　法制化後も、市町村の責任はあいまいで民営が広がる

1991年にようやく国が学童保育の必要性を認めました。そして、補助金制度をつくり（「放課後児童対策事業」）、さらに、1997年に児童福祉法に位置づけて法制化しました。

1993年に全国学童保育連絡協議会が初めての学童保育の詳細な実態調査を行っていますが（学童保育数の調査は1980年から毎年実施）、父母会・保護者会が運営する学童保育は3割程度であり、今と変わりませんでした。父母会・保護者会運営の学童保育は、いろいろな苦労がありながらも、わが子のために学童保育を継続して運営してきたと言っても良いでしょう。

1997年の法制化によって、学童保育は「公の事業」として児童福祉事業に位置づけられましたが、①市町村の責任があいまい（利用者が増えるよう努力するという責任のみ）、②最低基準がつくられていない、③財政措置が少ない、という問題を持った制度でした。また、法律上も運営主体は制限がなく多様な運営が認められるものでした。

法制化後も運営主体に大きな変更がありませんでしたが、1998年にNPO法人制度ができて以降、父母会・保護者会がNPO法人格をとる動きが広まります。また、公立公営から民間委託がすすみ（1993年に5割だったが、現在は4割弱に減少）、そして指定管理者制度による運営主体も増えています（指定管理者制度は本来的に学童保育に導入できないものなのに強引に導入されています。運営者が安定的・継続的に運営できない指定管理者制度は根本的に子育て施設には導入すべきではありません）。

6　なぜ父母会・保護者会などがNPO法人化してきたのか

1998年のNPO法人制度ができてから、父母会・保護者会が運営する学童保育がNPO法人を取得する動きが広がりましたが、なぜ広がってきたのかを見てみると、「父母会・保護者会の会長の個人名で電話契約、借家契約などをしないといけないのはどうか」（代表の交代がある組織なので）「社会的な信頼が高まる」などの理由で父母会・保護者会が自発的にNPO法人を取得した学童保育は案外に少なく、もっとも多いのは、「行政から言われたから」「市の方針が、任意団体からNPO法人に切り替えるとなった」からなど、行政からの指示や依頼、方針から取得することになったところです。

6割を占める民営の学童保育のほとんどは市町村からの委託料や補助金を受けて、運営しています。委託料や補助金は、国から市町村への補助金を含んでおり、国からの補助金は年々増加しています（表3参照）。

　1か所の学童保育への委託料・補助金は、2012年の全国学童保育連絡協議会調査では、年額200万円未満11.1%、200万円以上400万円未満35.7%、400万円以上700万円未満38.1%、700万円以上15.1%であり、平均でも年額485万円となっています。これだけの公費を、任意団体である父母会・保護者会に支出することに不安を感じ（議員などから指摘されることがある）、行政主導でNPO法人に切り替えが進められました。

　ちなみに、父母会・保護者会以外の方々がつくるNPO法人が学童保育を運営している例はあまり多くはありません。学童保育の運営そのものが、数名の指導員を雇用し、保育料等を徴収し、継続的な運営を行うことは容易なことではありません。父母会・保護者会は、わが子のために苦労も覚悟で運営しているという面があります（父母会・保護者会の運営は苦労ばかりではなく、指導員ととともによりよい学童保育をつくっていける可能性があり、保護者同士の親密な関係のなかで、支え合える「子育て仲間」ができる喜びもたくさんあります。学童保育を卒所していからも親しい友人、仲間としてずっとつきあい、「地域での新しい共同体」となっている例も少なくありません）。

　1998年以後、NPO法人となることで、行政の下請け化することが警戒されましたが、もともと父母会・保護者会が運営していたところでは、行政に対して学童保育を拡充するための要望なども出して、行政としての責任を果たすような働きかけも行われていましたから、NPO法人になってもその取り組みは変わっていないところが少なくありません（一部に、父母会・保護者会が形骸化していったところもあるようです）。

　NPOは「ボランティア活動をはじめとする市民が行う自由な社会貢献活動」（NPO法第1条）を目的とするものですが、学童保育は、本来的に「ボランティア活動」とか「自由な社会貢献活動」として実施される事業ではありません。児童福祉法に位置づけられた、児童福祉事業であり、「公の事業」に属するもので、2012年に制定された「子ども・子育て支援法」では、学童保育は市町村が実施主体となって実施する事業として位置づけられる事業なのです。

　運営はNPO法人だとしても、学童保育そのものは「市町村が実施主体となっておこなう児童福祉事業」なのです。

　今後も、NPO法人が運営する学童保育が増えていくかもしれませんが、あくまでも実施主体は市町村であり、市町村が条例で定めた基準に基づいて実施していくことになります。

II 領域別 1-3　子どもNPOと学童保育・放課後児童クラブ

7　子ども・子育て支援新制度で大きく変わる学童保育

　1950年代から生まれ始めた学童保育は、関係者の切実な願いと働きかけにより、1997年に児童福祉法による法制化がされました。しかし、制度的に大きな3つの問題点があったことは前述した通りです。全国学童保育連絡協議会などが中心となって、この3点の抜本的な見直しを繰り返し国に求めてきました。

　そして2012年の「子ども・子育て支援法」の制定と「児童福祉法」の改正によって、この3点が大きく見直されることになりました。

①「子ども・子育て支援法」において、学童保育は市町村が実施主体となる「地域子ども・子育て支援事業」として位置づけられ、児童福祉法でも市町村の関与を強めるよう改正されました。

②また法律の附則に「指導員の処遇の改善、人材確保の方策を検討」が盛り込まれ、その結果、指導員の「常勤配置」を含む処遇改善のための予算措置が行われました。

③児童福祉法の改正により、学童保育の対象児童が6年生までの「小学生」に引き上げられました。

④学童保育の基準を厚生労働省令で定め、市町村は国の定める基準に従い、条例で基準を定めることになりました。2014年4月30日に厚生労働省令が公布され、市町村の大半は「国の省令に準ずる」として国の省令基準と同じ基準が市町村の条例基準となりました。

⑤指導員は「放課後児童支援員」という資格が必要となり、「放課後児童支援員」の認定資格研修が2015年秋からすべての都道府県で開始されます（現在いる約9万人の指導員が5年の間に受講して認定されます）。

⑥国として「放課後児童クラブ運営指針」を定め、今後、学童保育は市町村が実施主体となって、条例で定めた基準と「放課後児童クラブ運営指針」に基づいて実施されることになりました。

　これまで学童保育は、3つの制度的な問題があったために、市町村によって、施設によって、運営主体によって、学童保育の実施方法や運営内容は「さまざま、バラバラの状態」でした。そもそも「学童保育とはどういう施設か」「学童保育で子どもたちに何を保障するのか」「指導員の仕事・役割とは何か」という基本的な点についても「さまざま、バラバラの状態」にあったのです。

　今後は、運営主体が多様なことは変わらないかもしれませんが、児童福祉事業として「一定水準の質を確保して」（国は放課後児童クラブ運営指針を「標準仕様」にするものと位置づけています）実施されることになっていきます。運営主体がどこであっても、社会的な責任を果たしていくことが求められます。

統計・グラフ等ページ

表1　開設場所別の学童保育数

開設場所	か所数	割合
学校施設内	11,815	53.5%
児童館内	2,720	12.3%
学童保育専用施設	1,749	7.9%
その他の公的施設	1,895	8.6%
法人等の施設	1,470	6.6%
民家・アパート	1,383	6.3%
その他	1,064	4.8%
合計	22,096	100.0%

出典：全国学童保育連絡協議会 2014年5月調査

表2　学童保育の運営主体

運営主体	か所数	割合	2007年比	備考
公立公営	8,461	38.3%	−5.9%	市町村が直営している
社会福祉協議会	2,287	10.4%	−0.9%	半数は行政からの委託（1,261か所）
地域運営委員会	3,922	17.7%	+0.9%	多くが行政からの委託（2,547か所）
父母会・保護者会	1,471	6.7%	−2.3%	行政からの委託が多い（857か所）
法人等	5,623	25.4%	+9.0%	私立保育園（1,072か所）、私立幼稚園等の学校法人（319か所）、保育園を除く社会福祉法人（1,084か所）、保護者等がつくるNPO法人（1,565か所）、民間企業（508か所）、その他（1,075か所）
その他	332	1.5%	−0.8%	
合計	22,096	100.0%		

出典：全国学童保育連絡協議会 2014年5月調査

表3　学童保育数と国の考え、制度の推移

	学童保育数	入所児童数	国庫補助金	国の考え、国の制度
1947				児童福祉法制定（市町村に保育の実施義務）。
1967	515			
1971	約1,000			1966年から出された文部省の補助金が廃止（校庭開放事業に統合）。
1976	1,932		1億1,700	厚生省が都市児童健全育成事業を創設（児童館が整備されるまでの過渡的な間だけ学童保育に補助する補助金）。
1986	5,749		3億7,000	厚生省が「都市児童館事業」を廃止（留守家庭児童対策を行う児童館への補助金だったが、児童館で留守家庭児童対策は効果がないとして廃止）。
1991	7,017		10億1,832	放課後児童対策事業が誕生（留守家庭児童対策は児童館の有無にかかわらず独自の施策として実施する方針に転換）
1993	7,516	231,00人		厚生省が学童保育の法制化を検討
1997	9,048		31億3,180	児童福祉法改正で学童保育を法制化。第2社会福祉事業にも位置づけ。
1998	9,627	333,100人	46億4,644	法制化施行。
2007	16,668	744,545人	158億5,000	厚生労働省と文部科学省連携による「放課子どもプラン」スタート。
2012	20,846	846,967人	307億6,500	「子ども・子育て支援法」制定と「児童福祉改正」があり、学童保育の対象児童の引き上げ、市町村を実施主体とすること、国としての最低基準を策定し、市町村も条例で基準を制定することとなった（2015年4月施行）。
2014	22,096	933,535人	383億7,100	学童保育の基準の省令公布。国が「放課後児童クラブ運営指針」策定。
2015	調査中		575億	新制度のもとでの学童保育がスタート。

出典：学童保育数は全国学童保育連絡協議会調査

II 領域別 1-3　子どもNPOと学童保育・放課後児童クラブ

実践1　あそびは育ちの栄養素

所沢市宮前学童クラブ
指導員　坪　好子
http://www.aya.or.jp/〜gakudou/

1 はじめに

　学童保育は、あそびを主体とした生活づくりをしています。あそびを抜きにこどもの育ちや生活を語ることはできないぐらい、あそびはこどもの成長発達に欠かせません。人間関係の稀薄さが社会問題になり、こどもが地域で群れてあそんでいる姿を見かけないと騒がれています。防犯上ということもあるのでしょうが、小学生でも携帯電話を持っている子は珍しくありません。そして、"忙しいこどもたち"は、常に誰かと繋がっていないと不安で、LINEなどで必死にやり取りをしています。それが本当に人と人との繋がりと言えるのでしょうか。便利になった反面、人とは媒体を通してしか会話ができなくなってしまうのではないだろうかと、極端ではありますが、そんなことさえ考えてしまいます。
　学童保育には毎日異年齢が群れてあそぶ姿があります。そんな学童保育ならではのダイナミックなあそび、異年齢集団のあそびを通して、人と関わることの楽しさを大切にしたいと思ってきました。共感し合うことも達成感を味わうことも、仲間となら倍の喜びとなります。評価基準から解放された仲間との関係、空間の中で、思い切り自分らしく過ごせる場であってほしい。人との関わりは楽なものではない。楽しいこと、嬉しいこともあるが、誤解されたり、悔しい思いをしたり、仲間はずれにされたり、思い通りにならないことも多い。しかしそこをくぐり抜けて逞しく育ってほしいと願っています。
　「あそびはこどもの育ちにとってどんな意味をもっているのか」ということを、宮前学童クラブの環境をフル活用している特徴的なあそびを紹介しながら、この機会に改めて考えてみたいと思います。

2 あそびとは

　あそびを定義することは難しいのですが、「あそびとは、それ自体を目的とした面白さや楽しさを追求する自発的な活動」ではないかと思っています。日々こどもたちと関わっていると、こどもの想像力やあそびの膨らませ方、おもしろがり方に驚くことがあります。

3 宝を掘り当てたら、おやつはステーキ

　宮前学童クラブは、畑を借りて建てられており、土は柔らかい黒土なので、転んでも肌がすり切れることはなく、こどもにとっては、優しい土台になっています。おまけに「水はけが悪い」という好条件なので、水あそび、泥あそび、泥水あそびは、やりたい放題です。まず泥あそびスタイルからこどもの脳はフル回転。泥用の洋服や靴を用意することは、学校のことをするのと同じように大事なことになります。全身泥まみれになってあそぶなら泥用の洋服に着替える。足だけ汚す予

定でも、名札を外し、靴下は脱いで、靴は汚れると怒られるから裸足でいいか…と、自分なりに必死に考えている様子は、見ているだけでも楽しいのです。

穴掘りでは、直径が1m、深さ1.5mぐらいまで掘ったこともあります。はじめは落とし穴を作ろうとしていたが、穴掘り自体が楽しくなってしまい、みんなで掘り進んでいきました。

5年生の慶太が「ここからお宝がでたらみんなで山分けにしようぜ」と言うと、「どんなお宝？お金たくさん出てくる？」と2年生の勇人が聞きました。

「普通、お金とか宝石が入ってんじゃねえか」と慶太。みんなの目がキラキラ輝いてきた。

指導員が「半分は学童に寄付してくれる？」と聞くと、「いいよ…そのかわりおやつはもっと豪華にしてよ。ステーキとか」と慶太。哲平は「そうしたら学童を二階建てにしてよ」と言う。「二階じゃなくて十階ぐらいになるんじゃないの」「おもちゃもいっぱい買えるし、DSも買えるよ」「だめだよ。学童ではDSは買ってくれないよ」「じゃあせめてテレビ」「テレビも無理。絶対に買ってくれるわけない」「屋上に遊園地を造れるんじゃない？お母さんと屋上の遊園地行ったことある」「オレも何か自転車みたいに漕ぐヤツ乗った」「屋上ならジェットコースターはダメじゃん」「だったら庭に絶叫系造ろうぜ」と、話しがどんどん膨らんでいきます。

もう宝の箱を発見している気分です。ただ穴を掘っているだけで、こんなにいろいろ想像して、みんなで夢を膨らませていくのです。

④ トンネル掘って学校に侵入を企てる

横穴からトンネルを掘ったこともあります。横穴は50cmぐらいの深さを1mぐらい掘り進み、落盤したら大変なので、トンネルの上に乗らないように周りのこどもたちの動きも気にしながら見守っていました。

大きなスコップは、掘りすぎてしまうので、園芸用の小さなスコップで掘っていきました。

時には、おもちゃ用に出した飯ごうの蓋を利用したり、二本の木を使って土を削り落とすようなことをしたり(ノミを使っているような感じ)していました。穴掘りのリーダー格の4年生がやり始めたら、低学年も真似をしてやっており、技は受け継がれていきます。

穴を掘れば土が出る。それを容器に入れる子、運んでいく子と、役割も決められていく。たいがいオイシイところは学年の上の子で、物を運ぶ、物をもってくるなど下働きは、低学年がやるようになっています。

このように、ごく自然な異年齢関係なのですが、時々不満を言いにくる子もいます。

「スコップやりたいのにダメって言われた」「○○をやらせてくれない」など言いつけにきます。大人にどうにかしてもらおうと考えて来たのです。

指導員がひとこと「少しやらせてあげれば」と言えば、きっとやらせてはくれるでしょう。

でも、ここは大人の出る幕ではない。

「私は穴掘り仲間じゃないから何も言えないなあ。お手伝いしていたら、そのうちやらせてくれるかもね」と言うと、不満そうだが元に戻って、また泥運びをやりだす。でも、上級生に認められれば、ずっと下働きということはなく、必ずやらせてもらえる。嬉しそうに「穴掘っていいって言われたから掘った。ほら、あそこの穴はオレが掘った」と報告をされることもあります。

こども集団には、あまり入り込まず、バランスを大人が崩さないように、出るときと見守るときを、適切に判断していく必要があります。

指示を出しすぎれば、こども集団は育たず表面的なものになってしまう。いつもトラブルに大人が出て行くようなことでは、こども集団は教育力を発揮できない。時に解決方法

II 領域別 1-3　子どもNPOと学童保育・放課後児童クラブ

が厳しいなと感じることもあるし、大人が入ればそんな解決の仕方はしないのに、それでも納得したのかと思うこともあるが、ある程度の秩序はあるし、信頼を寄せていきたいと思っています。

「横穴をずっと掘ってさ〜学校の砂場あたりに出るようにすれば、すぐに帰って来れるぜ」
「いいねえ〜そうしたら休み時間でも学童に来てあそべるし…」
「そうだよ。校庭にも勝手にあそびにいけるじゃん。門が閉まっててもあそびにいけるよ」
「いいよね〜やってみようぜ」と張り切るこどもたち。
そして「でもさ、道路の下って穴ほれるの？」
「だめじゃん？だってコンクリートだよ」
「コンクリートでもガンガンやれば行けるだろ〜」
「ドリルとかじやないと」
「ドリルかあ〜　ねえ学童にドリルある？」
指導員「学童にドリルは置いてないけど」
「だろ〜　やっぱ無理かも」
「でもやってみようぜ」と、学校からいつでも来たい時に学童に来て、好きな時に校庭にあそびに行って…と話が広がっていきます。

結局途中で断念し、穴に水をためて泥プールになっていったのですが…。

穴掘りは、いろいろと形を変えても、飽きることなく続いていきます。ただ穴を掘るだけに、あんなに力を注いで真剣に取り組むなんて、今しかできないのかなと思うと、たかが穴掘りの奥の深さを感じます。みんなで協力し合うことも、自分のやりたい気持ちだけではなく、人の気持ちも推し量ることも、こうやって自然と身に付いていくのです。

⑤ ゾンビがでた〜

「水は大事に」と、手洗い時は水を流しっ放しにしないように声をかけますが、水あそびには、ある程度自由に使わせています。ただ、蛇口から水を出しっ放しにして穴に水を溜めるのでは使いすぎてしまうので、容器に汲んで運ぶようにしており、じょうろや外用のおもちゃに水を汲み、せっせと運んで掘った穴に水を溜めていくのです。

雨の後は最高だ。庭一面が湖のようになることもあるので、雨の後は走って帰ってくる子が多い。そして泥用の洋服に着替えて、泥水に飛び込む。自分の顔に泥を塗りたくり「ゾンビだー！」と他の子を追いかけてゾンビごっこが始まったり、滑り台を造って泥水の中に滑り込んだり、遠くから走って来て飛び込んだり、いろいろなことを考えだします。男子だけではなく、女子も一緒になって泥の池に飛び込んだりします。

時に、近くの子に泥がはねて洋服を汚してしまい、「何やってんだよ！」と怒られてしまうこともあります。調子に乗り過ぎたと反省し、「ごめんね」と謝るが、同時に「そんなところにいるから汚されるんだよ」という子もいて、それは一理あるが、大げんかに発展することもあります。

「どこにいようと勝手だろ」
「だったら汚されたって仕方ないだろ」
「何でだよ。汚す方が悪いんだろ」
「そこにいるから汚されるんだろ」

と堂々巡りの喧嘩を延々している こともあります。

誰かが「どっちも悪いんじゃないの？」と口をだすと、「何でだよ！何が悪いか言ってみろよ」と火の粉が飛んでくることもあります。騒ぎを聞きつけたこどもたちが、あっという間に集まってきて評論家になり、それぞれの意見を言いだし大騒ぎになることもあり、こうなると少しのアドバイスは必要かもしれません。「じゃあ、泥あそびをする人は、もう少し周りの人にも気をつけて、近くにいる人は、汚されちゃうかもしれないと気をつけてみたらどうか？」と、大人が言っただけ

で、なんとなく収まることもあります。

　でも、こういう言い合いができることは大事で、「もういいよ！」と逃げてしまうよりいいのではないかと思います。とことん自分の言い分を主張してみることや、相手には別の考えがあるということに気づくことも、あそびの中で大事にしていきたい部分です。

　ある時は、水路を造り、所々にダムや建造物（ピラミッドや結婚式場やサッカー場など）を造り、雑草を植え直して、緑豊かな町づくりが始まり、ごっこあそびを展開していく。女の子は、泥でケーキやお料理を作りレストランごっこをすることが多く、銀色のお皿に花や草で飾ったケーキをもってきてご馳走してくれたり、朝顔や草で色水を作りジュースも作ってくれます。

　泥団子を作って白砂で磨き、さらに布で磨き、ピカピカ泥団子づくりに挑戦する子も多く、作っている途中でひびが入り、「あ〜もう！」と庭に叩きつける子もいます。上級生が「まず、ゴミを取り除かないと…」とか、「もう少し白砂で磨かないと光らないよ」とアドバイスをしてくれるので、教えてもらいながら一緒に作って、顔が映るぐらいピカピカの泥団子を作った子もいます。保護者も「このぐらい勉強に熱中してくれたらいいのにね」と笑いながら、「でも、こうやってあそべるのも今のうちだね」と、大らかに見守ってくれています。

ゾンビだ〜

⑥ 自分たちの城づくり

　自分たちの秘密基地をつくれる場所が地域にないので、学童保育所の庭での基地づくりは魅力的なようです。場所や形を変えながら、1年中やられています。

　3年前に保護者から廃材をたくさんいただいたので、基地をつくろうということになり、3ヶ月もかかってこどもたちと造りました。

　サイズを測りのこぎりで切る。のこぎりは引く時に力を入れることを教える。適切な長さの釘を使うことも大事なので、打ち付ける木のサイズを、釘を当ててみながら考える。金槌は、平らな面と少し丸くなっている面の使い分けをしていきます。

　このように道具を使わせることや、正しい使い方は身体で覚えていく方が身に付いていきます。金槌で指を叩いてしまうこともありますが、少しぐらいの打撲なら、かえっていい教訓になります。釘が曲がってしまって打てなくなった時は釘の抜き方も覚えられる。一度覚えると次は、こどもからこどもへ伝承されていくのも異年齢集団のいいところだと思っています。

　基地は、慎吾が「みんなで使えるように大きいのが作りたい」と言った。

　「じゃあどんなのがいいのか設計図を描いてみたら？」と言うと、10人ぐらいで室内に入り設計図を描きだしました。「三角屋根があるのがいい」「ドアもつけた方がいい」「二階建て」と周りの子が言うのを慎吾が絵にしていき、二階建ても三角屋根も自信がないので、3.3㎡で屋根は平らにすることで話はまとまりました。

　早速基地づくり開始。台風が来ても飛ばされないように、四隅の柱を埋めて固定することにしました。穴を掘り、柱を立てる6年生の将太が「平行になってるかな？」とつぶやくと、低学年が「平行って？」と聞く。将太が自分の手で説明してやると「なるほど〜」

113

II 領域別 1-3　子どもNPOと学童保育・放課後児童クラブ

と感心する。「わかってんのか？」と苦笑いの将太。こういうこども同士のやりとりを聞いているのは本当に楽しい。

太郎が「1年生はのこぎり危ないから使わせない方がいいよね」と聞いてきました。

「正しい使い方を教えてあげれば大丈夫だよ」というと、「わかった」と太郎。

実は、1年生が「やりたい、やりたい」と言っていたので、太郎なら辛抱強く教えてあげられるかなと思い、「太郎君にやってみたいっていってごらん」と1年生にアドバイスをしておいたのです。

太郎は、「じゃあやりたい1年生は集まって」と声をかけ(2年生もちゃっかり入っていたが)、のこぎりや釘の打ち方を教えていた。みんなで木を押さえてあげたり、のぞきこんで「曲がってる」「もっと右」アドバイスしてあげたり、低学年に丁寧に関わってくれたので、1年生は満足そうでした。

工作でもすぐにできてすぐにあそべるものでないと敬遠される傾向にあり、じっくり作ることは好まないようです。でも、基地はすぐにできない。高学年を中心にみんなでコツコツ作業し、でき上ったのは3ヶ月後でした。こうやってできた基地は、あそびの中で、病院、牢屋、レストラン、学校などに姿を変えていく。特にギャングエイジと言われる年代には、自分の城、自分たちの住処が必要なので、できる限り保障していきたいと考えています。

⑦ ダンボールあそび

冬のあそびでこどもたちが楽しみにしているのは、ダンボールを使った迷路や家づくり。そしてその後の剣や鎧や楯づくりです。

ダンボールに自分の作りたい剣の形を描き、カッターで切っていく。カッターを使う時は真剣だ。自分の手足を切らないように、気をつけている。一度で切れずに何回も切ってやっと切り取れる。時には高学年に頼んでいる子もいます。「よく見てろよ。曲がるときは…」と使い方も教えてくれる。あとは好きな色のガムテープで飾って完成。

何人かができれば、戦いごっこの始まりです。しかし、どんなあそびでも、過ぎれば必ずトラブルが発生します。ダンボールの剣は固いので、当たれば相当痛い。

3年生の修一と拓也が剣で戦っていたら、修一が拓也に腕を思い切り剣で叩かれ泣いた。拓也は、すぐに「ごめんね」と言った。

でも、修一の気持ちは収まらず「思い切りやるなんてルール違反だろう」と怒った。

拓也は「だからごめんねって言ったのに」

「ごめんねって言えばそれで済むんですか？じゃあ警察はいらないだろ！」とだんだん怒りがエスカレートして余計なことまで言いだしました。

みていた5年生の健太が、「修、いい加減にしろ！もうお前は戦いをやる資格なし！」と大声で言ったので、修一は「だけど拓也が悪いんでしょ」と言い返し、健太は「そういうあそびなんだよ。痛くて泣くならやるなよ」とさらにあびせる。

ギャラリーの貴宏が「そうそう、痛くて泣くならできませ〜ん」と茶化したので、修一は怒り「関係ないヤツは黙ってろ！」と怒鳴り、貴宏につかみかかり頭を思い切り叩いてしまい、貴宏もやり返し大喧嘩に発展してしまいました。

「首から上を攻撃してはいけません」と見守っていたが、健太が「お前らいい加減にしろ！」と怒鳴り、ようやく喧嘩が収まりました。

興奮しすぎてパニックになった修一を事務室に連れていき、濡らしたタオルで顔を拭いてやり穏やかに話をしました。しかし、修一は「なんでオレだけが悪者なんだよ」と大泣きしました。

「悪者にしていないよ」

「しているじゃないか。なんでオレが悪いわけ？」と気持ちが収まりません。
　背中をさすりながら、戦いごっこの始まりから思い出させていきました。
「修ちゃんが、拓ちゃんに叩かれたところは見ていたけど、修ちゃんを思い切り叩いたというより、戦いごっこで力が入りすぎた感じがしたけど、どう思う？」
「分かんないけど、思い切り叩いた」
「でも、それはわざと力を入れたかな？」
「わざとじゃないかもしれない」
「わざとじゃないって思える？」
「戦いごっこだから、わざとじゃないかもしれないけど、相当痛かったから」
「そうだね。あの強さでやられたら痛いと思う。拓ちゃんは、わざとじゃないけど痛くしてごめんねという気持ちで、ごめんねを言ったと思うけど、どう思った？」
「ごめんねって言っても許せない時あるし」
「そうだね。謝られても痛みはなくならないし、すぐに許せないこともあると思う。でも私が見ていた限りでは、謝った拓ちゃんに、謝って済めば警察はいらないとか、あそこまで言うのは言いすぎかなと思ったよ」
「でも、謝れば済むわけじゃないでしょ」
「じゃあ警察をよびますか？そんな事件でしたか？」
「そういうわけじゃないけどさ」
「健太君が戦いごっこをやる資格なしって言ったけど、私も同感だな。あんな固い剣で戦ったら、間違ってぶつかることもあると思った方がいいと思う。あんなに怒ったら、もう仲間にいれてあげないって思われちゃうよ」
「うん、わかった」
「貴ちゃんたちも言いすぎたから、あとで言っておくけど、修ちゃんもいけないなと思ったところは、自分で解決しな」
「うんわかった」ようやく落ち着いた修一。拓也に「怒りすぎたことごめんね」と言えた。
　貴宏には何も言わなかった。自分も叩かれたからかもしれない。よく一緒にあそぶ集団ですが、その分喧嘩も多いし、激しいぶつかり合いもします。収まらない時は、その都度気持ちを整理してあげながら、それでも仲間といると楽しいと思える関係を築けたらと思っています。

⑧ おわりに

　数年前から授業数が増え、特に低学年の下校時間が遅くなりました。下校してから帰宅するまで、おやつ時間を含めると集中してあそべる時間は２時間もありません。だからこそ、解放感、自由にやりたいことができる安心感、雰囲気づくりは大事にしていきたいと考えています。
　人生は毎日楽しいことばかりではない。子ども時代に多くの人と関わり、時にはぶつかり合う経験も大事だと思います。あそびの中からうまれる葛藤や挫折は成長する為には欠かせません。様々な経験やトラブルから学ぶことも多いと思います。それも生身の相手があってこそできることなので、これからも「けんか＝悪いこと」ではなく、けんかの保障もしてあげたいと思っています。
　こどもたちはいろいろな思いを抱えて学童クラブに帰ってきます。指導員がこども一人ひとりの思いをキャッチできるようになるためには、やはり、こどもと一緒にあそびながら、楽しさや驚きを共有し、共感しながら関係を作っていかなくてはならないでしょう。
　一緒に生活をしていく上でも、こどもとの信頼関係は大事なので、これからも、こどもとはひとりの人間として、その人格と真正面から誠実に向き合うことに心がけていき、大きくなって「あの頃は楽しかったなあー」という思い出に、学童保育のことが少しでも心の片隅に残ってくれたらいいなと思っています。

II 領域別 1-3　子どもNPOと学童保育・放課後児童クラブ

実践2　子どもを真ん中にして、保護者と指導員がともに取り組む共同の学童保育の輪

NPO 熊取こどもとおとなのネットワーク（編）
http://www.rinku.zaq.ne.jp/npo-kumatori/index.html

1　熊取町の概要と児童福祉政策

　熊取町（大阪府）は大阪市のベットタウンとして発展し、現在の人口は約4.5万人です。住民層については、昔から居住する旧住民が1.5万人に対しベットタウン化してきてから移り住んだ新住民が約3万人とおおよそ2倍になっています。

　しかし、近年はだんぢり祭りなどを契機として新住民と旧住民との境目がなくなり新たな地域づくりができています。一時期集合住宅の建設が規制されていた時期があったために一戸建てが多く、それを購入する家族が転居してくるケースが多かったのですが、最近は集合住宅の建設も増えています。37年前、学童保育つくり運動の要求は、主として新住民を中心に出されてきました。

　熊取町の児童福祉政策には、NPO法人"熊取こどもとおとなのネットワーク"が大きく関わっており、行政職員からの信頼も厚く、たとえば国の福祉政策でファミリー・サポート・センターの事業に着手しなければならなくなったときも、行政から直接、NPOに運営依頼があり受託したという経緯があります。

2　"熊取こどもとおとなのネットワーク"の概要とその特色

1）"熊取こどもとおとなのネットワーク"の概要

　NPO法人"熊取こどもとおとなのネットワーク"は、当初は人口増加の中で学童保育要求が高まったことでつくった1民間団体（熊取学童保育連絡会）に過ぎず、その頃は、活動に対してもあまりよい評価ばかりではなかったようですが、地道に活動する中で少しずつ住民に受け入れられ、2000年にNPO法人を設立し「おとなの共同した力で子育て事業を行うことにより、未来を担う子どもたちの成長とおとなの成長を図ること」を目的として連絡会を継承発展引き継ぐかたちでスタートしました。

　そんな中で住民の学童保育要求は高まり、大規模化しクラブ数が増え行政側も制度の充実とともに、学童保育の施設整備や補助金の獲得などの援助がすすみました。

　また「次世代育成支援対策協議会」や「地域教育協議会」、「子ども相談ネットワーク会議」や「子ども・子育て会議」などにNPO法人も参画する機会が増え、他の団体ともつながることが多くなりました。活動の包括化、一般化が進んだことで放課後の子どもたちの生活や姿を掴んでいる団体として、多くの人たちにも認知されるようになりました。学校や教育委員会などとも連携が進み、これらとも良好な関係が保たれています。

2）運営上の特色

　さて、"熊取こどもとおとなのネットワーク"はNPO法人ですが、熊取町から指定管理や委託事業ではなく、補助金を受けて10ヵ所すべての学童保育所を運営しています。そのため、行政からは口出しすることも

116

あまりなく、運営主体がNPOのため、基本的に当NPOの意向で運営しています。

まず、学童保育所は、町内を中央と東・西・南・北の5つの小学校単位で施設があり、事務所は中央ブロックの近くにあるビルの2部屋を借用しています。指導員はいったん事務所に出勤し、午前中は常勤職員全員で勤務しそこから各学童保育所に保育に行きます。保育対象は、1979年の開設当時から小学1年生から6年生ですが、高学年こそ学童保育を「居場所」として必要としていると感じます。

また、指導員は2015（平成27）年度4月現在、常勤28人、アルバイト12人ですが、常勤職員は全員NPO法人の会員になり、保護者と共に運営にも関わっています。各学童保育所に常勤の指導員を2名以上と、事務局員4人を配置し、アルバイトは各クラブに障がい児支援など必要に応じて配置しています。常勤職員は、朝10時から勤務に入り、子ども理解や家庭理解を深めて保育や家庭支援、子育て共同をめざした保護者会運営にも関わります。給与体制は時間給ではなく月給で支払い、「常勤・専任・複数」を基に、指導員が自分の生活ができ、専門職として継続できる体制を保障していきたいと考えています。公設公営と比較すると少し高い保育料設定となっていますが、指導員の勤続年数も長く保育の質も担保されているので、保護者も納得しています。

3）保護者や地域、学校などとの関係

学童保育の役割のひとつとして、家庭支援も含めて子どものいる環境を把握することも方針にあげていますが、地域に向けての事業も展開しています。ファミリー・サポート・センター事業の取り組みは、子育て中の保護者がちょっと手伝ってほしいことを、登録している住民さんに子どもを預かってもらうといったサポートなど"お互いさま"の活動のコーディネートを行い、住民相互の助け合いのネットワークづくりをしています。また、「ぼちぼちいこ会」（不登校を考える親の会）や「山びこの会」（発達障がいを語りあおう）など、親が悩み孤立し孤軍奮闘せずに、しんどさを出しても責めたり否定されないつながりの場を地域の方とともにつくっています。

4）行政とのかかわり合い

大阪府の学童保育は公設公営が多い中、なぜ民設民営の熊取で公営の学童ができなかった1〜6年までの受け入れや保育内容、指導員の長期継続雇用、待機児童なし、などが取り組めたのかについては、

＊子どもの発達保障を軸に指導員と保護者で共同運営を続けてきたこと。
＊町全体で同一保育料、保育の質の向上、同一賃金を確保しつづけてきたこと。
＊子育ちに理解のある柔軟な町の職員が、NPOの学童保育の内容に理解を示し、補助金や施設整備などの支援をし、協働して学童保育運営ができたこと。

にまとめられると思います。

そもそも熊取町には、住民協働で課題に取り組む歴史的な素地があり、それは町の特徴であり財産といえますが、そういうネットワークづくりのなかで、住民（保護者）自身がどうありたいのかの願いをNPOがまとめ、担当課に伝え理解を求め、担当課は行政の役割を担おうとし、共に努力しあってきた関係があってのことと考えます。

③ 学童保育実践の実際

次に熊取の学童保育実践について報告します。先にも述べたように、熊取町には学童保育所が10クラブあり、近年の入所児は大体540人ほどですが、それぞれのクラブの平均保育人数は50人程度の規模で保育しています。

1）学童保育とは（理念・根幹）

学童保育の根幹、寄って立つ理念は、子ど

II 領域別 1-3　子どもNPOと学童保育・放課後児童クラブ

もたちの豊かな放課後生活を保障（発達保障）することと、親・保護者が安心して働けること（就労保障）を同時に満たしていくことにあります。

親・保護者の就労保障についていえば、わが子が小学校に入学した直後は午前中で帰宅するので、とにかく親たちが帰ってくる夕刻までの間、安全に過ごしていてほしいという願いから発足していますが、次第に安全に加えて質の高い保育を求めるようになってきました。この時期に獲得してほしい課題の習得や合わせて「しつけ」もしてほしい、宿題もやらせてほしいなどの要求が出てくるようになります。

反面で、子どもの立場に立っていえば、「放課後の生活」を対象としているので、学校などのように課題に縛られず、自由に仲間とともに遊びたいという要求実現の場になります。しかし、小学校の低学年くらい、つまり9歳頃までは、発達的にみても行動力や判断力に危うさを残しており、長時間子どもだけで過ごさせるのは危険です。この二つの要求を同時に満たすのが学童保育の役割といえます。

2）熊取学童保育所（学童クラブ）の現状

指導員がここ近年こどもたちと接していて感じていることをまとめてみます。とにかく、今の子どもたちは、いつも忙しそうです。放課後の時間が短くなっている上に、その短い放課後の時間も習い事などもあって、いつも「～をしなければならない」と追いかけられているようです。そのために、自分で自分のことを決めることや自分で考えることが少なくなってきており、本当は自分がどうしたいかを考えることもなく、考えるすべも知らず、苦しそうです。いやなことも、うれしいことも、つらいことも、楽しいこともそんな自分の気持ちや感情を心の奥にしまっておいて、「いま○○をしておいた方がよい」ことや、「○○○をせなあかんこと」に向

かっているようです。

こうした状況の中では、子どもたちに頭や眼など顔のけがが多く、自分が否定されたと感じたら、相手を攻撃する。パニックを起こす。施設から飛び出す。なぐる・けるなどすぐに手が出る。部屋に入りたがらない、だまる、しゃべりたがらない。傷つき（傷つけられ）やすい、などの行動にはしってしまう子どもたちの姿が見うけられます。

こうしたトラブルは、どの学童クラブでも見られますが、多くの実践の中では、子どもたちの中で解決していきます。直に自分たちの気持ちをぶつけ合い、響きあってお互いを認め合うようになっていきます。そしてそのなかで子どもたちの本当に伝えたいことはどんな言葉を使えば伝わるのか、解るのかを共に考え想いを引き出し合い、理解し合えなくてもお互いの想いを分かりあうまで付き合おうとする指導員の存在が不可欠です。

そんなトラブルを繰り返し積み重ね、ケンカをしてもまた一緒に生活し「また明日な」「明日もまた遊ぼうな」と仲直りをし、明日につなげていっていくのです。

3）指導員の仕事と役割

次は指導員の仕事と役割についてですが、まず、「ただいま」と帰ってくる子どもたちに「おかえり」と迎え、一緒に過ごすことから始まります。おやつを食べたりみんなで遊んだり、宿題をしたりもします。帰る前には片づけもします。

2015年度の指導方針は、「学童保育はなんといっても『異年齢集団』」生活であり、子どもや大人たちが「時間・空間・仲間」を共有する中で、子どもたちがあたり前に「子ども時代」を過ごすことができるように、つまり、「子どもが"子ども"であるために」のまなざしを持つことをモットーにして、異年齢の中での「つながり、ぬくもり、あこがれ」を大切にして、子どもたちの毎日の生活を豊かにする、遊びの積み重ねを大切にす

る、子どものモチベーションを大事にして活動することを打ち出しています。

そのたびに、学童期の子どもたちの発達段階を学び、それぞれの子どもの"成長したい"という願いを探っていき、指導員たちも子どもたちの内面の理解者・代弁者になりたいと努力をしています。

また、子どもも大人も「人は集団のなかで育つ」に確信をもち、大人たちがつながり、子どもたちを理解するとともに、見守りの輪を広げていくという「大人のまなざし」を大切にしています。大人たちの異年齢集団、保護者会の意味・役割を確かめるなど、子どもたちを真ん中にして大人たち（指導員を含む）が手と手をつなぎ、学童保育の「共同」を創っていこうとしています。

やや具体的にいえば、指導員は「子どもの命を預かっている」というくらいの深い認識で臨んでいるつもりでも、過去には「子どもの体調の変化をしっかりとつかめていなかった、施設の安全や衛生管理ができていなかったこと、個人情報の管理ができていなかった、賞味期限の切れていたおやつを食べさせてしまっていたこと、子どもにケガをさせてしまったこと、子どもの心を傷つけてしまった」ことなどが悔やまれます。

そして、これらはすべて「指導員どうしの連絡がとれていなかったこと、指導員の考え方の甘さや認識の浅さ、保育に対する見通しが足りない、指導員の力量が足りないところから起こしてしまっていることばかりで、なぜ起こったのか、その時自分はどうしたいのか、事務局への連絡や連携はどうなっていたのか、事実を受け止め、問題点や改善点を明らかにしていくことが求められています。

また、子どもに対する指導員の働きかけの中で、おとなの力で子どもを支配・強制するような言葉かけをしていたり、子どもの人格を否定するような声かけをしていることもあります。そのために、指導員としての倫理観をしっかりと学び、集団的に日々の自分たちの仕事や保育内容を話し合い、繰り返して確かめていき、お互いに戒めていかなければなりません。指導員は、「子どもの権利条約」の理念を念頭に、子どもそれぞれの「最善利益」を考え、子どもの命を守り育てるのだという仕事であることの、もっと自覚を持つことが大切です。

子どもたちは、自分たちの気持ちを学童保育所の中で表現していきます。
たとえば、
・子どもが黙り込んだ時は、誰かに聞いてほしいことがあるのではないか
・子どもが暴れている時は、誰かに止めてほしいんじゃないか
・子どもが笑っている時は、むしろしんどいことがあるのではないか
・子どもが泣いている時は、分かってほしいことがあるのではないか
・どの子も"大事にされたい""愛されたい""確かめたい"、と叫んでいるのではないか

と、指導員は子どもたち一人ひとりにいろんな角度（視点）からのまなざしを送り、アンテナを張り巡らせながら、「その子（たち）を知る」「その子（たち）を丸ごと捉える」ことに必死になって向き合っていかなければなりません。指導員だって分からないこともある。失敗もする。逃げたいこともある。それでも人を求め、人の中でもがき、人の中で育ちたいと願う子どもたちの姿に依拠して、子どもと子ども、子どもと大人、子どもたち、大人たちをつないでいくことを大切にしていきたい。子どもたちの発達段階を学び、子どもたちの成長したいという内なる願いを探り、みんなの中でみんなとともに育っていくことをモットーとしています。

4）保護者会の位置と役割

熊取学童保育所では、あたり前に存在する保護者会（組織）ですが、いつも、機会のあ

るごとに、改めてその存在意義や役割を考えていく必要があると思っています。子どもの幸せを願わない保護者はいません。おとなたちはみんな、子どもの幸せや成長を願っているのです。

そして「みんなで子育てをしたい」「子育ての悩みも共有したい」と思いながらもその余裕を持てない生活の大変さがあることも事実です。それをリアルにつかむ。そしてそんな状況であるからこそ、保護者会の出番があるのです。子育ての困難さや子どもたちの危機は家庭の中だけでは解決できないことも多々あります。孤立することなく、地域の中でみんなで見守り、子育てを共有することが益々大切な時代になってきています。学童保育の保護者会は、誰にも強制することのできない自主的な活動です。お互いに現状を出し合い、しんどさを共感しながら、子どもたちの幸せを願い、「どんな子どもに育ってほしいか」、「子どもたちにどんな学童保育所での生活をしてほしいか」、そのために大人たちが集まって何ができるかを考えあい、理解と納得を得ながら、それを束ねていくことのできる保護者会でありたいと思っています。

保護者会からは、「取り組みや会議が負担」という声や「役員のなり手がない」「人がなかなか集まらない」という声が聞こえてきます。"やらなあかんこと"になっていたり、それぞれの取り組みが"今までやってきていたからやる"になっていないか。今一度保護者と指導員で考え合っていきたいと思っています。これまでのやり方を引き継ぐだけではなく、行事や取り組み、学童保育の会議も、そして保護者会そのものも、「なんで大事なんか」「みんなで〜をしたい」「なりたいね」と、一つひとつを大事にしたいことやその必要性を確かめながら、保護者会のあり方を模索していきたいと思っています。

保護者会にきて「やっぱり、子どものことが聴けてよかった、最近のわが子の様子、なんでかなーと思っていた」と話す大人や、「親同士の顔が見えることで安心できた」「子どもの情報を知ることは、学童保育じゃなくても保護者会じゃなくても聞けるけど、子どものことを通して親もつながることができるのが、保護者会のいいところなんやと思った」という保護者の声も寄せられています。

ここに保護者会の存在意義があるわけで、学童保育の保護者会は、子どもたちを真ん中において、保護者と指導員が一緒になって話し合い、創っていくことです。指導員は「子どもたちの姿や、学童保育所での様子を通して学童保育で大切にしたいことを」を語り、保護者は、「うちの子こんなんでなぁ…」とわが子や子育ての話をする。その中で、「子どもにこんな子になってほしいな」「こんな気持ちになってほしいな」「こう育ってほしいな」などと出し合い、「子どもたちのために、もっと学童が〜なったらいいな」「そのために大人ができることは?」を考え、確かめ合い、願いや思いを形にして広げていくのです。子どもが育つ主人公は、もちろん子ども自身ですが、子どもを育てていく主人公はおとなたちです。子どもを真ん中において、大人たちが手をつなぎあい"共同の子育て"の輪をもっともっと広げていきたいものです。

④ まとめと課題

1) まとめ

熊取学童保育所自体は、まさしく「放課後の異年齢集団」であり、そこでは「時間、空間、仲間」を共有することを中心にすえながらも、それぞれの学童保育所で、毎年個性的に基本方針を立てています。

たとえば、2015年度の総会資料では、「子どもが"こども"で在るために」と冠を付し、それぞれに「心もからだもいっぱいつかってあそぶ、いろんな気持ち・想いを大切

に・自分の気持ちを出しても大丈夫」（T・Wクラブ、M・Tクラブ）、「ひとりひとりを大切にする、ひとりひとりが大切にされる学童にしていこう！」（T・Zクラブ）、「みんなの学童やで！ みんなで大事にいこうな！ 人も物も時間も大事にしよう！」（N・Dクラブ）、「そのままでええねん！」（N・Sクラブ）、「放課後はほっとする時間 ひといきつく時間 そして自由な時間 何をするかは自分で考えていいんやで」（K・Yクラブ）、「そのまんまのあんたでええねんで」（K・Wクラブ）、「ひまわりクラブはみんなが主役」（T・Hクラブ）、「みんなの中で安心したいなぁ」（T・Dクラブ）など、地元の自分たちの言葉で飾らず、個性的に方針を立てており、学童保育をこよなく愛し、大事にしていることが分かります。

2）課題

しかし、まだまだ課題もたくさんあります。

たとえば、指導員の退職や休職の問題。事務局では1年中といっていいほどに指導員の募集広告だし、面接をするといった状態が続いています。人手不足が常態化している感がぬぐえず、その分常勤指導員や長く勤務しているアルバイト指導員への負担が多くなってきているので、この課題について、今後どう解決をしていけばよいか、みんなの知恵と力が必要です。

また、入所児童が増加傾向にあり大規模化していることへの対応。それぞれのクラブの実態を掴んで保育内容を毎日の生活のなかでつくるということも大きな課題です。昨年12月に策定された「学童保育の設備及び運営に関する基準を定める条例」には、ひとつの単位はおおむね40人以下と定められていますが、附則には「当分の間適用しない」とあります。子ども一人ひとりの「最善の利益」を考えると、とにかく早期に施設の整備が望まれます。

また、実施主体が市町村となるなかで、今までの「協働」という視点をしっかりととらえ、これまで培ってきたNPOの学童保育の実績とノウハウ、先駆性を生かして、今後もNPOと行政が対等な立場で協働していくなかで、公的事業として実施していくことができるのかなども、大きな課題であるといえます。

くまとり学童10クラブ合同のチャンバラ大会。エイエイオー！

Ⅱ 領域別2 子どもNPOと地域施設

概説

子どもが居つき、出会い、活動する地域施設づくりとは
〜居場所をつくる子どもの活動に寄り添う場の動向・展開過程〜

中高生施設職員交流会 TEENS 事務局／東京大学大学院
大山　宏

1 はじめに

　本章で取り扱うのは、特定の課題を抱えた子どもではなく全ての子どもを対象とし、彼らの日常生活への関与を通して成長・発達への支援を行うことを意図した施設についてです。特定の課題に焦点を当てないこうした施設は、それ故に多様な機能を持ち得るものであり、安心感や居心地の良さによる情緒的安定や、多くの友人と出会い社会性を育む場としての機能、そして多様な活動を展開していく拠点等、実際に多くの役割を果たしています。また、子どもの日常生活に関わり、子ども自身が自らの生活を構築していく過程を支援しているという面から、子どもの権利条約にある意見表明権との関わりでも注目されるものでもあります。本章ではこうした施設を、全ての子どもを対象としつつ、子どもがその場に居つき、自身の生活に組み込むことで役割を果たす場として捉え、特に一定の地域的範囲において子どもの生活に大きな影響を与えるものとして、子どものための地域施設として位置づけています。それぞれの施設の具体的な取り組みや、果たしている役割については、次節以降の個別の事例紹介をご参照いただきたいところですが、本節ではこうした施設がこれまでどのように位置づけられ、発展してきたのかについて、簡単に概観していくこととします。

2 子どものための地域施設

1）児童館の発展過程と現状

　子どものための地域施設の代表例といえるのは、やはり児童館です。児童館は児童遊園とともに、児童福祉法第40条で「児童に健全な遊びを与えて、その健康を増進し、又は情操をゆたかにすることを目的とする施設」と定義されているものであり、一般に児童の「健全育成」のための施設として位置づけられています。この「健全育成」の内実については議論があるものの、子どもが日常的に利用し、様々な活動を通じての成長・発達を支援するために位置づけられた施設であり、法的に明確に位置づけられ全国的に展開した唯一の事例であるといえるでしょう。

　児童福祉法は戦後すぐの1947年に制定されており、児童館もこの時に法的に位置

づけられています。しかし設置に関する地方自治体の義務はなく、1960年代半ばまではほとんど実態のない状態でした。児童館行政が実際に動き出すのは、東京都の美濃部都政になってからであり、美濃部都知事が「一小学校区一児童館」を掲げ児童館づくりを推進した動きが、その後東京以外にも伝播していったことが、全国的な展開の発端であるとされています。現在でも自治体に児童館設置の義務は設けられていないため、どの程度児童館が設置されたかは各自治体の判断になっており、全国で一律に展開したとは言い難い状態ではありますが、発端となった東京の他にも多くの児童館を設置してきた自治体があり、一小学校区一児童館を実現した市町村もいくつか見られます。

　しかし児童館設置数は、近年は微減傾向にあります。厚生労働省による『社会福祉施設等調査報告』によると、2006年に4,718館であった児童館設置数が、2013年には4,598館に減っています（図1）[i]。こうした児童館数減少の背景には、三位一体の行財政改革＝地方交付税削減の流れがあるとされ、地方自治体の財政的な事情から児童館の閉館や転用が進められているのが実情だといえます。また児童館の運営をNPO法人や社会福祉法人などの民間団体に委ねる動きも、同様の行財政改革の流れの中に位置づけられ、進められているといえるでしょう。

　児童館の民営化を促進した要因としてはもう一つ、2003年の地方自治法の一部改正による、指定管理者制度の導入があげられます。これにより公的な施設の運営を民間の団体に委ねる制度が確立され、多くの自治体で公営施設の法人化・民営化が進められるようになりました。児童館もこうした流れの中で民営化が進められたのであり、先述のように児童館設置数は近年減少の傾向にありますが、そうした中にあっても民営児童館の数は一貫して増加しており、2009年の時点で全体の約三分の一を占めるまでになっています。こうした数値は児童館そのものが減少傾向にある中にあって、その主要な担い手として民間団体の存在感が増しつつあることを示すものだといえるでしょう。こうした民営化の促進が、近年の児童館行政をめぐる大きな流れの一つだといえます。

　児童館行政をめぐる近年のもう一つの主要な論点は、「全児童対策事業」及び「放課後子どもプラン」との関わりによる、対象年齢の変化です。全児童対策事業は全ての小学生が放課後や長期休業等の時間を使い、主に学校施設を用いて遊びなどの活動ができるように自治体が実施する事業のことで、導入の時期は自治体によって違いますが、主に学校完全週五日制等との兼ね合いから2000年代初頭から注目されるようになりました。また放課後子どもプランは2007年に少子化担当・文部科学・厚生労働三大臣のトップダウンによりスタートしたもので、市町村が実施する「放課後子ども教室」と「放課後児童健全育成事業（以下「学童保育」）」の連携・一体化により構成される事業とされています。この二つは小学生を対象とした事業を、主に小学校内で実施することを主眼としている点で共通点を持っていますが、まさにこの点で、小学生の放課後の活動に関わってきた既存の制度である学童保育と深い関わりを持っています。

II 領域別2　子どもNPOと地域施設

　児童福祉法において、児童とは18歳未満のこととされており、法的には児童館の対象は高校生までが含まれることになっています。しかし、児童館は学童保育が併設されている場合も多く、またそのほとんどが小型児童館[ii]であることから、設備の関係上小学生が主要な利用者として想定されている場合がほとんどです。そのため小学生の放課後の活動を小学校内で行おうという先述の二つの事業は、多くの児童館にとって利用者の減少に直接つながりかねない事案であり、また実際に小学生は小学校内で対応するという方針に転換する自治体も出てきたことで、中高生や乳幼児の支援に力を入れるよう運営方針そのものの見直しを迫られた児童館も見られるようになりました。つまり、近年の児童館行政のもう一つの主要な論点とは、それまで多くの児童館で中心となっていた小学生対応から、乳幼児や中高生を主要な対象とした施設への転換ということになります。

　また、こうした対象年齢の変化は児童館設置数の減少とも無関係ではありません。先述の通り、近年の児童館の設置数は微減傾向にありますが、児童館の種類別に見ると、減少しているのはほとんどが小型児童館であることがわかります（図2）[iii]。実際に厚生労働省による『社会福祉施設等調査報告』の数値を見ても、児童館設置数のピークであった2006年と2013年を比較すると、全体の設置数が4,718館から4,598館へと減少するに伴って、小型児童館も2,886館から2,723館へと減少しています。その一方で、比較的規模の大きい児童センターでは1,708館から1,767館へと、むしろわずかながら増加していることがわかります。中高生の利用にも用いることができる設備を備えた一定以上の規模の児童館は、小学生が主たる対象から外れてからも比較的生き残りやすい一方で、小型児童館はそうした活用の仕方が難しく、結果として廃止・転用されやすいのだと考えられます。

　したがって、子どもNPOという視点から児童館行政について考える際の課題は、自治体の財政的な問題と、小学生の放課後活動を学校内で行うための事業との関わりの中で民営化が進められているという大きな流れの中で、誰を対象にどういった事業を行うのかという点に求められます。実際に児童館等の施設を指定管理で運営している団体からは、運営に支障をきたすほどのコストカットを行政から求められているという事例や、利用者数のみを業績評価の基準とされてしまうことへの不満等を聞くことも多く[iv]、ともすると単にコストカットの手法として指定管理制度が位置づけられてしまいかねないのが現状ではないでしょうか。しかし、そうした状況下にあっても、児童館等の施設の運営を行い、大きな成果を出している団体も存在しています。次節以降で取り上げる三つの団体は、異なる背景を持ちながらそれぞれの方法で児童館の運営を行い、成果を上げている団体となります。指定管理制度等ができる前から地域で草の根的な活動を展開していた団体や、強い課題意識によって設立され子どもに関わる活動を行うようになった団体等、団体の設立時期や活動内容もそれぞれに異なっていますが、それぞれの地域において子ども支援という点で重要な役割を果たしているという点では共通しています。それぞれの団体がどのように発足し、どういった経緯を経て現在のような活動を展開するに至ったのか、これからの子どもNPOの

あり方について示唆に富んだものとなっています。
2）その他の施設
　児童館以外の施設についても少し触れておきますと、近年は市区町村が中心となって設置している青少年センター（名称は様々であり、青少年センター・青少年交流センター・青少年育成センター等と呼称されています）に代表されるように、児童館とほぼ同様の機能を持つ施設が登場してきています。ただしこうした施設は法的に位置づけられているわけではなく、扱いや機能も自治体によって異なっているのが実情です。また施設的にも廃校となった小学校を利用している場合や青年の家であった場所を転用している場合、独自に建物を所有している場合等があり、一概に括ることは非常に困難です。内閣府による『平成26年度版　子ども・若者白書』では青少年相談機関として位置づけられるものの、設置の根拠となる法令は「条例又は規則等」とされ、自治体がそれぞれの地域の実情に合わせて定めることとされていますし、実際には青少年センターという名称で設置されていても、相談機関としてではなく児童館と同様の機能を持たされている場合も多く存在しています。青少年センターの運営については、自治体が条例等で定めている場合がほとんどですが、自治体によっては青少年センターという名称を用いながら、児童福祉法第40条に定められた児童厚生施設として位置づけることを条例の中で明記している場合もあり、法的な位置づけ方も自治体によって異なっているのが現状です。このように考えると、法的に児童館の一種であると位置づけられているかどうか、また位置づけられていない場合はどういった機能が求められているのかが異なり、さらに施設規模等の条件についても基準が設けられていないため、単純に比較することも困難な状態にあることがわかります。
　また青少年センターの他に、先述の全児童対策事業のように学校内で子どもの放課後の活動を支援することを目的とした事業も、固有の施設こそ持っていないものの、子どものための地域施設として位置づけ得る事業です。しかし、こちらも国内全域に共通する法的な基準を持っているわけではないため、実際の事業内容や設置の基準については自治体ごとに定められていることがほとんどで、設備や職員配置、資金面等で事業ごとに運営の実態が大きく異なっています。こうした点から、設置上の構造としては、青少年センターと非常に似通ったものとなっており、どちらもその事業内容や運営形態に関する基準が明確に定められてはいないことが課題となっていることがわかります。
　本章において、子どもの地域生活支援施設の代表例として児童館を取り上げた意図もここにあります。つまり、一定の法的根拠を持つことで、公営であっても民営であってもある程度共通の理念を有しているため、そうした基盤の上で検討することができると考えたためです。

3　具体的な事例への着目

　こうした前提を踏まえ、子どものための地域施設にどのような役割が付与され、ま

Ⅱ 領域別2　子どもNPOと地域施設

た子どもNPOの可能性がどこに見いだされるのか、詳しくは次節以降の事例の検討をご覧いただければと思いますが、ここでは各事例について簡単にご紹介します。

　一つ目の事例である池田市立水月児童文化センターは、大阪府池田市にある施設です。指定管理者として運営を担うNPO法人北摂こども文化協会は、施設の指定管理を担う以前から「子どもの権利条約」の普及と推進を基本理念に地域での活動を継続してきた団体であり、施設の管理運営委託を受けたのは指定管理者制度導入前の2001年と、まさに子ども関係の施設の管理を行政から委託される民間団体の草分けのような存在でもあります。運営面でも中高生の利用のために開館時間を午後7時まで延長するよう、NPO法人側から市に働きかける等、子どもと直接関わる現場の感性を活かした運営体制を整えるよう、行政と協力しながら取り組んでいます。

　二つ目の事例である西立川児童会館は、地域の治安や風紀の悪化に対し、子どものための環境整備をしなければならないと、1955年に地域住民の手によって作られたものであり、現在でも立川市で唯一の住民が運営する児童会館となっています。行政からの委託ではなく、成立過程から住民自身の手によるものであるという点で特徴的な存在と言えますが、それだけに地域とのつながりは非常に強いものであり、後援組織「富士塚会」をはじめとする地域の諸団体・住民の支援によって運営されています。

　最後に、NPO法人豊島子どもWAKUWAKUネットワークは、プレーパークで出会った子どもの学習支援活動を契機とし、2012年に立ち上げられ、2013年にNPO法人格を取得したという、比較的新しい団体です。活動内容はプレーパークをはじめ、無料の学習支援の場の運営や夜間の子どもの居場所となる「夜の児童館」など、子どもの貧困対策のために多様な活動を展開しています。また「おせっかいさん」とも表現される地域の有志・数百名と直接つながっており、彼らの協力を得ながら運営を行っているというのも、この団体の特徴であり、大きな強みであるといえます。

　これら三つの事例はいずれも地域に根差し、その地域の子どもの生活を支援する取り組みを行っているため、子どものための地域施設といえるものとなっています。また共通の特徴としては、それぞれに明確な理念を持っており、その実現のために創意工夫を重ねながら運営を行っていることがあげられます。その際には、自治体との関わりを通し、公的に保障される範囲を意識しつつ、それぞれの理念に応じて必要だと思う、または現状で不足していると感じられる取り組みを行っているという点で、子ども支援の取り組みの幅を広げているとも言えるでしょう。

ⅰ 2009年から2011年までは、調査方法等の変更による回収率の変化があり、実際に児童館数がこの時期だけ明確に減少しているため、この図には組み込んでいません。
ⅱ 児童館はその役割に応じて小型児童館・児童センター・大型児童館の三種に大別され、それぞれに設置の基準が設けられています。割合としては、およそ6割が小型児童館、4割弱が児童センターとなっており、大型児童館は日本全国で約20館のみとなっています。
ⅲ 図1同様、調査方法の変更等の理由により、2009年から2011年のデータは用いていません。
ⅳ これについては日本子どもNPOセンターが行った全国調査の結果をまとめた報告書である『児童館・放課後児童クラブの指定管理にあたるNPO法人等の実態調査－調査結果と提言－』にまとめられていますので、こちらをご参照ください。

統計・グラフ等ページ

図1　児童館設置数の推移

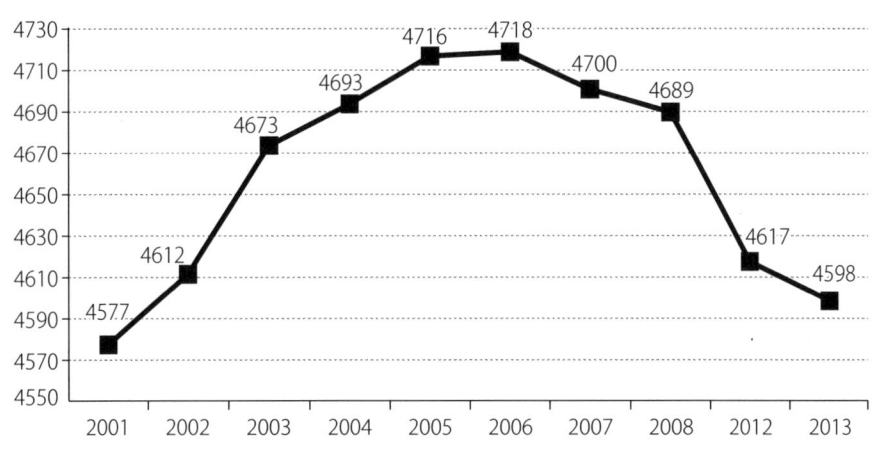

年	設置数
2001	4577
2002	4612
2003	4673
2004	4693
2005	4716
2006	4718
2007	4700
2008	4689
2012	4617
2013	4598

出典：厚生労働省『社会福祉施設等調査報告』より作成

図2　小型児童館・児童センターの設置数推移

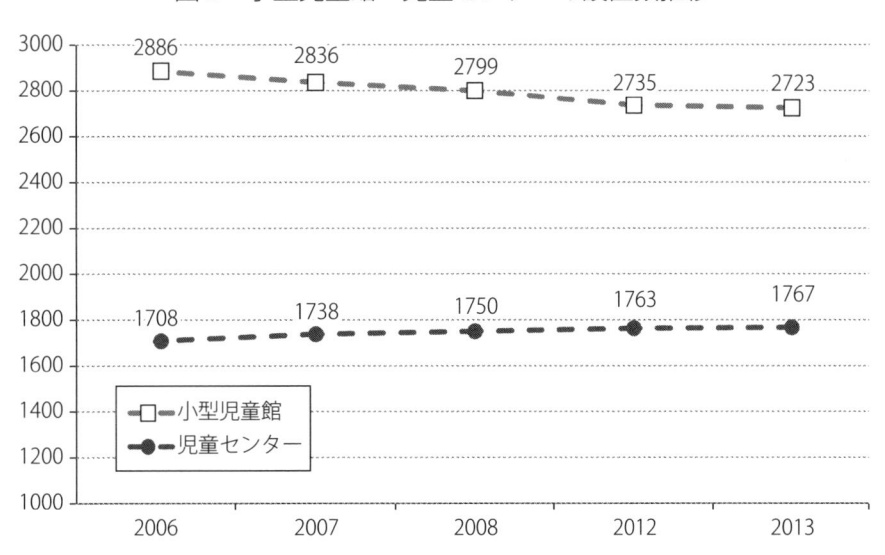

	2006	2007	2008	2012	2013
小型児童館	2886	2836	2799	2735	2723
児童センター	1708	1738	1750	1763	1767

出典：厚生労働省『社会福祉施設等調査報告』より作成

Ⅱ 領域別2　子どもNPOと地域施設

実践1　人、世代、つながり続ける地域の館

NPO法人北摂こども文化協会
理事　山路 知之
http://hokusetsukodomo.com/

① はじめに

　私ども特定非営利活動法人北摂こども文化協会（以下、当協会）が、大阪府池田市から「池田市立水月児童文化センター」（以下、センター）の管理運営の民間委託を受けたのが2001年10月、指定管理者として運営を始めたのが2004年4月でした。

　センターは、少年の健全育成、自発活動の促進を主な目的とし、1971年に設立された社会教育施設です。

　ここでは、お茶作法や日本舞踊、絵画などの文化教室、クッキングや手芸などのサークル活動を実施するほか、卓球台やビリヤード台などが常設され、地域の子どもたちが気軽に利用できる施設となっています。

　まず、当協会が2001年にセンターの管理運営委託を受けるに至った経緯を簡単に紹介します。

　当協会はそれまで、大阪府豊能郡豊能町を拠点に、「子どもの権利条約」の普及と推進を基本理念に活動をしてきました。具体的には、夏祭りやとんど焼き、子育て支援講座など、地域に根差した活動をしていましたが、当協会のミッションである「子どもの権利条約」で記されている子どもとは「18歳未満のすべての子ども」を指します。活動拠点の豊能町は、高校、大学がなく、当協会は主に中学校区を活動エリアとしてきました。「子どもの権利条約」をミッションにしているものの、実際には活動対象が中学生までと限られたものでした。

　そこで、ミッションをより実現させるために、近隣の池田市、豊中市、箕面市、能勢町にも活動エリアを拡げる決意をしました。

　池田市に新しく事務所を構えることを決め、池田市役所にご挨拶にうかがったところ、当時、池田市は財政的な困窮の中で、児童文化センターの民間委託を考えているというお話を聞きました。「あなた方の法人は、このセンターの運営を受託してやっていく自信はありますか？」とその席で問われ、心が震えたのを覚えています。さらなるミッション実現のために訪れた矢先、「子どもの権利条約」に合致する活動の機会が、いきなり目の前に示されたのですから。

　市の公共施設をNPO団体に民間委託するというのは、当時、前例のないことでしたので、その後、次々に資料提出が求められました。この時点で委託を任される保証はありませんでしたが、その後公募を経て、当協会が運営を開始することとなりました。

② 運営の柱となる5つのステージ　〜スタッフの存在〜

　当協会は、社会教育施設である水月児童文化センターを管理運営するにあたり、子どもの豊かな心を育む5つのステージと題し、「出会い、気づき、つながり、行動、表現」を運営の柱としました。

当協会は、これまでの活動で培ってきたノウハウやネットワーク、アイデアを活かし、子どもを惹きつける、子ども視点でのさまざまな企画を展開しました。それと同様に、いかに来館する子どもたちとコミュニケーションを図るか、いかに子どものために時間を取るか、ということも重要でした。

　来館する子どもたちに、遊び場や文化体験の場をただ提供するのではなく、子どもたちにとってより身近な施設となるためには、そこに携わるスタッフ、ボランティアの存在が肝心です。社会教育施設といっても、わたしたちは学校の先生ではありません。まずわたしたちは、子どもたちがスタッフに親しみを持ってもらいやすいよう、スタッフ一人ひとりに、センターでのニックネームを付けることにしました。

　また、子どもたちと少しでもコミュニケーションを図る機会を作りだすため、事務室への出入りが自由にできるように、出入り口の扉を取り払いました。ニックネームはすぐさま子どもたちの間に浸透し、「みさこばちゃん（スタッフ）、何か手伝うことある？」、「やまじぃ（スタッフ）、30分でいいからちょっと遊んでや」と、連日、子どもたちが事務室に出入りするようになり、関係を築く第一歩となりました。

　また、設問形式のアンケートではなく、センターへの要望や、日常にあったことなどを自由に書き込める、来館者とスタッフをつなぐ「コミュニケーションノート」を常設しました。そのノートには、センターでやってほしい講座やイベントの要望よりも、「今日、むっちゃん（スタッフ）と卓球して負けた。くやしいー！」、「だいちゃん（スタッフ）がギターの弾き方を教えてくれてうれしかった！また教えてね」など、スタッフへのコメントが圧倒的に多く残されていました。

　「プールの前に浴びる地獄のシャワー、なんであんなに冷たいん？きょうもキンキンやったで！！」、「分数のわり算、わけわからん。なんでかけ算にして、上と下ひっくり返すん？考えたのだれ？」、「きのう阪神がサヨナラ負けして、おとうさんが夜ほえてた。」など、学校や家庭、日常のでき事を書き込む内容も多く見られました。これは、なかなかスタッフに話しかけられない、だけどコミュニケーションを図りたい子どもにとって、よいコミュニケーションツールとなりました。

　これらの書き込みに対して、一つひとつスタッフがコメントを返すことで、子どもは喜び、スタッフに対して安心感をもち、直接話しかけてくれるようになりました。委託当初、子どもたちからセンターに寄せられた声で一番多かったのが、「スタッフと話すのがたのしい」、「スタッフがいっしょに遊んでくれたから、知らん子とも友だちになれた」というような声でした。子どもにとって、地域の身近な施設となるには、「話をきいてくれる、話をしてくれる、安心できる」心の距離が近い関係が必要です。

　そのような関係が、家庭でもなく、学校でもなく、地域の施設で、ここだからこそ築けたつながりとして実現しました。

　また、スタッフが子どもたちと積極的にコミュニケーションを重ねることで、ある課題も解決してくれました。

　それはセンターを知らない、もしくは関心のない子どもたちの存在です。運営をしていくうちに気づいたのが、さまざまなイベントや講座を企画するものの、参加する子どもの多くはある程度決まったメンバーでした。

　より多くの子どもたちに「出会い、気づき、つながり、行動、表現」の機会をつくりたい当協会にとって、どうすればセンターを知らない、来たことのない子どもにも来館してもらえるのか課題でした。

　アイデアを凝らして、さまざまなイベントを企画したり、チラシのデザインを工夫し、枚数を増やしたり、エリアを拡げたりするも

II 領域別2　子どもNPOと地域施設

のの、反応はいまひとつでした。

　そんなある日、コミュニケーションノートのなかに、「○○ちゃんに無理やりさそわれて初めて来たけど、めっちゃたのしかったー！つぎも参加しまーす！！」、「○○ちゃんが水月じどぶんに遊びにいってるって聞いて、初めて来ました。○○ちゃんおらんかったけど、たのしかったー」という書き込みが増えてきていることがわかりました。センターを知らない、関心のない子どもを、センターに連れてくるのは、企画の内容や広報の仕方ではなく、そのまわりにいる子どもたち自身と気づきました。それには、センターが子どもたちにとって、日常あたりまえの居場所とならなくてはなりません。家庭とは別の、地域にあるもうひとつの家のような感覚です。センターが日常あたりまえの居場所となれれば、そのまわりにいる子どもたちも自然についてきます。

　これは一朝一夕ではなく、日ごろからコミュニケーションを重ね、関係を築いていくことでつくられる環境です。

③ 「開館時間の壁」をこえて

　ところが運営を始めて数年、新たな課題が出てきました。センターの開館は、水曜日から日曜日までの午前9時から午後5時までと、教育委員会が定める管理運営業務基準により定められていました。

　小学生までの間に関係が築けた子どもたちも、中学生にあがると、授業やクラブ活動で忙しくなり、午後5時に閉館するセンターへは、時間的問題で足を運べなくなりました。

　まるで小学校と同じように、センターも「卒業」してしまうような状況でした。

　開館時間の問題で、運営の柱の一つである、「つながり」が切れてしまうのは、非常にもったいないことでした。

　そこで、センターの管轄である池田市教育委員会に開館時間の延長を提案することにしました。安全面での懸念や、延長した分の水道光熱費、人件費などは、年間予算からプラスされるわけではありませんでした。

　しかしながら、子どもの視点にたった運営方針とつながりを保つことの効果を教育委員会に訴えかけ、2006年から中学生以上を対象に午後7時まで開館時間を延長することが許可されました。当協会の理念と子どもへの熱意が開館時間の壁を乗り越えたのでした。

　試験前のテスト勉強や、卓球、ビリヤードをしにくる中高生が増え、それまでの「小学生のための施設」というイメージから、「中高生、そして大人も楽しめる施設」へと定着していきました。それまで、利用者層として一番薄かった中高生の男子学生の利用が急速に増え、つながりの幅がひろがりました。

　この夜間延長開館によって、中学生、高校生になっても引き続きセンターに遊びにくる子どもたちが増え、長期的なつながりを築くひとつのきっかけとなりました。

④ 子どもから青年へ　〜青年の存在〜

　当協会が運営を始めた当初、小学生だった子どもたちが、今では大学生や社会人になっています。彼らの中には、十数年経ったいまも継続的にセンターに関わり、ボランティアなど運営側の立場として、大きな力となってくれています。

　彼ら自身が、子どもの頃に経験しているため、子どもとコミュニケーションを図る重要性をよく理解しており、来館した子どもたちと積極的に関わり、サポートしてくれています。

　センターの活動を通じて出会い、つながった子どもたちが成長し、次代の子どもにむけて行動、表現してくれています。

　そして、この青年たちの存在は、非常に大きな意味を持っています。

現在、センターでは、学生から高齢者まで多くのボランティアによって支えられていますが、センターに遊びに来る子どもたちにとって、年齢の近い地域のお兄さん、お姉さんとの日常的な関わりは大変貴重です。

子どもから見る青年の姿は、より身近な存在であり、自分自身の近い将来を具体的にイメージしやすい存在です。そのイメージが、尊敬や憧れとなり、子どもたち自身の進路の指針にもなり得ます。

センターに関わってきた子どもたちが青年、大人へと成長し、彼らが次代の子どもたちと関わり、またその子どもたちが、新たな担い手となり、次代の子どもたちへとつながっていくのです。そして、この流れが継承されていくことで、センターのみならず、地域全体の大きな力となっていきます。

5 さいごに

最近とてもうれしいできごとがありましたので、紹介させていただきます。

昔センターによく遊びに来ていた子どもで、初めて出会った時、小学生だった女の子が、今年結婚、出産しました。

彼女は小学生の頃から、家庭や学校で多くの問題を抱えていました。そんな彼女にとってセンターは、自分の思いを吐き出せる、残された居場所となっていました。

成人してからも、依然として家族や地域のなかでうまく居場所を作れず、よく相談しに来ていました。

そんな彼女がスタッフとのつながりやセンターでのボランティア活動を機に、徐々に、自分が他人に必要とされる、自己肯定感を実感することができるようになりました。

いまでは、子どもを産み、母親としての自覚をもって子育てする姿をわたしたちに見せてくれています。

彼女が出産したその日、病院から電話で笑いながらいってくれた言葉があります。「もし児童文がなくて、そこのスタッフがおらんかったら、冗談抜きで、わたしダメやったと思うわ。わたしのいうことを、受けいれるかは別にして、まずは受けとめてくれるから、いつも安心やってん。もしわたしがダメになってたら、この子とも会われへんかったやろうから、ほんまに児童文があってよかった。まぁ、1回しかいわへんけどな」

子どもの施設を運営するものとして、彼女の言葉は宝物になりました。

現在、池田市立水月児童文化センターの指定管理運営期間は5年間となっています。その間、どのような運営実績をあげ、どのような評価であろうと、5年ごとに指定管理者の公募が行なわれます。NPOであろうと民間企業であろうと、同じ土俵で競わなければならず、当協会がこの先もセンターを運営していける保証はどこにもありません。

すでに、センターにおける指定管理者の公募選定を2度経験しましたが、幸いにも運営する機会を得られています。指定管理運営期間は5年間ですが、短期的な目先の成果を追わず、社会教育施設をあずかるものとして、文化に携わるものとして、長期的な展望をもって運営する視点が評価されていると思っています。

当協会が十数年かけて育んできた地域文化、人材、ネットワークに自負をもち、2世代、3世代と、関わった子どもたちを見続けていられるよう、そして見続けてもらえるよう、「出会い、気づき、つながり、行動、表現」を柱に、運営していきたいと思っています。

Ⅱ 領域別2　子どもNPOと地域施設

実践 2

西立川児童会館の歴史と現状

社会福祉法人西立川児童会館
理事長 守重 芳樹
http://nt-fujiduka.jimdo.com/

1 はじめに

　わが町は、東京三多摩の中心立川市の富士見町です。富士見町は立川市の西南部で、西は昭島市、南は多摩川を挟み日野市に接しています。社会福祉法人西立川児童会館はJR青梅線の西立川駅に徒歩約5分の場所にあります。立川市で唯一の住民が運営する児童会館です。

　ここは現在、富士見町一丁目の西町会。北は、国営昭和記念公園、東は、残堀川、南は、旧東京都農業試験場、当然西は、昭島市です。

2 立川市の歴史的背景

　立川市の原点は、現普済寺を中心の柴崎村です。明治22年（1889年）に立川と東京を結ぶ甲武鉄道（後の中央線）が開設されました。この立川駅は、明治22年4月、立川村の北のはずれ、砂川村との境に近いところでした。駅は多摩川沿いあるいは奥多摩街道沿いに古い歴史を持つ立川村（本村）とも離れ、五日市街道沿いに発達した砂川地域とも距てて、全く畑の中、原野の中に設置されました。明治27年青梅鉄道が開通して、その乗換駅となり交通こそ便利になりましたが、立川駅は、立川村と砂川村の農産物や養蚕製糸等の出荷駅でした。駅周辺の商業施設が出来始めたのは、大正11年（1922年）立川飛行場が開設され、飛行機関連工場が出来てからです。以来25年間陸軍の飛行場として使用され、戦後は昭和52年（1977年）に返還されるまで32年間極東米空軍の補給基地として使われてきましたが、返還後は国営昭和記念公園をはじめ業務市街地として利用が進んでいます。

　かつて立川は「空の都」と呼ばれ、民間航空発祥の地として大阪、福岡、仙台等への定期航空便をはじめ外国からも多くの航空機が飛来、昭和6年（1931年）羽田空港が出来るまで国際空港の役割りを担っていました。ちなみに、最初の太平洋横断成功の飛行機は立川を飛び立っていました。

　わが地域に、人が住みだしたのは、大正4年とのこと。大正7年頃は、周りは桑畑と雑木林だったそうです。昭和16年に富士見町一丁西町会として自治会が結成されましたが、マッカーサーの自治会解散令により解散。昭和24年（1949年）5月に、五月会として再結成されました。

　戦後町内には、古跡として富士塚が荒れ放題となっていました。地域の有志の努力により、石垣の整備や植樹により、昭和25年（1950年）11月諏訪神社の了解を得て、浅間神社を祀ることになりました。それを契機に昭和26年（1951年）から周辺約880㎡の土地を立川市が富士塚公園として整備することになりました。数年後には、富士塚を中心とした立派な公園となりました。

③ 児童会館設立

戦後、立川飛行場は極東米空軍の補給基地として使われてきたと述べましたが、メーンゲートのある高松町、曙町は白人兵相手の歓楽街が出来、我が街に近い西立川ゲートは、黒人兵専用出入口で、周辺の地域は黒人兵相手の歓楽街となりました。当然のことながら、この周辺地域の風紀が悪くなり、「地域の子らを守れ」の声が高まり、昭和24年（1949年）5月に、自治会五月会が再結成、10月に、富士見青年会が発足、昭和25年（1950年）9月に、さつき子供会誕生と地域の環境整備の組織が次々と立ち上げられました。

昭和26年（1951年）には、地域住民の熱い情熱が結集し、勤労奉仕と募金活動を柱として地域の底力を集め、4年後の昭和30年（1955年）3月に富士塚公園の北側に予算180万円、174.9㎡の木造2階建ての、まさに地域住民の手作りの立派な初代西立川児童会館が誕生しました。当時、第四小学校（富士見町）の立替工事が行われ、その古木材を譲り受け児童会館の建設材に転用することが出来ました。

昭和29年（1954年）12月26日（日）の読売新聞に次のような記事が掲載されました。

「子供たちのため児童会館を建設」米軍基地周辺の都市に住む人々にとっていちばん大きな"悩み"はこどもに悪影響をおよぼす風紀問題である。立川市にも"基地の子らを守ろう"と三多摩子どもを守る会、高松町児童愛護会などいくつかの組織が生まれたが、"議論をつづけているだけでは解決できない"と町内会の人たちだけで立派な児童館を建ててこどもたちに贈ろうといま着々工事を進め、話題になっている。同市はいまオフリミット問題で騒いでいるが、ともかくも悪環境からこどもたちを守り抜くのには、まずこうした大人たちの理解と協力が必要だという。これは世の親たちにとって"一つの教訓"である。

立川市富士見町一丁目といえば立川基地正門をはさんでこんどオフリミットになった高松や曙町とならぶアメリカ景気の中心地である。それだけに町内会（五月会）の人々の風紀問題に対する考え方も真剣で、何とか子どもたちの目を健全なスポーツ、娯楽に向けさせなければと集会のあるたびごとに話題になっていた。

その第一歩として26年町の中心にある「富士塚」の古跡周辺約300坪（約990㎡）を児童遊園地にすることになり、地主にその趣旨を説明して譲りうけ、ここにブランコ、スベリ台などの施設をつくった。ネコのひたいほどの土地で子どもたちの喜びは大きかった。その喜ぶ顔をみて人々の間にこんどは「子どもたちのための会館をつくってやろう」という相談がもち上がった。

しかし、先立つものは資金である。5年計画でやろうと話が決まった。町会費から毎年2万円ずつこの会館建立資金に当てるほか祭典、運動会などの催しのある時は婦人会が中心となって売店などを開き、その収益を資金につみ重ねることになった。この資金カンパに人々は進んで協力、はじめはなんくせをつけていた人々も続々寄付を申出るようになった。都からも50万円の補助を獲得した。町の商友会から30万円、勤人からも30万円という工合に児童会館をつくろうという声は一年ごとに高まっていった。

今年の3月第四小学校（富士見町）では全教員を動員して地域社会の実体調査を行い、その結果が発表された。大人が考えていたよりもひどい基地の悪影響がこの結果で理論づけられたのである。（こうしてはおれない）ということから5年計画は4年に短縮され、総予算180万円で去る5日いよいよ児童会館は着工された。場所は遊園地の北側で建坪は53坪なかには講堂、会議室、図書室がつくられるという。

II 領域別2　子どもNPOと地域施設

　この会館建設も町内の建築屋さんが受もっている。とう領（棟）の原島さんは「町内の5軒の建築屋さんが協力、毎日15人ぐらいずつ大工が入っている。こどもたちのためにも立派なものをつくりますよ」と語っていた。

　完成予定は明春4月だが3月3日のヒナ祭までには子どもたちの手に渡すことができそうだという。完成すれば立川市には唯一の児童会館となるわけで町内会のある幹部は「どんな立派なことを口先でいってもだめだ。要は実行です」と語っている（原文のまま）。

工事を急ぐ立川市富士見町の児童会館

　五月会には、昭和28年（1953年）5月に婦人会が発足、各階層の組織が整いました。児童会館が完成した昭和30年（1955年）11月には、東京都より優良少年少女団体として表彰されました。

④ 現在の状況

　初代の児童会館の落成から45年が経過し、老朽化が進み、地域から再建の声が高まり、国の少子化対策の施策が功を奏し、先人が遺したこの熱い情熱を引継ぎ、多くの地域の方々の理解とご尽力により、9千万円の補助金と町内の募金2千万円で、平成13年に、二代目の西立川児童会館が再誕生しました。

　新しい会館は、連日来館児童数や会館利用者数は増加の一途をたどり現在に至っています。入館者増加に伴い、会館の維持管理費も増加をしており、何の資産や財産も無い当会館の運営は大変厳しい面がありますが、地域の皆さんの善意により、何とか持続・発展をさせてきました。

　新生西立川児童会館として再生に取り組み始めた当初は、東京都や立川市の方針に沿って、事業、行事の拡大充実を図り、職員全員頑張ってきました。その甲斐あって、西立川児童会館の館内は、毎日元気な子ども達の笑い声であふれんばかりに、賑わっていました。

　西立川児童会館の運営は、東京都や立川市の補助金、後援組織「富士塚会」の支援により成り立っていました。しかし、3年前に東京都からの補助金が立川市に移管され、それも昨年打ち切りとなり、現在は益々厳しい財政状況になっています。「富士塚会」は、応援団体の寄付金、立川市の資源回収、昨年からは立川市のごみ袋の販売をはじめましたが、まだ、売り上げが伸びず、採算が取れるまでにはなっていません。一層の努力が必要です。町会の協力ももっと必要です。

　会館の使用は、学童保育、地域児童に対しての一般開放と地域住民の集会や行事での使用があります。ただし、こちらは児童に対しての業務や行事に支障がない範囲です。

　なお、児童会館の事業としては、以下の4つの大きな柱があります。

1）児童健全育成相談支援事業

　子育てひろば・読み聞かせ・図書館・個別又は集団での遊びの場の提供や、幼児を主とした母親との親子サークルの指導と支援による育児支援事業。

2) 地域伝承文化の継承支援事業

日本人が昔から伝えてきた、四季折々の行事や地域の伝統行事の継承のための支援。

3) 子どもボランティア育成支援事業

会館全体を使ったイベントを子ども達と考え自分たちで実施し、高学年と低学年の交流を図り、次の世代に残していく事業。

4) 自然体験活動事業

子ども達が自然の中に溶け込み、体力や気力だけでなく、学年の交流と助け合い、心をはぐくみ自然の尊さを体験できる事業。最近は、高尾山登山を行っています。

会館の運営は、現在、15名の評議員と7名の理事で行っています。全員無給です。職員は、学童保育部門職員1名、非常勤職員2名、嘱託職員3名。児童館部門は職員1名、非常勤職員2名、嘱託職員1名で運営しています。学童保育は1年生15名、2年生19名、3年生13名の計47名の登録で、立川市の補助金で運営。児童館事業は人件費と借地料は立川市より補助金として出ていますが、他の補助はなく、富士塚会の支援で賄っているのが現状です。

⑤ 今後の課題

新生西立川児童会館として開設当初より、財政面では非常に厳しく、苦しい運営が続いています。例えば、光熱費は年間約100万円かかっていますが、これは一切補助金の対象経費となっておらず、大変苦しい運営が続いています。

他の児童館は、立川市の直轄運営できていましたが、順次指定管理となり、民間に運営が任されるようになってきています。

他の児童館の運営状況を参考にして、今後の社会福祉法人西立川児童会館のあり方を検討していかなければならないと思っています。みなさまのご指導ご支援をいただき、会館の次のステップへと進めるつもりです。

西立川児童会館の前景

II 領域別2 子どもNPOと地域施設

実践3 おせっかいの連鎖で地域を変える・子どもが変わる・未来を変える

NPO法人豊島子どもWAKUWAKUネットワーク
理事長　栗林 知絵子
http://www.toshimawakuwaku.com/

　NPO豊島子どもWAKUWAKUネットワークは、地域の子どもを地域で見守り、育てることをねらいとしたゆるやかなネットワークです。とくに、ひとりぼっちの子や腹ペコの子をほっとかない地域を目指しています。

1 設立までの経緯

　豊島区で地域住民と区が協働で2004年に「プレーパーク」を誕生させました。プレーパークでは外遊びを通じ子どもが「生きる力」を育みます。プレーパーク発足以来「池袋本町プレーパークの会」が2014年3月までの10年間、運営してきました。

　2008年、引っ越しをしてきて、1年足らずでまた突然引っ越しをして行ったKちゃん。プレーパークのベンチでおしゃべりするのが好きなKちゃんは、2人きりになると以前は車の中で暮らし、お兄ちゃんが後部座席のシートの上、低学年のKちゃんはシートの下に寝ていたと話してくれました。今はワンルームのアパートに母子3人暮らしなので、休みの日は外で過ごしていることも。車中でいつも聞いていたという歌を一緒に歌った日、昨日から何も食べていないとつぶやく日もありました。親でも先生でもないから、Kちゃんは抱えているしんどさを、語ってくれたのでしょう。

　Kちゃんは「ぼーっとしてても、何もしなくても、ここにいてもいいんだよね。ここは大事な居場所だよ」と教えてくれました。

2 社会の背景

　2008年正月、「年越し派遣村」報道で派遣先の職を切られて、住んでいた寮を追い出された若者がテレビに映っていました。

　2010年春、「なくそう子どもの貧困ネットワーク」が発足しました。

　2015年、厚労省が発表した子どもの相対的貧困率は16.3％と発表しました。子どもの相対的貧困とは世帯の手取り所得（可処分所得）を世帯人数で調整したものを分布図にしたときの中央値の半分を貧困ラインとし、それ以下の世帯に属する子どもの割合です。相対的貧困といわれる世帯における年間所得の中央値は、親子二人で173万円、親子三人で211万、親子四人で244万円です。背景には親たちの非正規労働化、低所得化と、経済的貧困を起因とする暴力、不十分な衣食住、虐待、発達障害、無力感、自己否定、格差等が絡み合い、子どもの育ちに影響を及ぼしているといわれています。

3 目の前の子どもは、ほっとけない

　2011年夏、全国的に広がる無料学習支援のムーブメントに先がけて、理事長の栗林は地域の中学3年生T君の受験サポートを始めました。このサポートがWAKUWAKUネットワークの原点ともいえるでしょう。

WAKUWAKU原点物語

　それは、2011年の夏の終わりのことでした。プレーパークに遊びに来る中学3年生のT君が、「高校行けるか分からない」とぼそっとつぶやいたのを、おせっかいおばさん栗林は聞き逃しませんでした。「通知表が悪いから都立無理って言われた」というT君の言葉に、「無理じゃないよ！」と応え、帰り道に我が家の場所を教えて「勉強したくなったら協力するからいつでもおいでね！」と言って別れました。ところが別れた5分後「ねえ、ほんとに勉強教えてくれるの？」とT君が玄関前に聞きに来たのです。私にも同じ年頃の息子がいますので、思春期のT君のすがる想いと不安を察知し、「もちろんだよ」と即答しました。

　そして9月11日から毎日、我が家を開放した無料塾が始まったのです。

　「教師の資格を持っているのか？」「勝手なことして受験に落ちたら責任とれるのか？」と周囲から非難も受けましたが、もう時間がありません。誰かに任せるより引き受けるしかないと思いました。しかし、慣れない勉強に行動が伴うはずもなく、まずは約束の時間に来る練習です。6時に来るはずが9時過ぎに来たり、時には迎えに行ったりという日々、それでも「よく来たね、エライ」と褒め、全てを受け入れ、信頼関係を深めることに努めました。わからないことにこだわらず、わかるようになったことを褒めました。彼の夕食はいつもの500円以内のコンビニ弁当から、我が家の粗食になりました。家族で食べる習慣のない彼は、私の家族と「一緒にご飯を食べるなんて無理」だと言い、私とふたりで夕食をとりました。「だって悪いよ」「だって迷惑でしょ」「だって」が口癖の彼に、どうか自身の自己肯定感が育つようにと全てを肯定し、時間と想いを注ぎました。

　2か月後、T君が「ここに居てもいい、勉強でまちがってもいい」とフツウに思えるようになった10月下旬、T君のサポーター（講師）を学生4人に依頼し、私を含め5人体制で学習支援を続けることになりました。英語、数学、社会と、それぞれの得意科目を教えてもらったのです。学生サポーターは、プレーパークで一番子どもの気持ちに寄り添える学生ボラの青年です。学生サポーターも、T君を支える実感に、やりがいと希望を持って関わってくれました。

　そして12月21日、私はようやくT君のお母様に会うことが叶いました。地域の個人塾にT君を繋げるため、お母様に「東京都チャレンジ支援」という助成金を申請して、受験準備の塾代金20万と高校受験料免除の手続きを勧めました。しかし、助成金申請には保証人が必要で、孤立している母子に保証人の当てはありません。そこで、私が保証人を引き受けました。保証人は、高校進学したら償還免除ですが、高校進学しない場合は20万円の返済義務があります。私は保証人を受けたものの、正直20万円の返済は経済的に困難でした。

　悩んだ末、友人に事の顛末を説明して、「地域の子どもを、地域で一緒に支えてほしい」と相談をしたのです。困っているT君を支える私。困っている私を支える仲間。仲間は千円のカンパを募り、1か月間でなんと、約100名のT君サポーターとカンパ11万円が集まりました。プライバシー保護と個人情報に配慮しつつ、信頼できる人から人への有機的なつながりで、T君の現状をリアルに伝えたことが、結果的に「子どもの貧困」という見えにくい問題を、地域の方に知ってもらう機会となったのです。

　一方、T君は、高校受験に向けて、冬休みにこれまでやったことのない長時間の勉強に取り組みました。しかし、昨今の社会状況と高校無償化で、底辺校といわれる都立高校も高倍率です。頑張ったものの結果は不合格でした。彼は受験に失敗して初めて母親に「高校に行きたい」と自分の気持ちを伝えることが出来ました。その後、中学で三者面談が実現し、3月14日に二次募集で都立高校に合格を

果たしました。

ハラハラドキドキの受験サポートでしたが、この100名ものつながりはT君だけに留まらずに「全ての子どもがおとなになることにワクワクしてほしい！」という思いを込めて、「地域の子どもを地域で見守り育てる」をコンセプトに「豊島子どもWAKUWAKUネットワーク」を設立しました。

2012年6月に開催した設立シンポジウム「地域を変える　子どもが変わる　未来を変える」には、80名を越える地域住民が集まり、T君とともに無料塾の報告ができました。なによりT君の「今まで生きてて一番うれしかった」の言葉に、おせっかいおばさんは感無量でした。（終）

④ プレーパークは最強の「子どもの居場所」

「知っているひとりの子どもの困りごと」から始まった100名足らずのネットワークは、1年後にNPOを取得しました。

豊島区事業計画で、池袋本町プレーパークの場所は区立中学の校舎建設が決まっていました。しかし豊島区は子どものためにプレーパーク代替え地を用意して存続に繋げました。

区の意向に伴い、池袋本町プレーパークの会をWAKUWAKUネットワークの傘下と位置付けて、2013年8月にWAKUWAKUはNPOへと飛躍したのです。2015年4月、プレーパークは区の委託事業となり常設のプレーパークが誕生しました。

昔から子どもは遊んで育ちます。みんな模倣や挑戦、失敗を安心して繰り返し、主体性、自律性、協調性、集中力、生きる力を習得してきました。ゲームや競争ではなく遊びの実体験、料理を作り共に釜の飯を食べる実体験は、共感、尊重を育むでしょう。

都会の小さなプレーパークから、遊ぶ、食べるを通じて人と人が有機的に繋がり、ちいさな包摂的で持続可能な社会を実現しています。

⑤ だれでも参加できる無料学習支援の誕生

2013年2月、掛け算の勉強でつまずく子、お金の問題で塾や模擬試験を我慢することがないよう地域でサポートしたいね！とスタートしたのが無料学習支援です。

NPO主催の勉強会だからこそ、家庭が困窮している子も、そうでない子もみんなおいで！と間口が広いのが特徴です。

毎週火曜日、同じスペースで勉強会と日本語勉強会を開催しています。子どもに対応するのは地域住人のスタッフと、大学生のボランティアですが、日本語指導は元小学校教諭で日本語教室を担当していた方が、専門的に指導しています。

毎週4時過ぎには地域の有志から、米5合分のおにぎりも届きます。地域の子どものためだから、ひとつひとつ手塩にかけてにぎったおにぎりを毎週持ってきてくれます。

「勉強の前にまずはおやつのおにぎりがあったらいいね」の声から始まったささやかな活動です。

勉強会にやって来る子は毎回平均20名前後です。大切にしていることは子どもの成長や、暮らしに伴走できる関係を築くことで、決して成績向上の成果を目的としていません。

勉強が嫌いな子は、学生ボランティアとかるたをして、折り紙を折り、おしゃべりして過ごしています。かるたや折り紙も、国語や算数の勉強の延長です。「そんな勉強会だからいいんだよ」と毎週やって来る子に会えることがスタッフのやりがいとなっています。

小学生の時から伴走をすると、テストや高

校受験など必要なときに、しっかりサポートできる…そんな繋がり、関係づくりに重きを置く勉強会です。

⑥ ワイワイがやがやみんなでご飯を食べる

2013年春、T君がいつもひとりでコンビニのご飯を食べていることを知り、ワイワイがやがやみんなでご飯を食べる「要町あさやけ子ども食堂」がうまれました。

お手伝いをすれば母子家庭親子や子どもの参加費300円は無料。開店は月に2回だけですが、皆で同じものを楽しく食べる場は全ての親も子も、楽しくほっとできる時間です。

2年間の子ども食堂の取り組みを経て、感じたことは食は人と人とのつながりづくりに有効な手段だということです。

そこで、プレーパークでも「あおぞら子ども食堂」や「あおぞらみんなのカフェ」の活動を始めました。単発ですが区民ひろばでは「出張！子ども食堂」を開催しています。

地域のニーズにあった、小さなコミュニティから、子どもの居場所、交流の場と発展することを願い、食で繋がる種を蒔き続けたいと思います。

⑦ 夜の児童館

13年前、当時小学1年生になったHちゃんは、ママと夕食を共にした後、夜7時、ママの出勤を見送る暮らしが当たり前でした。生後8か月でママは離婚。父親の記憶は全くないため、父親は居ないのがフツウなんだと語ってくれました。

ママがいつもイライラしているのも、夜に仕事に行くのも自分がいるからだと思い込み、自分を責めたそうです。小学校の6年間、Hちゃんは「ママが仕事に行ったあと、ずっとしゃべらない。口を開かないまま、電気を消してひとりで寝る」「施錠して、誰も入ってこないとわかっていても、ピンポンがなった日は、怖くてトイレも行けなかった」と当時を振り返り「小さい頃、毎日ひとりで夜を過ごすのでなく、だれかと過ごす場所があったらよかったのに」とつぶやきました。

2014年11月、椎名町「金剛院」というお寺の一室を借りて週に1度の「夜の児童館」がスタートしました。

夜、ひとりで親の帰りを待つ子が、「夜の児童館」に来て、宿題をしたり、夕食を食べたり、遊んだり。先日、いつもランドセルを開かない子が、自ら学習ノートを開いたので、周囲のみんなはびっくり！

少人数で家庭的な時間を共にする場を大事に育てたいと思います。

⑧ 子ども貧困対策法、春から本格実施へ

子どもの将来がその生まれ育った環境に左右されることのないよう、健やかに育成される環境を整備し、教育の機会均等を図り、対策を総合的に推進する。2013年子ども貧困対策法が成立、2014年には大綱が発表された中、遊びサポート、学びサポート、暮らしサポートを多面的に取り組んでいるWAKUWAKUの「おせっかい」が注目されました。

2014年1月には「子ども食堂サミット」を実施したところ、200名近い参加者からは「子ども食堂」への関心の高さが伺えました。その後、全国に広がる子ども食堂ムーブメントを確かなものにしていくため、現在は子ども食堂ネットワークづくりにも着手しています。

これからも失敗を恐れずに、楽しく活動を広げ、おせっかいの輪を広げたいと思います。

II 領域別3　子どもNPOと子ども文化

概説　"子どもと文化・地域づくり" に半世紀
～チャレンジと進化を続けるNPOに～

NPO法人 子どもNPO・子ども劇場全国センター／NPO法人 子ども劇場千葉県センター
中村 雪江
http://www.kodomo-npo.org/　http://chiba.gekijou.org/

1 子ども劇場づくりの歴史

1）子ども劇場のはじまり

　いわゆる「子ども劇場」は、1966年6月に「福岡子ども劇場」が192人の会員で誕生した時から始まります。その頃テレビの普及率は全国世帯の95％、子どもたちはテレビに熱中し、子どもたちの遊ぶ姿が公園や路地裏から消えつつありました。そんな環境を危惧した大人たちが立ち上がったのです。その後、子どもたちを取り巻く環境は、ますます悪化、親の不安を反映するように、「子ども劇場」は全国に広がっていきました。子どもが大好き！　人間が好き！な人たちの集まりでした。「劇場」とはみんなが楽しく集える「ひろば」という意味が込められています。「子どもに夢を与えるためには大人自身が夢をもたないといけない」と、子ども劇場に参加している大人たちはこのことを実感として学びとっており、子どもと大人の育ちあい運動として、地域づくりが一体となった全国的にも新しい性格と言われた子どもの文化団体です。発足時から文化を皆で考えあい創造していく会として位置づけ、子どもを人格ある主体者とし、演劇や音楽を鑑賞する鑑賞活動と、キャンプや子どもまつりといった自主活動の2本柱とした、地域に深く根ざしていく全市民的な団体でした。

　福岡で発足後、またたくまに全国各地に拡がり、1979年には全国的な連携組織として、全国連絡会が発足しました（現子どもNPO・子ども劇場全国センターの前身）。1991年には、全国に707の子ども劇場、53万7,000名の会員となり、今考えるとその数は驚きとしか言いようがありません。

2）子どもの文化環境の改善やNPO法他に関する要請活動

　一方、子どもの劣悪な文化環境の改善にもかかわってきました。国や地方自治体に子どもの文化の視点がなかったために、国会議員を国会に訪ね、署名・請願活動を積極的に行いました。1972年には入場税法改正のための請願書を、1983年には文化予算を増額・子どもの文化予算の増額のための請願を、1987年には文化予算の拡充と売上税撤回の請願、1988年から1989年には、文化にかかる消費税をやめてもらう請願、1990年には芸術文化振興基金発足にあたってのアピール、1992年には、芸術文化活

動に関する予算と税制改正についての要望書、1993年には子どもの権利条約の実現に関する要望書提出などです。NPO法人制度の実現の際には、税制に関する要望等も行い、今現在もNPO／NGOに関する税・制度改革連絡会やNPO会計基準協議会の活動に参画しています（表1参照）。

2 子ども劇場の現状

1） NPO法人取得以降、多様な活動を展開

　任意団体として30年、全国各地で地道な活動を続けてきましたが、1998年NPO法人制度が施行され、やっと法人を取得できる時代がやってきました。法人格の取得をめざした全国各地の子ども劇場は、改めてミッションを見直し、地域の子どもの課題をとらえ直し、団体名も「子ども劇場」と名乗らない団体も多くなりました。子どもと文化・地域づくりの柱はゆらがないものの、地域では子どもの諸課題を洗い出しながら①生の舞台芸術鑑賞活動、②子どもの体験活動、③子育支援活動、④子どもの心の居場所づくりとしてチャイルドラインの活動、⑤養育者の声を聴くママパパライン、⑥子どもとメディア等と、多種多様な活動が展開されています。ホールや児童館の指定管理団体として、培ったノウハウを活かしている団体もあります。子どもNPO・子ども劇場全国センターの主な活動は、今現在、全国15県で実施している「ほっとアート」（商標登録）事業と全国9か所「ママパパライン」（商標登録）事業があります。NPO法人取得以降、何らかの困難をかかえている子どもの育ちの支援や家族・養育者の支援を全国的なネットを活用して行っています。

　発足して半世紀、この間、子どもと文化の活動と共にネットワークを全国に拡げ、諸外国と比べかなり遅れていた子どもと文化の施策や、文化予算等施策について、毎年のように国会への要請行動を行い、子どもと文化施策の改善の一翼を、主導的かつ積極的に担ってきました。チャイルドラインや日本子どもNPOセンター等、新たな子ども系NPOの設立にも尽力してきました。また、全国に子どもと文化にかかわるたくさんの人材を創り出してきた歴史でもあります。今でも子ども劇場でかかわっていたそれらの人材が、文化活動に限らず様々な分野で活動しています。

2） 子どもと文化に関するNPOの特徴的な活動

　NPOの実態は厳しい現実もありますが、新たな未来につながる魅力的な事業も展開されています。子どもの地域課題に真正面から向き合い、社会的な評価や応援を得やすく、誰が聞いてもわかりやすい事業の開拓は、困難をかかえているNPOにとって学ぶべきヒントがあるように思います。

①生の舞台芸術体験活動

　会員制度も大事にしながら、地域の子どもすべてを視野に入れた鑑賞活動が拡がっています。子どもステーション山口の報告にもあるように、ホールの指定管理団体となり、市の財団他様々な団体・個人とのネットワークをつくりながら、「子どもの豊

II 領域別3　子どもNPOと子ども文化

かな成長発達」を願って活動を拡げ、地域にとってなくてはならない子どもNPO団体になっています。

特筆すべきその1は、子どもNPO・子ども劇場全国センターと共に、全国15県の子どもNPOに広がっている2008年から始めた「ほっとアート事業」です。長期入院している子どもに笑顔の贈り物を届けようと、子どもが入院している小児病棟に、プロのパフォーマーによるクラウンや人形劇、マジック、歌などを届けています。病気で入院していることを忘れてしまうかのような子どもの満面の笑顔、保護者の方々もほっとした表情、病院関係者も一緒に笑顔になってしまう事業です。子どものQOL向上、ウエルビーイングを願い、入院している子ども、付き添っている保護者、病院関係者の三者から高い評価を得、毎年の継続を望まれています。長く子どもと芸術分野でかかわってきた経験と蓄積を最大限に活用した誇れる事業になっています。

その2は、「0, 1, 2, 3歳児とその親のためのはじめてのおしばい」です。乳幼児に合った作品を選び、乳幼児期から生の舞台芸に触れる機会が全国各地で行われています。五感が形成される基礎の時期を過す乳幼児の「心とからだ」を刺激し、親子のふれあい、親子の愛着形成に有効であり、子育て支援のプログラムのひとつとして「芸術文化」の持つ力を活用し拡げていっています。「ブックスタート」と同じように、乳幼児期から親子で芸術に触れる機会をどの子にも保障するよう知事への施策提言を行っている子どもNPOもあります。

②子育て支援活動

全国各地で、集いの広場やたまり場、子育て広場等、場所や形や手法は様々ですが、気軽に乳幼児をもつ親子が集まり、ゆっくりと安心して子どもや親同士の交流の場所として、自治体からの委託や独自で開設しています。

また、2002年より家庭支援として、子どもをもつ親・家族の子育ての悩みや不安を聴く「ママパパライン」を開設しています。現在全国9か所に拡がり、うち2か所（ふくしま、いわて）は、東日本大震災後に開設しました。虐待の未然防止としての効果も期待されています。傾聴の専門性を磨き、普通の人が一定の研修を受け普通の感覚で聴くママパパラインは、行政等が行う救済や問題解決までの機能は持たないものの、子育てしている誰もが必要としている「気軽に聴いてくれる電話・話せる電話」として社会的な存在価値があります。「この電話があって良かった」「聴いてもらって気持ちが軽くなった」「また頑張れそう」などの声からは、指導や助言ではなく共感的に受け止める「傾聴」という応援が、先の見えない、救いの無いような状況でも、「つながる」ことで解決に向かう勇気や、気持ちを整理する力をもたらすものだということを教えてくれています。（表2参照）。

③子どもの心の居場所づくり

　2001年から、18歳までの子どもの声を聴く「チャイルドライン」の活動が創設され、チャイルドライン支援センターの基、2015年2月1日現在、全国41都道府県72の団体がチャイルドラインの活動を行っています。子ども夢フォーラムの報告にもあるように、子どもの権利条約の「子ども観」を基に、子どもの声を丸ごと受け止め、共感的に聴き、指示や助言を極力せず、もともと持っている子どもの力を信頼し「かけ手が主役」の電話によるラインです。子どもの声を聴くことと、子どもの状況を変えるため社会発信を柱としています。全国共通のフリーダイヤルで子どもがかけやすい状況を創り出しています。

チャイルドラインの開設エリア

【北海道・東北エリア】北海道　青森県　岩手県　宮城県　秋田県　山形県　福島県
【関東エリア】栃木県　茨城県　群馬県　埼玉県　千葉県　東京都　神奈川県
【中部エリア】山梨県　長野県　新潟県　石川県　富山県　岐阜県　静岡県　愛知県　　　　　　　三重県
【関西エリア】滋賀県　京都府　大阪府　兵庫県　奈良県　和歌山県
【中国・四国エリア】鳥取県　島根県　岡山県　広島県　山口県　徳島県　愛媛県　　　　　　　　　高知県
【九州・沖縄エリア】福岡県　佐賀県　長崎県　熊本県
（チャイルドライン支援センターHPより）

④子どもが主体になって遊ぶ

　「こどものまち」が全国的に広がっています。市川子ども文化ステーションでの取り組みは、時間・空間・仲間の3間を失ってしまった現代社会において、とことん遊びこむ体験を、子どもと大人の共同作業で、もう一度創りなおしていくことにチャレンジしていると言えます。子どもの声がしない町は、やがてその町も衰退してなくなることを考えると、「こどものまち」は、これからも全国的に波及し、子どもの遊びを子ども自身が取り戻す可能性を予感させます。

　ＩＰＡ（子どもの遊ぶ権利のための国際協会）では、2013年にジェネラルコメント17で発表した解説書で、第31条第2項で抜けていた「遊ぶ権利」が初めて加えられることになりました。

　☆遊びは、子どもが自分の意思で始め、動かし、つくることができるすべての行動、活動またはプロセス。

　★遊びは、自分のためにするもので、他人や外から与えられた目的や到達点のための手段ではない

　☆身体や感情、社会性、精神的発達の要素であり、子ども時代の生命の広がりを持つ喜びである。

Ⅱ 領域別3　子どもNPOと子ども文化

★創造性やリーダーシップ、チームスピリットを育てるなど、大人から与えられた都合が入ると、子どもの積み重ねは損なわれ、遊ぶ意味は失われる。
☆大人が用意したプログラムが取り上げられがちで子どもだけの時間や空間という環境は扱われない。

3　子どもNPOの課題 ～「子どもの笑顔」を願って～

　行政と肩を並べ、子どもの諸課題の問題解決機関になろうと、志も高く全国各地で法人化がすすみました。法人化10年余は、時代の風にも乗って、国・県の委託事業・連携事業なども積極的にかかわってきました。その後、地域分権の名のもとに、様々な施策が市町村になり、地方自治体ではNPOとの連携事業は財政ゼロベースに近いところも出てきました。と同時に、NPOの全国組織や県組織等の中間支援団体の役割も絶えず変化と進化が求められていますが、中間支援組織として事業性のある事業開拓は困難を極めています。この先NPOの財政基盤は不安材料が多く大変厳しいものがあります。次への担い手不足、財政基盤の困難等で、全国各地の子どもNPOも閉会する団体も出てきています。

　一方で、子どもや子育てを取り巻く現状はよくなるどころか、次々と新たな課題が起きています。子どもや養育者に一番近いところにいて、NPOならではの自由な発想と手法もち、エネルギッシュに社会変革をしようとするNPOの力を強めていかなければなりません。行政や他分野のNPOとも連携し、応援者や理解者を増やして、自己評価やチャレンジを怠らないNPOはやはり元気です。どんなに大変であっても、次々にやることや展望が見え、役員やメンバーのモチベーションを高めているからです。

　「子どもの笑顔」これが私たちの願いです。また、「チルドレンファースト」の子ども観を大前提にしています。子どものことが最優先される社会は、「すべての人が大切にされる社会」「人にやさしい社会」につながると確信しています。大人の経済発展の理論が優先され、子どもの成長発達に欠かせない「子どものあ・そ・び」を奪っている日本社会は、本当に豊かな国と言えるのでしょうか。また、子どもの事件が起きる度に大人の考えた対処策ばかりが目立ち、「起きないために・起こさせないためにどうするか」といった根本的な議論が欠けています。小手先の対処では問題解決にはつながらないことは明らかであり、社会の未来であり次代を担う「子どもたち」にこそ、さまざまな社会的投資が急務です。「子どもが育つ」ために子どもの権利条約全体と子どもの権利条約第31条を実体あるものにしていくことこそ、子どもと文化のNPOの存在価値であり使命です。

統計・グラフ等ページ

表1　子どもの文化環境改善のための請願・要請活動

1972年	第1回入場税非課税のための国会請願　28劇場102名参加
1973年	第2回入場税非課税のための国会請願　37劇場141名参加
1974年	第3回入場税非課税のための国会請願　52劇場143名参加
1975年	第4回入場税非課税のための国会請願　818劇場313名参加
1975年	入場税撤廃国会請願で入場料3,000円以下免税に
1983年	100万の署名による「文化予算増額」のための国会請願　262団体777名参加
1984年	舞台入場税撤廃国会請願でさらに免税点を5,000円に引き上げ
1986年	全国会議員に「舞台芸術振興についての要望書」の提出と「アンケート」の実施
1987年	文化政策の拡充と「売上税」撤回を求める大運動。5,100人の銀座パレード、194万人の請願署名。　1,463名参加
1988年	文化政策の拡充を求める国会請願　1,291名参加
1989年	入場税廃止して消費税導入「やめてください、文化に係る消費税」文化政策の拡充
1990年	「芸術文化振興基金」発足にあたってのアピール
1992年	芸術・文化活動に関する平成5年度予算及び税制改正についての要望書
1993年	「子どもの権利条約」の実現に関する要望書
1996年	非営利法人制度実現を求める国会請願
1997年	非営利法人制度実現を求める要請行動
1998年	特定非営利活動促進法成立　ＮＰＯ法案に関する緊急提案
1999年	特定非営利活動法人（ＮＰＯ法人）認証
2000年	ＮＰＯ税制優遇措置実現のための国会請願
2001年	『文化芸術振興基本法』施行／アピール発表
2006年以降	NPO／NGOに関する税・制度改革連絡会の活動

表2　ママパパラインの実施状況とそのエリア

開設場所	電話番号	開設日・時間
ママパパラインほっかいどう	080-6062-4735	毎週月曜13時〜16時
ママパパラインいわて	0120-147-445	毎週木曜10時〜14時
ママパパラインふくしま	0424-85-7878	毎月第1・3木曜10時〜16時
ママパパライン仙台	022-773-9140	毎週金曜10時〜16時
ママパパライン東京川の手	03-3633-0415	毎月第1・3金曜13時〜16時
ママパパラインちば	043-204-9390	毎週金曜10時〜16時
ママパパラインあいち	052-203-8655	毎週水曜10時〜16時
ママパパラインひょうご	078-945-8333	毎月第1水曜10時〜16時
ママパパラインわかやま	073-432-3690	毎週火曜13時〜16時

実践 1 わたしの子どもから わたしたちの子どもへ－MORE！
~活動の最大のウリは一貫して舞台鑑賞事業~

認定NPO法人こどもステーション山口
理事 臼井 裕貴子
http://www.geocities.jp/kodomo_station_y/

① 認定NPO法人"こどもステーション山口"の概要

1973年、山口市に山口おやこ劇場が発足し、28年後の2001年、法人化とともに「こどもステーション山口」と名称を改めて14年がたちます。この14年間に主催した鑑賞例会(舞台公演)の数は152本。すべてプロによる作品を年間10本以上、コンスタントに開催してきたことになります。

おとな294人、子ども474人の会員を擁するこどもステーション山口で、この一年に鑑賞例会に参加した子どもの会員数はのべ1,550人。この数字は実はとても少ないのです。本来会員のすべての子どもが100％参加すればのべ2,370人です。つまり年間平均65％の子どもしか参加していないという現状です。例会として無料で参加できる機会を何らかの理由で自ら不参加の選択をしているのです。原因は子どもが忙しい！習いごとや塾やスポーツ少年団、部活などに忙しいのです。一期一会の舞台鑑賞の機会を「今日は習いごと」と自ら逃してしまう。あげくは習いごとが忙しいからと会をやめてしまうのです。これには保護者の意向が大きく入っています。

かつて、山口おやこ劇場の時代には、"山口市の人口の1％を会員に！子どもが通う園や学校のクラスの10％を会員に！"という人口比を会員拡大の目標としていました。一時期この目標が達成されていたこともありましたが、今770人という会員数ですから、もう人口比などはちょっとかすんでしまいます。

② なぜ舞台鑑賞事業にこだわるのか

「子ども劇場・おやこ劇場は発足から30年近くもたって、売っているのは相も変わらぬ"鑑賞例会"」と、ある識者に評されて少々うろたえたのが15年ほど前。その前後、全国的に劇場のNPO法人化が進み、鑑賞事業ではなく仲間づくりや子育て支援などの事業に活動のウエイトを置く劇場も出てきて、会のコンセプトもさまざまにひろがりました。一方、会員数の減少も相まって、鑑賞例会の開催数は全国レベルで減ってきました。しかしこどもステーション山口では、活動の最大のウリは一貫して舞台鑑賞事業だと考えてきました。

図1 会員数の推移 2001～2003

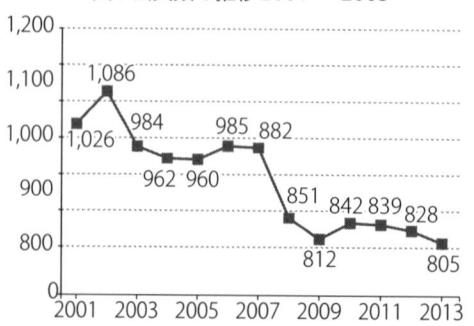

年	会員数
2001	1,026
2002	1,086
2003	984
2005	962
2006	960
2007	985
2008	882
2009	851
2010	812
2011	842
2012	839
2013	828
2014	805

この、費用的なリスクも大きく、目に見える成果の残せない事業だからこそ、NPOが

やらないと消滅する！習いごとや塾やスポーツ少年団に負けずに子どもに届けられなければ、「将来どんなおとなが、どんな社会をつくるのだろう？！」と本気で危惧し、たちむかわなければいけない。それはこの会の使命だ！と強く思っているのです。

こどもステーション山口では鑑賞例会の広報のために毎回2万人近くの市内の園児・児童すべてにカラー印刷のチラシを届けます。また近隣の公共施設に届けるのはもちろん、市内のタウン誌にも有料広告を掲載します。この広報の大きな意味は、人々が日々生活にあくせくしていても、子どもたちがいつも学校で相対評価にさらされてきつい思いをしていても、芸術や文化は人の心に豊かなものを届けるためにずーっと途絶えはしない、そんな決意を伝えるためだと思っています。

図2 2013年度 総事業支出 (22,855,069円) における割合

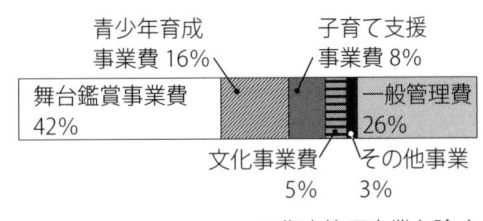

舞台鑑賞事業費 42%
青少年育成事業費 16%
子育て支援事業費 8%
一般管理費 26%
文化事業費 5%
その他事業 3%
※指定管理事業を除く

鑑賞例会に来ることのできる子どもはほんのひとにぎりです。なんとかそのハードルを低くしたい、その思いが法人化と同時に、子どもの会費を無料にすることに結実しました。「わたしの子どもから わたしたちの子どもへ」というキャッチフレーズとともに、この会は子どもの活動を支えるおとなの会と位置づけ、おとなが正会員になれば子どもの会費は無料、しかも子どもは何人でも登録でき、鑑賞例会などに参加できる、としました。何らかの困難があって入会できない子どもは親ではない正会員が登録できる、ということにしたのです。現在、他人の子どもを登録したり、子どもの親に代わって祖父母が登録する、などさまざまのパターンがあります。その中でこのシステムをもっとも理想的な形で活かしているのが市内の、ある児童養護施設です。ここでは2人の職員が正会員になり、17名の子どもを登録して活動に参加しています。

③ なぜ子どもたちに舞台芸術が必要？

舞台鑑賞は体験したから子どもがどう変わる、どう成長するという即効性のあるものではありません。即効性どころか長いスパンで見てさえ、データが出るというものではない。舞台を観た子どもそれぞれの作品に対する深い思い、胸のざわつきや昂揚感がその成長にどう影響するかは数字にはなりません。作品を味わうという点で「演劇」はある意味、読書に似ている部分があります。しかし決定的な違いは舞台はライブだということです。観客と舞台の上の表現者がともにつくりあげる場です。その時、その場かぎりの出会いです。そこで作品のさまざまな表現、感性、価値観にたっぷり触れることで子どもたちは想像力を大きく刺激されます。頭と心をいっぱい動かし、能動的に芸術に参加します。

それでも舞台芸術の鑑賞を並みの娯楽と同等にとらえる誤解はさまざまな方面においてなかなか解けていません。

④ 参加型の舞台術

かつて観客席にすわって鑑賞するだけだった舞台芸術は、ここ10年ほどの間に、「ワークショップ」という場と機会を得て、参加者にとってより身近なものになりました。演劇、人形劇、音楽、ダンス、芸能などさまざまな分野のプロが行うワークショップ。それは従来の講座のように講師が知識やテクニックを一方的に参加者に教えるのではなく、講

Ⅱ 領域別3　子どもNPOと子ども文化

師と参加者が双方向に体験したり作りだしていく場です。優劣や正否、また点数を競うような学校教育の評価のなかで、ややもすると自信を失いがちな子どもたちには、ありのままの自分を肯定できる、とても新鮮で楽しい場になりました。ワークショップのなかで、子どもたちは自分を開放して表現する喜びを知りました。また、優れたプロは子どもたちに対してもごまかしのない真摯な態度で臨んでくれるということに、サポートする私たちも心を動かされてきました。

⑤ 会員制とは？

法人化した全国の劇場では、事業をするにあたって、なんらかの形で一般に門戸を開くことが求められ、こどもステーション山口でも、法人化と同時に鑑賞例会を一般公演として、一般入場券を出すことにふみきりました。法人化以前は鑑賞例会に参加するためには、事前の入会が原則で、会員制を維持するためにはそれが当然でしたが…。

「参加するのなら、チケットよりも入会がおトク」と勧めても、「会」に所属することに抵抗があるのか、一般券で入場される方が少なくありません。

「会員制」を考える時、わたしの頭をかすめる少しつらいエピソードがあります。11年前、演劇公演の最中に、舞台上で俳優が体調に異変をきたして倒れるというハプニングが起きました。応急処置のため会場内から医者を探し、舞台の上に呼びました。緞帳をおろしたあと、救急車のサイレンが聞こえ、幕内での物音が静まって上演の中止を告げるまでの数分間、観客はみな、自分の座席で静かに待っていてくれました。

なにひとつ混乱は起きませんでした。会場の中にはむしろやさしい気遣いがあふれているように感じました。それは長い年月たくさんの舞台を見続けてきた会員が会に対して持ってくれている信頼でしょうか。もちろん会場のなかには一般客もいましたが、会場を占めていた9割の会員の気持ちが全体を包んだのです。このときほど会員制の良さを感じたことはありませんでした。

つくづく鑑賞会場はその場かぎりではあるけれど、一つのコミュニティだと思います。演じる側と観客席が一体となり、会員ひとりひとりが一般客も巻き込んで創りだしている空間なのです。

そんなコミュニティを実社会にも広げていけたらとつくづく思います。

⑥ 山口のような小さな地方都市で?!

山口市では都会のようにプロの公演が頻繁に行われるわけではなく、特に子ども対象の舞台公演は私たちが主催するものがほぼすべてです。地元の公益財団法人山口市文化振興財団（以下、財団と記載）は私たちの事業に理解を示してくれ、1年に1回以上は鑑賞事業の共催も実現しています。小さな町ならではのことです。

この財団は「山口情報芸術センター※」というメディアアートに特化した施設を擁しています。財団との連携はこのセンターの2003年の開館とほぼ同時でした。この連携の中で、私たちは先進的なパフォーマンスに出会ったり、私たちの提案する作品を共催事業にしたりしてきました。のちにこどもステーション山口を「クリエイティブ・スペース赤れんが」という山口市の小さなホールの指定管理事業に導いてくれたきっかけも、ここにありました。「文化ホールの管理運営は営利を考える企業ではなく、こどもステーション山口のような文化団体こそがやるべき」と背中を押してくれた財団の一職員のことばは力強く、この町における私たちの存在意義を自ら認識することにもなりました。

クリエイティブ・スペース赤れんがは100

人も入ればいっぱいの小さなホールですが、2007年から2期8年を管理運営してきて、現在3期目に入りました。この館の主催事業では主におとな対象の企画をしていますが、今までのこどもステーション山口の公演事業のノウハウが活かされスムーズな実施ができています。また、ホールといえば私たちはずっと利用者側の立場でしたが、管理者になってもその経験を活かし、利用者の視点を大切にした運営を心がけています。

※山口情報芸術センターは市立図書館との複合施設。このセンターには託児室が常設されていて、こどもステーション山口から毎日保育スタッフを有償派遣している。子育て中の保護者にむけた文化・芸術体験のサポートともいえるこの事業は私たちの子育支援事業の一環で、まさに私たちのミッションにかなった事業と考えている。

⑦ ネット時代の鑑賞事業

「テレビに子守をさせないで」と呼びかけていた時代から一気に、もっと子どもの育ちにとって脅威となるスマートフォンが出現しました。赤ちゃん用のアプリなどが次々と開発され、ことばを覚える前の赤ちゃんが画面で遊ぶことになんの疑問ももたない親が増えてきました。私たちは小さな子どもが実体験のないままに画面の光の明滅や音の刺激にならされることの危険に警鐘を鳴らしつつ、乳幼児対象の鑑賞事業をすすめています。ややもすると孤立の傾向にあるこの世代の親子に、ぜひとも生の舞台に出会ってほしい、人のいるあたたかい場所に出かけて来てほしいと、年間2～3本の乳幼児対象の舞台作品を企画しています。

また、子どもたちを夢中にさせている電子ゲーム機やネット利用もその危険を呼びかける講座などを開きながら、小学校低学年の子どもたちに向けては夢や勇気が持てる作品、小学校高学年以上の子どもたちにむけてはいのちや平和や人権を考えることのできる作品を、と対象を分けてそれぞれに企画しています。

⑧ 今こそ、子どもに多くの舞台鑑賞体験を

かつて地域公演と呼んで毎年、市内各所の小会場で会員ではない子どもたちも大勢巻きこんで開催してきた舞台公演。市内のあっちこっちで開催する例会として名称も「あっちこっちdeアート」と改めて、最近では毎年8会場各120人程度の入場者で続けてきています。10年ほど前から地区の子ども会が団体で参加するようになり、最近では一行政地域が一公演を共催するという広がりもでてきました。続けていくことが子どもの暮らすコミュニティを豊かにすることだと考え、まだまだ開催方法の模索を続けているところです。

残念ながら山口市内では、毎年、継続して鑑賞教室にとりくんでいる学校をあまり聞きません。そのような山口市で昨年、ある地域のコミュニティ協議会(行政)が、地域住民と子どもたちのために中学校の体育館を会場にして演劇公演を主催しました。中学校の全生徒が鑑賞できたという成果は大きかったと思います。公演を可能にしたのはこの協議会のメンバーに、こどもステーション山口の元役員と地域の中学校の教頭がいたこと、そこにこどもステーション山口が創造団体との橋渡しをするなどの協力をしたことに端を発しています。学校公演が豊かに実現するためには、地域子ども文化コーディネーターの存在が必要なこと、その役割を担うのは、こどもステーション山口のような専門性をもった団体だと再認識しました。

最近、子どもの貧困や育ちの困難という問題が社会的な課題になっています。こどもステーション山口ができることは、まずは子どもたちが通う学校において舞台公演やワークショップが開催されるように力になることでしょう。子どもの権利条約31条にあるように、"どの子どもも芸術に自由に参加する権利を有する"を実体化することこそが、私たちNPOに与えられた使命だと、強く認識しています。

Ⅱ 領域別3　子どもNPOと子ども文化

> 実践2
>
> # 遊びの力で子どもと大人がつながる!!
> ～子どもがつくるまち "ミニいちかわ"～
>
> NPO法人市川子ども文化ステーション
> 理事長 渡慶次 康子
> http://kodomobst.org/

①　子どもの生きる環境を奪ってしまった社会

　近年の子どもを取り巻く環境の変化の中で、子どもたちの周りには自由に遊べる空間や仲間、時間が劇的に少なくなってしまいました。公園では様々な禁止の看板が立ち並び、子どもたちが体を動かすことができる場は部活やスポーツクラブ、友だちと交流できる場は習い事や塾と、つねに大人の指導と管理の下で生活しています。そんな中で子どもたちは、自分で考えたり判断したり、失敗の中から学んでいくという経験が乏しいまま成長してしまいます。そして大人になった時、急に自分で判断しなさいと言われても、そのような経験がないので戸惑ってしまいます。社会に関心がない、コミュニケーション力に欠けるといわれる若者を排出しているのは、そのような場を奪ってしまった大人社会の問題であり、次世代を担う子どもたちの生きる力を回復していくことは緊急の課題です。

　NPO法人市川子ども文化ステーションは1983年に任意団体として設立（2001年にNPO法人として認証）しました。発足当時、既に子どもたちの周りからは遊びの環境がどんどん少なくなっており、その状況を危惧した親たちが中心となり、活動の中心に「子どもと一緒につくる」ことを大事にしながら様々な事業を展開してきました。子どもの遊びやキャンプなどでは、子どもの異年齢の実行委員会を設定するなど、つねに子どもの参画を活動の中心に据えていました。

　しかし、子どもを取り巻く環境はますます厳しくなる一方、もっと活動を外に発信するにはどうしたら良いのか、子どもを真ん中に地域をつくっていくことの必要性をどうアピールしていったら良いのか、試行錯誤の日々でもありました。

②　ユース世代と創った "ミニいちかわ"

　ドイツの「ミニミュンヘン」をモデルに、2002年に日本で初めて開催された「ミニさくら」（千葉県佐倉市）の噂を聞き、会の中で子どもたちの活動を支えていた事務局長は、翌年の第2回「ミニさくら」に子どもたちと一緒に参加しました。子どもが主役のまちのおもしろさは参加したみんなの遊び心に火をつけ、「来年もミニさくらに来たい」という子どもたちに「市川でやってみない？」と誘いかけたところ、即座に「やりたい！」との答えが返ってきました。その思いを中心になってもらいたいユース（中学生・高校生・青年）の会員に伝え、同時に会の中心事業と位置付け、第1回「子どもがつくるまち・ミニいちかわ」の準備に入りました。元々団体の設立当初から活動の主体は子どもであること、子どもの自由で豊かな発想が生かされる環境を作りたい、子どもが自分で考え自分で判断する力を育んでいきたいと考えていたので、この「子どもがつくるまち」の発想は大

きな共感を持って会の中に受け入れられていきました。

"ミニいちかわ"を企画していくにあたっても、ごく自然に子どもたちの中に「自分たちでしくみを作っていく」という発想があり、ユースメンバーによるスタッフ会議がスタートしていきました。4月から始まったスタッフ会議は、中学生6人、高校生6人、青年8人、合計20人がほぼ毎週開かれた夜の会議（全15回開催）に集まり、まちのしくみを考え、チラシやポスター作りから協賛金集めまでをやり遂げました。"ミニいちかわ"で使われる通貨の名前もユースの会議で「メティ」と決定し、平行して行われていた大人スタッフ会議では通貨の名前がつけられた理由を「町を創る＝メイクシティ＝メティ」と報告。それを聞いた大人は、子どもたちの発想の素晴らしさに喝采を送りました。

開催当日は、当日のみ参加の中学生・高校生・青年の会員もスタッフに入り（スタッフとして関わった中学生～青年は52人、市役所や職安などの公共系のブースを担い、市民として参加した子どもたち（主に小学生と幼児）をまちに迎え入れることを支えました。開催2日間で市民となった子どもは1500人。まちは子どもたちでごったがえし、常に長蛇の列となっている職安、子どもが稼いだメティの管理まで始めてしまう手出し口出しする付き添いの大人の目に余る行為など、突然のトラブルにもユース世代のスタッフは焦ることもなく、子どもたちと楽しむ余裕すら見せながらみごとに様々な状況に対応していました。

図1 「ミニいちかわ」の目的としくみ

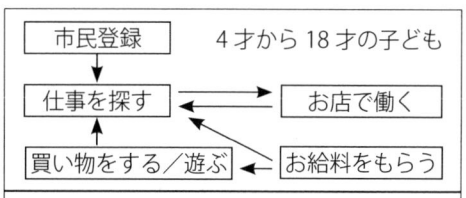

```
┌─────────┐   4才から18才の子ども
│ 市民登録 │
├─────────┤   ┌─────────────┐
│ 仕事を探す │◄─►│ お店で働く  │
├─────────┤   ├─────────────┤
│買い物をする/遊ぶ│◄─►│お給料をもらう│
└─────────┘   └─────────────┘
```

・2日間×2か所で開催
・1日約1000人の子どもが参加
・1日約140人の大人スタッフが子どもの活動をサポート

目的として、①子どもの参画の場、②子どものコミュニケーション力が育まれる場、③大人の学びの場＝子どもの力を信頼する大人が増える。この3点を掲げて開催しています。第1回目から大事にしていることは、"ミニいちかわ"を開催することで、子どもにとってワクワクする楽しい活動だけでなく、そこに関わった大人にとっても大きな気付きが得られる場になり、子どもへの理解が深まって、楽しみながら子どもとの関係を築いていく大人が地域に増えていくことをめざしています。

③ "ミニいちかわ"は今

1）変化しながら継続していく"ミニいちかわ"

第2回目は子どもたちが新しいメンバーを誘い込むなどして、ユーススタッフは倍増しました。1回目の様々な課題を解決していくと共に昨年の形にとらわれず、"ミニいちかわ"を進化させていこうと動いていきました。会議の回数も倍増し、開催当日は朝6時のテント設営から、ユーススタッフの指示の元に大人スタッフが動き、撤収時もユーススタッフが主となり、自分達がつくったまちを責任をもって片付けていきました。

課題の中でも大きな問題だった手出し口出しの多い付き添いの大人については、スタッフにならないとまちに入れないこととし、大人の受付でまちの説明を受け、子どもたちに手出し口出ししないで見守ることを条件に当

II 領域別3　子どもNPOと子ども文化

日スタッフの印をつけてブースの手伝いに入ってもらうこととしました。受付でけんそうな顔をして仕方なくスタッフに入った親は、そこで1、2時間子どもたちと一緒に過ごすことで、帰る時には入った時とはまるで違う表情になり、顔を上気させ「子どもたちが積極的で驚いた」「あんなに生き生きして動いている姿は普段見ないね」と話してくれました。また、「つい余分な口出しをしてしまってスタッフの子どもに注意されたよ」と少年のような顔で話してくれたお父さんもいました。

当日スタッフとして関わった大人は2日間で延べ300人を超えました。スタッフとして関わった大人たちは、"ミニいちかわ"でイキイキと活躍する子どもたちの姿に出会うことで、普段どれだけ自分が子どもに対して指示や管理をしているのかを身体で学ぶ場となったようです。

中心となって関わるユース世代の子どもたちは進学や就職等で年と共に状況が変わっていくため、その年に関われる子どもたちと一緒に毎年変化しながら開催しています。2008年からは、もっと全ての子どもたちに参画のチャンスをと、市内の全小中学校へ小学4年生以上の子どもスタッフ募集のお知らせを配布し、関わりたい子どもたちは誰でもスタッフとして参加できるようにしました。昨年度は小学4年生から高校2年生まで97名の子どもたちが、約3か月間の事前子どもスタッフ会議に参加し、"ミニいちかわ"のまちのしくみをつくるところから参加しました。

```
ミニいちかわ2014（第12回目）のデータ
☆9/27（土）・28（日）
　千葉県立現代産業科学館
○10/4（土）・5（日）　行徳駅前公園
※行徳会場は台風のため、2日目は半日の開催
子どもスタッフ　　☆52人　　○45人
当日参加の子ども　☆1900人　○1510人
大人ボランティア　☆280人　　○270人
```

2）子どもを取り巻く大人の変化

全国に広がった「子どもがつくるまち」は、80ヶ所とも100ヶ所とも言われていますが、そこで必ず話題になるのが、子どもに対して手出し口出しする厄介な保護者（大人）の存在です。子どものまちから保護者を完全にシャットアウトしているまちと、ゆるやかに関係をつくりながら、ボランティアスタッフとしての関わりを築いていけるようなアプローチをしているまちとがあります。

"ミニいちかわ"の場合は、当初から保護者に向けて積極的な関わりを作りながら、ボランティアとして関わってもらうことで子どものまちの目的を理解してもらえるよう働きかけてきました。結果"ミニいちかわ"は単なるイベントではなく、子どもが"自分で考え自分で決めることを経験できる貴重な場"として大きな期待を持って送り出してくれる保護者が増えています。もちろん"ミニいちかわ"においても厄介な存在の保護者がいないわけではありません。しかし、子どもの発想を面白いと根気強く見守ることができるスタッフが多いので、クレームを言う保護者は少数派として存在が薄くなっているのだと思います。"ミニいちかわ"に関わることで、自分が普段どれだけ子どもに対して「転ばぬ先の杖」を出してしまっていたのかに気付いたという方や、積極的にスタッフとして参加することを楽しんでくれている保護者も多く、確実に大人の意識を変えていく場になっていることを実感しています。

子どもの力や主体性を尊重しようと思う大人が地域に増えて、大人が変わっていくことができたなら、子どもの参画の場が家庭や学校にも広がっていくでしょう。子どもの声が迷惑だ・騒音だと感じてしまうのではなく、未来への希望だと感じられる方がとても幸せなことです。

> **"ミニいちかわ"子どもスタッフ保護者の感想**
> - 今までやったことのないメインサポーターをやったことで、自分が変わったと思っています。子どもが困っている様子を見るとすぐに声をかけたくなるところを我慢したら、子どもなりの考えで行動することがわかり、必要以上に子どもに手をかけない訓練になりました。
> - 口を出さないがすごく大変だなあということがわかったと同時に、ふだん相当口出しているんだろうなと猛反省。そこまで言わなくてもわかっているということまで言っていると思います。オレンジTシャツの人たちが子どもたちに尊厳をもって接してくれている姿をよくみかけました。自分もそうありたいと思いました。
> (オレンジTシャツ…市川子ども文化ステーションのスタッフ)

④ "ミニいちかわ"は 子どもと大人社会をつなぐ架け橋

"ミニいちかわ"は、単なるイベントではない特別な存在なのではないかと思っています。それは、1日1,000人もの子どもたちが開始の2時間以上前から続々とやってきて長い待ち時間をものともしないこと。昨年の"ミニいちかわ"が終了した翌日から、今度はこんなことがやりたいから準備を始めるとやってくる子。事前の子どもスタッフの募集に、忙しいと言われている高学年の子どもたちから続々と申し込みがあることなど。子どもたちは"ミニいちかわ"の活動の中で悩み、考え、決断し、またいろいろな人とコミュニケーションをとったりすることで、子どもたちの居場所となり、自己肯定感が育まれる場となっています。

地域にしっかり根付いてきた"ミニいちかわ"は、関わってみたいという人たちも徐々に増えてはいるものの、長期に亘りボランティアで関わる負担は大きく、財政的な部分も含め、ひとつのNPOだけで賄うには課題も多くあります。これほど地域の理解を得られている活動であるからこそ、もっと多くの人を巻き込んでいくことで、子どもを真ん中に据えた活動の意義や子どもの参画の必要性を社会に広めていくことになるのではないかと思います。

NPOと企業(商店)と学校(大学生)、自治会が一緒に活躍できる場、行政の縦割りを超えた関わり方を提案していける場として、"ミニいちかわ"は子どもと大人社会をつなぐ架け橋となっていけるのではないでしょうか。

全国に広がっている多くの「子どものまち」にも、そんな"ミニいちかわ"の動きを伝えていくことで、子どもと大人のイイ関係づくりが広がっていったら…夢はまだまだ広がっていきます。

表1 「ミニいちかわ」のデータ

開催年度	会場	子どもの参加数	スタッフ数
2003年	行徳駅前公園	1,500人	10～20代 30人 大人 250人
2004年	行徳駅前公園	2,000人	10～20代 60人 大人 300人
2005年	行徳駅前公園 大洲防災公園	3,200人	10～20代 60人 大人 550人
2006年	行徳駅前公園 大洲防災公園	4,800人	10～20代 60人 大人 550人
2007年	行徳駅前公園 大洲防災公園	5,000人	10～20代 50人 大人 350人
2008年	行徳駅前公園 大洲防災公園	4,050人	10～20代 85人 大人 270人
2009年	行徳駅前公園 大洲防災公園	3,100人	10～20代 80人 大人 430人
2010年	行徳駅前公園 大洲防災公園	3,300人	10～20代 60人 大人 320人
2011年	行徳駅前公園 現代産業科学館	3,350人	10～20代 95人 大人 480人
2012年	行徳駅前公園 現代産業科学館	3,580人	10～20代 60人 大人 400人
2013年	行徳駅前公園 現代産業科学館	3,960人	10～20代 55人 大人 530人
2014年	行徳駅前公園 現代産業科学館	3,410人	10～20代 97人 大人 550人

実践3 "子ども支援"が子どもの未来を拓く
～"チャイルドラインいしかわ"の活動を～

子ども夢フォーラム
代表 高木 眞理子
http://yumeforum.org/

① 子どもの状況は、とんでもなく深刻！

1998年前後、「少年事件」がマスコミを騒がせ、「17才」ということばが頻繁に取りざたされました。無差別殺人、親殺し、バスジャック等々、これまでなかった類の子どもの犯罪が多発し、だれもが慄然としました。

そうでもしなければ、自分の気持ちを伝えられなかった子どもたち！ 大人は、子どもの内面に抱える闇を突きつけられました。

その後の学校システムの変更等、大人の価値観に照らしながら、その都度、様々な方策を打ち出してきましたが、果たしてそれは、子どものSOSに近づいたのでしょうか。

② 社会の課題が子どもの肩に！

非正規雇用等で生活困窮者を増産し、労働意欲の減退、未婚や少子化を加速させて久しい現在。社会の課題は、子どもたちの未来に直結しています。いじめ・不登校・ひきこもり・自殺…、様々に示す子どもの叫びに、社会の歯車をすげかえなければ埒があかないとさえ思います。子どもの未来を拓くために、私たちは、地域・行政・家庭・企業等の課題にもっと目を向け、学ぶことが必要だと思っています。

"子どもの気持ち"を、子どもから直接学ぶという視点にたち、子どもたちが何を必要としているのか、何を求めているのか、子どもたちから直接教わりたいと考えました。

具体的な活動として位置づけたのは、電話をとおして子どもの気持ちを受けとめる、子ども専用電話「チャイルドライン」です。

子どもの心に寄り添うことで見えてくることがきっとあるはず。そんな想いから、子ども専用電話"チャイルドラインいしかわ"の活動を2000年5月にスタートさせました。

③ 子ども夢フォーラムの誕生！

"チャイルドラインいしかわ"の活動が進んだとき、それに関連した活動の拡がりもあると思い「子ども夢フォーラム」を1999年に立ち上げました。翌2000年5月に"チャイルドラインいしかわ"の活動を開始しました。「チャイルドライン」は、18歳までのすべての子どもたちを対象に、電話を通して子どもの話に耳を傾けるという活動です。

④ 子どもの声の気づきから

「もう話すもんか！」と、大人に失望している子どものなんと多いことか！ 子どもの話を最後まで聞かず、説教や価値観を押し付けることを繰り返すうち、子どもは大人に見切りをつけたということがわかってきました。子どもは、自分の気持ちを誰かに受けとめてもらったという実感が乏しく、将来大人になることに期待を抱くわけもなく、気持ちの

置き所を探して、右往左往している様子が見えてきました。子どもは、自らをどんどん内に閉じ込めていることが伝わってきます。

一方、本来モデルとなるはずの大人たちも実はかなり疲弊しており、子どもの発する"SOS"に気づく余裕を持ち合わせていない大人が多いことも現実です。大人に失望しているはずなのに、「あなたの話を聴かせて！」「秘密は守ります」と記されたチャイルドラインのカードを見て、『もしかしてここなら…』と一縷の望みをかけて電話をかけてくるのです。

1) チャイルドラインは、子どもが主人公!

私たちは、子どもが本来持っている力を信じて、その子の気持ちに寄り添うことに心を砕きます。子どもは、相手の聴ける分だけ、そして聴こうとする私たちの気持ちが伝わったときだけ、話します。

子どもが大人に求めていること、それは、"私を見て！"ということです。つまり、自分の存在を目に留めてほしい、気にかけてほしいのです。

5 活動の歩み

1999年8月に「子ども夢フォーラム」を立ち上げ、チャイルドラインの活動を始めるにあたり、行政や企業をまわり、多くの方に出会い、理解を得ることができました。

同様の動きをはじめていた他県13団体と合同で、2000年5月5日から「子どもの日キャンペーン」を実施しました。"いしかわ"は、24時間フリーダイヤルで1週間、試行しました。他県はいずれも固定電話で受けており、"いしかわ"のみがフリーダイヤルでした。

その後も、"いしかわ"は2回の短期試行を実施し、子どもの声に背中を押されるように、2001年5月から毎週2日16時〜22時をフリーダイヤルで継続実施に踏み切りました。

1) 石川の動きは全国に!

"いしかわ"で先駆けたフリーダイヤルの動きは、徐々に全国に拡がっていき、2009年に全国統一フリーダイヤルが実現しました。時間は、16時〜21時に統一しました。現在、41都道府県、72団体（2015年2月現在）がチャイルドラインを開設しています。

チャイルドラインアドカード

2) "聴く"姿勢とその意味

「チャイルドライン」は、本来持っている子どもの力を信じ、その子の気持ちに寄り添う電話です。自分の気持ちを話すことで、次の一歩を踏み出す糸口を見つけられたとしたら、また、明日を生きるエネルギーにつながったとしたら、うれしいです。

話を聴く時に大切にしていること、それは、指示や説教をしないということです。子どもの話をまるごと信じ、その時々の気持ちに寄り添います。「その時、どう思った？」「どんな気持ちだった？」と問いかけます。

子どもから、すぐに言葉が返ってくることは少なく、気持ちを表す言葉を探す子どもの心の揺れに添い、そして待ちます。

そこで気づくこと、それは、子どもは自分自身の気持ちをあらわす語彙を持ち合わせていないということです。自分の気持ちを言葉に置き換えられない分、モヤモヤやいらいら感が胸の内を占めていきます。多くの子は、自分の気持ちを「わからない」「別にぃ」と表現します。気持ちがわからなければ苦しいはず。そのモヤモヤ感は尋常ではないはず。

II 領域別3　子どもNPOと子ども文化

つらい、さびしい、くるしい、くやしい…と置き換えることができたなら、もう少し違ってくるのではないでしょうか。

3）ボランティアに支えられる活動!

チャイルドラインでは、子どもの話を聴く人を「受け手」と呼んでおり、すべてボランティアです。「受け手」の確保は、活動を継続していく上でとても重要です。「受け手」の養成は活動を続けていくために不可欠です。

"チャイルドラインいしかわ"の「受け手養成講座」は、毎年受講希望者を広く公募し、規定の研修を受講したのち、希望する方に「受け手」になっていただきます。他に「支え手」という役割の人がいます。電話を受けるのはあくまで「受け手」ですが、「支え手」は、「受け手」が安心して子どもの話に耳を傾けられるよう近くに一緒にいて、ともに受ける気持ちで臨みます。そして、緊急時の対応にも備えます。

⑥ 欠かせない社会発信

私たちは子どもの声を受けとめる一方、子どもの"心"を聴いた者の責任として、子どもとの関わりを考えるシンポジウムや講演会の開催、ニュースや報告書の発行など、あらゆる機会を捉え大人社会に発信しています。

子どもの状況を社会に発信し理解してもらうことが、やがては、大人が優しくやわらかな気持ちで子どもと接することにつながるかもしれないと信じています。また、子どもからの気づきを、子ども夢フォーラムでは様々な形に変えて社会に発信しています。

一つ目は、『パパ子育て講座』です。

チャイルドラインの中に、「お父さん」や「パパ」という言葉が、子どもから聞かれなかったことを憂慮し、大人への意識調査を実施し、父親たちの子どもに対する想いを探りました。父親からは、『子どもとどう関わっていいかわからない』という回答が多くあり、そこから生まれたのが、『パパ子育て講座』なのです。

講座では、子どもと大人の"想いのずれ"を埋めるワークなど、楽しみながら参加できるよう工夫しています。2006年からは、県の委託事業としておこなっています。

二つ目は、『パパママ・ホットライン』です。これは、大人版「チャイルドライン」を想像していただけると良いかもしれません。子どもの成長に伴って浮上する尽きない悩みに添います。「愚痴ですけど…」と話される内容は、めまぐるしく流れる日々の忙しさのしんどさ、精神的苦痛に押しつぶされそうなことが伝わってきます。「話せて少し楽になりました」の言葉は、こうした場の必要性を実感する時です。気持ちが少し楽になれば、子どもを受け入れる気持ちにも余裕がでてくるかもしれません。

⑦ 頭の痛い資金の確保

NPOにとって資金の確保は切実で、最大の課題と言っていいかもしれません。子ども夢フォーラムも同じです。毎年、数本の助成金申請を続けています。

チャイルドライン試行の際のフリーダイヤル化や活動場所の提供、ボランティア養成講座講師の協力など、活動の要所要所で、企業や専門家に支えられて現在に至っています。

会報誌の定期発行や、支援を呼びかけ続けるなど、地道な活動が、地域の信頼につながっていると思いますが、さりとて、そうした信頼が直接、資金につながるかといえばまた別問題なのです。

⑧ "子ども支援"は大人の理解が不可欠!

電話をかけてくる子どもの身近にいる大人にむけた広報も行ってきました。「チャイル

ドラインにかけてみるといいよ」と、親や教師から背中を押してもらってかけたという子どもの声は、大人の理解を得られていることを実感する瞬間です。社会的な信頼と理解がすすんだことを感じつつ、それにつけてもさらに研鑽を積まなくてはと身を引き締めています。

⑨ NPOの可能性

NPOは、公が速やかに手をつけられない部分に関わり、そして担います。必要な人に必要な支援を可能にしているのがNPOなのです。工夫しながら、人を巻き込みながら実践にこぎつけます。

柔軟に、活動を拡大・展開していけるところが特徴的で、社会を好転させるうえで大きな役割を担っているのがNPOです。その可能性は今後ますます広がり、社会からの期待も大きくなるでしょう。

NPOは、草の根的な活動が多いと思いますが、活動を広く社会にアピールしていく姿勢も重要です。役割が終われば、閉じることが出来るのもNPOなのです。

⑩ 今後の展望

子どもたちの状況は一向に好転の兆しは見えず深刻さを増すばかりです。今もって子どもの苦しい声が聞こえてくるのは、社会の疲弊が加速しているからではないでしょうか。

"チャイルドラインいしかわ"は、「相談」ではなく「おしゃべり」を受けとめるというスタンスです。いじめ・不登校・ひきこもり・非行・自殺・虐待・自傷・摂食障害・うつなど、様々な問題に苦しむ子どもの姿がチャイルドラインに入ってきます。チャイルドラインは子どもの"心の居場所"なのです。

「相談」をうたってはいませんが、実際には、相談以上の効果をあげることが少なくありません。

子どもは、自分の意志で電話をかけてきます。気持ちの一部でも吐露することができれば、明日の命を紡ぐことにつながることが期待できます。

活動当初「本当に話していいの？」「本当にきいてくれるの？」という言葉が頻繁にきかれました。受け手を試そうとする言動もあるなど、日常生活の中で大人への不信感が子どもに深く根づいていることが伝わってきます。

チャイルドラインには信頼できる大人がいる、と少しは認識されてきたようで、疑問や不信をぶつける言葉はほとんどなくなりました。嫌なことをされたら「いやだ！」「やめて！」と自分の気持ちをはっきり発することができるようになれば、いじめも少なくなるのではと思います。さらに気を引き締め、活動を推し進めていかなくてはならないと思いを新たにしています。

誰か（先生や親）との関わりの中で逡巡しながら電話をかけてくる子どもが多かった活動当初に比べ、数年前からは自分が自分と折り合いをつけることが難しい子が増え、自分自身の存在の意味を確かめたくてかけてくる子が多くなっています。『心療内科に通っている』と打ち明ける子どもも増えています。

親の貧困や失業、ひとり親家庭などの社会問題が背景にあって、それがDVや児童虐待などに発展し、子どもの心を蝕んでいると思えるケースも少なくありません。今後、チャイルドラインの役割、そして必要性がますます高まると感じます。

子どものおかれている状況は様々に問題が絡まっていて複雑です。不登校・ひきこもり・非行・薬・自殺などに自分を追い込むのもやむを得ないとさえ思うこの頃、人と関われない、自分に自信がない、まして相手を思いやるなどできるはずもなく…。チャイルドラインが、子どもたちの選択肢の一つになれば幸いです。

Ⅱ 領域別 4　子どもNPOとスポーツ

概説

スポーツを中心とするNPOの活動
～格差広がる子どもの体力・運動・スポーツ～

市民スポーツ＆文化研究所／日本体育大学名誉教授
森川 貞夫

1　子どものスポーツを楽しむ権利

1）子どもの権利条約にみるスポーツ活動の意義

　周知のように「子どもの権利条約」（1989年に国連で採択、日本国内で国会承認・公布されたのが1994年）では、子どものスポーツ活動に関連しては「休息・余暇、遊び、文化的・芸術的生活への参加」をうたった第31条、子どものスポーツ活動を発展させるための条件整備や指導内容の充実を考えるためには「子どもの最善の利益」をうたった第3条、子どものスポーツ活動に対する子どもたち自身の声や要求・意義申し立てを反映させるための「意見表明権」をうたった第12条などがさしずめ重要です。

　子どもにとってのスポーツは「遊び」としてのスポーツだけではなく、子どもの「発育・発達の刺激」としてのスポーツ活動も重要です。それは生涯にわたって健康でたくましく生きていくための身体的・精神的土台・基礎を培い、またスポーツを通じて仲間と共にフエアプレイや規律を重んじ、困難や障害にも打ち克つ力を培うなど、子どもの体とこころを豊かにかつ健やかに育っていくために重要な役割を果たすからです。

　しかし、実際には子どもたちのスポーツを楽しむ権利が保障されているとはいえません。文科省自身が「告白」しているように、「近年、積極的にスポーツをする子どもとそうでない子どもの二極化が顕著に認められる」、とりわけ「中学校女子においては、スポーツをほとんどしない子どもが3割を超えている」（文科省「スポーツ基本計画」2010年）という状況です。

　別の資料（笹川スポーツ財団『子どものスポーツライフ・データ2013－4～9歳のスポーツライフに関する調査報告書』および『青少年のスポーツライフ・データ2013－10代のスポーツライフに関する調査報告書』）でさらにくわしく見てみましょう。

2）子どものスポーツ活動の現状

　年代別では先ず4～9歳を未就学児、小学1・2年、小学3・4年の3区分で比較する

と「週3回以上」(「中頻度群＋高頻度群」)と「年1回以上週3回未満」(低頻度群)＋「非実施群」(過去1年間にまったく運動・スポーツをしなかった)との格差は年齢が高くなるにつれ徐々に広がっています。その格差は未就学児で週3回以上（運動・スポーツを実施する）が79.8％に対して週3回未満からまったく運動・スポーツを実施しないが20.1％、同様に小学1・2年が83.7％と16.3％、小学3・4年が86.9％と13.1％です（いずれも2013年）。このように、運動・スポーツを実施する子どもとしない子どもとの二極化がかなり進んでいることがわかります。

　また10代では小学校期（小学5・6年）、中学校期、高校期、大学期、勤労者の5つの区分による「運動・スポーツ実施状況」を見ると（データの取り方がやや異なるが）、「レベル0」（過去にまったく運動・スポーツをしなかった）と「レベル1」（年1回以上、週1回未満）を合わせた「低頻度」層、「レベル2」（週1回以上週5回未満）の「中頻度」層、そして「レベル3」以上（週5回以上）と「レベル4」（週5回以上、1回120分以上、運動強度「ややきつい」以上）を加えた「高頻度」層の3段階で比較すると、運動・スポーツをあまりやらない「低頻度」層の割合は年齢が高くなるにつれて増えています。すなわち「低頻度」層の割合は小学校期6.1％、中学校期13.6％、高校期29.2％、大学期49.2％、勤労者59.7％と、年代が上がるにつれて増えており、しかも女子の運動・スポーツ実施状況は極端に悪くなっています。女子だけで見ると、「低頻度」（週1回未満から非実施まで）は小学校期10.4％、中学校期21.3％、高校期38.6％、大学期56.3％、勤労者74.3％です。運動・スポーツ活動における年代が高くなるにつれての二極化に加えて男女格差も増しているといえるでしょう（後掲「統計・グラフ等ページ」を参照）。

2　子どものスポーツ活動を支援するさまざまな取り組み

　子どもたちのスポーツ活動の機会と場は、学校における体育の授業やクラブ・部活動、地域での子どもを対象とするスポーツ・クラブ、あるいは民間のスイミング・クラブやいわゆる商業スポーツ・クラブなどがありますが、すでに見てきたように現実にはスポーツをする子どもとそうでない子どもの「二極化」がかなり進んでいます。このような状況は、2002年の「学校五日制」完全実施以降、従来からの進学・塾通い・お稽古事など、子どものスポーツ活動を妨げる要因も加わって、ますます進行しており、したがって学校や地域・家庭での特別な配慮と支援が求められているといえます。

　子どものスポーツ活動はこれまで多くは学校の体育の授業やクラブ・部活動に依存してきましたが、現在、学校での体育・スポーツ活動を除くと、大きくは二つの活動があります。その一つは日本体育協会傘下の「スポーツ少年団」であり、二つは文科省が1995年よりモデル事業としてスタートさせた総合型地域スポーツクラブにおける子どもたちを対象にした活動です。

II 領域別 4　子どもNPOとスポーツ

1）スポーツ少年団の活動

　先ずスポーツ少年団ですが、統計的には47都道府県すべてに全国で34,766団、団員数777,940人、指導者196,506人が登録・組織されています（日体協、平成25年度）。元々は「一人でも多くの青少年にスポーツの喜びを！」「スポーツを通じて青少年のからだとこころを育てる組織を地域社会の中に！」という願いで1964年東京オリンピック大会の2年前の1962年に創設された「日本最大の青少年スポーツ団体」です。主な活動は区市町村少年団の下にある単位団を中心にそれぞれの地域の状況に応じて年間通してさまざまなスポーツ活動や野外活動、文化・学習活動、地域行事への参加、地域での清掃などの社会的奉仕活動などを行っています。この日体協が推進しているスポーツ少年団活動の大きな特徴には「スポーツ少年団の原点である、単位スポーツ少年団は、子どもたちが、自主的にメンバーとして参加」すること、また「自由時間に、地域社会で、スポーツを中心としたグループ活動を行う団体」ですが、「しかし、精神的にも身体的にも未熟な子どもたちを支えるためには、適切な助言・指導ができるメンバーが不可欠です。子どもたち団員とともに、リーダー、指導者、育成母集団といったメンバーが、単位スポーツ少年団」を構成していることが挙げられます。

2）総合型地域スポーツクラブ

　次に旧文部省時代の「地域スポーツクラブ育成モデル事業」として1995年にスタートした総合型地域スポーツクラブ（現在は日体協の支援・補助事業）は周知のように「子どもから高齢者まで」「初心者からトップアスリートまで」「障がいのある人も無い人も」「男女を問わず」地域の人々に年齢、興味関心、技術技能レベル等に応じた様々なスポーツ機会を提供する「多種目」、「多世代」、「多志向」のスポーツクラブです。したがってほとんどすべての総合型地域スポーツクラブには子どもを対象としたクラブ内のグループ・チームなどの存在が確認できますが、実際に子どもたちがどれくらい参加・組織されているか、その数は正確には把握することは難しいといえます。しかしすでに設立済みの全国1,256市町村、3,237クラブの総合型地域スポーツクラブでは、数多くの子どもを対象としたスポーツ活動や事業が実施されています。しかし、これらのスポーツクラブは必ずしもNPO法人格を持っているわけではなく、ほとんどのクラブは任意団体として地域で活動しています。健康・福祉・スポーツ系という大きなくくりの中ではNPO法人格をもった団体は全国で合わせて2,185団体（2007年、NPO法人クラブネッツ調）という数字がありますが、その多くは健康・福祉系であり、必ずしもスポーツ系を示すものではありません。

　総合型地域スポーツクラブは、日体協が組織した「総合型地域スポーツクラブ全国協議会（SC全国ネットワーク）」に加盟・登録されたスポーツクラブは全国2,896クラブ、その他「自主・自立・自由」の精神で運営し、「それぞれのクラブが主役となって光り輝くネットワーク」を目指している「クラブリンクJAPAN」（2003年から西日本を中心にスタートし、現在は全国的なネットワークづくりを進めている）には、83クラブが加盟しています。これに後でふれる認定NPO法人クラブネッツを加

えた3団体による全国スポーツクラブ会議というゆるやかなネットワーク組織があり、毎年地方持ち回りによる実行委員会方式で全国スポーツクラブ会議を開催しています（2014年は福島県南相馬市で第8回、2015年は5月に島根県出雲市で第9回全国スポーツクラブ会議が開催される）。

いずれにしても、これらの総合型地域スポーツクラブの多くは、子どもあるいは親子を対象とした活動を活発に展開しています。例えば群馬県高崎市の「NPO法人新町スポーツクラブ（http://shinmachi-sc.org/）」は、クラブ内に「新町SVCスポーツ少年団」があり、毎週日曜日に小学校体育館を利用してのドッジボールや走り方その他のスポーツ活動や野外でのスキー教室などを開催し、他にも沖縄その他の地域との国内交流、それに毎年のようにドイツとの国際交流活動を行っています。

また上記の総合型地域スポーツクラブの全国ネットと関係を持ちながら相対的に独立した組織である認定NPO法人クラブネッツは、1998年の創立以来、独自に総合型地域スポーツクラブの設立・支援を目的にして活動を展開しています。中でも2011年の東日本大震災・福島原発事故発生直後から精力的に「子ども支援プロジェクト」を立ち上げ、被災した岩手県、宮城県、福島県の子どもたちのスポーツ活動の再生を支援しています。その成果は2015年3月現在までに「全国の総合型クラブから集まった支援金は、7,173,721円。配布総額は4,180,000円。現在、子ども奨学金から総合型クラブの年会費を授与している子どもたちは6名」です。

3 子どものスポーツ権と人権の擁護・獲得

すでにふれたように、「子どもの権利条約」を持ち出すまでもなく子どもたちの「スポーツを楽しむ権利」は保障されなければならないし、大人たちはそのための条件づくりに取り組まなければなりません。しかし一方ではそれを疎外したり、あるいは子どもたちの基本的人権を侵す場合もあります。その場合にはそれを阻止し、子どもたちの「スポーツを楽しむ権利」「子どもの基本的人権」を擁護・獲得するための取り組みや運動も重要であるといえます。

近年、社会的問題になっているスポーツにおける「体罰」・暴力の問題など、必ずしも子どもの「人権」や「スポーツを楽しむ権利」が保障されているとはいえない状況がしばしば報道されていますが、その多くは学校における部活動で起きており、いわゆる地域スポーツ活動でも起こり得る課題です。また子どもの生命や健康を奪う「スポーツ事故」も発生しており、子どもたちのスポーツ環境、とりわけスポーツ施設・野外施設等々における「安全配慮義務」を徹底しつつ、スポーツ指導を改善しながら子どもたちが安心してスポーツを楽しむことができる環境づくりのために親・教師・指導者などの協力・協働も今後はいっそう重要になってきます。とりわけ学校の部活動や社会教育・生涯スポーツの領域でも「スポーツ事故」や「スポーツにおける『体罰』・暴力」の問題は今後よりいっそう監視の目を光らせ、その撲滅・抑制のための制度的整備・充実を求めていくことも大きな課題であるといえます。

4　子どものスポーツ活動に役立つ組織・ネットワーク、「白書」等の紹介

　これらの諸問題への対応、とくにスポーツにおける「体罰」・暴力、スポーツ事故等への法的支援・研究組織として昨年来、日本スポーツ法学会と学会員などの協力で一般社団法人日本スポーツ法支援・研究センター（http://jsl-src.org/）が設立され、スポーツ界における「駆け込み寺」的役割が期待されています。「アスリート、チーム、クラブ、運動部活動、各競技団体など日本のスポーツに関わる人々・団体に対して、スポーツ法に関する支援を行い、スポーツ法の諸問題、立法、政策に関する調査・研究」など、幅広い活動を目的にしていますが、スポーツ現場で生じた事故・問題等に対する「スポーツ相談」をはじめ「スポーツ事故予防」などについて相談窓口を設けています。

　またNGO「子どものからだと心・全国連絡会議」（http://kodomonokaradatokokoro.com/事務局・日本体育大学学校体育研究室）は毎年、「子どものからだと心・全国研究会議」を開催し、同じく毎年「子どものからだと心白書」を発行しています。そこでは子どもたちの健康・からだと心・遊び・運動・スポーツなどの貴重な調査資料・実践などが紹介されています。

　スポーツに関する唯一の民間シンクタンクをめざしている笹川スポーツ財団（http://www.ssf.or.jp/）では、すでに一部のデータを紹介しましたが、『子どものスポーツライフ・データ』および『青少年のスポーツライフ・データ』の発行・出版を通じて子ども・青少年スポーツ活動の実態に関する貴重な調査結果を公表しています。

　その他に国レベルでは内閣府が毎年出している『子ども・若者白書』および文部科学省の『文部科学白書』は内容的にも量的にもかなり少ないですが、国の政策関心に基づく子どもの健康・体力、および遊び・スポーツなどの資料・統計などが紹介されています。前者は子ども・若者育成支援推進法（平成21年法律71号）第6条の規定に基づき毎年国会に提出することとされている年次報告書（法定白書）であり、1956（昭和31）年から作成してきた『青少年白書』（非法定）を継承しています。後者は毎年、体育・スポーツに特化した章を設けており、子どもの健康・体力、遊び・スポーツなど、青少年・スポーツ局管轄の政策動向などを知る上では有効です。

　最後に、民間レベルでは日本子どもを守る会が1964年以来、毎年発行している『子ども白書』には、近年、とくに子どもの遊び・スポーツ、健康・体力などの現状と問題点が分析・紹介されており、過去に遡って系統的に分析していく上では重要な情報を提供しているので要注意でしょう。

統計・グラフ等ページ

図1　1週間の総合運動時間の分布と1週間の総合運動時間が60分未満の生徒の運動時間の内訳（中学校女子）

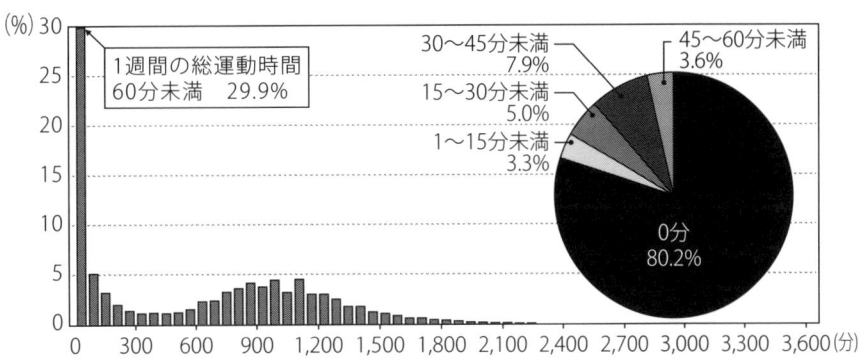

- 1週間の総運動時間　60分未満　29.9%
- 30～45分未満　7.9%
- 45～60分未満　3.6%
- 15～30分未満　5.0%
- 1～15分未満　3.3%
- 0分　80.2%

出典：文部科学省『平成25年度文部科学白書』2014年7月16日

図2　運動・スポーツ実施頻度群の年次推移（就学状況別）

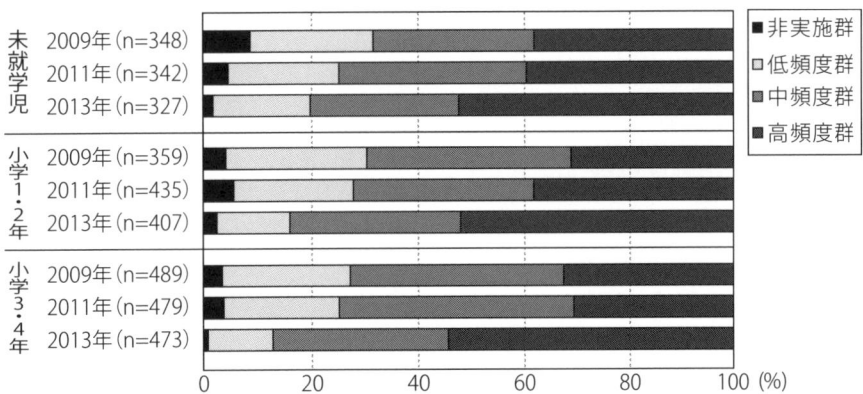

凡例：非実施群、低頻度群、中頻度群、高頻度群

未就学児
- 2009年（n=348）
- 2011年（n=342）
- 2013年（n=327）

小学1・2年
- 2009年（n=359）
- 2011年（n=435）
- 2013年（n=407）

小学3・4年
- 2009年（n=489）
- 2011年（n=479）
- 2013年（n=473）

※2009年、2011年の調査は最大3種目まで、2013年の調査は最大5種目までの回答を分析対象とした。
出典：笹川スポーツ財団『子どものスポーツライフ・データ2013年－4～9歳のスポーツライフに関する調査報告書－』2013年12月31日

表1　運動・スポーツ実施レベルの年次推移（学校期別）　(%)

2009年 学校期	0	1	2	3	4	2011年 学校期	0	1	2	3	4	2013年 学校期	0	1	2	3	4
小学校期 (n=410)	3.4	4.9	42.2	41.0	8.5	小学校期 (n=374)	3.5	4.3	36.6	49.5	6.1	小学校期 (n=390)	1.5	4.6	27.9	61.5	4.4
中学校期 (n=625)	9.1	4.8	16.2	25.1	44.8	中学校期 (n=593)	8.6	5.9	15.0	24.6	45.9	中学校期 (n=586)	7.8	5.8	16.7	26.5	43.2
高校期 (n=600)	21.5	9.8	16.3	17.2	35.2	高校期 (n=637)	21.7	10.8	19.2	12.9	35.5	高校期 (n=558)	17.6	11.6	15.2	19.9	35.7
大学期 (n=223)	22.4	14.8	35.9	16.1	10.8	大学期 (n=236)	20.3	25.0	34.7	11.0	8.9	大学期 (n=199)	27.1	22.1	31.7	13.1	6.0
勤労期 (n=90)	26.7	24.4	28.9	15.6	4.4	勤労期 (n=83)	30.1	41.0	14.5	9.6	4.8	勤労期 (n=87)	35.6	24.1	24.1	12.6	3.4

出典：笹川スポーツ財団『青少年のスポーツライフ・データ2013－10代のスポーツライフに関する調査報告書－』2013年12月31日

作成者　姥貝荘一

実践1 総合型地域スポーツクラブ
〜認定NPO法人クラブネッツの中間支援活動〜

水上 博司（日本大学）　黒須 充（順天堂大学）

認定NPO法人クラブネッツ
http://www.clubnetz.or.jp/

1　子どもの生活実態とスポーツ参加

1) 自由時間に子どもは何をしているのか?

　土曜日の午後、とある体育館に総勢50名の小学生が集まりました。校区内に居住する地域住民を対象にした総合型地域スポーツクラブ（以下、総合型クラブ）のダンス部門。この部門に集まった子どもたちが約50名です。この総合型クラブでは、体育館内の小さな一フロアの確保をきっかけに、ダンス部門を新たに開設。チラシを学校に配り、ホームページで呼びかけたところ、集まった小学生が約50人だったのです。

　この人数に驚いたのは総合型クラブのマネージャー。バレーボールやサッカーやバスケットボール、そして陸上競技といったいわばメジャーなスポーツ種目では、小学生の子どもたちを集めるのに四苦八苦しているのに、ダンス部門ではあっという間に体育館に入りきれないくらいの子どもが集まってくる、ということ。いったい子どもたちは土曜日の午後、何をして過ごしていたのか、と不思議に思ったといいます。

2) 子どもスポーツの二極化

　なぜダンス部門に入ったのか、子どもたちに聞いてみると、やりたいスポーツがなかったとか、サッカーやバスケの部門に入るタイミングを逃したので、今からは入りにくいとか、その他には、練習時間が長過ぎたり、練習場所が遠すぎたり、といったさまざまな理由で、学校外において運動・スポーツをする機会に恵まれていなかったといいます。そんな中、チラシで募集されていたダンス部門に、これなら今からでもできるかも、と入会を決めたのでした。

　これは、ある総合型クラブのほんの一コマにしか過ぎません。しかし、子どもの運動やスポーツ活動をめぐる現状を表している一コマであるともいえます。いわば、子どもスポーツの二極化。学校の授業では身体を動かす機会があっても、学校の外である地域でそういう場がある子どもと、そうでない子どもが二極化しているということです。しかも、スポーツができる子どもたちは、やり過ぎで身体に異変が出ていたり、過剰に勝負に拘ってしまうため、せっかくのスポーツの出会い期に、スポーツで楽しい想いをしないまま過ごすことにもなります。

3) 二極化の解消に向けて

　そんな子どもたちの学校外、つまり地域という生活圏で、二極化を解消する子どもの運動・スポーツ活動の受け皿には、どんなスポーツ組織の条件が必要なのでしょうか。総合型クラブは、子どもたちのスポーツ活動の地域での受け皿になる条件を整えて、子どもスポーツの二極化という社会問題を解決しようとする地域密着型のスポーツクラブ組織であるとも言えます。子どもの求めに応じて、さまざまなスポーツ種目活動ができるように、施設を確保、専門指導者を配置して活

動の成果を披露したり、ゲームチャレンジする機会をふんだんに盛り込みます。また他の種目や他の世代の子どもたちとも交流ができるようなクラブライフを創造します。総合型クラブは、そんなスポーツライフを目指して地域住民が自主的・自発的に設立・運営することに大きな意義があるといえます。とはいえ、これまでは少人数の単一種目型のチーム運営でよかった組織づくりが、総合型クラブでは大人数の会員制組織として種目や世代の複数部門を統括する組織づくりのノウハウが求められるようになりますから一筋縄ではいきません。

② 総合型クラブの設立とその発展

1) 部門統括的組織としての総合型クラブ

中学校区という居住エリアの地域住民をターゲットにして設立することが望ましいとされる総合型クラブ。学区という居住エリアの近さがあるとはいえ、総合型クラブは、複数の異なる活動形態でおこなわれる部門の集合体が組織の特徴です。しかも、多世代によって構成される会員制組織。要求もさまざまですし、部門別に目標もさまざまです。端的に言えば、複数の部門の要望を調整する部門統括的な組織づくりが必要となります。

しかしながら、1990年代半ば、総合型クラブを設立しようとする地域住民には、それだけのノウハウを獲得できる機会はなく、しかもクラブ間で情報交換する機会は、ほとんどありませんでした。相談窓口や研修セミナーなど皆無に等しい状況といってもいいでしょう。こういう状況を放置しておくと、総合型クラブの運営モデルは、型にはまった形式的なものになってしまいます。

2) クラブネッツの設立

こうした状況を打ち破るために、クラブネッツ(以下、本会)は、1998年5月、ニュースレターを編集発行する小さな団体として設立。総合型クラブの設立や運営を行政の職員に頼ることなく、地域住民によって自主的に設立し運営できるようさまざまな情報提供をしていきました。さらにニュースレターの発行と同時に、総合型クラブの関係者が集まれるような研修機会をつくること、また、互いの運営上の課題や悩みを共有して解決のノウハウを蓄積できることにも力をいれていきました。ミッションを全国に100クラブ。つまり総合型クラブを全国津々浦々に100つくろう、というメッセージを発信しながら中間支援活動を展開していきます。ちょうど1998年12月、特定非営利活動促進法(NPO法)の施行を受け、多くの仲間からの後押しもあって、翌年7月にはNPO法人格を取得します。

当時、本会の活動を全国に知ってもらうために威力を発揮したのがメーリングリストでした。法人化後、本会は設立期の主たる事業であったニュースレターの編集発行を休止。当時個人向けにもサービスがはじまり、手軽でコストのかからない双方向型コミュニケーションツールとして急拡大しつつあったメーリングリストをニュースレターの代替としていち早く導入します。総合型クラブ関係者のメーリングリストは、本会のものだけしかなかった当時、盛んに総合型クラブの情報が全国の仲間から投稿されるようになります。

3) 全国スポーツクラブ会議の発足へ

こうして学校教員、行政職員、協会や連盟スタッフ、少年団指導者、健康増進、レクエリエーション指導者など、これまであまり接点をもっていなかったスポーツ関係者が、総合型クラブの設立や運営のノウハウを獲得していくために、同じ志をもってネット上で意見やアイデアを出し合うような場が誕生していきます。

加えて、メーリングリストは人材発掘ツールとしても威力を発揮。双方向でやり取りされるメールを通して、本会が監修することに

165

II 領域別 4　子どもNPOとスポーツ

なった雑誌の連載執筆者を国内外から発掘していきました。その成果は『ジグソーパズルで考える総合型地域スポーツクラブ』（大修館書店：2002年）として出版しました。一方で本会主催のセミナーを東京や大阪などの中核都市部にて開催。とりわけ2004年から2006年には、朝日新聞社との共同事業として「スポーツライフシンポジウム」を連続開催します。その後2006年5月には、全国スポーツクラブ会議が、宿泊型研修会として初開催されました。全国の総合型クラブが一同に会して情報交換ができる機会が定着していきます。

③ 3.11 東日本大震災と総合型クラブ

1) 子どもスポーツ支援プロジェクトの創設

2011年3月11日。東日本大震災の発生から約2時間後。本会メーリングリストに「クラブのつながりを今こそ活かすとき」の件名で総合型クラブの結束を呼びかける1通のメールが配信されます。これをきっかけにボランティアや義援金、支援物資の申し出もネット上で盛んにやりとりされました。こうした声を本会が取りまとめるかたちで、6月1日「支えよう、育てよう、被災地のクラブファミリーを！～毎月10円の愛が被災地の子どもたちを育み、クラブを支えます」というキャッチコピーを掲げて「子どもスポーツ支援プロジェクト」を創設。全国の総合型クラブやスポーツ関係者に広く支援金を募る活動をはじめました。たった10円ですが、月々会員一人10円、100人規模のクラブが1000クラブ集まれば、あわせて1000万という支援金になります。無理なく永続的に支援をしてほしいという想いを月々10円という金額に込めて全国に呼びかけていきました。集まった支援金は、被災3県の総合型クラブから助成交付申請を受け付けて審査、上限15万円を基準額にして配布してきました。配布の仕方も、毎年被災地の総合型クラブの現状を情報分析し、常に被災地の子どもたちの変化とニーズに対応できるよう支援金活用のマッチングを考えてきました。現在では、「クラブネッツ子ども奨学生」7名に対して高校卒業年次までクラブ会費を支援する制度もスタートさせています。

2) 福島県飯舘村再会プロジェクト

本会の役員には大学の教員が3名。学生ボランティアを確保しやすい職場環境であることを最大限に活かすべく、被災地の子どもたちの直接支援活動も行っています。

2013年4月からは「いいたてスポーツ学生派遣事業」を実施。学生ボランティアを飯舘村の幼稚園や小学校へ派遣して、遊びやスポーツ、体育の授業のサポートを行っています。

福島県飯舘村。農村の原風景が残る素晴らしい山村は福島第一原子力発電所の事故で全村民が県内外で避難生活を送っています。3つあった小学校は川俣町に3校合同の仮設校舎に様変わりし、子どもたちは40分から60分のバスに揺られて通学をしています。放課後や日曜祝日に同じ学校の子どもたちと遊ぶことは一切なくなってしまいました。

本会では、子どもたちが放射線量を気にすることなく、思う存分に身体を動かして遊ぶ機会をつくるために、県内外でバラバラになって暮らす飯舘村の家族再会プロジェクト「いいたてっ子だよ！全員集合♪」を企画・開催しています。各種助成財団に応募しながら再会プロジェクトをこれまでに4回、実現させてきました。

3) クラブマネージャーコミュニティの誕生

2014年7月、文部科学省の調査報告では、全国の総合型クラブの総数は3,512。この他にも数多くの多種目多世代型のクラブ運営をしている地域密着型スポーツクラブがありますから、その数4,000は優に超えていると思われます。これだけのクラブ数になっても、

都道府県ごとにクラブアドバイザーが配置されて、総合型クラブ関係者向けの研修機会や情報提供は都道府県ごとにスムーズに行われるようになってきました。しかも、クラブアドバイザーから情報を受け取るだけではなく、お互いが行き来しやすい近距離で活動する総合型クラブ3～5クラブが集まって、定期的にホームアンドアウェー型の学習会を開くなど、地方各所でクラブマネージャーらのコミュニティが誕生しています。こうしたコミュニティが、独自に運営力アップを目指したセミナーを企画・開催することも珍しくありません。さらに見逃せないツールになっているのが、SNS（Social Networking Service）を活用した情報共有です。クラブマネージャーらの日常のちょっとしたコメントにもクラブ運営の工夫や配慮を垣間みることができるようになっています。

④ 総合型クラブの成果と展望

1）20歳（はたち）を迎えた総合型クラブ

さて、総合型クラブが施策としてはじまって20年（はたち）を迎えています。この20年の総合型クラブづくりの成果をどのように評価するのか、とりわけ子どもスポーツの二極化という社会問題の解消にどのように貢献してきたのか、しっかりとした指標にもとづいて評価をしていく必要があります。

しかし残念ながら、子どもスポーツの二極化の解消に迫る客観的データには乏しいのが現状です。総合型クラブの活動が地域において展開されることによって、実際に子どもの運動やスポーツの実施率がどのくらいアップしているのか。小学校の生徒数のうち何％が総合型クラブで活動できる機会を得たのか。実はこうしたデータによる評価が行われているケースは稀です。クラブマネージャーが現状を主観で評価して増加傾向が認められたという程度がやっとと言えるでしょう。

なぜこうしたデータによる指標評価ができないのか。その理由はいろいろと考えられますが、大きな理由には、小中学校の教職員と総合型クラブの関係性にあるでしょう。学校の教職員の中には、総合型クラブの運営に協力するとか、意思決定に参加する役員になるとか、どちらかといえば、そういう立場と関係性をもちたくない、という想いが伝わってきます。

こうした現状を解決しない限り、子どもたちのスポーツ実施率を確実に収集し、総合型クラブが運営の評価指標としていくことは困難です。学校という社会、教員という社会、その社会構造や意思決定の特徴など学校組織のいわば風土に対して、総合型クラブの組織が、どうような関係性を構築できるのかが問われなければなりません。

2）表面的・形式的な連携から脱却を

すでに、次に述べることは繰り返し言われていることかもしれませんが、改めて確認しておくために記しておきます。つまり、子どもをめぐる運動・スポーツ活動の課題の解決には、学校や総合型クラブ、青少年育成団体はもちろん、地域の社会問題の解決に取り組むNPOなど、さまざま関係団体が、総合型クラブの設立の段階からどのように関わって、子どもスポーツの二極化の解消のために、どのように貢献していくのか、を検討することです。ただし、検討が表面的・形式的なものでは無意味です。これからは各団体の連携や関係性の質が問われなければならないということです。子どもの運動・スポーツの実施率といった指標で評価することの意義やそれによって、各団体の活動は、どのように発展していくのか、これらの意義とその成果を互いがしっかりと共有するという関係性の構築と言えるでしょう。

II 領域別 4　子どもNPOとスポーツ

実践2

NPO法人エルム総合型地域スポーツクラブ
～子どもスポーツ教室発進～

NPO法人エルム総合型地域スポーツクラブ
理事長　原　正子
http://www.ermou-culture.com/

　幼児期から小学校低学年までの子どもにとって運動の大切さ、苦手意識を克服するために、保護者ができることは何なのでしょう。当団体の子どもスポーツ教室は、このような考えから発進しました。

① スポーツ教室の軌跡

　文部科学省が行っている「体力・運動能力調査」によると、子どもの体力・運動能力は、昭和60年ごろから現在まで低下傾向が続いているといわれております。

　現在の子どもの身体能力の低下は深刻で、将来は生活習慣病の増加やストレスに対する抵抗力の低下などを引き起こすことが懸念されます。昔と比べ、遊びの多様化、犯罪の増加、食事の欧米化など、子どもにとっては罪のない環境変化がそのようにさせているのかもしれません。

　このような社会環境の中、当団体が目指そうとしているのは、次の三つです。
・第一に、子どもたちが安全な場所で楽しく運動能力を伸ばせる教室を提供すること。
・第二に、子どもたちの身体能力を伸ばすだけでなく、未来に向かう子どもたちの潜在能力を開花させること。
・第三に、子どもたちが夢や希望を持ちつづけられる強い精神力を作り上げること。

　当団体が法人として発足に至ったのは、任意団体として実践してきた活動や事業をさらに地域に密着させ、継続的に推進していくことと、地域全体へ活動を広げていくために他地域の行政や関連団体との連携を深めていく必要があることなどの観点から、社会的にも認められた公的な組織にしていくことが最良の策であると考えたからです。

　また、当団体の活動が営利目的ではなく、多くの市民の方々に参加していただくことが不可欠であるという点から、特定非営利活動法人格を取得するのが最適であると考えました。法人化することによって、組織を発展、確立することができ、将来的に青少年の健全育成に関わるさまざまな事業を流域全体にわたって展開することができるようになり、地域社会に広く貢献できると考えました。なお、発足に至るまでの経過は次の通りです。

22年10月　任意団体エルム文化教室設立
23年 2月　カルチャー教室各種開講
24年 8月　特定非営利活動法人勉強会開催
24年10月　発起人会開催
25年 2月　設立総会開催
26年 4月　NPO法人として活動を開始

② 運動が果たす役割

1）肥満対策

　昨今、家の中でゲームやお菓子を与えられ、いい子にしている子どもたちが多くなっています。人間の脂肪細胞の数は幼児期までに決まってしまうと言われています。家の中

にいて活動代謝が少なく、糖質や脂質の摂取により脂肪細胞が増えてしまい、その子どもは大人になっても太りやすい体質を背負って生きていかなければならなくなります。親はラクをせず、たいへんですが我が子に肥満防止と体力アップのために、運動のできる環境を作ってほしいものです。

2）運動能力の向上

筋力や心肺持久力・筋持久力・瞬発力・柔軟性はもちろん向上させることは大切なことですが、鍛え方によっては大きくなっても間に合います。しかしバランス感覚や敏捷感覚はカラダができる前に幼児期に鍛えておかないと他の子に差をつけられてしまいます。筋肉やパワーがつく前に研ぎ澄ませておくべきで、それは将来何をやるにしても必ず役に立ちます。

3）精神的な抵抗力

みんなで一緒にスポーツすることで、自分の思うようにいかない気持ちやライバルに負けた悔しさを感じ、団体の中での団結力や競争心が生まれ、遊びの中で成功した時の嬉しさや楽しさからやる気の向上や気持ちの切りかえ方を覚えることになります。やる気や興味がなく、そこから工夫をしなければ、何をやるにしても上達しません。

③ 実践クラスの現状・目的・参加者の声

1）子ども体育教室（4クラス）

①園児年中対象（45分）受講者5名
②園児年長対象（50分）受講者15名
③小学低学年対象（60分）受講者15名
④小学高学年対象（60分）受講者9名

とび箱・鉄棒・なわとび・ボールなど、体育の苦手を無くし、より向上させさせることができます。遊びの中で技術の向上とともに、協調性や思いやりなど人とのつながりも学び、個々のやる気を重視し、一生懸命な心を育てます。

小学1年生男子のお母さまからの声

「鉄棒での逆上りがなかなか出来なくて、この教室に入りました。先生にアドバイスしてもらい、コツなどのやり方の指導を受けたら、すぐに出来るようになりました。本人も自信がつき、鉄棒以外にも意欲的になり、毎週楽しみに教室に通っています。先生のやり方の説明やルールの説明をまずしっかり最後まで聞いて、理解しながら取り組んでいる姿を見ると、成長もしているなと嬉しくなりました。」

2）HIPHOPキッズ（2クラス）

①小学低学年対象（45分）受講者13名
②小学高学年対象（45分）受講者6名

お子様の表現力や運動力を引き出させます。身体の柔軟性、体力を高める基礎運動から始まり、ダンスの基礎を丁寧に教えます。

小学4年・1年兄妹のお母さまからの声

「兄妹で受講させていただいております。妹は体を動かすのが大好きなのですが、兄の方は運動があまり得意ではなく、自分から積極的に体を動かすことがなかなかないのですが、HIPHOPダンスはとても合っているようで、毎週レッスンに通うのを楽しみにして

II 領域別4　子どもNPOとスポーツ

いるようです。親も驚いています。発表の場があるのも良いと思います。うまく踊れるようになったところを見てもらいたいという気持ちが、子どもたちのやる気にもつながると思うし、励みにもなると思います。受講料がお安いので2人とも安心して通わせることができます。これからも楽しみながら、長く続けて欲しいと思っています。」

3）クラシックバレエ（3クラス）

①園児対象（40分）受講者11名
②小学低学年対象（50分）受講者10名
③小学高学年〜中学生（60分）受講者5名

　クラシックバレエを興味があってまず始めたい方、本格的にやりたい方、お子様の年齢や目的やレベルに応じて丁寧に指導いたします。まったくバレエが初めてというお子様でも実力のあるベテラン講師が楽しくわかりやすく指導致します。華麗な身のこなしは一生の宝物です。大切に小さなバレリーナを育てます。

園児年長女子のお母さんからの声

「年少から習い始めて、未だスキップもできなかったのが、すぐに出来るようになりました。発表会にも出させていただいて、とても良い経験になりました。家でも振付を必死で練習していたり、お風呂上がりにストレッチをし努力しています。だんだん身体が柔らかくなり、今では足が開くようになりました。」

4）ジュニアスカッシュ（6クラス）

①小学低学年対象（60分）受講者6名×4
②小学高学年対象（60分）受講者6名×2

　スカッシュはイギリス生まれのスタイリッシュスポーツ。楽しみながら運動能力を伸ばせ、大会出場なども目指せます。柔軟な伸び盛りの時期なら、高度な技術もどんどん習得し、全日本レベルも夢ではないスポーツです。オリンピック種目を目指しています。

小学4年生男子のお母さんからの声

「スカッシュは親子とも初体験でしたが、コーチの丁寧で面白いレッスンのおかげで毎週楽しく受講しているようです。決して運動神経が良いとは言えない息子ですが、基礎からじっくり教えていただけるので、とてもありがたいです。小人数なので一人ひとりにきめ細かく指導していただけることができるのも魅力の一つです。」

5）Sprint走り方教室

①小学生対象（60分）受講者14名

　速く走るための技術を身につけ走り方に生かします。また、様々な動きや遊びを取り入れ、身体全体の基礎的運動能力の向上を陸上のプロ講師が行ないます。運動を通して、協

調性や思いやりなども身につけます。

> **小学2年生女子のお母さんからの声**
>
> 「いつも走るのが最後でしたが、体育の時に男の子2人と走って、初めて一番になったと喜んでいました。結果、諦めずに頑張って毎日練習するようになりました。運動神経はあまり良い方ではありませんが、本人は身体を動かすことが好きになり苦手意識がなくなりました。何でも挑戦するようになりました。」

6）パワフルキッズ

①園児対象（60分）受講者5名

日本コアコンディショニング協会公認の「コアキッズ体操」を遊びや運動の中に取り入れます。全てのスポーツに必要な運動の基礎力を高め、運動能力をぐんぐん伸ばします。子どもの発育・発達の著しいこの時期しかチャンスはありません。

> **3才女児のお母さんからの声**
>
> 「受講する前は運動するのが決して好きな子ではなかったのですが、受講してからは体を動かすことを嫌がらなくなり、本人なりに精一杯やっていると思います。そして何より、とても楽しそう♡運動する楽しさを覚えてくれて良かったと思っています。」

7）幼児新体操教室

①園児年中・年長（50分）受講者11名

新体操の手具、ボール・フープ・リボン・ロープ・クラブの操作などを学んでいきます。柔軟性を高め、基本の動作やバレエ要素を取り入れ、正しく美しい姿勢を身につけます。希望者には、小学校に入学してからの新体操教室も紹介しています。

8）幼児サッカー教室

①園児（60分）受講者14名

室内で行ない、使用するボールもソフトサッカーボールなので小さなお子様がサッカーを始めるのに最適です。サッカーの中で様々な動作を取り入れながら心肺機能、遅筋、速筋を刺激します。個々のやる気を重視し、一生懸命な心を育てます。希望者には、小学校に入学してからの屋外サッカー教室を紹介しています。

以上、多方面に渡り、安全で教室内容に適した場所・環境で実践しております。講師は資格・経歴を有したプロ講師で開催しています。受講期間は、全10回コースで、3ヶ月ごとの更新です。受講料も長期間習得して能力を伸ばして欲しいところから、どこよりも低価格で受講できるように設定しております。

④ 実践して感じたこと

今まで実践してきて思うことは、各教室のクラス分けと開催日の決定が難しいということです。子どもの年齢差・体力差・スキルの差・意識の温度差など、同じクラスにしたことによっては、双方にマイナスとなってしまうケースがあり、上手にクラス分けが出来たとしても、今度は他の習い事の日と重なったり、親の送迎が不可能な日であったり、結局のところ完璧な日程作りは出来ず、妥協しなければならないということです。もっと上手にスケジューリングできれば、もっと未来に向かう子どもたちの役に立てると思います。しかし、それにしても、子どもに習い事をさせたい親は多く、いろいろな可能性を考え、沢山のレールを敷いてあげたいと思う気持ちを持っている素敵な親が大勢いるということです。それは子どもの将来に生きることであり、その成長は親にとっての生きる楽しみになっているのです。その点から見ても、特に子どもスポーツの分野は、これからも伸び続けていくでしょう。

概説 冒険遊び場が社会に問うこと
〜その始まりから未来に向けて〜

NPO法人日本冒険遊び場づくり協会／大正大学
天野 秀昭

1 冒険遊び場ことはじめ

　2015年4月現在、全国ではおよそ400団体程度の実践がある冒険遊び場ですが、その歴史は、一組のご夫妻の、わが子の遊ぶ様子に対する疑問から始まっています。

　東北で幼少期を過ごした大村夫妻は、東京世田谷での子育てに大きな違和感を抱いていました。そんな折、都市計画家である父虔一は一冊の本と出合います。それは、英国の教育者であり造園家でもあったアレン卿夫人が著した『都市の遊び場』という本でした。そこには、冒険遊び場のエネルギーがあふれていました。

　1943年代にデンマークで始まった冒険遊び場は、その意義を高く評価したアレン卿婦人によって英国に紹介され、大きく発展を遂げました。そのことを描いたのが、この本でした。本は、英語の教師だった母璋子を中心に翻訳され鹿島出版社から出版されましたが、夫妻はこれだけではなく、実際にヨーロッパに赴き、現地の写真をたくさん収めて帰国します。そして、わが子が通う幼稚園の保護者や近くの人などにそれを紹介する活動を始めました。

　一方、同じ時期に夫妻が住む隣の小学校区のPTA役員たちが、子どもの遊びの実態調査を行いました。その結果を見て、親たちは愕然とします。場所も時間も屋外よりも屋内で遊ぶことが多く、その相手は同年齢がほとんど。しかも人数は4人程度。「こんな状態で子どもの社会性が育つわけがない」。役員たちは大村夫妻の活動を耳にし、勉強会を開きました。その親たちが協力して生まれたのが、世田谷区経堂の『こども天国』でした。1975年7月、日本で最初の冒険遊び場の実践でした。

2 冒険遊び場のモットーと協会の設立

1) 冒険遊び場と「自分の責任で自由に遊ぶ」のモットーの誕生

　市民だけの手で運営され4年を経た1979年、国際児童年のこの年、冒険遊び場の活動が評価され、記念事業として世田谷区が採択するに至りました。事業として行政が運営費と場所を確保し、日々の運営は住民が責任を持って担う。官と民の協働運営方式です。『羽根木プレーパーク』の誕生です。

羽根木プレーパークは、次の3点において、日本では前代未聞の取り組みでした。ひとつは、前述のように住民と行政の協働事業として運営されたこと。ひとつは、都市公園の使い方の概念を変えたこと。ひとつは遊び場に大人＝プレーリーダー（プレーワーカー）が常駐したことです。

今でこそ「協働」とか「コラボレーション」という言葉は普通に使われますが、当時は全く前例のないことでした。本当にうまくいくのか、住民も行政も手探りです。何か課題、問題が生じた時には、関係者全員が集まりそれぞれの立場から意見を言い合いました。これを丁寧に行ったことで、信頼関係を築いていきました。以来、この方法がモデルとなり、今でも大半の遊び場が住民運営の形を取っています。

羽根木プレーパークの開設から2年目、初めての骨折事故が起きました。それをきっかけに、冒険遊び場におけるけがに対する考え方等、プレーパークの考え方とその運営について広く知ってもらう必要性を痛感しました。そして、3ヶ月に及ぶ住民たちの激論の末に生まれたのが、今では全国の冒険遊び場の取り組みに使われ掲げられているモットー、「自分の責任で自由に遊ぶ」でした。

住民自治、行政との協働、プレーリーダーの配置、モットーの看板。これらはすべて、穴掘り、基地作り、焚き火、工作、木登りなど、子どもがやってみたいと思うことが自由にできる場とするために大人たちが智恵を絞った工夫でした。

火おこしをする子ども

2）中間支援のための組織『NPO法人日本冒険遊び場づくり協会』設立

羽根木プレーパークの開設から20周年に当たる1998年。この当時、羽根木のような遊び場を作りたいという希望を持つ人、団体は、把握していただけでも56団体を数えていました。その活動団体に声をかけ、初めての『冒険遊び場全国研究集会』を開催しました。参加者は予想をはるかに超え、その中から「冒険遊び場づくりを日常的に支えてくれる中間支援機関がほしい」という声が高まりました。そうした声を背景に、『冒険遊び場情報室』（1999年）をＩＰＡ（子どもの遊ぶ権利のための国際協会）ジャパン内に開設し、その後ＮＰＯ法人を取得し独立。『日本冒険遊び場づくり協会』（2003年）としてスタートを切りました。

以来、全国集会は3年に一度行われてきましたが、そのつど活動団体数は増えていきました。2001年約110団体。2004年約180団体。2007年約220団体。2010年約270団体。2013年約340団体。そして2015年4月現在、400団体以上が冒険遊び場づくりに取り組んでいます。

この間、東日本大震災の時に、全国の遊び場づくりの団体の支援を受けて気仙沼市に常設の遊び場を開設するなど、その力を集めて活動を繰り広げています。

Ⅱ 領域別 5　子どもNPOとプレーパーク

3 冒険遊び場の実際

1）さまざまな形

　冒険遊び場は、実にさまざまに繰り広げられています。

　活動の利用場所で最も多いのは都市公園ですが、私有地を借りて、神社の境内で、自分の畑で、国有林の中で、企業の所有地を借りてなど、その地域の実情に応じて実に多岐に渡る場所が利用されています。面白いところでは、大学が自校のキャンパスの一部を地域に解放して行っているケースもあります。

　活動場所だけではありません。開園頻度についても、全く個別です。週に5日以上開園する「常設タイプ」から、年に1〜数回開く「イベントタイプ」まで、そこを運営する人たちの考えや力量、行政との協働の仕組みなど、いろいろなことが要素となってその遊び場の開催頻度が決められています。

　運営の形も同様です。これも最も多いのが住民による自主組織がそれに当たっていることですが、住民たちによる任意団体が単体で動いているところもあれば、社会福祉協議会やボランティアセンターなどの中間支援機関と協働しているところ、最近では行政が音頭を取って始めるところも目立ち始めています。ただ、常設しているところに限ってみれば、プレーワーカー（プレーリーダー）の配置を行う上での財源確保の問題から、NPO法人が委託先や指定管理者となって行政との協働で動いているところが基本的には多く見られます。また、先の大学などの場合は、教員が軸となって地域と連携し、学生が運営に当たるケースなども見られます。

　行政の窓口も一様ではありません。児童課・子育て支援課などの厚生労働省管轄のところ、公園課などの国土交通省管轄のところ、生涯教育課などの文部科学省管轄のところなど、これもその自治体の考えや組織構造で決まっているようです。

　これだけ多様なのは、冒険遊び場が、社会の中に「システム」として定着していないことが挙げられます。システム（制度）化されれば所管ははっきりしてくると思われますが、現状は、例えば動き出した住民が子育て世代の人だと子育て支援課に相談に行きそこから始まったり、PTA活動の中から始まった場合はその学校の校長が相談相手で教育委員会とつながったり、そうしたかなり有機的なつながりから動き出している場合が多いのです。それは、その分その地域、自治体のやりやすい取り組み方で始めることが可能だともいえ、遊び場の多様性にはその方が合っているともいえるのではないかとも考えられます。

2）常設の壁

　他方、システム化されていないことでの障壁も多くあります。

　冒険遊び場の取り組み数は増えていますが、週5日以上開園している常設の遊び場は全国でも20箇所に満たず、まだ決して多いとは言いがたいのが現状です。その最大の理由は、プレーワーカー（プレーリーダー）の配置が大きなハードルとなっているためです。

プレーワーカー（プレーリーダー）配置にかかる問題とは、次の2点に集約できます。ひとつは、雇用にかかる人件費の確保、ひとつは、人材の確保です。

　人の配置には、人件費がかかります。運営にかかるさまざまなものは、運営に当たる人たちの智恵や工夫、あるいは人脈などでかなりのものをまかなうことができます。しかし、人件費だけはそうはいきません。これが住民単体の団体による運営では担保できないのです。なので、常設している遊び場の多くが、行政との協働事業として位置づき、行政がそれを担保しているケースがほとんどなのです。住民だけの手で人件費を確保し常設しているのは、名古屋と岡山、この2箇所のみとなっています。なので運営は困難を極めています。行政ができることを、早急に検討することが求められています。

　しかし、人件費がついたからと言って、問題はすぐには解決しません。今はプレーワーカー（プレーリーダー）は、その地域の住民が依頼をし雇用関係を持っているところがほとんどです。また、年に数回〜月に数回程度の開園の場合は、特にプレーワーカー（プレーリーダー）を置かないことも珍しくありません。そうした状況が多くある中では、プレーワーカーという専門技能を持った人材がなかなか育ちません。常設に向けたそうした力量を持った人材が、なかなかいないのです。そのため、プレーワーカー（プレーリーダー）を派遣してほしいという要請も強くあります。遊び場を常設したいのだがプレーワーカー（プレーリーダー）の手配ができないので困っている、という声は、結構強いのです。

樹上で遊ぶ子どもたち

3）ヨーロッパのプレーワーカー

　遊ぶことの重要性を社会で認めているヨーロッパでは、そこに就く大人へのトレーニングが「プレーワーク」として蓄積されています。制度的にも、国によってはソーシャルワーカーやコミュニティワーカー、警察等との連携がシステム化され、少年非行や虐待の防止にも一役買っています。遊び場では問題が発現しやすいため、プレーワーカー（プレーリーダー）がそれを発見することが多いのです。もちろん、その専門職を育成するための大学や専門学校もあり、国によっては幼稚園教諭なども同じコースで学びます。そして途中から、遊び場のプレーワーカー、幼稚園や保育園の職員、というように分かれていきます。子どもに関わる人は、基本的にプレーワークを

身に付ける、そういう考えなのです。そしてそれは教師同様、資格として与えられています。

4 プレーパークの課題と展望

1）日本における人材育成

　プレーワーカー（プレーリーダー）の人材養成のためのプログラムを「遊育（ゆういく）プログラム」と名付け、日本冒険遊び場づくり協会では2000年頃からその模索を始めています。過去には宿泊型や、週末を利用してなどでこのプログラムを何度となく試行開催してきました。プログラム自体は充実した内容ができてはきているのですが、ボランタリーな参加で成り立っているこの協会ではプログラムの推進に専属で当たれる人が確保できず、事務的な進行管理が安定的にできないことから定期的に行うことができていないのが実情です。

　また、人材育成とは別の課題も見えてきました。それは「資格」の問題です。

　欧州ではプレーワーカー（プレーリーダー）には資格があると先述しましたが、日本でもこれが大きな課題として急浮上しています。その理由はふたつあります。ひとつは、常設の遊び場に勤めるプレーワーカー（プレーリーダー）の賃金があまりに低いこと。ひとつは、行政主導の遊び場ができ始めていることです。

　常設の遊び場は、そのほとんどが行政が人件費を確保しています。しかしそれはアルバイトなみで、とてもプレーワーカー（プレーリーダー）という専門職として生涯を積み上げていける額ではありません。それを底上げするには、専門職としての「資格」があることが求められています。また、行政主導の遊び場にも、やはり資格がある者の配置を行いたい、という希望があるのです。

　これらの環境の変化から、2014年には協会主催で『プレイワーカー資格化検討委員会』を設置し、全国から10名を委員として委嘱し検討しました。しかし、ひとつひとつの遊び場の状況の違いが大きすぎ、資格化に関する考えや態度もさまざまでした。そういうこともあり、すぐにこれを実行に移せる環境が整ったというわけにはいきませんでした。

　プレーワーカー（プレーリーダー）の社会的な職業化は、大きな課題だといえます。教育には価値があると社会が認めているから教師が職業として成り立っていると考えれば、子どもにとって遊びが本来何より重要だと社会が認識すれば、プレーワーカー（プレーリーダー）も職業化されてきます。子どもが遊ぶという行為には、教育とはまったく別の、それも子どもの心と命を育てるという意味では教育以上の価値があります。その認識を、定着させなくてはいけないと考えています。

2）教育から遊育へ

　現代の子どもは、有史始まって以来の未曾有の時代を生きています。それは、都市化と少子化です。都市化には消費生活化などさまざまな特徴がありますが、システム

化、管理化という側面もあります。子どもの保護、という視点から大人のシステムの中に入れ込み、これを管理する構造が進んでいます。そこに少子化です。少子化は大人にとっても問題かもしれませんが、子どもにとっては更に由々しき問題をはらんでいます。それは、大人が多すぎる、つまり「多大化」という現象です。そして、たくさんいる大人がこぞって子どもを管理するということになったら、もう子どもは大人の手から逃れることができません。

　子どもに限らず、人は「自分の世界」を構築することを通じて「自分の命＝生きている」という実感を持つことができます。人に支配され、言いなりのままではそうした実感を育むことはできません。では、どうやって人はそれを育むのか。そこで、ずっと提唱し続けてきたのが「遊育」という考え方です。「遊育」、それは自分の世界を築く力です。遊ぶことを通じて、人は自分の世界と心を育ててきました。しかし、それが今危機なのです。

　昔の子どもは、大人の目をかすめて遊び、そこで遊育をしていました。時には大人が知ったら目くじらを立てそうなことも含め、その経験全てが子どもの生きる力を育んだのです。大人になって思い出すことができる子ども時代の風景は、おそらくほとんどがこの遊育していた時の場面だと思います。そのくらい、遊育は人生の礎となっているのです。

　「教育」という字を開くと、教える育てる、です。大人の意思が主体の言葉です。教育は、それをする人が価値を認めたもの以外教えません。それ以外のものは無視をするか禁じさえもします。一方の「遊育」は、遊ぶ育つ。本人にとって価値があるからするものです。もし教育する人が、遊育の価値を知らなかったとするとどうなるでしょう。都市化と多大化の中、遊育は息の根を止められてしまいます。それは、子どもから生きる力、自分が生きているのだという、命の実感を奪うことにつながります。

　冒険遊び場は、大人が意図してつくったという点において、教育施設だといえます。ただ、大人の価値観を教えるための施設ではありません。本人が生きていくうえで欠かせない力を、本人自身が育む「遊育を保障する」ための施設です。

　都市化と多大化というかつてない時代を迎えた今、大人社会は、こうした子どもの根源的な環境の変化を知らなくてはなりません。大人が主役の教育から子ども本人が主役の遊育へ。今こそが、その大きな転機なのだといえます。

実践 1 子どもも大人も地域の中で育つ！
～遊びの力がもたらすもの～

NPO法人プレーパークせたがや／羽根木プレーパーク
プレーワーカー 吉田 貴文
http://www.playpark.jp/info_pp/hanegi.html

1 羽根木プレーパークの活動内容

1）大人の世界にいる子どもたち

とても忙しい子どもたちがいる。「今日も習い事。週6。」「やっと休みだ。」子どもたちが、大人の世界ばりに生きています。

また、「友達と遊べない。」「あいつは、金曜休み。俺は、水曜。他の奴は、月曜。」と、日程が合わない。これも、大人ではあることだが、仲間と時間が合わない。「俺習い事あるから先帰る。」と集団で遊んでいても、最後には1人になっている状況もある。時間が合わないと、仲間と遊びを通しての感情の共有もできない。また、最近は、子どもたち同士のケンカやぶつかり合いが減ってきているように感じ、色々な事が考えられるが、自分たちのやりたいことが、とぎれとぎれになり、感情が出るまでに至っていない事も原因の1つだ。ただ、ケンカではなく、人を誹謗中傷するような、攻撃的な姿が多く見られ、忙しいことでの余裕のなさ・人との関係作りが、深くまでやれてこなかったことも原因ではないかと思う。そして、「ダメって言われたから遊べない。」「大人なのになんで遊んでいるの？」など、先回りして遊べない子もいる。心のすき間が、大人によって埋められている子たちもいるのです。

時間・仲間・すき間のなさが、子どもたちの主体的な「遊び」が奪われているように感じている。日常の中でも、プレーワーカーが子どもの主体を奪わないように、「遊び」を仕掛けている。また、遊具や素材を用意するなど、「やってみたい」と思えるような場のデザインをしているが、日常だけではなく、イベントでも「遊ぶ」キッカケ作りをしている。「時間・空間・仲間・すき間」のなさを考え、子どもたちが「遊び」に没頭できる機会作りの一つが「子ども商店街」です。

2）～「子ども商店街」の取り組み～
　子どもの格闘と親の葛藤

「子ども商店街」は毎年行っています。

対象は小学1年生から高校3年相当の年齢まで。

そして、ルールは4つです。

1. 3週間の準備期間の中で（敷地も3週間確保している）、木材・板材を使い、大人の手を借りずに自分たちだけで店がまえを作る。
2. 商品も手作り。（食品・ゲーム・技など）
3. 儲けの1割をプレーパークに入れる（集まった1割で、みんなで何に使うかを決める）
4. 1つの商品は200円（本物のお金を使う）まで。

この他、子どもの自由な発想が出せるよう、毎年テーマをつけています。

例えば、昨年度は「これってアリ？」。抽象的で子どももわかりづらいが、子どもたちなりに考えてテーマの要素を1つでも入れてお店を開く。子どもたちの発想を生むこともあるが、何より子どもたち同士考える機会を作り、また子どもとワーカーがやりとりでき

ることを目的にしています。

　昨年度は57店舗総勢約180人の子どもたちが集まった。子どもたちの自由な発想が面白い。水あめ屋では、お店の人と水あめを練る競争をして、いち早く白くなったら勝ち（白くなる基準があいまい）。絵本の読み聞かせ屋、店の中にすべり台を作る、日陰屋、病院、などなど、なにが商品かも一見わからない店もあります。

　子どもたちが、3週間自分の土地を与えられ、どういう店にするかを考える。初参加の子どもたちは、柱を立てることもままならない。悪戦苦闘をしながら、壊れては作るの繰り返し。仲間とも普段より都合を合わせ、一緒に作っている。自分の店という主体になることで、仲間とのぶつかり合いもある。また、出来ない時に、どうするかも考える。あきらめる・挑戦し続ける・他の子に聞く・女子力を使い、男の子にやってもらうなど。一人一人が葛藤しながら動いている姿が見られ、期間中子どもたちは格闘しています。

　子どもだけではなく、保護者も葛藤しています。保護者説明会を事前に行い、商店街の主旨や大事にしていることなどを話す。大人が、「遊び」に手を出す・口出しすることが、子どもの主体を奪ってしまうこと、成功という結果だけを見るのではなく過程が大事かを、保護者と共に話し合う。子ども商店街をキッカケにして、「遊び」・「子どもの主体」・「大人」・「地域」ということを、大人たちが考えていくような場にしています。

　「子ども商店街の話しだけではないですね。自分の日常を振り返りました。」と保護者の声が聞けたこともあった。子どもも、「子ども商店街」がキッカケであるが、大人たちもイベントを通し考えるキッカケになれたらいいと思い行っている。

　しかし、親はつい…。とわかっていながら口を出してしまう。どうしたら、つい…。を親同士フォローしていくかを大事にして、プレーパーク側と保護者側で終わるのではなく、親と親をつなげていく。何に迷うのかを、ワーカーだけではく、世間話的に話しをすることで、子どもの事を考えていくコミュニティが出来ていく。お客様にしないことを意識することで、親たちと共にこのイベントを作っていけたらいいと思い、またイベントによってコミュニティが生まれ、それが広まり地域になっていけたらいいと思っています。

　子どもたちは本番、店がうまくいった・いかなかった関係なく、生き生きしながら、商売を楽しんでいる。結果ではなく、その準備期間に、自分が主体となって考え行動したかが大事で、「うまくいっていない」ということを大人目線で評価してしまうと、子どもが次に向かない。うまくいく・うまくいかなかったかは、行動していた子どもたちが自分で判断している。大人の評価では表せない。

　子どもたちは、「昨年は、柱がぐらぐらだから、今年はちゃんと埋める」「屋根ができなかったから、今年は2階建だ」など、昨年のくやしい思いが今年に出ていく。これは、他から言われたものではなく、自ら出てきている言葉。1年間、忘れずにそして、次の年にまた挑戦するって自分が主体となって遊んでいたからだとわかります。

　遊びに没頭する・仲間とできるような期間や場が確保されている・普段来たくても来られないが、イベントだから親を説得しやすい、普段は仲間を誘い辛いが、イベントだから誘いやすいという、機会を作っています。

子ども商店街のとある店舗

Ⅱ 領域別5　子どもNPOとプレーパーク

3)「羽音ロック」―自分で居場所を作る

　プレーパークには、乳幼児・小学生だけでなく中高生・若者も来ている。中高生たちの「やってみたい」も応援したい。1人の音楽をやっている高校生の声から始まったイベントがある。「表現する場がない。あったとしても金がかかる」という声から、羽根木音楽祭（羽音ロック）が作られた。1つ1つみんなで作る、手作りのイベント。プレーパーク側が率先して行うイベントではない為、「やってみたい」という声が上がらないと開催しない。行わない年もあるが、2006年度からいままで、5回行っている。企画を行う中高生は、毎年違っていて、ゼロからのスタート。

　何でやりたいのか。どのように行いたいか。まずそこからスタートする為、企画者で内容が変わってくる。しかし、みんなで作ることを大事にすることは、変わりません。

　どう出演を決めるか。中高生たちを集める為には？など、企画側は話し合う。出演をどう決めていくかがいつも迷うのだが、最終的に選ぶのは、同年代の中高生がたくさん来てほしい。そして、小学生や若者、乳幼児の親たちも参加してほしい。と中高生が選んでいる。なので、年齢に関係のない、イベントになる。そこから、数回の実行委員会が行われ、出演側は、自分もイベントを作る側となることを前提に、参加します。

　大切にしていることは「みんなとつくる」。しかし、みんなで作ることは、時間がかかる。たくさんの意見が出る為、みんなが納得いく形はどこなのかを探っていかなくてはならない。感情がぶつかるときもある。また、資金がない為、どう捻出するかは、いつだってネックになっていく。企画側は初めてなので、戸惑ったり、不安だったりして進行もおぼつかないが、みんなも作る側という意識が会を重ねるたびに強くなっていき、徐々にまとまっていく。主体がそれぞれに出始め、自分の問題として考えていく。問題にぶつかったときがチャンスで、自然に仲間を増やす動きになっていき、その問題を解決できるように進んでいく。大人が先回りしなくても、子どもたちはたくさんの視点を持っていることに気付かせられる。

　ステージ作り・場つくり・装飾と、中高生が大人を動かしている姿もあり、年齢も関係なくなっていく。

　本番は、それぞれ楽しそうで、その楽しいが、見ている人も巻き込んでいっている。

　学校では主体にならない中高生たちが、ここでは主体になる。それは、やらされているのではなく、「やってみたい」から始まる「遊び」だから。過程は辛いこともある。でも、つらいのは自分だけでなく、周りも一緒。共有しながら、お互いを尊重しながら、自分のペースでやってるから、主体になるのではないか。

　普段、自信がなかった若者が「自分の人生を変えたい。同世代はちゃんと考えを持っている、自分にも」といって、企画に挑戦しました。これを言っている時点で、その子の中で、変わっているのだが、終わったときの言葉が「人生変わったかわからないが、楽しかった。自信はついたかな」で、それを言っている姿が、今までの姿とは違う。自信がついたからか、自分の言葉で相手にちゃんと伝え始めている。たかが準備期間3か月のイベント。だけど、企画を経験した中高生・若者の中には、何かしら自分をつかんでいっている。「やってみたい」からの主体的な動き・時間が、本当に重要かが見えてくるのです。

4) 自然なつながりがもたらすもの

　プレーパークはつなぎの役割はあるが、1つの物にみんなが向かっていると、自然に人同士がつながりを見せていく。そのつながりがもたらすものが、その後も何かしらの形・姿で現れています。

つながりがもたらすもの

- 中高生、若者が乳幼児の親とつながり幼児と遊ぶ。
- 中高生、若者と大人が相互で頼っている。
- 学校が違う者同士つながる。
- 色々な年代、表現方法がある為、「あれでいいんだ」と自信がない若者にとってハードルが低くなり、その後の挑戦につながる。
- 外部からの手伝い（社会とつながる）
- 応援してくれる地域の人がいて、自分たちのことを認めてくれる人の存在が安心感につながる。

1つのイベントで、自然と多くのつながりが見られ、それがその後の関係でも見られることは、地域のつながりを感じられます。個の「やってみたい」から広がりを見せ、地域が元気になっていくのです。

② まとめにかえて

～子ども・若者・大人を応援する社会へ～

「最近の中高生はやる気がない」「中高生が何を考えているかわからない」「自分を持ってない」と大人たちの意見があるが果たして中高生が悪いのでしょうか。

子どもを取り巻く環境、時間・場がない中で「やってみたい」という意識をつぶしていっているのは、私たち大人の責任ではないでしょうか。子どもの考え・発想を聞かず、考えをつぶされていたら、中高生になってから社会的に求めても、子どもたちは何も言えないのは当然で、言うことを制限されてきたから起こる問題だといえます。そして、その状況がずっと続くと、言われたことを、淡々とこなしていくように育っていく。異変が現れるのが若者の時で、若者のひきこもりが多くなっているのも、これも1つの原因ではないでしょうか。

子どもの頃の「遊び」を、大人たちが見守り、尊重する社会であったら、個をつぶさず、自分の意見を相手に伝えられるのではないかと思われます。

大人が、「最近の中高生は～」と感じているなら、それをその中高生の話しにするだけでなく、そうなってしまっている今の環境の事に、大人が目を向けないと変わっていきません。大人が子どもの素直な意見を聞きたければ、大人も変わる必要があります。

そういうことを、社会に伝えていくのはいつだって課題です。プレーパークだけではなく、子どもの機関とつながる必要があるし、全体で一緒に社会に発信する必要もあります。

また、それぞれの地域でもやれることはたくさんあり、サービスを受ける・与えるという消費社会の中で、お客様でなく、共に考えていく地域創りが今必要で、そういう関係性をどう広げていくかも課題です。子どもも大人も地域の中で育っていく。そういうような地域を目指し、地域にどの年代も欠けることなく尊重し合い、意見があふれる街にしていきたいと願っています。年齢に関係なく、応援する社会へ。

大盛り上がり、羽音ロック!!

Ⅱ 領域別5　子どもNPOとプレーパーク

実践2

子どもの遊びの理想郷「あそびあランド」の試み
～ひがしねスタイルの子育て支援への挑戦～

NPO法人クリエイトひがしね
事務局長 村山 恵子
http://www.asobia.jp/

① はじめに

東根市長土田正剛氏は、「平成21年度東根市子どもの遊び場整備事業基本構想」の中で以下のように述べています。

「子どもの遊び場」は、「遊びから学ぶ」という基本理念のもと、自分の責任で自由に遊び、自然との触れ合いやさまざまな人たちと関わることにより、子どもたちの自主性、創造性、社会性を育み、東根市の更なる発展の基礎となる、たくましい人材の育成を図ろうとするものです。

② 東根市の子育て支援の経緯

1）タントクルセンターのオープン

東根市は、県内で希少な人口微増となっていますが、タントクルセンター建設前は、保健福祉施設等の老朽化による機能低下解消や保育所新設などの要望が出されていました。このため、21世紀一層伸びゆくまちとして、市民すべてが希望を抱き、すこやかに生き、やすらぎを実感できる空間の核となり、市民の保健・福祉・医療サービスの拠点となる施設として整備されました。

2）子育て支援事業を
**　「NPO法人クリエイトひがしね」が受託**

平成17年4月さくらんぼタントクルセンターのオープンと同時に、この施設において「地域子育て支援センター事業、ファミリー・サポート・センター業務、遊びセンター事業」の運営を受託しました。この施設の中に東北随一といわれる屋内遊具を備えた遊びセンター「けやきホール」があります。

東根市の天然記念物「大けやき」をモチーフに、自然と人々が集まるように子どもたちから高齢者まで世代を超えた様々な人々がたくさん訪れ「いきいきと生きる」ための交流の場、そして、市民が満足できるような子育て支援・保健福祉の地域活動の拠点をめざしています。親の願いは子どもが心身ともに健全に育つことが一番の願いです。けやきホールは、最近の子どもたちが得られなくなっている遊びの三間「時間・空間・仲間」を十分に与え、たくましく育つために大切な三性「社会性・創造性・感性」を育てる理念を盛り込んだ種々の空間を有効に活用できるよう、けやきホールには遊びのサポーターであるスタッフを常時配置しています。

3階までのスロープを駆け上がると、雲をイメージした天井ネットや大型すべり台があり、子どもたちの冒険心・探究心をかきたてます。スタッフは、大型遊具を活用した多種多様な遊びのしかけを考案し、親子が夢中になって遊ぶきっかけをつくっています。また、スタッフの思いとして、遊びに来た親子が笑顔で過ごせるようにと、館内には注意喚起の貼紙は貼らず、必要に応じて直接対話をしたり、どんなに混雑していても年齢制限・時間制限をしないことで、異年齢の子どもた

ちの交流が生まれ、居心地のいい空間につながってきています。

3）幼児共育（ともいく）との出会い

平成20年4月山形県の事業として「幼児共育ふれあい活動」を受託しました。この事業は、少子化、核家族化など「家庭」を取り巻く環境が大きく変化していることから、山形県が「家庭」「幼稚園・保育所等」「地域」が連携して子どもたちを育むことを目的としたものです。

自然の中であそぶことが大好きで、人やモノにかかわり、何事にもすすんで取り組む子どもをめざして、親と子、他の親子とのふれあいを通して、幼児期の親子のかかわり方や地域とのつながり方等を考察することを目的に、年間10回の親子体験活動を実施しました。

民話の会と現地めぐり

笹巻き＆ホタル観察

この事業を通じて、親子の関係性はもちろん、地域に出向いた活動により地域住民との交流と郷土愛が育まれ、世代間交流も促進されるというたくさんの成果を得ることができました。しかし、県の委託事業は単年度であり、いくら成果が出ていても活動財源がなければ継続できないのが実情です。そんな矢先、恒例の市長を囲んで新年会があり、この席で「幼児共育：活動の記録ビデオ映像」を市長に見ていただいたところ、市長が一言、「来年からは東根市の事業として継続しなさい。」と嬉しいお言葉。その一言で、東根市独自の幼児教育推進事業が継続できたのです。市長のご決断がなければ、現在のあそびあランドは生まれませんでした。

4）「米づくり・里山探検隊」始動！

平成21年 東根市幼児共育推進事業として、新たにスタートしました。主な活動内容は、東根市沼沢地区を拠点に、子育てしている親と子が、豊かな里山の自然を身体で感じながら、米づくりを中心とした様々な体験活動を行っています。

米づくり・里山探検隊「稲刈り」

山と川と田畑に囲まれた大自然の中にいると、大人は日常のストレスや悩みから一時的に解放され、心がほぐされていくせいなのか、子どもたちの行動に対し、とても寛容に見つめる様子がうかがえます。また、過疎化になりつつある地域に親子が訪れることで、地域住民が元気になっていく利点もあり、親子にとっても、あたたかく迎え入れてもらうことが、まるで実家に帰ってきたような感覚になるという声を聞きます。親子はもちろん、地域もスタッフも共に育ちあえる関係性がこの「共育」の醍醐味です。

このような取り組みが認められ、東根市は、子どもが屋外で遊び育つ環境整備の一環として、平成21年12月「東根市子どもの遊び場整備事業 基本構想」を掲げ、整備にむけた準備をはじめました。

「里山・米づくり探検隊」の取り組みがあそびあランドの運営構想の元となり、この活動で得られた遊び（学び）のノウハウが、今のあそびあランド運営に活かされています。

5）子どもの遊び場運営準備業務委託

平成22年4月、東根市より屋外子どもの遊び場整備にむけた準備業務を受託し、法人内にプロジェクトチームを立ち上げ、業務にあたりました。

どんな遊び場を整備していくのか、現在の遊び場の現状と課題を整理し、多くの先進地視察研修を実施した上で、私たちのこれまで培った子育て支援のスキルと、親・子・地域住民みんなで「共育」の精神のもと、変化し続ける「ひがしねスタイル」の子どもの遊び場が必要であるとの見解に至りました。また、少子化の中で育つ子どもたちは、常に大人の管理下で遊ぶことが多く、子ども本来の遊びを考えた時、自然の中で自らが遊びを選択し、仲間と群れて遊べる空間こそ、健全育成には欠かせないことから、子ども主体で自分の責任で自由に遊ぶことのできる遊び場の必要性を唱えてきました。

準備業務を通して、子ども主体の豊かな育ちの実現のために、子ども自身の内面からやりたい気持ちがあふれだし、子どもが自発的に自由な遊びを創造するための環境づくりの必要性を強く感じました。また、当法人が運営することで、タントクルセンターと連携を図り、常駐プレイリーダーの他に、現在、子育て支援で培ったノウハウをもつスタッフをローテーションに組み込むことで、屋外の遊び場を初めて利用する親子が安心して遊び場デビューできるよう、子どもの成長にあわせた子育て支援機能の充実を図ることをめざしました。

③ 実践の概要

1）遊びの理想郷「あそびあランド」

私たちは大きな理想を掲げながら、東根市の重要な施策である子育て支援「子育てするなら東根で」と共鳴し、タントクルセンターの運営にかかわり、以来8年にわたる実践の積み重ねを基に、市内の里山である大森山にオープンする屋外遊び場「ひがしね あそびあランド」の運営にもかかわることとなりました。

そこでは、子どもの原点である「やってみたい」という好奇心から発する「あそび」の場を提供し、遊びの体験を通して、創造力や危険から身を守る知恵、さらには社会性や生きる力を身につけていく、そんな場所を目指しています。

土田市長はつねづねタントクルセンターのけやきホールについて「少々のケガはお持ち帰りください」と言っていますが、あそびあランドはタントクルセンターをさらに進化させたもので、「あそび」の中から生まれる未知の可能性を求めて、平成25年5月5日屋外子どもの遊び場「ひがしね あそびあランド」の指定管理業務がはじまりました。

ひがしね あそびあランド プレイパーク

約4ヘクタールの敷地に、大型ネット遊具や噴水広場のある「シンボルゾーン」、プレイパークのある「冒険広場ゾーン」、田んぼや畑のある「農業ゾーン」、らくがき広場や

よちよち広場のあるよ「幼児広場ゾーン」ソリすべりのできる「斜面ゾーン」と5つのゾーンで構成されています。また、私たちが取り組む大きな役割として、屋外における「子育て支援事業」、地域との関わりを目的とした「地域協働推進事業」、遊育という言葉とその意義と価値を普及させるための「遊育推進事業」、自由な空間の中で遊育の実践を行う「プレイパーク事業」、親子が地域の中で共に育ち合う「幼児共育推進事業」、5つの事業を展開しています。

2) 屋外での子育て支援の実践

全国的にみても、「子育て支援」=「室内における安心安全な環境・就労支援」が中心になっている中、あそびあランドは、屋外における子育て支援拠点事業として運営をしています。各事業において、種まきを目的とした活動をきっかけに、まずはあそびあランドに足を運んでもらうことで、子どもが自然の中で自由に遊び過ごすことの意義を実感しているリピーターが増えてきています。これからも、子どもの育ちにとって外遊びの有効性や価値を発信していきます。

④ NPOの意義について

1) NPOを支えるメンバー構成

市民協働として行政サービスをNPOが担うには、行政からの信頼を得る必要があります。当NPOの理事は異分野からの集まりで構成され、教育経験者や行政職経験者、保育所長経験者、地元の文学会構成員、大手企業ISO管理経験者、医療法人経営者、またIT技術や映像スキルをもつ理事等、多岐にわたる分野で活躍している構成メンバーが運営に携わることにより、多方向からの視点でNPOを運営することができ、地域や行政から信頼を得られる組織へとつながっています。

2) 私たちが大切にしてきたこと

NPOが目指す子育て支援の特徴として、当事者であるママスタッフの悩みや課題、困り感を大切に「こんな支援があったらいいな」を形（活動）にしてきました。また、身近な相談相手になれるように指導的ではない関わりを大切に、そして、子どもの成長をともに喜び合える関係性を大切にしてきました。そのような関係性がリピーターを増やし、今日につながってきています。

⑤ 到着点と今後の課題・展開

1) NPOが目指す3つのクリエイト

当法人には三つの目標として「輝き」・「未来」・「地域」をクリエイトしていくという活動理念があります。

これは、大人と子どもが遊びや様々な体験を通して共に育ち合い、地域コミュニティをつくり、市民が輝いて生きていける東根の未来を創ろう（クリエイトしよう）という思いを目標に掲げています。

2) 子どもたちが生きやすい地域社会づくりをめざして

国の提唱する子育て支援=就労支援・親支援が中心のなかで、子どもの成長こそが親の願いであり、その成長を促す環境として、現在屋外における子育て支援の実践が認められ、子育て支援拠点事業として実施しています。子どもにとっての遊びの大切さをひろめ、遊んで育つ「遊育（ゆういく）」と、親も子も地域も共に育ち合う「共育（ともいく）」の実践こそが「ひがしねスタイルの子育て支援」の特色です。そんな拠点としての役目を果たし、屋外における子育て支援の実践を積み重ね、外遊びの意義や価値を伝えていきます。「生きづらさ」を抱えている子どもたちが生きやすい地域社会を再生するために、地域住民の方々のご支援をいただき、地域に根づいた子育て支援活動を展開していきます。

II 領域別6 子どもNPOとフリースクール

概説　フリースクールの位置と役割

NPO法人 東京シューレ／東京シューレ葛飾中学校教頭
木村 砂織

1　不登校の子どもは増えている

　1970年代から不登校の子どもの数は増え続け、2000年代からの、小中学生の不登校は約12万人といわれています。保健室登校、校長室登校、放課後登校など、学校に足を運んでいるが、実際は不登校状況である子どもたちはカウントされていないので、実数はもっと多いと思われます。

　1992年に文部省が「誰にでも起こる登校拒否」と大きく認識転換をしたことは特筆すべき点です。しかし現在もやはり学校復帰、ということが目標として掲げている政策があることで、ねじれた現象が起きています。

　2014年度のいじめ・不登校政策の予算としては文科省が要求した総額は88億円（昨年度比29億円増）。予算の大半を占めたのが、スクールカウンセラーの拡充事業です。現在、スクールカウンセラーは全公立中学校約1万校に配置されていますが、配置日数は、週1日程度が原則となっています。日常的な相談体制を整備するため、公立中学校のうち1,000校を週5日配置に切り替えていく。そのほか、ソーシャルワーカーの配置拡充（1,335人→2,043人）。さらに「道徳教育の充実事業」も「いじめや不登校の未然防止」の一環として位置づけ、16億円の予算を計上しました（NPO法人全国不登校新聞社発行・不登校新聞記事より）。

　不登校対策という中で、適応指導教室が設置され、スクールカウンセラー、スクールソーシャルワーカーが多く配置されました。もちろんそれらを活用することで楽になった子たち、自分に合ったやり方を見出した子たちがいるのも確かですが、多くの不登校の子どもたちは、学校に行けない自分に対して、依然自己否定感を抱えた日々を送っています。

　虐待のことがマスコミ等でクローズアップされて、不登校＝虐待の可能性、ということで本人との面談を強く要望する学校も増えています。例えば、本人が担任と会うことをいやがっていることを、親が伝えたところ、担任から本人に黙って親が写真か動画を撮って、それを学校側に見せてほしい、といわれた保護者の方もいます。

　親が不在のとき、小学6年生の本人が、一人で留守番をしていたところ、突然校長から家庭訪問され、本人は怖がって部屋にじっとしていたところ、数十分にわたり、

扉を叩き続けられました。おまけに、「校長先生が来たよ。学校に行けるようになろうね」と玄関前で大声で言われ、その様子を近所の人にも聞かれ、外出しにくかったのがより出られなくなった、と嘆いて相談にこられた保護者の方もいました。

　最近顕著なのは、不登校を理由に医療機関へつながる人の数の多さです。学校の先生から、子どもが登校渋りがあると、すぐに医療機関での受診を勧められている保護者、子どもの声をよくききます。心療内科、児童精神科、思春期外来などに行くことが多いようですが、医療機関が、必ずしも不登校の子どもの状況を正しく理解しているとも言えず、かえって問題を大きくしている場合もあります。

　不登校になると、昼夜逆転になり、食事が不規則であったり、やる気が出ない、部屋に閉じこもったきりで出てこない、ということが起こります。

　ただ、これは不登校の二次症状といえることであり、不登校から起こる自己否定感、罪悪感ゆえに今まで難なくやれていたことがやりにくくなった、というだけのことです。二次症状をなくすことそのものが、問題解決にはなりません。

　不登校の子どものことをよく知らない医師が診察すると、生活リズムを整える、という名目で薬が処方されたり、中には入院を勧められる子たちもいます。退院許可は、学校に行けるようになること、という条件なので、精一杯学校に行ける訓練をし、数日学校に行き、退院後はへとへとになってまた不登校になります。本人はまた行けなくなった、という挫折感でいっぱいの気持ちになり、親も無力感でいっぱい、また子どもに対しても責める気持ちがわいてきたりと、家族関係が悪化する一方になってしまいます。

　少子化が言われる中、不登校の数は微減、微増を繰り返し、横ばいといった感じです。ということは実質増えているということでしょう。

　学校が社会に果たす役割はとても大きなものでありますが、学校のみでは、今の子ども達への成長、学びの保障は不十分であると言わざるをえません。

2　子どもから聞く・子どもから学ぶ

　不登校・引きこもりに取り組んできた子どもNPO団体の多くは、まずは当事者の声を聴く、ということを大切にしています。

　不登校・引きこもりに関して、かつて、「治す」、ということをうたい文句に、実態は体罰を行い、ひどい人権侵害をしていた事件がいくつかありました。学校に行けるプログラムをもち、学校復帰を促すということで何十万もお金を支払うシステムをもっているところもあります。

　本来NPOの活動は多様であり、その活動自体が社会を多様にしていくのですが、上記にあげたような団体は当事者の声を無視し、一方的な価値観を押し付けているだけです。

　フリースクールの数は、実際のところいくつかという正式な数はわかりません。フリースクールという名称は、勝手に使えますので、いわゆる学習塾がフリースクール

Ⅱ 領域別6　子どもNPOとフリースクール

と名乗る場合もありますし、適応指導教室のことを、フリースクールと言っている人たちもいます。

ここであげるフリースクールは、子どもそのものの存在を中心においた場として、長年活動しています。経済的には何の支援もない中での活動であり、日常の運営は決して楽なものではありません。

スタッフが無給、つまりボランティアで運営しているフリースクールもあります。給与が出ていたとしても、生活していくには厳しい現実があります。かといって会費を値上げすると、退会せざるをえない子どももでますし、入会そのものも躊躇することになります。

不登校で苦しみ、罪悪感にさいなまれ、生きる希望も見失うほどの子どもたちが大勢います。

そんな中、民間のフリースクール、フリースペースの存在が、多くの子ども・保護者たちを力づけ、共に活動をつくってきました。

運営形態、規模、地域、プログラムなどそれぞれちがいがありますが、これらフリースクールの共通点は「子ども中心」というところです。

このことがすべての子どもたちが生きていくうえでの、力になっていくことを日々の活動の中で学びました。そのためにはまずは安心できる環境づくりが必要です。

学校という枠組みだけではなく、多様な子ども達の多様な場がある、ということを日本の中で根付かせていったフリースクール運動は、わが国の中で、重要な社会的役割を担ってきたと思います。

3　親の会の活動

不登校は、単に子どもだけの話ではありません。

その子どもを取り巻く、社会との関わり、家庭、親の価値観というものがとても重要です。

学校を絶対視する社会の中で、子どもが学校に行かなくなる、行きにくくなると、親自身、何をすることがいいのか、どんな手立てが必要かと悩み苦しみます。保護者は誰ひとりとして、子どもに不利益を与えたくありません。楽しく穏やかに、生き生きと過ごしてほしい。これは親の当然の願いです。それが、不登校ということになると、親は混乱します。学校に行かないとこのあとの人生、とんでもないことが待ち受けているかのような気持ちになるからです。

こういう状況のなかで、不登校の親の会は、とても重要な位置を占めています。

「我が子が学校に行かなくなったのは、私の育て方に問題があったのだ」と、親は自分自身を責めます。

子どもが、学校に行けない自分を責めるのと同じです。親も子も、自己否定感でいっぱいになってしまいます。

ただ、不登校は学校と本人との関係性の問題です。

問題がある、と言われる学校でも喜んで行っている子たちもいます。反対に問題のない学校、子どもに理解のある担任や職員がいる、学校に友人もいる、という子も不登校になります。

そういったことをいろいろ整理していくと、こういう状況だったら、不登校にならない、こういう子どもは不登校にならない、ということではないということが明白になります。

では、不登校とは何なのでしょうか？　自分たちは何を軸に考えていくのがいいのだろう、ということになります。

単に子どもが学校に行きさえすれば安心なのでしょうか？　学校に、とにかく毎日行けるようになれば、問題は解決するのでしょうか？　学校に行き、ずっと何時間も耐えてクラスにいて、早く帰りたい、という思いで毎日すごし、家に帰ったら、親にそのことは言えずに一人で悶々と過ごす子どもの姿を、親は望むでしょうか？

そもそも人が育つ、ということはどういうことなのだろうか？　というところも考えていく必要があります。こういったことは、誰かに教わることではありません。しかし考えるにあたっては、同じ状況にいる、またかつてそういう経験をした人たちとのつながりが大変役に立ちます。

親の会は、教え教えられる関係ではなく、一緒に考えあっていく場です。参加してくる親、運営を携わっているスタッフ、世話人が相談相手ではなく、考えあう仲間です。いろいろ意見を交わす中で、子どもの気持ちがわかりはじめ、徐々に子どもの側に寄り添えていけるようになります。すぐには無理でも、時間を重ねて深め合っていくと、本当の意味で子どもが理解できます。親が心の底から理解してくれると子どもは本当に安堵し、生活そのものがしやすくなります。

親と共に考えていかない限りは、不登校の子どもが安心して生きていく、ということは困難です。

親の方は、最初は子どもが不登校したことで、混乱し本人を責めたり、落ち込んだりしていたのが、「この子がいたから、いろんな価値観に触れ、人間にとって何が大切か、ということを知ることができ、今は不登校した子どもに感謝している」という言葉をよく耳にします。

子どもであれ、親であれ、やはり自分自身がその状況を向き合い、どう取り組むかということが重要であり、フリースクールも親の会もそういう意味ではどちらも、当事者中心の大切な運動です。

4　フリースクール3例について

今回本白書では、フリースクールの実践事例として3つあげました。

それぞれ、長きにわたり実践を行っているところです。

「寺子屋方丈舎」は福島県会津に拠点を持ち、地域に根ざした様々な活動を行っています。震災以降は不登校の子どものみならず、学校に行っている子どもに向けての

Ⅱ 領域別6　子どもNPOとフリースクール

プログラムを行い、2011年3月11日直後、子どもたちに遊びを提供する活動などを精力的に行ってきました。福島を中心とした東北地域に、子ども若者支援を行う若い人材育成にも携わっています。

「東京シューレ」は、日本で草分け的なフリースクールであり、2015年で30周年を迎えます。拠点は東京であり、おもに首都圏の子たちが通ってきています。年齢も小学生から22歳までの若者まで、オルタナティブな大学までも含めると、こちらは年齢制限がありませんので、すべての年齢の人を対象としています。在宅での不登校の子ども・保護者への支援としてホームシューレを行い、20数年継続している実績もあります。

シューレそのものの活動のほか、政策提言や子どもからの発信も多く、子どもの権利拡大にむけた活動をけん引しているともいえます。

「ふぉーらいふ」は、兵庫県神戸市を拠点とし、一軒家を使ってフリースクールを運営しています。不登校の子どものフリースクール運営はもちろん、早くから、発達障害の子どもたちに向けての取り組みも行っています。

また、地域とともに、プログラムをつくっているのも特徴です。親の会にも取り組んでいます。

不登校から、それぞれ始まったフリースクールですが、以上の3つの実践を見ていただけると、不登校だけでなく、子どもに関わる様々なことに取り組んで、成果を上げていることがおわかりいただけると思います。

目の前の子どもと関わる中、「これも必要」、「こういうプログラムもあった方がいいのでは」、「仕組みを整えよう」とその都度、その時代、社会背景にあったものを整えていったことがわかります。

東北、首都圏、関西と地域もバラバラですが、民間の力ならではで、フットワーク軽く、いろいろ対応していったこともご理解いただけると思います。

被災地の子ども支援、発達障害の子ども支援、貧困の子どもへの支援、自己肯定感を高めるための様々な工夫、その周辺の保護者への支援など、フリースクールが果たしてきた役割の大きさに目を見張るものがあります。それらが公的な支援のない中で、やってきたことは評価されるべきことと思います。今後は公的な支援のもと、意味のある取り組みが安心して継続できることをつくっていくことが必要であり、今の日本にいる子どもすべての権利を保障することになるのでは、と考えます。最後に不登校を経験した子どもが作成した「不登校の権利宣言」を掲載しました。不登校の子どもの権利宣言、とタイトルになっていますが、すべての子どもに向けて、この宣言が活かされることを望みます。

統計・グラフ等ページ

不登校の子どもの権利宣言

前　文
　　私たち子どもはひとりひとりが個性を持った人間です。
　　しかし、不登校をしている私たちの多くが、学校に行くことが当たり前という社会の価値観の中で、私たちの悩みや思いを、十分に理解できない人たちから心無い言葉を言われ、傷つけられることを経験しています。
　　不登校の私たちの権利を伝えるため、すべてのおとなたちに向けて私たちは声をあげます。
　　おとなたち、特に保護者や教師は、子どもの声に耳を傾け、私たちの考えや個々の価値観と、子どもの最善の利益を尊重してください。そして共に生きやすい社会をつくっていきませんか。
　　多くの不登校の子どもや、苦しみながら学校に行き続けている子どもが、一人でも自身に合った生き方や学び方を選べる世の中になるように、今日この大会で次のことを宣言します。

一、教育への権利
　　私たちには、教育への権利がある。学校へ行く・行かないを自身で決める権利がある。義務教育とは、国や保護者が、すべての子どもに教育を受けられるようにする義務である。子どもが学校に行くことは義務ではない。

二、学ぶ権利
　　私たちには、学びたいことを自身に合った方法で学ぶ権利がある。学びとは、私たちの意思で知ることであり他者から強制されるものではない。私たちは、生きていく中で多くのことを学んでいる。

三、学び・育ちのあり方を選ぶ権利
　　私たちには、学校、フリースクール、フリースペース、ホームエデュケーション（家で過ごし・学ぶ）など、どのように学び・育つかを選ぶ権利がある。おとなは、学校に行くことが当たり前だという考えを子どもに押し付けないでほしい。

四、安心して休む権利
　　私たちには、安心して休む権利がある。おとなは、学校やそのほかの通うべきとされたところに、本人の気持ちに反して行かせるのではなく、家などの安心できる環境で、ゆっくり過ごすことを保障してほしい。

五、ありのままに生きる権利
　　私たちは、ひとりひとり違う人間である。おとなは子どもに対して競争に追いたてたり、比較して優劣をつけてはならない。歩む速度や歩む道は自身で決める。

六、差別を受けない権利
　　不登校、障がい、成績、能力、年齢、性別、性格、容姿、国籍、家庭事情などを理由とする差別をしてはならない。
　　例えばおとなは、不登校の子どもと遊ぶと自分の子どもまでもが不登校になるという偏見から、子ども同士の関係に制限を付けないでほしい。

七、公的な費用による保障を受ける権利
　　学校外の学び・育ちを選んだ私たちにも、学校に行っている子どもと同じように公的な費用による保障を受ける権利がある。
　　例えば、フリースクール・フリースペースに所属している、小・中学生と高校生は通学定期券が保障されているが、高校に在籍していない子どもたちには保障されていない。すべての子どもが平等に公的費用を受けられる社会にしてほしい。

八、暴力から守られ安心して育つ権利
　　私たちには、不登校を理由にした暴力から守られ、安心して育つ権利がある。おとなは、子どもに対し体罰、虐待、暴力的な入所・入院などのあらゆる暴力をしてはならない。

九、プライバシーの権利
　　おとなは私たちのプライバシーを侵害してはならない。
　　例えば、学校に行くよう説得するために、教師が家に勝手に押しかけてくることや、時間に関係なく何度も電話をかけてくること、親が教師に家での様子を話すこともプライバシーの侵害である。私たち自身に関することは、必ず意見を聞いてほしい。

十、対等な人格として認められる権利
　　学校や社会、生活の中で子どもの権利が活かされるように、おとなは私たちを対等な人格として認め、いっしょに考えなければならない。子どもが自身の考えや気持ちをありのままに伝えることができる関係、環境が必要である。

十一、不登校をしている私たちの生き方の権利
　　おとなは、不登校をしている私たちの生き方を認めてほしい。私たちと向き合うことから不登校を理解してほしい。それなしに、私たちの幸せはうまれない。

十二、他者の権利の尊重
　　私たちは、他者の権利や自由も尊重します。

十三、子どもの権利を知る権利
　　私たちには、子どもの権利を知る権利がある。国やおとなは子どもに対し、子どもの権利を知る機会を保障しなければならない。子どもの権利が守られているかどうかは、子ども自身が決める。

　　　　　　　　　　　　　　　　　　　　　　　　　　　　　二〇〇九年八月二十三日
　　　　　　　　　　　　　　　　　　　　　　　　　　　　　全国子ども交流合宿「ぱおぱお」参加者一同

II 領域別6　子どもNPOとフリースクール

実践1

「フリースクール」における、子どもの自律と社会的な役割の相関

NPO法人寺子屋方丈舎
理事長　江川 和弥
http://www.terakoyahoujyousha.com/

1　はじめに

「地方において」、子どもが学校に行かない問題はいったい誰の責任なのでしょうか？

本人の問題にも関わらず、親や学校の教師が自分の問題のように課題を本人のものから、自分の子育てや教育の成果の問題として取り上げようとします。

私は1964年生まれで、16歳の時に高校に行けなくなりました。親は子育てを間違ったといい、担任の先生は、学校に来た方が人生はうまくいくと私を説得しました。

学校に行かない子どもにとって、人生の先輩である大人の言う事を無視するには「重要」すぎる意見です。自分の事を、心配してくれる人に従おうとする子どもも多くいます。つまり、自分の決定を「依存」させてしまおうとする選択を大人が強いる事になります。

私は、登校拒否の当事者として、フリースクールの運営をする上で大切にしてきたのは、①本人に関わることの決定権は、本人に返す事　②子どもの失敗や試行錯誤を奨励する事　③大人が先回りして子どもの障害を取り除かない事　④自分で気づいた事からしか人間は学べないので、本人が気づく実感を大切にする事です。

学校に行かない子どもをさまざまに問題視する大人の傾向は、ますます強まっています。文部科学省の政策の中でも、個人の属性、発達障害や精神的問題として、社会的な課題と切り離して理解しようと言う動きがあります。それは、スクールカウンセリングの導入以降強まっています。

私は、学校に行かない事よりも、学校に行かない事を問題視する社会に対して非常に違和感を感じ、当団体を設立しました。学校に行かない事は、本人の可能性を狭くする事でも、生き方を限定してしまう事でもありません。むしろ、学校に行かない事を問題視する社会に対して当事者が安心して学べる場所が必要である事から当団体を設立しました。

設立は1999年5月。家賃3万円ほどの小さなビルの一室から活動をはじめました。当初は個人の事業であり、塾との差別化もあまり充分にできないままに、活動を持続する事に精一杯でした。人口10万人の会津若松市で、不登校の子ども（年間30日以上の欠席）は約200名程度です。学校に行かない子どもの適応指導教室が会津若松市教育委員会によって設置されており、市内の小中学生は、学校に行かないかわりにその場に通う事を勧められてきました。

現在の文部科学省の政策でもそうですが、学校に通えない子どもの学校復帰は適応指導教室設置の前提にされています。つまり、社会として学校が唯一の学びの場として認められているということです。さまざまな理由で家庭で学ぶ子どもや学校以外の場で学ぶ子どもの選択肢は認められていません。当団体寺子屋方丈舎のように任意団体として、学校外

の学びの場として設立された場所は、そもそも教育機関として認知されてもいません。

　私たちは、既存の教育システムに対しての特別の抵抗を行っている運動体ではありませんし、「反公教育」のように、既存の教育に反対しているわけでもありません。フリースクールは、子ども中心の「学びの場」であるので、「学ばない」という選択肢も子どもの裁量に任せられています。これは、既存のカリュキュラムで子どもたちが学ばないという事であり、実際には子どもたちは何らかの試行錯誤を重ねて学んでいます。

② 私たちがめざした自律と自立

　当団体のミッションは、子どもの社会参画を支援するところにあります。どの子も社会の一員として認められる社会をつくろうと思い、子どもたちと学びをつくりあげています。「当事者とつくる学び」に私たちの活動の特徴があります。つまり、一つの事業をつくる上でも対等な立場での話し合いや、意見の調整が大切になるのです。意見が対立しても安易に多数決で決めることはしません。自分たちが何にこだわって、何をつくろうとしているのか？がとても大切な事です。むしろ、対立がなければそこから問題が深める事がありません。

1）学校社会からの自律

　「ありのままでいい」、「みんなちがってみんないい」、「ナンバーワンよりオンリーワン」など、個性を認めるような言葉は社会にあふれています。たしかに、さまざまな可能性が認められているように見えますが、それはあくまで、既存社会の側からの「見え方」＝視点なのではないか？と私は考えます。

　大人は、自分の価値から「認められない」、ものがあり、それを逸脱する子どもを感情で許せないのかもしれません。大人が子どもより優れた価値観を持っているとは限りません。子どもも大人も対等であり、かつ自らの人生に対する決定権はつねに子どもにゆだねられる「当事者」優先である事を、大人であったとしても認めるべきです。

2）親からの自立

　私たちは月一回「親の会」を実施しています。親は、何らかの意図を持ちながら子どもの教育に関わります。社会のために貢献できる、1人で自律できる、さまざまな視点で子どもの成長を支えようとします。

　しかし、いくらわが子でも、子どもの人生を親が「所有」する事はできません。むしろ、子どもの判断力を高めてゆくのが親のやるべき事なのだと思います。多くの親は、子どもに対して強い関心を持っています。

　親子とはいえ価値観や生き方も違うので、誰もが同じように生きる事は困難だからです。私たちは、常に教育の場で「あなたはどう考えるのか」を問い合います。この価値観の交流（シェアする事）には大きな意味が込められています。反面、価値観を限定して考える事にはあまり意味はないと思います。

　当事者の考えを広めたり、深めたり、加速する効果が一切ないからです。そこには、きわめて強い権力性の中で、子どもの選択を抑圧してしまいます。

　親子とはいえ、結局は「他人」です。「違う事」が当然であり、違いから学びあえる事が親子の関係さえも豊かにする事を大人は自戒しなければなりません。

3）自らの関係性の構築

　私たちは、個人であると同時に社会的な存在です。つまり私たちは、決して社会から切り離されている訳ではありません。「学校に行きたくない」「違う教育を受けたい」もしくは、「この大人との人間関係はきつい」など、これらはすべて、社会との関係で生まれている感情であり、この事を個人の問題に帰してしまう事の危険性を私たちは、感じています。

たとえば、買い物をする時に、その人の責任で購入する事を前提にしています。子どもであっても、そこで判断を覚え、金銭のやりくりを覚えます。同じ事は、他の選択でも同様に行われなければ、子どもはいつまでも、自らが選ぶ、自らが試行錯誤する。その権利を子どもにしっかりと行使させる事が大人の責任です。

② 自分たちが試行錯誤した課題とは

1）当事者性の重視

方丈舎に来る子どもの多くは自己に対するマイナス感情を持っています。強い自己否定感です。学校に行く子どもと対等な自分などと、いくらスタッフの方から言われたとしても、その事を自分ですぐに引き受け信用する事などはできません。自分の存在を確かめるように、自傷行為や昼夜逆転の「ひきこもり」になる子どもはあとを絶ちません。

つらさを社会の中で感じながら、自分自身を守りながら生きている事に、大人は無頓着です。当事者である子どもが、当事者である自分と対話をくりかえし、自分と社会。自分の生き方と既存の価値のズレをいかに見るか？実はそこに当事者でしかできない自分探求の可能性も隠されています。

「悩まなくてもいいのに」、「もっと自分を大事にしなさい」とやさしい言葉かけをする人もいますが、この葛藤を止める事は、自分を深めたり、自己との対話による、社会の相対化を否定することにつながらないかを非常に危惧します。むしろ、悩む事が必要であるとさえ感じています。

この自己対話、当事者探求を支える場が「居場所」、フリースクールの大切な役割でもあると考えます。しかも、これはムダではなく、当事者にとって自己を飛躍させるには、必要な探求である事をしっかり理解する事が閉塞感に苦しむ子どもには必要な事です。中には、「自分を深め」たり、「ひきこもる」という行為や現象を表面的に見て、「病」と評価します。「不適応」という判定の対象としてしまう人も多くいます。私たちは、「はつらつ」と、「ハキハキ」と返事をし、悩んでいる事等みじんにも出さない子どもを「健全」でありかつ、理想的な子どもとイメージします。しかし、不登校の子どもに限らず、多くの子どもは社会からの評価に悩まされ、自己の価値のなさを否が応でも感じさせられる毎日を送っています。

それは、未来のために自己を抑圧することが「正しい」生き方。学力を交換できる価値とする生き方に典型的にあらわれています。未来のために、今を生きる価値を大切にしなければ、子どもは一生自己への抑圧と自己の卑下に苦しまなければなりません。私たちスタッフは、「立ち止まる」勇気をしっかりと肯定し、未来を生きる勇気を育む時間をして大切にしています。

2）事業性と自律

学校に行かないとさまざまな相談が大人から寄せられます。「いつまで不登校は続くのですか？」「私は何をすればいいのですか？」「医者に連れてゆく必要はありませんか？」お母さんからは、「仕事を辞めた方が子どもにとっていいですか？」「夫婦仲が悪い事が要因の一つですか？」中でも一番深刻なのは、経済的な問題です。

方丈舎も学校ではないので、利用料金を自己負担で支払い、子どもたちは通ってきます。全国平均で現在6人に1人の子どもは、経済的な貧困状態にある中で、利用費を支払う事が困難な家庭がある事も事実です。

私たちはこれまで、人数が少ないという事もあって、利用料金（月30,000円）が払えない家庭に対しては、減免措置をして対応をしてきました。学校に行かなくとも社会に出る事ができればいい。ただ、親や家族の経済的な状況に左右されて、不登校になってもフ

リースクールに通えないというのは大きな問題です。私たちは、多くの場合本来ミッション（つまり不登校の子どもの居場所である事の重要性）と活動の持続可能性の中で、悩んできました。

　私たちの結論は、なぜ不登校の子どもにこだわるのか？というところにありました。不登校の子どもではなくても生きづらさをかかえた子どもはいる。その子どもたちにプログラムを提供する事を通じて、収益をある程度ためて、経済的に困難な子どもの利用費にあてる事がいいという結論にいたりました。

③ 震災と活動

1）必要とされる活動

　2011年3月11日東日本大震災は、私たちにとって予想だにしない出来事でした。私の住む福島県会津地域には震災から3日後、多くの被災した避難者が町にやってきました。

　私たちは、避難所である高校の体育館等の公共施設で、とにかく子どもと遊ぶボランティア活動をはじめました。避難所では誰もが自分の事で精一杯でした。私たちは、ボランティアとひたすら遊びました。最大で、一日13カ所40人あまりのボランティアを派遣した事を、昨日の事のように思い出します。

　子どもたちは、何も悪い事をしていない。しかし、震災は、子どもが子どもである事を「悪」である、「配慮」にかけるというように排除する風潮を大人にもたらしました。子どもが遊ぶ声が「うるさい」と苦情を言う人もいました。「お前たちは子どもに勉強をさせずに、遊ばせて子どもをダメにしている」と叱られた事も一度や二度ではありません。それでも、子どもが遊ぶという事、子どもの声が聞こえる事は「希望の声」だと信じて私たちは活動をしてきました。

2）今までの課題が加速されて表出

　震災から2年がすぎると、原発の補償金が個別の家庭に入りはじめ、子どもたちは、仮設から借り上げ住宅（アパート、マンション、一戸建て）に引っ越していきました。子どもたちは、個々に分断される中で、集団遊びやボードゲームから個々のもつゲームに分断されていきました。そして大人の邪魔にならない「子ども」を強制されたのです。

　これは、被災した子どものみが抱える問題ではありません。今、都市でも田舎でも「余裕」を失った大人が、邪魔にならない子どもを求めています。子どもたちは、大声を出したり「自分らしく」ある事を大人の都合で剥奪されています。大人は都合のいい子どもと引き換えに、子どもの主体性や積極性、好奇心を犠牲にしていました。

④ 自分たちの活動をひろげてゆくために 〜まとめにかえて〜

1）「やりたい事優先」をあらためて考える

　設立から15年。当団体の活動を追いながら、この間の活動をまとめてゆくと、社会からのストレスや困難から「救われたい」とあえぐ大人が、子どもを知らず知らずのうちに抑圧し、大人に同情する子どもが、自分の「子ども性」を大人にさし出す姿が非常に目に焼きついています。

2）行政との連携をとらえなおす

　民間教育を行う私たちは、公教育との連携などとんでもないという人もいます。しかし、あえて子どもの視点から言えば、学校の先生にしても、民間教育の指導者であっても、自分を支える人が1人でも多く、頼れる大人が多くいる事が大事です。

　私たちは震災から多くの事を学びました。「子どもの視点」を私たちが見失わない事が何よりも大切であると実感しました。社会が大人の都合や経済状況によって変わろうとも子どもは変わらないという事です。むしろ、生きるのが楽しいと言える子が不登校の子の中にも多くいたらとても素敵な事です。

実践 2　東京シューレ
子どもがつくる子どもと創る場として

NPO法人東京シューレ
理事　木村 砂織　佐藤 信一
http://www.shure.or.jp/

1　はじめに

　東京シューレは、1985年に設立され、今年で30周年を迎えます。当時は、不登校の子ども達が通う学校外の場は、皆無に等しく、フリースクールという言葉も知られていませんでした。設立当初の社会状況としては、第Ⅰ部3「子どもの学ぶ権利の保障と教育の多様化をめぐって」に述べていますので、ご一読ください。

　現在では、フリースクール部門が東京都北区、新宿区、千葉県流山市に3カ所、約120人の子ども、若者が通っています。そのほかに在宅の不登校の子ども・家庭のネットワーク部門であるホームシューレ、オルタナティブな大学であるシューレ大学があり、この間に約1,200人の子どもたちが社会へ巣立っていきました。

　2007年には学校法人を設立し、フリースクールを母体とした不登校の子ども対象の私立中学校・東京シューレ葛飾中学校を設立しました。

2　主な活動内容

1）フリースクール事業「東京シューレ」
　　―やりたい気持ちから生まれることを大切に
　子どもが安心していられる居場所、自分自身でいられる場ということを大切にしています。様々な理由から不登校になり、自己肯定感を持てず、「自分は何をやってもダメだ」「学校に行けない自分なんて、進学、就職なんてできない」と自分自身を責める子がほとんどなので、これはとても重要なことです。

　大人が何をさせたいかではなく子ども自身が何をしたいかが大事で、そのことを一緒に考え、子ども自らが決めることを尊重します。

　学習のこと、生活のこと、今困っていること、悩んでいること、シューレの仲間と、このことは共有しておきたいということなどは、週1回のミーティングで話し合います。子どももスタッフも同じ1票です。ここでは大人も子どもも対等です。意見をどんどん言う人もいますが、黙って聞いている人もいます。それぞれの参加の仕方でいいのです。

　何かやりたい、ということは「実行委員会」をたちあげて、興味関心のある子たちが集まり、話を進めていきます。お楽しみ会、新しく入ってきた子たちへの歓迎会、卒業していく子たちへの旅立ち祭なども実行委員会が中心となります。

　そういう実行委員会の取り組みから、長期間に渡る大きなプロジェクトにも取り組みました。

　1か月のユーラシア大陸横断旅行、長野でのログハウス建設、大人も乗れるミニトレイン制作、オーロラを見てみたい、ということに端を発したアラスカ旅行などは、ある子どもが「やってみたいな」と言葉にしたところ、「いいね」という子たちが集まり、実現したものです。もちろん、そのための資金は最初からあるはずがなく、いろんな助成金を

見つけてきたり、フリーマーケットを開いたり、アルバイトができる子はそのお金を、また、アルバイトができない年齢の子たちはお年玉の一部を、一つのがまぐちに集める、というやり方からやってきました。

OBOGの中で、「社会に出てからシューレで一番役に立ったのが、ミーティングや実行委員会だ」という声をよくききます。子ども自身がやりたくて取り組むことにはパワーがあふれ、大人が、考えもつかなかったようなアイデアが湧き出てきます。それがシューレの大きな原動力になってきたともいえます。

日常のプログラムは、国語・数学・社会・などの教科学習のほか、ダンス・打楽器など表現力を養う講座、また英会話等、コミュニケーションを広げるもの等があります。

また、体験から学ぶことを重視しており、週に1回、他の授業を入れない「いろいろタイム」を設けています。さまざまな分野の方の話を聞く時間「シリーズ人間」、ハイキング、季節の行事の取り組み、仕事体験等、活動や人との出会いを通じて、日常生活のなかで、広く多くのことを学ぶ機会を提供しています。

2012年より、札幌自由が丘学園三和高校という通信制高校と教育連携をとり、高校コースを開始、フリースクールに通いながら、高校の学習を進めて高卒資格を取得することが可能となりました。

2) ホームエデュケーション事業（ホームシューレ） －家庭で育つあり方いろいろ

「ホームシューレ」とは、学校に行かずに家庭をベースにして育っている子どもたちと、その家族のサポートと、お互いを結ぶネットワーキングの活動です。インターネットや交流誌を中心に、1993年の開始から約1,700家庭の参加があり、現在も約160家庭がつながりあい、直接の交流の機会も持っています。

不登校や引きこもりの子どものなかには、どこかに通うのでなく、在宅で成長している子も多く、ホームシューレでは、こうした子どもたちのために、成長段階に合わせたプログラムを設定しています。

ホームシューレの活動の柱は、5つです。
1. 基礎学力を身につける学習サポート
2. 会員専用のコミュニケーションサイトによる会員やスタッフとの交流
3. 会員の親同士とその子どもが出会い共に学ぶ場を提供する地方サロン・全国合宿
4. 会員同士チャットしたりしてコミュニケーションができる「ライブシューレ」
5. 保護者の相談や交流を行う専門サイト「親サイバー」や、保護者向け情報交流誌「親から親へつたえたいこと・メッセージ」

家庭で育つ利点は、他の人と比較せずにその子自身のペース、個々の家庭のペースで育つことができることです。会員が自主的に集う「ホームシューレ自主サロン」は、首都圏および地方を含めて年100回近く開催されており、会員同士が知り合い、学びあう交流が盛んに行われています。

地方では特に、不登校の子ども、保護者同士が知り合う機会が少ない中、自主サロンを通じて出会い、仲間ができたことで、日々の生活に広がりができています。ホームシューレでは、同年代の子どもが「サイバーシューレ」や「ライブシューレ」を通じて出会い、交流し、仲間をみつけることで、自分だけではなく、学校に行っていない人の存在をしり、つながりができることで、安心感、自信を得られるようにしています。

ホームシューレを活用することにより、家庭で育つあり方への理解を深め、情報を得て、共有することができます。同じ仲間と出会うことで、自分以外の視点から物事を見て、考える力を培っていく子ども、若者と私たちは、たくさん出会いました。

③ 自分たちの経験をもとに社会へ発信する活動へ

ここ数年で、シューレの中での活動がもと

II 領域別6　子どもNPOとフリースクール

で、子どもたち自らが発信することにつながったことを2つご紹介します。

1) 不登校の子どもの権利宣言

「子どもの権利条約」をシューレ内の講座で学ぶ中で、不登校を経験した自分たちからもいろんな思いを発信したいという動きが出てきました。"子どもの権利"と"不登校"をテーマに、話し合いを重ねていき、2009年8月に「不登校の子どもの権利宣言」を作り、全国子ども交流合宿「ぱおぱお」（於・早稲田大学、主催・登校拒否不登校を考える全国ネットワーク・フリースクール全国ネットワーク）で採択されました。

いろいろタイムの時間に、ユニセフ協会を見学に行った際、「あなたたちは飢えもない、戦争もない、学校へ行けるのことは、幸せなんだ」と言われた時に、違和感を感じた、ということをきっかけに、不登校で出会った苦しさは何なのか、自分たちで考えていこうということになりました。

子どもの権利条約は日本でも批准されている。まずその中には何が書かれているのかを読み進めていくことにしました。毎週1回1条づつ条文を読み、議論していきました。

条約には、休むことも権利として明記されており、意見表明権もきちんと明示されています。ただ、日本の子どもたちの中でどれほどの子が「子どもの権利条約」の存在を知り、内容を知っている人がいるのだろう、ということにも話が及びました。また不登校の子たちは、多くは「悪いことをしている」と思い込んでいるが、何もそれは悪いことではなく、権利として認められていることだ、ということも知ってもらいたいと、今度は自分たちの手で、原案を作り、「不登校の子どもの権利宣言」と名付け、つくったのです。

これは大変評価が高く、全国の子どもの権利や不登校に関心のある人たちの中で、ネットや学習会等で広められています。

またこの活動をしていた子たちで、「不登校の子どもの権利宣言を広めるネットワーク」を立ち上げました。OBOGとなった子たちも加わり、全国各地講演や集会に参加し、YouTubeで動画配信するなど、活動はどんどん広がっています。

2) 映画「不登校なう」を制作

2010年、東京シューレの25周年記念事業の1つとして映画作りを行いました。

記念事業を行うに際し、助成金が得られていたのは大変ありがたいことでした。もともと映像作りに関心のある子ども達は多く、自分たちの経験に基づいた映画をつくる話がもちあがりました。

映画づくりに集まった子は、何回もの話し合いの末、不登校の原因を大胆に整理して、「学校のあり方」「いじめ」「わからない」の3本にし、不登校になってからどんなことがあるかについては、それぞれの流れの中にいれ、最後に3本に登場する主人公はフリースクールで出会うという流れに落ち着きました。

そして、まず3つのグループに分かれ、台本の製作から絵コンテ、撮影、編集まで、そのグループで行い、映画製作委員会に報告・検討しては次へ進むというやり方で、3つが見えてきてから、第4場面が作られました。

最後にタイトルを時間をかけて考えた時、メインタイトル「不登校なう」が決まったあと、子どもの多くが、これにサブタイトル「居場所をもとめる私たち」とつけたい、と言いました。この「居場所」の意味は、まずフリースクールやフリースペースを指してますが、もう少し深い意味があります。

学校が居場所でなく、家庭もしばらくは居場所でなかった、その苦しい経験から、作品全体を通して訴えているのです。

映画もいろいろなところで上映会を行い、多くの方々にみていただくことができました。不登校の当事者である子ども、また親の方々からも反響が多く、保護者の方からも「子どもの気持ちが今までわからなかった

けれど、映画を見たことで子どもが何に苦しみ、つらい思いをしていたのかがわかった」との声もよく聞きます。

この映画作りは、その前の「不登校の子どもの権利宣言」の取り組みが発展した結果ともいえます。子どもたちにとって、不登校ということそのものは、つらく命の危険さえもあった人たちも少なくありません。そんな中、自分の経験をしっかり見つめ、自分と向き合い、またそのことが社会の中でどういう状況なのかを知って深めていく、ということがとても重要だと考えます。個人の経験にとどまらず、社会的な活動に発展させ、それを支えていく力を持っていることにスタッフとしてはやりがいもあり感動をおぼえます。

④ 事業の成果と課題

1) 多様でユニークな卒業生の進路

東京シューレは設立以来、学校だけが子どもの成長の場でないことを、実践を通して示してきました。これまで東京シューレでは約1,400名の子どもが巣立っているが、卒業後の進路は多様で、それぞれが自らの個性や自分らしさを生かす道を考えたユニークなものであります。

例えば、仲間とホームページコンテンツなどの制作会社を起業した者、自分が不登校で苦しかったときに話を聞いてもらい支えられた経験をもとに国連職員になり、難民支援の仕事に従事する者、夢をかなえて電車の運転士になった者、様々な国を旅行後、大手の旅行会社に就職し支店長を務める者、携帯から好きな小説を寄稿して「すばる文学賞」を受賞した者など、豊かな才能と個性を持った卒業生を輩出しています。

一方、雇用構造が厳しく非正規雇用が増加するなかで、リストラにあい、転職先を探すことが厳しいといった者もいますが、これは不登校を経験していない現代の若者もそうであろうと思います。いろいろな学歴のルートがあり、個人の生き方に幅があることは明白といえます。

2) フリースクール間の国際交流や政策提言活動

フリースクール間のネットワークを組織化しており、その活動を海外にも広げています。毎年11月には全国のフリースクールが集まる「フリースクールフェスティバル」（フリースクール全国ネットワーク主催）では東京シューレの子どもたちが中心となって実行委員会をつくり、バンドや演劇シンポジウムや模擬店などを行い、300〜400名の参加があります。

また、フリースクールの交流の輪は国内だけでなく、世界にも広がっています。世界フリースクール大会IDEC（International Democratic Education Conference）に98年より毎年参加し、海外の子どもたちやスタッフとの交流が盛んに行われています。

3) 運営に対する基盤助成の整備が必要

運動にもかかわらず公的支援がなく、フリースクールの財政面は厳しい状態が続いています。また、様々な助成金を獲得するための努力はしていますが、助成金は新規事業の資金源にはなるが、運営の根幹となる運転資金としては活用できません。一方、不登校の子どもをもつ家庭の立場から、義務教育課程の子どもがフリースクールに通っている場合、籍が置いてある学校とフリースクールを支えるために保護者は二重の出費となり、負担は大きいです。多様な教育、子どもの成長支援の選択肢の拡大を考え、市民によるフリースクールづくりやその運営に対する基盤整備は重要です。

東京シューレでは2007年3月に「教育多様化への提言――フリースクールの現場から」を作成し、その中で学校復帰を前提とした政策を変更することや、フリースクールに補助金や奨学金など公的支援をつけることなどの提言をまとめました。今も引き続き政策提言活動をすすめています。

実践3 NPO法人ふぉーらいふ「発達障害」の子ども支援の取り組み

NPO法人ふぉーらいふ
理事長 中林 和子
http://www.hi-net.zaq.ne.jp/forlife/

　「フリースクールForLife」は1997年の設立時から、「LDおよびその周辺児」と呼ばれていた子どもたち（現在は「発達障害」と言われている）との関わりを考えていました。それは、学校に行きづらくなった「不登校」の子どもたちと、友だちや先生からも理解されず同じように学校で傷つき、様々な困り感や特性を持つ子どもたちが、何とか学校外での『居場所』で元気になってほしいと考えていたからです。

　発達障害は脳の機能が、何らかの不具合によってバランスよく働かない状況で、その子どもが意図的にとる行動でもなく、また親の育て方によって起因するものでもないと言われています。しかし、環境によって同じ様な状態像が現れたりする場合もあります。

　従って多くの子どもたちにとって、環境調整（個別の対応ほか）、成功体験などが必要であり、重要になってくるのです。そして、発達障害の子どもにとって優しい環境は、どの子どもにとっても等しく心地よい環境だと思っています。

　特別支援教育が施行されて、丸7年が経とうとしています。学校の中では個別指導計画に基づくサポートやケース会議などを通じて先生たちが情報を共有しながら、子どもの学習や行動についての支援が行われています。しかし、場の雰囲気が読めない、暗黙のルールが理解しにくい、行動のコントロールができにくい、そして自分の気持ちがうまく表現できないなど発達障害の特性からくる困難さがある子どもたちは、このような理由でコミュニケーションが往々にして苦手です。そして、読み・書き・計算・推論することが不得手と言われる子どもたちは、学習についていけないなどが重なると、「不登校」になったりするケースもあり、その結果フリースクールを利用される場合も少なくありません。

　どの子どもにとっても安全で安心できるというフリースクールでは、まず「ありのまま」を受け入れます。そして私たちは、「どのような障害か？」ではなく「何に興味関心があるか？」「どのようなことが得意（苦手な部分もある）か？」などを子どもたちと話し合ったりしていますが、何より子どもたちの可能性を引き出し、自律性が養われることを目指しています。

　わかりやすい言葉で、具体的にゆっくりと伝えることはもちろんですが、彼（彼女）らの言うことにじっくりと向き合う（傾聴する）ことは、どの子どもにとっても大事なことです。

　長年活動している「土曜クラブ」は遊びや様々な生活体験を通してのお友だち作りやソーシャルスキルを身に付けていく取り組みをしています。

　月一回小学生が3～5人の小集団として活動していますが、まず4月に「やりたいこと会議」をして、子どもたちが土曜クラブでやってみたいことを相談します。

1年間のプログラム例

```
4月 ：やりたいこと会議
5月 ：ガラクタ工作
6月 ：シャボン玉遊び
7月 ：きょうけつ染め／作文
8月 ：陶芸／DAYキャンプ
9月 ：月見団子作り
10月：スライムのお店屋さん
11月：里山遊び
12月：クリスマス会
1月 ：お正月遊び
2月 ：耐寒遠足
3月 ：お楽しみ会
```

一日のプログラム

```
◎こんにちは！
 ①始まりの挨拶
 ②自己紹介
 ③お約束手帳のこと
 ④今日やることの説明
 ⑤スタート（絵で示す）
  ・順序だてて
  ・わかりやすく
  ・丁寧に
 ⑥かたづけ
 ⑦出席シール
 ⑧次回すること
◎さようなら
```

　以上のように一日の流れを示しながらプログラムを進めます。
　②自己紹介では、名前、学校、学年、夏休み楽しかったことなどを紹介します。
　③のお約束手帳は毎回活動の時に気を付けることを、みんなで確認します。（お友だちと仲良くします、使うものの時間を守りますなど肯定的な表現を使っています。）
　このように活動自体に見通しが立ち、子どもたちは安心して楽しく活動に取り組んでいます。
　さて、ふぉーらいふの発達障害の子どもたち支援は、今地域に広げながら継続して行っていますが、それは子どもたちが、地域の中で生きていくことを前提としているからです。生活に根差した体験活動や自然の中でのチャレンジなど地域でしかできない色々な体験を積み重ねています。
　例えば、通年をかけて取り組んだものに、バリアフリーマップ作り（地域交流プロジェクト）があります。

【主旨】
　子どもたちが地域での社会生活を円滑に営むことができるよう、子どもたちの興味関心から広がるプログラム、地域の手で彼らの生活スキルと社会適応スキルの向上を目指したプログラムが必要だと考え、子どもたちが住みよいコミュニティを作るためにも、地域の人々の理解を得ることが不可欠であるとの観点で実施するものです。

【目的】
①自分たちの街を知り、地図を見ながら自分で目的地に行ける自信を育みます。
　→具体的に困難となる課題（地図を読み取る）について、それを徐々にクリアできるような、段階的プログラムを組むことで、課題の対処法を身につけることを目的としました。
②プログラムを、他の同世代の子どもたちとこなすことによって、対人関係、コミュニケーションスキルの向上も図ることができます。

垂水の街の地図作り

II 領域別6　子どもNPOとフリースクール

【導入】

自閉的傾向のある子ども（5年生/男児）が興味を持っていた名探偵コナンを登場させ、子どもたちの家を探したり、街を探検するというストーリー（漫画）を制作しました。

そして、コナンと一緒に街を探検しよう！と呼びかけてプログラムがスタートしました。

【活動を振り返って】

- 地理的認知能力を高められ、実際に地図を読むことを身につけることができたように思います。
- 自分の住む街並みへの新たな発見とともに地図に親しみ、地図の意味を理解したようにも思います。
- 間で遠足やデイキャンプ、料理、新聞作りなどもプログラムに加えると、どの子どもも楽しみながら地図作りに参加できたように思います。
- 子ども同士の交流が図れ、仲間意識を高めることもでき、大人にとっても新鮮な体験となりました。

ふぉーらいふは「子ども主体」のフリースクールですので、そこでの活動は「子どもがつくる・子どもとつくる」というスローガンがあります。

そして、子どもたちの活動は地域と密接につながっています。

バリアフリーマップ作りでは、お店屋さんにインタビューしたり、お店には何が売っているのかも調べたりしましたが、お店屋さんに事前に協力を呼び掛けて理解を求めた結果、子どもたちの挑戦ができました。また、商店街のフェアにフリースクールの子どもたちが手作りのケーキを焼いて出店させていただいています。

地域とのつながりを持つには、まず不登校や発達障害への理解をしていただくことが重要で、そのために相当長い年月を要しましたが、現在は次頁図のようになっています。

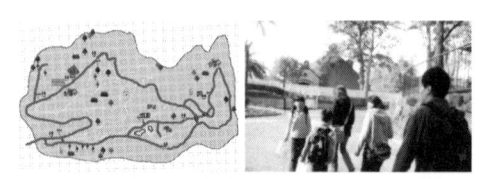

地図を見ながらウォークラリー

垂水の街探検

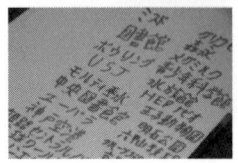

行きたい所会議 　　電車に乗って異人館へ 　　最後に新聞を作りました

図1 【ふぉーらいふ】子どもの居場所（フリースクール）と地域の関係図

- ★神戸市・明石市教育委員会
  兵庫県教育委員会
- ★兵庫県・神戸市・明石市社会福祉協議会
- ★神戸市障害福祉課
- ★兵庫県青少年本部
- ★神戸市発達障害支援センター

近隣大学・県／広域通信制高校

フリースクール全国ネットワーク
ふりー！すくーりんぐ（関西圏のネット）

地域団体・NPO団体・こうべLDの会
垂水商店街振興組合

登校拒否・不登校を考える全国ネット

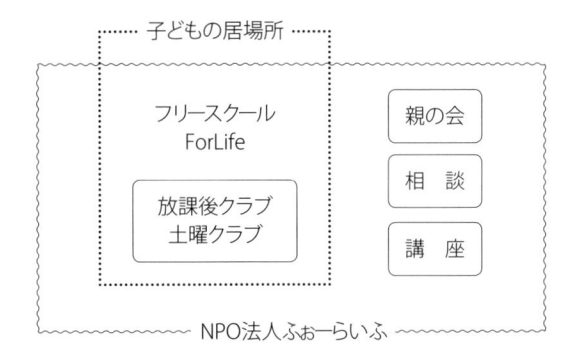

……子どもの居場所……
- フリースクール ForLife
  - 放課後クラブ 土曜クラブ
- 親の会
- 相談
- 講座

NPO法人ふぉーらいふ

医療機関（西神戸医療センター）

　さて、発達障害は「行動の問題」として、早くからソーシャルスキルトレーニングなどが行われてきましたが、近年では「学習支援」が大きな課題になっています。ふぉーらいふも所属している子どもたちに個別の対応が必要な場合、学習支援やコミュニケーションスキルを身につけるための『放課後クラブ・くればす』があります。親御さんにアンケートを取った結果、学校の宿題を基本に学習支援をして欲しいとの要望があり開設しました。

　今年で5年が過ぎましたが、毎週水曜日に小学生を中心に学習サポートを行っています。子どもたちは勉強への苦手意識が強く、授業が分からないまま進んでいることが多いのですが、苦手な勉強も楽しく取り組めるようマンツーマンでその子どもに合ったやり方で進めています。興味関心のあることから学びを広げ「やったー！できたー！」の成功体験を積み重ねることで自己肯定感を高め、対人関係や社会参加、社会自立を達成するために必要なスキルも身につけていきます。子どもたちは学ぶ楽しさを知り、毎週元気にふぉーらいふに通ってきます。

概説 社会的養護の現状と課題
～満ち足りることのない社会的養護～

NPO法人 全国こども福祉センター／名古屋市子ども・若者支援地域協議会

佐次田 海斗

1 社会的養護とは

　社会的養護とは、児童福祉法第41条で定められた児童養護施設を筆頭に、乳児院、情緒障害児短期治療施設、児童自立支援施設、母子生活支援施設、自立援助ホーム、小規模グループケア、地域小規模児童養護施設、里親、ファミリーホームと10の法律で定められる施設や家庭の中で生活することを指します。社会的養護の中でも、多くの子どもたちが措置される児童養護施設には平成24年度末現在、589施設、29,399人の児童が在籍しています。

　子どもたちの権利を保護するためにも児童福祉法において、居室の定員数や一人当たりの広さ、職業指導の設備、心理療法担当職員の配置などのことも定められています。安定した生活環境を整備するだけでなく、学習支援や家事能力の育成も必要な要素とされています。さらに、近年の社会的養護措置理由における虐待は増加傾向にあります。養育者は居ながらにして養育能力が問われる暴力や育児放棄といった措置理由が多く、子どもたちの心理、精神的な面への専門性を持った職員によるケアも求められるようになってきました。

　社会的養護において、施設を退所した子どもは頼る場所がないとされていて、多くの子どもは自立援助ホームや一部の特例を除いては、18歳という年齢の区切りを迎えると社会的養護の対象から外れてしまい、どんな困難や問題を抱えていたとしても支援を受け続けることは難しく退所、支援の打ち切りを迫られてしまいます。そのような退所後の支援（アフターフォロー）が必要な子どもを施設職員などが個人的に行うこともありますが、毎年退所する子どもが出てくる、支援の終わりがないことから、個人での継続的な支援は困難と言えます。

　また近年、虐待を理由とした入所や障害の疑いがある子どもの増加などでケアの質を高める必要があり、職員の人員配置の人数も変更され、職員1人あたりが見る子どもの数を減らす方向にあります。児童養護施設を例に出すと、従来は小学生以上の子ども6人に対して職員1名の配置が義務づけられていましたが、平成25年施行の現行法では子ども5.5人に職員1人の配置へと変更されました。また、将来的には小学生以上の子ども4人に対し、職員1人の配置を目指す方向にあるといいます。この他の

乳児院や母子生活支援施設などでも人員配置基準の引き上げは行われていて、ケアの質を高めるためにも職員が一人一人の利用者を見やすい環境づくりが目指されています。

2 社会的養護を生み出す要因と施設、里親委託の実態

1）社会的養護を生み出す要因

　社会的養護を必要とする子どもたちは、親の不在（死別、服役、失踪等）や経済的理由、虐待による親子分離などの理由に分けられますが、近年は虐待の割合が高くなり、社会的養護を受けている子どもの半数近くが何かしらの虐待を受けていたといえるほど、虐待を受けた子どもの数は多くなっています。児童相談所が対応した児童虐待の件数は、1990年から2013年にかけて70倍に増加したとされています。この増加は、虐待自体の増加も考えられますが、虐待の認知度の高まり、虐待のある家庭への周囲の気づきが多くなったとも言えるのではないでしょうか。

　虐待は、目に見えてわかりやすい暴力による身体的虐待、心理的虐待、性的虐待、ネグレクト（育児放棄）の4つに大きく分けられます。児童養護施設に入所している虐待を受けた子どもたちの中でネグレクトは7割近い割合を示しており、虐待の中でもネグレクトは起こりやすい問題と言えるのではないでしょうか。児童虐待が行われている家庭の多くは、「ひとり親家庭」や「経済的困難」などの課題を抱えているというデータも出ていることから、社会的養護を必要とする子どもたちの背景には、親自身の社会的孤立や貧困などの問題が絡んでいるのが現状です。また、児童養護施設入所中の児童の家庭状況の調査によると、「ひとり親家庭」が51％、両親不在が10％となっています。また、「ひとり親」の中でも実母のみは35％と分類上最も多い割合となっており、日本において最も貧困に陥りやすい母子世帯から社会的養護を必要とする子どもたちが多く生まれていることは、親の孤立、貧困という視点からみても必然と言えるのかもしれません。

2）施設養護の実態

　上記の中で職員配置において、職員ひとりあたりの子どもの数は減っていく方向にあり、職員一人ひとりが子どもたちと関わりやすい環境に向かっているとしていましたが、実際の現場においては交代勤務制であるため、多いところでは1人で16人以上の子どもたちを一度に見なければならないことにもなりがちで、職員配置の人数が常に職員の見るべき人数とはなっていません。

　また、施設内における子ども同士の喧嘩やいじめの問題も起こりうる問題で、年長者からの暴力や異性間に限らない同性間でも性加害の問題が発生しています。このような、子どもたちが多い場所で、職員などの大人の数が足りていないために起こる問題は施設養護の課題でもあります。そういった問題が起こる危険性が報告されているため、予防的に年齢、性別を分けてそれぞれに性や人としての権利、倫理に関する学習に取り組む施設も多くあります。

3）社会的養護と里親委託制度

　施設での養護が主流の日本において、里親への委託率は12.0%とかなり低く、里親委託の重要性が見直されてきています。日本は、里親委託が盛んな欧米主要国やオーストラリアに比べて里親委託がかなり低い割合となっており、施設依存の社会的養護の現状を打開しようと、平成23年に政府は「里親委託ガイドライン」を作成しました。国が里親に求める役割は大きく、「特定の愛着関係の下での養育による基本的信頼感の獲得」、「家庭を築く上でのモデルとしての期待」、「地域社会の中で生活技術の獲得」の3つがあげられ、施設委託よりも里親委託を優先的に行うとしています。

　現在、政策として生活規模の小規模化や家庭的な養育を提供することで「あたりまえの生活」を保障することが必要であるとしていて、地域小規模児童養護施設や小規模グループケアが推奨され里親委託の推進も図られています。またそれだけでなく、里親やファミリーホーム以外の施設に入所した児童にとってはモデルとするべき家庭を知らない子どももいるため、家庭のモデルを持たない子どもが家庭形成能力をどのように培うかが問われており、施設入所の世代間連鎖を止めるためにも施設に入所した経験のある児童が大人になっても頼れる居場所が必要だとされています。

　子どもの権利条約など、子どもが生活する上でのあたりまえを確保するために、子ども一人当たりの居室面積の拡充や職員の配置基準の見直しがなされ、より支援の行き届くような仕組みが作られています。そのためのひとつとして、支援が行き届き、かつ家庭のモデルを多くの子どもたちが知ることができるように、里親やファミリーホームを推進する「里親委託ガイドライン」を作成し、平成24年度末では14.8%ですが、今後30%以上の委託率になるよう目標設定されています。

①里親の種別と小規模事業

　里親にもいくつか種類があり、養育里親、専門里親、養子縁組希望里親、親族里親に分けられます。養育里親と養子縁組里親との区別は平成20年に行われ、養育里親の社会的養護体制の明確化と養育里親による養育を社会的に評価する額へと手当をひきあげていきました。その影響があってか、平成20年から登録里親数の増減はあるものの、委託里親数と委託児童数はともに増加しています。

　また、里親委託を発展させた形として、小規模住居型児童養育事業があり、一般的にはファミリーホームと呼ばれています。児童数を5〜6人とした里親型グループホームであり、養育者の住居で行うという点が里親と似ていて、平成23年10月の時点で145ホームあり、委託児童数は497人となっています。

②「里親委託ガイドライン」について

　「里親委託ガイドライン」を策定し、里親委託優先の原則などを取り決めた平成23年に、今後10数年での里親委託率をファミリーホームを含めて30%以上にするという目標をたて、里親の増加や里親支援のための担当者の配置、里親サロンの開催などに力を入れてきています。里親支援の担当者は、配置基準のなかった児童相談所での里親委託等推進員、児童養護施設での里親支援専門相談員があり、地域の里親会と連携をとりながら都道府県単位、全国単位の里親会との連携を図っていきます。また、

その中でNPOと協働し里親支援を進めていく市町村も現れ、福岡市での取り組みが顕著になっています。福岡市は、平成16年度末の里親委託率は6.4％でしたが、平成24年度末には31.5％の委託率となり、都道府県、市のなかでの一番の伸び率となりました。里親支援機関の充実も考えられますが、NPOとの連携も大きな役割を担っていると考えられます。福岡市はNPOと連携し、専門里親用の講座、サロンの開催などで行政が用意しにくい里親のための居場所や相談役を担っていたのではないかと考えられます。しかし、福岡市のように里親委託率を大きく増加させ、国の目標とする30％へ近づくことができている自治体もあれば、なかなか委託率を増やすことのできていない自治体もあり、都道府県市において委託率が下は5％から上は44.3％と自治体によるバラつきが大きいという課題もあります。

3　社会的養護の課題

1）施設養護における課題

　児童養護施設を経験したことのある(18歳以前の退所を含む)児童の大学進学率は12.3％となっており、一般家庭の子どもを含む全高卒者の52.3％に比べてかなり少ないと言えます。

　大学入学や授業、生活における資金の問題もありますが、学力的な面で入学をあきらめざるを得ない子どもも多くいます。社会的養護を受ける以前の家庭環境が不安定で、学習環境が整っていない、学習以前の衣食住すらままならない状況を経て入所している子どももおり、基礎学力や学習する習慣のない子どもが多いのが現状です。

2）里親委託における課題

　日本において社会的養護と言えば施設措置、施設での養護が主流となっていますが、欧米の主要国の多くでは社会的養護の半数以上が里親委託となっており、オーストラリアでは93.5％が里親への委託となっています。日本も上述のように、より家庭的な支援が必要であるとして、施設規模の小規模化や里親の増員に繋がる政策を生み出し、小規模児童養護施設やファミリーホームの推進、里親支援専門相談員の配置などに取り組んでいます。その結果は出てきている反面、自治体間のバラつきが見られ、全国一律に小規模化、里親委託に向かっているとはいいにくい現状にあります。

4　子どもの社会的養護を支援する重要性とNPOの役割

　上記のような社会的養護を受けるためには、児童相談所による措置決定が必要で、通告や相談を経て措置が必要であると判断された児童のみ社会的養護を受けることができます。つまり、措置に値するかしないかの判断が難しいボーダーラインの子どもや児童相談所が知ることのない、虐待を受けているにも関わらず通告されていない子どもたち、社会的に孤立し地域住民も把握できていない家庭において問題を抱える子どもは社会的養護を受けることができない、受けることすら知らない可能性があると

II 領域別7　子どもNPOと社会的養護

言えます。

　また、一般的には措置の前段階として一時保護を実施されることが多いのですが、保護期間中は学校に行けない、外との通信がかなり制限される、生活に置いても自由度が低いなど、行動の自由がかなり制限されるために児童が拒否することもあり、拒否した場合には保護することができず措置まで至れないこともあります。仮に強制的に保護し、施設や里親へと措置したとしても、児童が納得していないのであればその中で不適応を起こす、脱走するなどといった問題行動も考えられ、児童の納得のいっていない社会的養護にはその子どもだけでなく、先に入所している子どもたちへの影響という面をとって考えても、リスクがあるといえるでしょう。

　施設職員の手の回らない退所後支援や退所後の居場所づくりは、主に社会的養護の当事者団体が担うことが多く、ボランティア団体に限らず、NPO法人格を取得し、支援のサイクルを安定させる団体も少なくありません。また、当事者団体のネットワークは全国規模でできており、団体毎に集う機会も少なくありません。社会的養護へのボランティアによる支援は退所後に限らず、入所中の児童へのボランティア組織も存在します。その多くはNPO法人として活動し、法的な社会的養護がカバーしきれていない部分をサポートする形で児童や若者、大人へと支援を行っています。代表的なものが学習支援などのサポートで、社会的養護に関心の高い福祉系の学生だけでなく、教育やその他の学部、社会人なども巻き込みながらサポート体制を作り上げている団体もあります。

　さらに、社会的養護を受けられない、受ける気持ちになれない児童への支援をアウトリーチという手法を用いて行うNPO法人も出てきています。社会的養護を受けられない、受ける気持ちになれない子どもたちがどこにいるとは断定できないため、その社会的養護の必要な子どもが利用すると考えられる駅や街中などを中心にパトロール（アウトリーチ）を行い、その子どものニーズに応じて、居場所づくり事業や一般家庭の子も利用する支援機関、児童相談所などへの相談補助や同行支援、相談への意識づけを行います。街頭に出歩くことのできる年代ではない子どもたちも利用できるアプローチとして、スーパーなどに相談を投函できるポストを設置する取り組みを行なうNPO法人もあります。

　社会的養護における生活環境や職員の数は、児童福祉法の中で子どもたちが安心して生活できるように決められ、近年では一般家庭の子どもと変わらない「あたりまえの生活」を目指して、居住空間へのてこ入れなどが進められています。しかし、学習支援や退所後支援、法制度の網にかからない児童へのケアなど、社会的養護やそれを必要とする子どもたちの「あたりまえ」のサポートの一部をNPO法人が担っていると言えるのではないでしょうか。一人ひとりが求める支援すべてを法制度がまかなうことは難しいでしょう。社会的養護分野においても法制度のみですべてを満たすことは難しく、法制度の届かない部分をNPOやボランティア組織が穴を埋めるように満ち足りていない子どもたちへの支援を担っていくのではないでしょうか。次にそれらの実践団体を取り上げていきます。

統計・グラフ等ページ

表1 被虐待経験の有無及び虐待の種類

	総数	虐待経験あり	身体的虐待	性的虐待	ネグレクト	心理的虐待	虐待経験なし	不明
里親委託児	4,534 100.0%	1,409 31.1%	416 29.5%	71 5.0%	965 68.5%	242 17.2%	2,798 61.7%	304 6.7%
養護施設児	29,979 100.0%	17,850 59.5%	7,498 42.0%	732 4.1%	11,367 63.7%	3,753 21.0%	10,610 35.4%	1,481 4.9%
情緒障害児	1,235 100.0%	879 71.2%	569 64.7%	70 8.0%	386 43.9%	275 31.3%	318 25.7%	38 3.1%
自立施設児	1,670 100.0%	977 58.5%	590 60.5%	45 4.6%	525 53.8%	287 29.4%	589 35.3%	104 6.2%
乳児院児	3,147 100.0%	1,117 35.5%	287 25.7%	1 0.1%	825 73.9%	94 8.4%	1,942 61.7%	85 2.7%
母子施設児	6,006 100.0%	3,009 50.1%	1,037 34.5%	102 3.4%	617 20.5%	2,346 78.0%	2,762 46.0%	235 3.9%
ファミリーホーム児	829 100.0%	459 55.4%	189 41.2%	45 9.8%	292 63.6%	134 29.2%	304 36.7%	66 8.0%
援助ホーム児	376 100.0%	247 65.7%	131 53.0%	38 15.4%	124 50.2%	96 38.9%	89 23.7%	38 10.1%

出典：厚生労働省 平成25年版「児童養護施設入所児童等調査結果」より抜粋

図1 児童虐待相談対応件数の推移

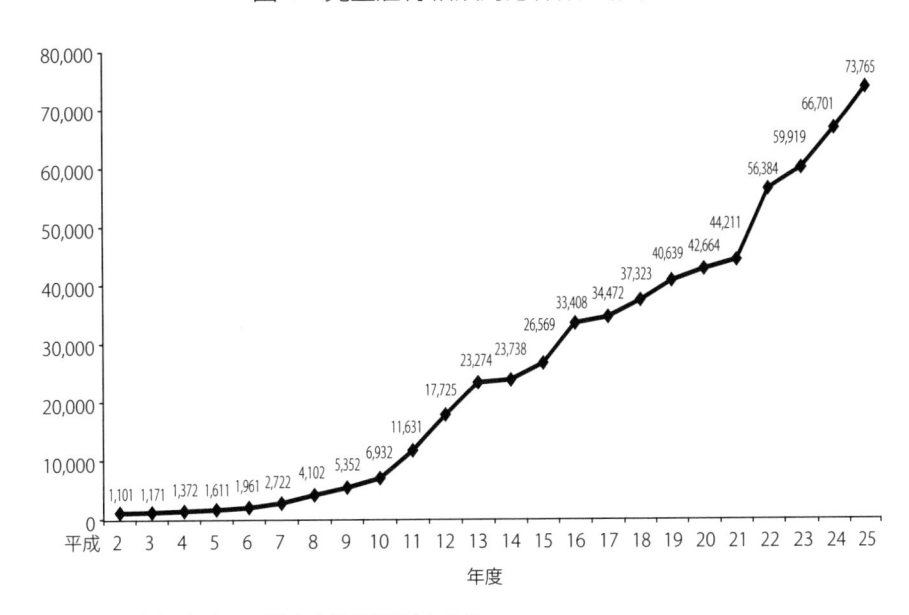

年度	件数
平成2	1,101
3	1,171
4	1,372
5	1,611
6	1,961
7	2,722
8	4,102
9	5,352
10	6,932
11	11,631
12	17,725
13	23,274
14	23,738
15	26,569
16	33,408
17	34,472
18	37,323
19	40,639
20	42,664
21	44,211
22	56,384
23	59,919
24	66,701
25	73,765

出典：児童相談所での児童虐待相談対応件数

実践 1　環境の中で生まれ育つすべての子どもたちに適切な支援を
〜社会的に孤立しやすい子どもたちと、社会をつなげていく〜

NPO法人 3keys
代表理事　森山 誉恵
http://3keys.jp

① 3keys のはじまり

1) 社会的背景

近年、痛ましい児童虐待事件の発生が後を断ちません。平成17（2005）年6月に警察庁がまとめた「被害児童が死に至った児童虐待事件に関する調査結果」によると、平成16（2004）年に全国の警察が検挙した死に至った被虐待児は49件、51人となっており、児童虐待相談件数は20年間で70倍に増加し、2013年には7万件を超えるほどになりました。

親元で暮らせない子どもたちを公的に保護し育てる、「社会的養護」の下に暮らす子どもたちは4万7千人に上り、わが国においては里親委託以上に、児童養護施設等の児童福祉施設への入所が多くなっています。児童福祉施設不足や、児童虐待の対応を行う児童相談所の人手不足などにより、社会的養護を必要としているけれども、支援が受けられていない子どもたちもたくさんいると推測され、このような形で数字に出ているものは氷山の一角とも言われています。「子どもは親や親戚と暮らすもの」といったことは、もはや常識ではなくなっているのです。

2) 3keys の立ち上げ

NPO法人 3keys は、2009年に大学生の有志の団体としてはじまった「任意団体3keys」が母体となっています。私（森山）が大学生だった時に、児童養護施設で学習ボランティアをしたことをきっかけに、家庭環境により子どもたちの安心、安全すらも脅かされ、あらゆる面で格差が生じていることを実感し、立ち上げた団体です。大学生を集めて、児童養護施設に暮らす子どもたちに学習を支援するところから、活動は始まりました。

② 3keys の事業内容

多くの子どもたちは児童養護施設に来る前から、虐待や育児放棄といった環境下で、学習環境が十分でなく、生活環境も不安定という中で、学習遅れ、不登校や引きこもりの状況に似たケースは少なくありません。さらには児童養護施設に入所するまでに、児童相談所を行き来したり、一時保護所に保護され学校に行けなくなったりする中で、環境が目まぐるしく変化します。施設に来てからも新しい住まい、新しい学校、新しい友達づくりという中で学校に適応できなくなることもしばしばあります。児童養護施設に来てからも、慢性的な人手不足の中で、子ども一人ひとりに寄り添い勉強や生活を支える余裕がなかなかなく、学習遅れや学校への適応へのサポートが不十分なことも少なくないのが現状です。そういった現状があり、2011年の全国の児童養護施設への調査結果によると、勉強サポートへのニーズは7割以上と、もっとも高いニーズとなっています。

現在、NPO法人 3keysは、「生まれ育った環境によらず、自立や権利保障の観点から必要な支援・情報が十分に行き届く社会の創造に寄与すること」を理念に、以下の3つの活動を柱にしています。
・経済的理由や家庭環境等の理由で学習支援が必要な子どもたちへの学習支援事業「prêle（プレール）」
・学習以外にも頼れる人や相談できる人を持たない子どもたちの相談や支援を行う子どもの権利保障推進事業「vine（ヴァイン）」
・見えづらい子どもの貧困や虐待の現状を社会に発信していく啓発活動事業「伝える・変える」

1）学習支援事業「prêle（プレール）」

学習支援事業は、すべての子どもたちに学習保障、進学保障が行き届くことを目指している事業です。

現在のメインのプログラムは児童福祉施設で生活する中高生に学習ボランティアによる家庭教師（チューター）を派遣する学習ボランティア派遣サービス「家庭教師型プログラム」となっています。「家庭教師型プログラム」では、これまで学習支援が受けづらかった子どもたちに対して、学習ボランティア（チューター）の研修、採用、派遣、派遣後のフォローを行っています。これまで東京、神奈川の19の児童福祉施設等に利用してもらいました。

ボランティア登録会の様子

児童養護施設をはじめとした児童福祉施設ではこういった学習ボランティアの研修や採用等にも時間が割けないことが多く、3keys側でその採用やフォローを代わりに担い、より多くの人が子どもたちを支えられる仕組みづくりを目指しています。

これまで施設側は、いつボランティアから応募が来るかわからなかったため、ボランティアが来てはじめてどの子どもを教えてもらうかを決めたり、もしくはボランティアが教えられない教科を教えてもらっていたケースが少なくなったそうです。しかし、3keysの家庭教師型プログラムを利用した場合、依頼してから基本的には5週間程度でボランティアを紹介しているので、子どもの目標や希望教科、タイミングに合わせて支援することができるようになりました。さらには、学習ボランティアのフォローによって子どもたちが継続的な学習支援を受けやすく、3keysで派遣されるチューターは半年から4年程度の活動を行っている場合もあります。

指導の様子

家庭教師型プログラム利用施設のアンケート結果では、「子どもの目標・教科にあったボランティアがつけられるようになった」、「全体的に学習支援にまつわる職員の負担が減った」ともに「大変そう思う」、「そう思う」で100%となり、「子どもの目標・教科にあったボランティアがつけられるようになった」という項目では、「大変そう思う」という評価が66%と利用施設全体の3分の2の施設に高い満足をしていただけていると言

えます。

　また、児童養護施設の職員のアンケートには、以下の内容がありました（一部抜粋）。

　「私の施設では、最近ようやく学習支援ということに目を向け始めたところです。職員の視点からいうと、学習支援ということを組み込むことはとても困難で労力を要します。まだまだ世間の児童養護施設に対する理解・認知は低く、現場では人手不足に頭を抱えることもしばしばです。体調が悪くても十分な休暇をとることが難しい職場です。そんな中、3keysさんのように継続的に子どもたちに対する学習支援をして下さることは、本当に助かります。3keysさんのような団体が増えたら…と思わずにはいられません。」

　さらに、以下の利用した子どものアンケートから、勉強が苦手、嫌いな子どもも少なくない中で、比較的高い満足度が得られていることがわかります。

　児童福祉施設にいる中高生向けの「家庭教師型プログラム」以外にも、小学生に対して主に放課後などに国語と算数の学習支援や宿題の補助を行う教室運営サービス「教室型プログラム」、他NPOや児童福祉施設向けに学習ボランティアの募集サポートや学習支援の相談・研修も行っています。

2）学習支援事業以外の取り組み

　活動は学習支援からはじまりましたが、学習以外にも子どもやその周辺の人から相談が寄せられるようになりました。行政窓口や、近くの人に呼びかけをしても、適切な対応をしてもらえなかったと当法人に相談が寄せられることが徐々に増え、子どもたちの権利保障を目的とした相談窓口を設置しました。当法人以外にもこういった相談窓口はありますが、子どもたちにとって適切な心理的・物理的に近い距離に相談窓口がない可能性もあります。地域の見守り役も減ってきた中で、子どもたちが気軽に相談できる場所を作っていく必要を強く感じ、設置に至りました。現在

家庭教師型プログラムを利用した子どものアンケート結果

目標達成度（子どもの自己評価）

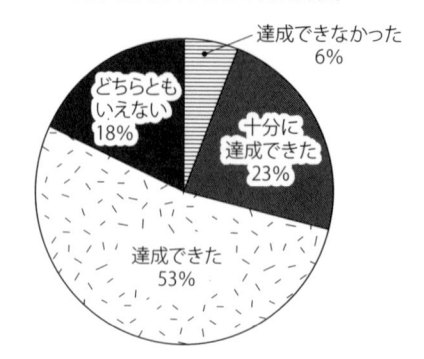

- 達成できなかった　6%
- 十分に達成できた　23%
- 達成できた　53%
- どちらともいえない　18%

チューター（家庭教師）の総合満足度（子どもからの評価）

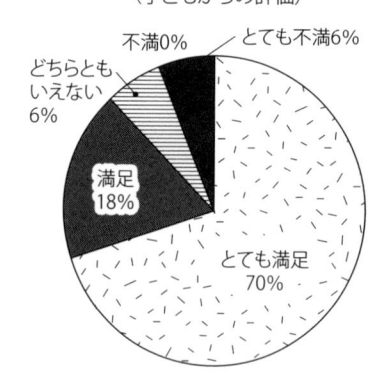

- 不満　0%
- とても不満　6%
- どちらともいえない　6%
- 満足　18%
- とても満足　70%

はホームページ等から相談を受け付けています。加えて、講演や執筆、セミナーを通じて子どもたちの現状発信にも努めています。

　貧困問題は「サイレントプア」と呼ばれており、虐待等も地域のつながりが減る中で見えづらい問題になってきました。虐待や貧困といっても、日本でそういった問題が起きていると想像しづらく、他人事に思っている人も少なくないように感じています。子どもへの支援の必要性や、深刻な現状をより多くの人に感じてもらうことで、子どもたちに適切に手を差し伸べられる大人を増やすために、発信に力を入れています。（株）講談社発行のWEBメディア、現代ビジネスでの連載や、Child Issue Seminarという連続セミナーを開催し、定期的に助けを必要としている子

どもたちの現状をより身近に感じてもらえるように取り組んでいます。

Child Issue Seminar の様子
多くの人に子どもたちの置かれた現状を
伝えるために開催している

③ 今後の課題と展望

当法人は特定非営利活動法人、いわゆる、NPO法人という法人格で活動していますが、当法人の定義するNPOの役割は大きく2つあると思っています。1つ目は、非営利分野において適切な制度づくりの加速化、2つ目は制度化されたものを適切に運営していくことだと考えています。子どもの社会保障の分野は、受益者負担が見込みづらい分、継続的に活動を行うためには、補助金を得ることが大切になってきます。しかし、制度化されていないと補助金は得づらく、継続的に支援を行うことは非常に困難です。補助金がない分野はこれまでは地域の草の根的な活動として支援が行われてきました。しかし、地域のつながりが減ってきている中で、地域内のボランティア活動やその担い手、とくに若い担い手は減ってきています。当法人は、地域を超えたボランティアを巻き込み、寄付や民間企業などとの民間の力も結集することで、1つ目の役割である、制度化の加速化を目指しています。制度からも漏れてしまっている子どもたちの支援を行い、ゆくゆくは制度化につなげていくことを目指しています。

そのひとつの実績としては、2015年度から児童養護施設をはじめとした児童福祉施設に対して、学習支援にまつわる補助が充実化されます。

活動を開始した当初は、児童福祉の分野で義務教育の費用以外の学習支援にまつわる費用の捻出はほとんどなく、児童養護施設などで働く職員が業務の傍らで担うか、当法人のような団体を介してボランティアを活用するしかありませんでした。

貧困や虐待といった環境で暮らす子どもたちの学習遅れの問題や、その先にある進路や自立における影響が問題視されるようになった現れではないかと思っています。

その制度化における当法人の影響力がどれほどなのかは定かではないですが、これまで子どもたちの置かれた現状を各所で発信してきてよかったと思えた瞬間でした。しかし、苦しい状況にいるのは、児童福祉施設にいる子どもたちだけではありません。子どもを見守る大人が減ってきていることなども踏まえ、より多様な子どもたちに支援を届けられるよう、他団体とのネットワークづくりや連携、これまでの実践の共有などに力を入れ始めています。

時代や社会の流れとその中で漏れてしまいやすい子どもたちの存在にいかに早く気づき、また気づいた人たちで多くの人や資源を巻き込んでいくか、それが今後の大きな課題になっていくのではと感じています。

売り上げの一部が3keysへの寄付になる寄付型自販機
活動資金獲得のために様々な寄付の形を作っている

実践 2 社会的養護の当事者活動から見えてきたこと
～任意団体活動からNPO活動へ～

NPO法人なごやかサポートみらい
理事長 蛯沢　光
http://www.nagoyakamirai.com/

1 はじめに

　全国の児童養護施設や里親家庭などの社会的養護の下で暮らす子どもたちは、約4,6000人存在します。多くの子どもたちが親からの虐待やDVなどにより大きなトラウマを抱え、また、複雑な喪失体験を背負っています。

　こうした社会的養護で暮らした人たちが中心になって運営する「当事者活動」について、名古屋市を拠点に活動する「なごやかサポートみらい」の実践を紹介しながら、現状と課題について述べていきたいと思います。

2 不安・不信を抱えたまま社会へ

　子ども時代にさまざまな困難を経験した人が、人生を自分の力で切り開き、歩むには、生い立ちの整理やトラウマへのケア、さまざまな喪失に対するサポートなどが必要です。また、無条件に受け入れてくれる人との密接で長い時間をかけてのかかわり合いが欠かせないと思います。こうした安心安全が保障された癒しのプロセスを経て、子どもが自分の力で歩む準備が整う時期は、当然一人ひとり異なります。しかし、原則として18歳になると一律に終わってしまうのが、現代の社会的養護の実態です。その「終わり」のとき、子どもたちは、住む場所はもとより、それまでの養育者や家族、友人との関係、経済的な状況、地域とのつながりなどの生活全般にわたり、本人が望むかどうかにかかわらず、大きく変わることになります。

　こうして社会的養護を巣立ち、その後、多くの困難を抱えている若者がたくさんいます。住み込みで就労した若者が、仕事や職場の人間関係につまずいて離職する場合、同時に住まいも失います。行き場を無くし、夜の街で声をかけてくる大人たちの社会で暮らすようになってしまうことも多々あります。

　社会的養護を巣立ったばかりの若者たちは、だれに助けを求めればよいのかをわかっていないのです。これまでお世話になった施設職員や里親に「頼ってよい」と言われていても、失敗した姿を見せたくない場合もあります。「どうせ幸せになれない」と、自分の人生をあきらめてしまっていることすらあるのです。

3 「なごやかサポートみらい」設立の経緯

　近年、親からの虐待や様々な家庭の事情で、親と一緒に暮らすことができず、社会的養護の下で暮らした大半の子どもたちは不安を抱えたまま、社会へ自立していかなければなりません。ちなみにそうした当事者が「自立」していくことは容易なものではありません。それは経済的・精神的面からの両面から非常に大変な状況にあると考えられます。

　そのような時代背景にあって、全国各地で

児童養護施設や里親家庭等で育った当事者が社会へ自分自身の実体験や社会的養護の制度・政策の充実を求めて発信しています。まだまだ知られていないことが多くあるので、当事者としてまた支援者として発信し、一人でも多くの人たちの理解・協力を得たいものです。「自分にできることを無理なく、やれるときに楽しくやる」を大切に、こうした自立支援の問題解決を図りたいと考えて設立しました。

一緒に活動している"なごやかサポートみらい"の仲間たち

④ 活動の紹介

なごやかサポートみらいの当事者主体の活動を紹介していきたいと思います。

1) なごやかサロン

当事者の仲間づくり・居場所づくりとして月1～2回、当事者や会員たちが集まってお茶を飲みながら楽しい時間を過ごすことができればと思っています。自立後の生活・就労の相談も合わせて実施しています。また施設や里親家庭で生活している子ども対象の「なごやかサロン」を企画し、交流をしてきた実績もあります。しかし、この「なごやかサロン」はなかなか機能していないのが現実です。当事者が他に仕事をしていることもあり、事務所に必ず居る状況にないということが非常に大きいです。またサロンに来る人が固定化していくこともどうなのか課題としてあります。この辺りも考えていかなくてはならないところだと思っています。

2) 社会的養護施設・団体等へ訪問

施設や里親家庭・ファミリーホームで生活している子どもたちへの就職・進学相談等、施設・里親会主催行事（お祭り・クリスマス会・卒業生を祝う会など）への参加を随時行っています。最近では、施設から就職や進学に関しての話をしに来てほしいという依頼が増えてきています。

3) 高校生対象の大学等助成制度説明会

全国の児童養護施設から大学等への進学率は12.3％（2013年5月現在）で、一般の進学率53.2％の約5分の1という現況です。このようにまだまだ児童養護施設や里親家庭からの大学等への進学は困難であり、ハードルが高いことがわかります。その中で子どもたちは自分の生き方を日々、懸命に模索しているのです。この企画をやろうと思い立ったきっかけは、私自身が大学進学をするのに金銭面ですごく苦労したので、少しでもそのことを現場の職員や里親、進学を目指す子どもたちに伝えたいと思ったことと、とにかく奨学金制度について知ってほしいという願いからです。少しずつ進学に関する意識が高まってきたと同時に相談が増えてきたように感じています。

4) わくわく集会

乳児院や児童養護施設等といった児童福祉施設・里親家庭で育った人たちの経験談を聴いたり、未来の社会的養護を担う学生、施設職員、里親等が養護問題や今後の課題を共有し、みんなの知恵を寄せて、これからの社会的養護についてなごやかな雰囲気の中で考え、学んできています。毎回参加者が増えていることは非常に嬉しいことです。もっと施設職員や当事者の参加が増えてくると良いと考えています。そのために内容や開催時期の見直しも必要であると考えています。

II 領域別7　子どもNPOと社会的養護

学習会で、自分の過去を真剣に話す当事者たち

5) 記念品贈呈事業

毎年、年度末に施設や里親家庭を巣立っていく子どもたちに記念品を贈呈しています。過去においてはマグカップやボールペンを贈ってきました。マグカップには何かあった時にすぐに電話したいと思う場所や人の名前と番号が書き込めるようにデザインして贈ったことがあります。平成26年度は東海三県の児童養護施設を卒園する子どもたち総勢約170人に贈ることになりました。

社会へ巣立っていく子どもたちに
"なごやかサポートみらい"から
記念品を渡しているところ

6) 講演会

毎年、社会的養護について、一人でも多くの人たちに現実を知ってほしいという願いから、児童福祉関係者・会員を対象にした社会的養護に関する講演会を開催してきています。

7) 自立支援研修への協力

児童養護施設で暮らす中学生と高校生を対象に、自身の自立について考える機会を提供することにより、職業観の熟成を図り将来の経済的・社会的自立につなげたいというのがそのねらいです。また普段、別々の施設で暮らしている仲間同士の語らいを深め、社会性を育むことを目的としている名古屋市内の研修に協力しています。

施設の行事に招待され、あいさつをする当事者

5 NPO活動の意義と期待される役割

1) NPO活動の意義

さて、"特定非営利活動の意義"については、「社会的な使命の達成を目的に、市民が連携し、自発的かつ非営利で行う社会的、公益的活動」としてとらえ、そうした活動を継続的に行っている民間の組織、団体を「NPO」と定義するものとしています。

NPOは、「自主性」、「個別性」、「迅速性」など種々の特性を持っており、行政の持つ公平性や企業の持つ利潤追求という社会的価値にとらわれず、社会的課題に対して、迅速で先駆的な取り組みができるとともに、それぞれの多様な価値観と人間性に基づく自由な意思により、個別的で柔軟な社会サービスの提供が可能です。また、こうした取り組みから社会への問題意識を持ち、行政や企業に対して市民の立場からチェックし、独自の提言を行うことができると考えています。さらに、自己の能力や行動を生かし、社会的な

意義を見出したい市民の自己実現の場や新たな価値観を表現する場ともなるものです。

このようなことから、NPOは、行政、企業と並ぶ第3のセクターとして期待され、今後、これらがバランスよく機能していくことで、豊かで活力のある社会の構築が進むものと考えられます。こうしたことから、「なごやかサポートみらい」は特定非営利活動の中で裾野を広げていくことが大変意味のあることだと思い、活動を始め、現在に至っています。

2）NPO活動に今後期待される役割

様々な角度から見ても柔軟で視野の広いNPO活動に今後期待される役割は非常に大きいと言えます。

①新たなサービスを生み出す

地域に密着し、様々な価値観に基づいて多様で迅速に行動できるNPOは、個別的で柔軟なサービスを提供することが可能であり、公平性や平等性を重視すべき行政では提供が難しい新たな公共サービスの供給主体として、その役割が期待できると考えています。

②自己実現や社会貢献の場

一人ひとりの経験や能力を生かし、新たな生きがいを求めてボランティア活動を行いたいとする人々が増えつつあり、NPOには、このようなニーズに応え、自己実現を図る機会を提供する主体として、また、社会貢献を行いたいとする意欲を社会的成果に結びつける場の提供主体としての役割が期待できます。

③市民主体の社会づくり

少子・高齢社会の進展や環境問題の深刻化などにともない、新たな行政需要が増大し、その処理のために膨大な行政コストが必要になってきます。このような状況から、市民の自助努力を柱にした市民主体の社会の実現が望まれるようになってきており、NPOには、このような社会の構築に向けた新たな流れを生み出す原動力としての役割があると考えられます。

④新たな地域社会づくり

活動を通じ、個人の自己実現と社会的課題の解決を同時に進めることを目指すNPOは、従来の地域社会におけるコミュニティーが弱体化しつつある中で、新たな地域社会づくりの主体として、また、地方分権が進む中で、地域の個性や主体性を発揮し、分権型社会の形成を促進する主体となっていきます。

⑥ 今後の課題

NPOは、地域・社会の実態を十分に把握・理解し、民間の立場で行動していくべき組織です。しかし、「協働」という名のもとにNPOが行政にうまく使われ、利用されている場合があることも事実です。だからこそ、普段から行政の賛否や意向にかかわらず、緊急に必要とされる事業については、独自で取り組むとともに、行政等に大きく政策を提言し、説明していく必要があります。

また、行政に過度に依存しないために大切なことは、団体として独立し、一人ひとりが主体性と課題を持ち続けることです。

そして、それを実現するためには、役員の構成や事業内容の計画等、組織的にも役割分担をし、財政的にも高い専門性を養い、運営していくことが重要だと考えています。

⑦ おわりに

任意団体からNPO法人設立を経て今日に至るまで、本当に多くの方々の協力を得てやってくることができました。感謝の気持ちでいっぱいです。さらに確かな組織として基盤を固め、さまざまな活動を通して社会へ向けて発信していきたいと思っています。当事者主体の活動と行政への提案なども合わせ、建設的に進めていきたいと考える次第です。

概説 傍観者、無関心が育てる子どもの未来
～法「改正」に頼る少年司法の行方～

NPO法人全国こども福祉センター
社会福祉士 荒井 和樹

1 少年法の歴史

1) 近年の法改正と少年事件

　少年法の理念は「少年の健全育成」です。罪を犯した少年に対し、保護と更生の機会を与えるものという考え方があり、少年は成人よりも更生の余地が大きいことが期待されています。第一条に「非行のある少年に対して性格の矯正及び環境の調整に関する保護処分を行うとともに、少年の刑事事件について特別の措置を講ずることを目的とする」とあるように、未成年者には成人と同様の刑事処分を下すのではなく、原則として家庭裁判所により保護更生のための処置を下すことを規定しているのです。

　戦後である1948年、GHQの指導の下、アメリカの少年犯罪法を模範として現行の少年法が制定され、少年法の適用年齢が18歳未満から20歳未満に引き上げられました。

　しかし、1990年代後半ぐらいから学級崩壊や家庭崩壊、不登校などのワードが飛び交い、少年非行が改めて社会問題化し、テレビや雑誌で頻繁に取り上げられるようになりました。子ども不信が高まるなか、神戸連続児童殺傷事件（1997年）と光市母子殺害事件（1999年）といった少年事件が発生しました。神戸市児童殺傷事件では当時14歳の少年が加害者であったことから、16歳未満には刑事責任を問うことができませんでした。しかし、事件は残虐性が強く、社会に大きな衝撃を与えました。これをきっかけに少年事件の処分等の在り方を見直すこととなり、約50年続いてきた少年法が2000年に大幅に改正されました。

　刑罰の対象年齢が16歳以上から14歳以上に引き下げられ、刑事処分相当と認めるときは検察官送致となりました。

　しかし、法改正後に、長崎男児誘拐殺人事件（2003年）、長崎県佐世保市女子児童殺害事件（2004年）が発生し、12歳の小学生が起こした事件として衝撃を与えました。

　加害者の低年齢化が進み、2007年の少年法改正によって触法少年も警察調査権限が認められるようになり、おおむね12歳以上であれば、少年院送致が可能となりました。

　また、2007年の法改正後も少年事件が発生し、それらの事件をきっかけに2014年の改正で少年に科される刑の引き上げが行われました。18歳未満の少年に対し、有期

懲役の上限を20年に引き上げ、不定期刑も「10年～15年」となりました。また検察官の関与制度と国選付添人制度が拡大し、長期3年を超える罪にはすべて検察官が立ち会うこととなりました。

　2009年に広島少年院で入所者への虐待が発覚しました。それを機に65年ぶりに少年院法が抜本的に改正され、2014年6月、新たな少年院法と少年鑑別所法が制定されました。

2）厳罰化の背景

　神戸連続児童殺傷事件（1997年）で逮捕された少年は、医療少年院送致になり、長崎県佐世保市女子児童殺害事件で逮捕された少女は、児童自立支援施設送致となりました。

　社会では少年事件が起こるたびに、メディア等で連日報道され、「今の子どもは何をするかわからない」「凶悪化している」「隔離しよう、厳罰化しよう」という声が上がります。

　そのような少年への刑罰や事件をめぐる議論が絶えない中、2010年、石巻3人殺傷事件の加害者である元少年に死刑判決が出されました。少年が被告の裁判員裁判では初のケースとなりました。その後、2012年（平成24年）には光市母子殺害事件の加害者の元少年にも死刑判決が確定しています。

　このように度重なる少年法改正と、進む厳罰化に対し、弁護士や少年法の学者は、更生を重視する法の趣旨に反し、少年たちの更生や社会復帰の機会が失われると指摘しています。

　また、厳罰化の背景には、被害者に対する支援が追いつかず、行き場のない怒りと悲しみといった被害者感情が深く関係しています。被害者への配慮はされつつもあるも、未だ被害者支援は十分とは言えません。

2　少年をとりまく現状

1）保護者と傍観者

　少年事件や少年非行の背景には虐待などによる養育環境や社会での孤立が関係しています。

　じつに少年院入所者の62％が「保護者からの虐待を受けた」と申し出ていることが分かっています（2014年2月法務省調査）。また近年では、「家庭内暴力」の認知件数と「いじめ」に起因する少年事件も増えています。周囲からは学校や家庭内での出来事として、責任ばかりを追及され、先生一人、親一人で抱え込んでいるケースも少なくありません。

　そうした事実がありながらも、しかし、未だに自己責任論を展開する大人や、行政や学校、支援機関に責任を追及するばかりで、自分事として捉えることができない傍観者が多数を占めています。

当事者意識を持ちにくい理由として、二つの要因が考えられます。まずひとつ目は少年事件や非行の問題は、個人が特定できるような写真や実名報道がされないことで身近な問題として実感しにくいという点です。

　ふたつ目はメディアを通して間接的に知ることが多いため、表面的な部分だけが情報として広く周知されてしまう点です。メディアによる部分も大きいですが、数分でまとめたニュースでは、虐待や貧困など、少年の行動に隠された背景までは知ることができません。

　そればかりか表面的な「非行」の部分にだけ着目され、「危険」「怖い」などといった差別的な視点を持たれることもあります。

　少年の立場からすると、今まで誰も声をかけてくれなかったのに、非行や犯罪をしたときだけ注目を浴び、介入されるということになります。

　たとえば重大な事件を起こすことで、社会に注目されたいとする少年も存在します。2015年1月に発生した「つまようじ少年事件」は、まさに、その典型例といえるでしょう。動画サイトを使い、警察や社会に向けて挑発をし、逃亡の様子を自身で実況中継していました。その結果、連日報道され、少年は世間から注目を浴びました。

　彼のような非行少年の周囲には、たくさんの大人が存在しても、気にかけて声をかけてくれる大人はいませんでした。

　それを「傍観者」と呼びます。犯罪や非行せざるを得ない状況まで、「傍観」し、放置したとも捉えられます。それでも周囲の大人は「他人事」とし、「自己責任論」を唱え、少年を強く非難する者も存在します。

　少年事件の発生には、加害者と被害者の家族などといった当事者だけで構成されているのではなく、多数の傍観者である「大人」の存在が隠れています。

　再犯と非行を防止するためには、わたしたち大人が傍観者とならず「自分事」として捉え、非行のある少年へ寄り添っていくことが必要なのです。

2) 縦割り組織と連携不足

　2014年4月（第四次改正）以降も、佐世保女子高生殺害事件、同年12月には名古屋女性殺害事件、2015年2月には川崎市中1殺人事件が発生します。

　どの事件においても、発生前に事件の前兆ともいえる情報がありましたが、関係機関内で共有できていなく、早期対応が不十分であったと指摘されています。

　佐世保の事件では、具体的な対応を怠ったとして責任者や幹部職員が処分されています。

　以上のように支援機関の連携は不可欠ですが、縦割り組織の弱さから、情報が共有されにくいという点は未だに改善されていないことが分かります。

　特に少年の対応においては、民間から行政への情報提供はあっても、行政機関からの情報提供がありません。

　このように少年たちの動きが見えにくくなるなか、従来のネットワークだけでは把握できない部分が増えてきています。学校にスクールソーシャルワーカーを配置する

自治体も出てきました。しかし、認知度は低く、学校を居場所としない子どもへの対応策は不十分なままです。

3) 更生への課題

「更生」については、2007年「更生保護法」の新設により、保護観察制度に関する法整備と処遇内容についても充実され、監視（指導監督）の強化が図られましたが、就労支援や福祉との連携強化など社会復帰に関しての規定は、明確に盛り込まれませんでした。

社会内において適切な処遇をするためにも、少年と伴走する保護司の存在は大きいものの、その保護観察制度で重要な役割を担っている保護司に対し「無償ボランティア」で頼り続けているのが現状です。近年、保護司が急激に減少し、5年間で約1,000人減少するなど、深刻な担い手不足となっています。

また、保護司の平均年齢は64.6歳（2013年）となっており、78％が60歳以上と高齢化が進んでいます。少年との年齢差も大きく、話題に対応できない等、コミュニケーションや関係性が取れない保護司も少なくありません。

これらの課題が解決されないことは再犯者率の増加とも関係しています。「平成25年中における警察庁生活安全局少年課少年の補導及び保護の概況」によると、再犯者率は16年連続で増加しており、平成25年は統計のある昭和47年以降で最も高い34.3％となっています。特に路上強盗は78％、ひったくりと凶悪犯は60％以上と極めて高い再犯率となっていることがわかります。

少年減により検挙数は下がっていますが、再犯者率は年々高くなっています。少年たちが社会に復帰しても、居場所が「どこにもない」という事態が起きており、頼りになる人がいないために再び非行グループに身を寄せることも少なくありません。

かれらの「更生」を支える保護司。担い手不足の要因として「処遇困難ケースの増加」や「保護司活動の多様化」などが挙がっています。

そして、保護司調査においては、専門的知識をもって処遇すべき対象者や複数の問題を抱える対象者への対応に「困難を感じている」という保護司が多数に上っており、保護司は処遇の各場面で、関係機関・民間団体との連携が必要と感じながらも「連携は不十分」と答えています。

複雑多様化する保護観察対象者の問題に対応していくために、関係機関との連携や民間団体の協力・参加が不可欠で、少年の「更生」は地域社会の協力なくしてはならないのです。

しかし、一度レッテルを貼られてしまったかれらが、周囲に理解を得ることは容易ではありません。

少年司法の国連準則では、少年の立ち直りとしてコミュニティの協力を得るなど、地域社会の力に期待されていますが、先ほどの課題からもわかるように、厳罰化と社会的排除の流れから、実際は地域社会から隔離されていく傾向にあります。

もともと多くの非行少年は親子共々、孤立していることが多く、頼れる人がいない

のです。非行に走ってしまう要因と再非行の要因は同様で、かれらの再非行防止のためにも、少年をサポートする大人と、少年を取り巻く環境に理解を促し、働きかけをしていく大人の、2つの役割が必要なのです。

以上のことからも、ボランティアで活動をしている保護司に依存していく体制は限界が来ており、早急な対策が必要です。

3 少年を支える活動

1) 既存の活動と少年

現状ある少年を支える活動として全国的に存在しているのが日本BBS連盟（BBS会）です。しかし、BBS会は会員の減少と高年齢化が深刻な課題となっています。活発に活動できる学生やフリーターが就職すると、とたんに活動が出来なくなってしまうそうです。また、参加している少年のほとんどが保護観察所からの依頼で、少年のリピート率が少ないと言われています。

そのようななか、再非行を防止するNPOや少年院出身者による親の会などといった、コミュニティが各地に少しずつ見られるようなりました。

しかし、当事者の会は増えても、事件や非行少年を生まないための予防的な意味合いを持って介入していくというNPOは見られませんでした。

そのようななか近年、JKビジネスという言葉が使われるようになり「少女」の支援にスポットが当たるようになり「NPO法人Bondプロジェクト」や「NPO法人ライトハウス」といった少女の人権や性的搾取から守る組織が誕生してきました。

しかし、「少女」が着目された反面、公私にわたり行き場所がないのが「少年」でした。最大の課題となるのが、「少年」と直接関わるリスクです。非行少年は犯罪や暴力といった、反社会的行動が見られるため「声をかけにくい」と答える大人も少なくありません。

2) 社会に役割をつくる活動

そのなかでも初期段階からの非行予防に着目し、ユニークな方法でアウトリーチを駆使し成果を挙げているのが「NPO法人全国こども福祉センター」です。

愛知県名古屋市を拠点とし毎月、数回にわたり、少年たちと一緒に街頭パトロールと居場所づくりを行っています。最大の特徴は、街頭で出会った少年少女が仲間になっていくという、同世代支援の輪の広がりです。本人の意志で社会貢献を居場所にしているという点から、リピーターも多く、3カ月という短期間で400名以上の子ども若者が居場所を利用しています。また、年間1,550名を越える多世代のボランティアを巻き込んだ実績から、その活動は傍観者を当事者に変えるエネルギーを持っているといえます。

このような取り組みが、今まで存在しなかった非行少年の受け皿となる可能性があります。

統計・グラフ等ページ

図1 いじめに起因する事件 事件数・検挙・補導人員の推移

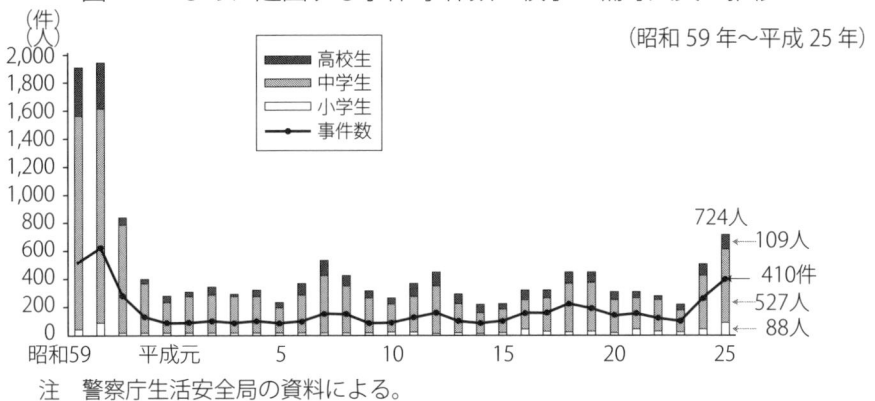

(昭和59年～平成25年)

凡例：高校生／中学生／小学生／事件数

724人
109人
410件
527人
88人

注　警察庁生活安全局の資料による。

図2　少年による刑法犯・一般刑法犯 検挙人員・人口比の推移

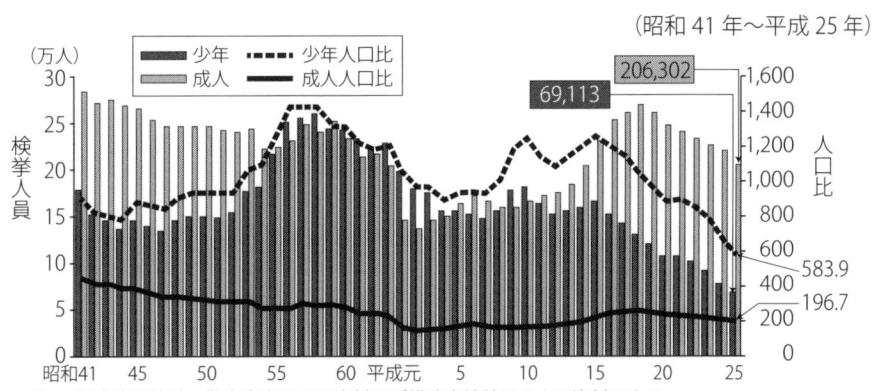

(昭和41年～平成25年)

凡例：少年／成人／少年人口比／成人人口比

69,113　206,302
583.9
196.7

注1　警察庁の統計，警察庁交通局の資料及び総務省統計局の人口資料による。
2　犯行時の年齢による。ただし，検挙時に20歳以上であった者は，成人として計上している。
3　触法少年の補導人員を含む。
4　「少年人口比」は，10歳以上の少年10万人当たりの，「成人人口比」は，成人10万人当たりの，それぞれ一般刑法犯検挙人員である。

図3　少年による家庭内暴力 認知件数の推移（就学・就労状況別）

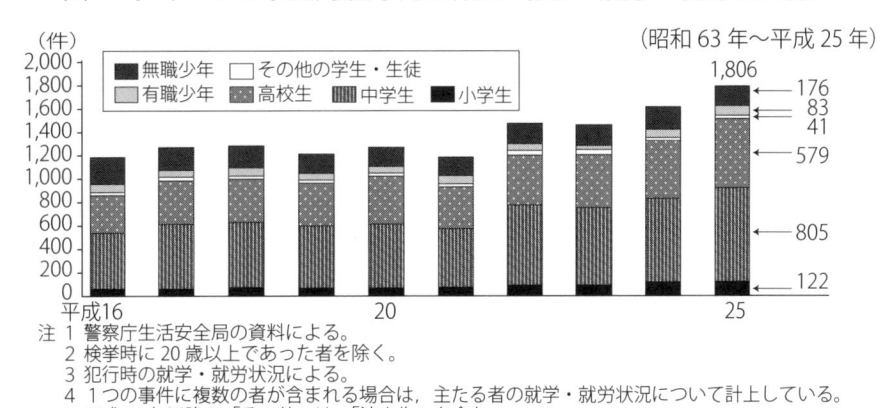

(昭和63年～平成25年)

凡例：無職少年／その他の学生・生徒／有職少年／高校生／中学生／小学生

1,806
176
83
41
579
805
122

注1　警察庁生活安全局の資料による。
2　検挙時に20歳以上であった者を除く。
3　犯行時の就学・就労状況による。
4　1つの事件に複数の者が含まれる場合は，主たる者の就学・就労状況について計上している。
5　平成20年以降の「その他」は，「浪人生」を含む。

出典：平成26年版『犯罪白書』法務省

実践 1 子どもたちを守るヒーローポスト

NPO法人こどもハートクラブ
代表理事 小林 恵明
http://www.kodomoheart.com

1 「ヒーローポスト」誕生の経緯

　私たち、こどもハートクラブは、児童虐待防止を目的にして2013年9月に設立しました。以後、子育ての相談や児童養護施設への支援、被虐待児の救済などの活動を行っております。中でも、力をいれている取り組みは「ヒーローポスト」です。ヒーローポストとは、私が虐待を受けていた幼少時代に、誰にも相談できない苦しみや悩みをテレビの中のヒーローに打ち明けることができた経験から、虐待で苦しみ、声すら上げることのできない子どもたちのSOSを、これならいち早くキャッチできるのではないかと考え、気軽に投函できるようにポストとして設置をしようと思い、「ヒーローポスト」と名付け、考案したものです。

　現在、地元一宮市内を中心に全8ヶ所、スーパーや飲食店など子どもたちが気軽に立ち寄れそうな場所を選んで設置しています。設置から現在までの間にいじめや虐待が疑われる内容の手紙などが60通ほど投函されています。以来、このヒーローポストは、児童虐待だけに内容を絞らないで、気軽に投函しやすく、悩みを打ち明けられるように工夫もしています。

　投函から返事が届くまでの仕組みは、以下のようになっています。

　①まず手紙を書いてヒーローポストに投函します。このとき専用の手紙に引換券がついていますので、子どもはそれを持ち帰ります。

　②手紙が投函されると設置店から連絡が入りますので、当団体が素早く回収に行きます。回収した手紙を何度も読み返し、内容を的確に理解し、その子どもに合った返事を書きます。内容によっては児童相談所や学校などと連携をとる準備もできています。

　③書いた返事は一週間以内に投函のあったお店に届け、引き換え券を持参した子どもに手渡すことになっています。

　こうして、子どもと何度も手紙を交わすことで信頼関係を持ち、誰にも言うことのできない心の悩みを引き出し、虐待などの早期発見、また、実在しないヒーローが相談相手なので、安心して相談でき、子どもの精神的負担を和らげる効果も期待できます。

設置されたヒーローポストの説明や専用の用紙、投函箱

2 「ヒーローポスト」の必要性と問題点

1) ヒーローポストの必要性と必要量の設定

　ヒーローポストを愛知県一宮市内のスー

パーに設置したところ、実際に子どもたちの手紙の投稿が数多くありました。いじめ問題や虐待をうかがわせるものなどもあり、児童相談所に相談や各諸団体への協力要請をしたこともあります。児童虐待の実情は、虐待を振るう親が子どもにきつく口止めをしているため、さらなる暴力を恐れ、誰にも言えず苦しんでいたり、子ども自らが「自分が悪い子だから」と自責の念を持ち、口外せずにいるケースもあります。また、ほとんどが家庭内で虐待が行われることから、表に出ることが難しい問題であるため、子どもが発している小さな変化に敏感に気付いてあげることが救済につながるのだと思います。

　そこで、ヒーローという子どもにとって親しみやすい話し相手、相談相手を作ることで子どもが心を打ち解けることのできる機会をつくり、文通を通して安心させたり、苦しみを柔らげるなどしながら、虐待の早期発見、救済につなげていきたいと考えています。

　子どもたちが書く投函専用のお手紙に、学校名・学年・氏名を記入する箇所を設けたところ、今まで投函があった手紙のほとんど全てに記入がされていました。このことから、子どもたちは今も昔もヒーローという存在に変わらず信頼を寄せ、もっとも子どもの身近な存在であると言えます。現在、一宮市内に6ヶ所と瀬戸市に1ヶ所、春日井市に1ヶ所の合計8ヶ所に設置していますが、子どもからの投函は後を絶ちません。このことから何らかの悩みを抱えている子どもは、潜在的にたくさんいることが伺え、愛知県だけではなく、全国にこうしたヒーローポストのような子どもの目線にたった救済方法を、展開できるよう取り組みを推進していきたいと思っています。

2）「ヒーローポスト」の問題点と留意点

　もっともっと拡大したいヒーローポストですが、簡単には拡げられない問題点がいくつかあります。ヒーローポストは手紙という文通形式をとっているため、小学校低学年ほどの読み書きができる子どもが対象となります。しかし、虐待で苦しむ子どもは字の書けない幼児であった場合、その子どもがどうヒーローポストを活用できるか、あるいはどんな別の方法があるのかが今後の課題となっています。また、設置場所を、子どもが容易に立ち寄れる場所、ということでスーパーマーケットなどにしていますが、店内では大人が行き交い、投稿する際に人目を気にするという問題があります。昔であれば駄菓子屋であったり、お寺であったりと子どもだけが憩える場所がありましたが、現代ではそのようなお店は姿を消し、お寺も縁遠い存在となってきました。また、文通はメールや電話より時間がかかるため緊急性のある対応には難点もあります。

　留意点としては、投稿があった場合に設置店や設置場所と団体のしっかりした連携が必要となります。投函の有無をこまめに確認し、投函があった場合は速やかに対応が必要です。児童虐待は命にかかわる場合もありますので、遅れたり、見逃してしまったりしないよう注意しなくてはなりません。また、文面だけでは事態の深刻さや心理状態を理解することが困難な場合もあり、一定の訓練や、児童心理士などとの連携も必要とされます。

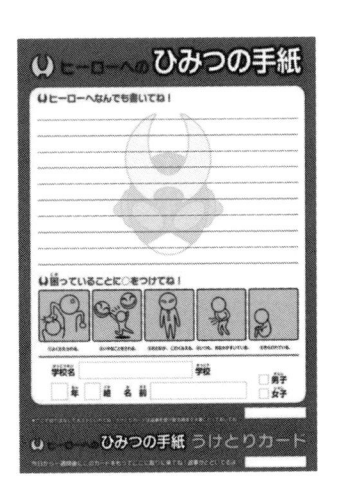

③ 児童虐待防止法と児童相談所の有効性

1) 児童虐待防止法について

日本には、子どもの福祉を守る法律として「児童福祉法」があります。18歳までの児童を対象としており、この中には、子どもの虐待に関して、通告の義務（児福法第二十五条　虐待を発見した者は児童相談所などに通告する義務がある）、立ち入り調査（児福法二十九条　虐待が疑われた家庭や子どもの職場などに立ち入ることができる）、一時保護（児福法第三十三条　保護者の同意を得ずに子どもの身柄を保護することができる）、家庭裁判所への申し立て（児福法二十八条　家庭裁判所の承認を得て被虐待児を施設入所などさせるための申し立て）が記載されています。しかし、こうした法律も多くの国民に認知されておらず、子ども救済には効果的ではありませんでした。そこで2000年11月に「児童虐待の防止等に関する法律」（通称　児童虐待防止法）が施行されました。この立法ができたことにより、「児童相談所における虐待に関する相談処理件数」は、統計を取り始めた1990年度はわずか1,101件でしたが、2014年度中には、全国207ヶ所の児童相談所が児童虐待相談として対応した件数は73,765件で、これまでで最多の件数となっており、これは、単に虐待をする者が増えたのではなく、国民の児童虐待への認識が高まったものだと言えます。しかし、この立法も、子ども自らが身の危険を感じた場合などの措置には有効ではありません。子どものための立法ではありますが、子どもを守る国民のためのものでしかないのです。

2) 児童相談所の有効性

ヒーローポストへの投稿や、当団体への相談・通報にて児童虐待を発見した場合は児童相談所や警察に通報をしますが、個人情報保護の関係なのか、それ以降の状況を私たち民間の団体では知ることができません。しかし、「児童虐待に関する法律」（児童虐待防止法）にはこのような記載がなされています。

（国及び地方公共団体の責務等）

第四条　国及び地方公共団体は、児童虐待の予防及び早期発見、迅速かつ適切な児童虐待を受けた児童の保護及び自立の支援（児童虐待を受けた後十八歳となった者に対する自立の支援を含む。第三項及び次条第二項において同じ。）並びに児童虐待を行った保護者に対する親子の再統合の促進への配慮その他の児童虐待を受けた児童が良好な家庭的環境で生活するために必要な配慮をした適切な指導及び支援を行うため、関係省庁相互間その他関係機関及び民間団体の間の連携の強化、民間団体の支援、医療の提供体制の整備その他児童虐待の防止等のために必要な体制の整備に努めなければならない。

このことから、民間団体であるNPOや医療関係などの子どもに携わる機関との最低限の情報共有が本来はなされなければなりません。以前、当団体にもこの問題に直面した事例があります。親族からの相談で、虐待がなされているという内容でした。何度も相談を繰り返し、その内容から児童相談所に通報をしたのですが、通報後は、その子どもの経過など一切の回答を得られず、その子どもが保護されたのか、そのまま親と暮らしているのかがわからない状況になってしまったのです。本来であれば、情報を公開していただき、保護に至らなくても、その子どもの経過を見ていかなくては根本的な解決にはなりません。

行政と民間の大きな壁は、子どもを救うのに際して、大きな問題点になっていると考えます。また、児童相談所の大きな役割として、虐待を早期に発見し、救済することが目的のはずですが、行政という堅さや、相談と保護を同時に行っている機関でもあるが故に、相談をしたことにより子どもを強制的に保護されてしまうのではないかと考え、安易

に相談できないという声をよく耳にします。子育てはとても大変で、どんな親子でも悩みはつきものです。そうした悩みに、気軽に寄り添えるのも民間ならではの特色だと思います。

　虐待で苦しむ子どもたちは、児童相談所に直接、訪問をしたり通報したりすることはまずありません。子どもにとっての児童相談所は大人を通じて通報があってから初めて関わる機関になってしまっています。子どもにわかりやすく、子どもが気軽に立ち寄れるような子ども目線を大切にした真の児童相談所の創設が必要ではないでしょうか。

④ 子ども自らが通報できるシステムづくりを！

　私が虐待を受けていた幼少の頃、父からの虐待を誰かに気づいて欲しかった思いがありましたが、前述のような理由で結局誰にも相談できませんでした。もちろん、児童相談所という機関があることすら知らなかったのです。その頃に、「ヒーローポスト」があればきっと投函していたことでしょう。この経験から、子ども目線のシステムづくりと救済方法が必要不可欠だと考えるのです。ヒーローポスト設置に際して、小学校の先生にお話を伺ったところ、学校にも悩み相談箱を設置しているのですが、まったく投函がないとのことでした。「先生が見るだけ」「親に伝わってしまう」といった子どもたちからの意見があったそうです。設置するだけではなく、子どもたちとの信頼関係をつくって行くことも必要になります。私たちも、投稿に対する返信に、とくに気を使い、いきなり問題に触れず、回数を重ねる中で信頼関係を築き、少しずつ問題に触れるように心がけています。

　実際、投函があった内容では、いじめ問題が非常に多いのですが中には「いつもおながすいている」や「おかあさんにいつも怒られているから助けて」など、虐待をほのめかす内容がいくつもありました。また、虐待ではありませんが、「お母さんは妹ばかり可愛がる」など、子どもなりの深刻な悩みがありました。そこで、私たちは、テレビのアニメの話や学校の話など子ども達が興味があるような内容を中心に書き、核心部分に対しては表現方法に気をつけながら返事を書いています。

　また、「どんなアニメが好きなの？」と言ったように質問形式で返事を書くことで、子どもとの文通が続いていくよう留意しています。子どもたちにとって、安心して相談できる場所や存在があることが、子どもたちの救済につながる近道と考えています。私たちは、ヒーローポストを通して子どもたちと日々、文通を続けていきます。共に悩み、共に励ましあい、この可愛らしくて、日本の明るい未来を担うすべての子どもたちをいつまでも守っていけるよう、永遠のヒーローとして活動していきたいと思います。

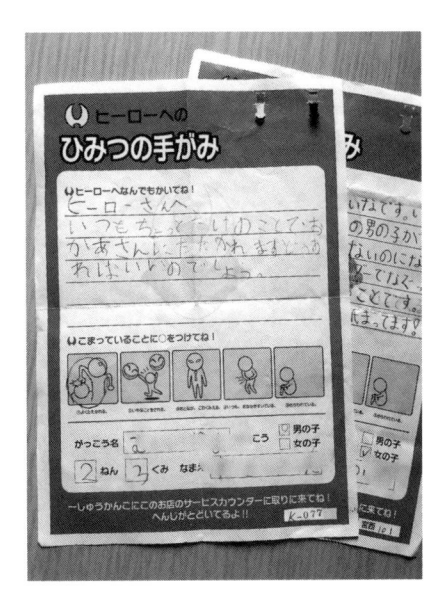

「ヒーローポスト」専用の用紙と
投函された手がみの一部

II 領域別8 子どもNPOと司法

実践2 社会貢献を「居場所」にする包括型アウトリーチ

NPO法人全国こども福祉センター
理事長 荒井 和樹
http://kodom0.jimdo.com/

1 置き去りにされた非行の背景

1）足跡を消す子どもたち

　児童養護施設の職員として働いていた時、高校の授業参観や学校祭に出入りする機会がありました。歳の近い高校生たちは荒井と話が合うため、学校行事中にもかかわらず、話が盛り上がり、かれらの話を聞く機会が増えました。なかには貧困や虐待、家庭や生活上に問題を抱えたり、非行を自慢げに話したりと気にかかる生徒が多数存在しました。

　半年後、授業参観のため再び学校へ足を運びました。以前の賑やかだった教室内は空席だらけで、閑散としていました。生徒が半分に減っていたのです。担当児童に聞くと「あいつら？学校辞めたよ」と、教えてくれ、多数の生徒が半年間で退学していた事実が判明しました。こんなにも簡単に学校を辞めてしまったことに衝撃を受け、理由を聞きました。辞めていった生徒たちは、非行が原因でしたが、その非行に至る背景までは調べようとせず、処分が下されました。高等学校は義務教育ではないため「非行」という表面的な事実だけで判断されてしまい、処分が先行してしまいがちなのです。

　その結果、学校というコミュニティから外れてしまったかれらの行方は、先生もわたしにも分からなくなりました。

2）制度の狭間と一般家庭

　児童養護施設では入所定員に限りがありますが、24時間、複数の大人によって、子どもたちを見守る体制が取られています。児童指導員、保育士、カウンセラーを始め、看護師、調理員や児童相談所の職員など多くの大人が子どもと関わっています。

　また、働いている職員には人件費がついている上、施設というわかりやすい機関であることから寄付や招待、地域のボランティアが集まっています。

　入所している子どもは公的責任の下、衣食住が確保され、私立高校に進学することもできます。部活動に所属し、アルバイトもできます。また、必要な物品は揃えてもらえます。多少、集団生活は我慢しなくてはなりませんが、中高生になると「個室」を与えられることもあります。

　警察や児童相談所を通し発見され、一旦、社会的養護などといった制度の枠組みに入れば公的支援を受けることが可能になります。では発見されなかった場合や18歳以上の少年はどうなっているのでしょうか。名古屋市内で数年前、亡くなってしまった少年がいます。当時、非行グループに所属していた少年A（18歳）は親との関係性がうまく取れず、就労を紹介してくれた先輩宅に居候していました。しかし、実際は居候先の先輩の指示により詐欺の片棒を担ぎ、犯罪行為を繰り返していました。その家は男女数人で共同生活をしていましたが、人間関係のもつれから同居している先輩に暴力を受け続け亡くなりました。

そこで同居していたメンバーには強い上下関係が存在し、恐怖から誰も相談できなかったのです。近所の人は何度も不審に思っていたにもかかわらず、声をかけなかったといいます。この事件のように社会的養護の枠組みや福祉制度から漏れ、亡くなってしまう少年も多数存在するのです。名古屋駅でも明らかに幼い顔をした少年が堂々とタバコを吸っています。名古屋駅は1日110万人が利用する主要駅で、すぐ近くで選挙活動している街宣車、ビラ配りをする大人、駅は多数の大人が行き交っていますが、かれらに声をかける大人はいません。たむろする少年について、どう思うのか聞いてみると、「関係ない」「親の責任、行政が悪い」と周囲の大人は他人事のように回答します。そればかりか「迷惑だから何とかしてくれ」と厄介者扱いをする大人も存在します。

このように他人の子どもに無関心で、非行は排除される傾向が強まっているのです。しかし、周囲の大人が見てみぬふりをするなか、少女に寄り添い、声をかける大人が存在します。それは路上スカウトです。近年では路上だけでなく、SNSなども活用しネット上を狩場とするスカウトが多数存在しています。2013年頃からJKビジネス（JK＝女子高生）という言葉が使われるようになりましたが、少女たちを商品とするビジネスは、今から10年以上前から存在しています。当時から出会い喫茶や援デリ（本番ありのデリバリーサービス）などは、貧困家庭や非行に走る少女たちのセーフティネットとなっていました。少女を商品とするビジネスは、働く側にとっても強いニーズがあり、親が同意して働かせてその売り上げを搾取したり、その世界が必要と考える少女も多数存在します。

メディアでは少女が注目される一方で、少年はどうなっているのでしょうか。行き場所がなく犯罪に手を染める者も少なくありません。少女をターゲットにするスカウト、ホストやお年寄りをターゲットとする振り込め詐欺の「出し子」として逮捕される少年も存在します。その対価（報酬）は少女に比べ、圧倒的に少ないことと、リスクが高く悪条件が特徴です。

このように、既存のセーフティネットが活用されず、性産業や犯罪組織が受皿となっている現状があります。制度の狭間で、リスクを覚悟しながら、生きるしかないのです。

② 「待たない支援」を始める

1）一人での街頭パトロールから

性産業や少女を取り巻くビジネスはアウトリーチを用いた手法で行われています。単に、対価（報酬）が高いという理由だけで少女が集まっているのではありません。

その仕組みを説明すると、街頭やSNSでスカウトは常に困っている少女を探し、見つけ出し、声をかけます。断られても、何度も声をかけ関係性をつくり、次第に連絡先を聞き出します。いざ困った時には優しく寄り添い、就労から住居の確保、アフターフォローまでを行っているのです。このような確立されたシステムに対抗すべく方法として考案したのが「街頭パトロール」と「居場所づくり」を連動させた包括型アウトリーチです。荒井は施設職員を退職後、2010年から街頭パトロールを行ってきました。一人で相談に対応し、同行支援を行っていくうちに、次第に協力者や仲間が増えていきました。協力者である当事者メンバーの発想を取り入れ、2012年7月から自助グループを発展させコミュニティ（居場所）づくりに着手しました。早期発見から居場所に誘導する仕組みで、既存セーフティネットにない支援網ができあが

II 領域別 8　子どもNPOと司法

りました。そして2013年1月、法人化を決意しました。

2）組織的パトロールで居場所提供を

少年少女が多数出入りする場所をリサーチしてからパトロールします。繁華街や主要駅、夏季は祭礼行事などで巡回しているため、効率的に非行防止の呼びかけや居場所誘導が可能となります。

また、最寄りの警察署などと連携し、人通りが多い場所で活動することで、介入の際の安全も確保しています。

介入の必要性として、同じ境遇で育った非行少年の多くは、中退後、非行グループなどといった同世代が集まるコミュニティに身を寄せやすいため、非行を止めてくれる大人が周囲にいません。つまり非行がエスカレートしやすい環境にいます。家族や周囲の大人と関係性が取れない少年たちは、タバコや飲酒などといった非行を含め、同世代の友達から様々なことを学びます。

少年と接触することは、周囲の影響を受けやすい時期にボランティアなどの健全な居場所へ誘導することで、対象者の早期発見と高い非行予防効果があります。

このように街頭パトロールは、少年たちと直接接触することから内閣府ユースアドバイザー養成プログラムで「直接接触型」のアウトリーチとして分類されています。

3）社会貢献が「居場所」になる理由

街頭パトロールやコミュニティ（居場所）は現在も多数の少年少女が参加しています。その特徴ともいえるのが街頭パトロールや居場所で活用している「着ぐるみ」です。その「着ぐるみ」の活用について、3つの意味合いがあります。

まず、1つ目はスタッフの「安全面の確保」です。わたしが夜回りを一人で行ってきた時と違い、全国こども福祉センターの街頭パトロールは未成年スタッフも一緒に巡回しています。

非行少年たちと関わる上でトラブルを起こさないよう、敵対心を持たれないよう和みやすいキャラクターを纏っています。とくに異性が混在する非行グループとの接触は特にトラブルになりやすいため「ナンパ」だと誤解されたり、非行グループの解体を目的とするような一方的な「指導」「勧誘」は避け、和やかな雰囲気を出すようにしています。

2つ目は「覚えてもらうこと」です。制服のような役割を持っており、子どもにも大人にも覚えてもらえやすいことが最大の利点です。人通りが多いなかでも「着ぐるみ」は強い印象を与えます。

覚えてもらうことで、少年たちの記憶に残り、再会したときには、さらに距離が近まります。

3つ目は、「同じ目線で関係性を作ること」に専念するためです。上下の関係を作りだすような指導は逆効果で、同世代スタッフが「着ぐるみ」を纏うことで、同世代、好きなキャラクター、そういった共通点で接点をつくる必要なツールとなっています。

共感ひとつで、少年少女との距離がグッと近くなるのです。

そうした工夫によって、街頭から仲間になった少年少女が、スタッフと一緒に街頭に出て、非行防止を呼びかけたり、居場所づくりにかかわったりするようになりました。

つまり、非行防止や社会貢献を居場所にする少年少女が増えてきたのです。中でも非行経験や被虐待経験を持っている当事者の方が、ボランティアやスタッフを希望しやすいという傾向が見られます。

かれらに参加した動機を聞くとほぼ全員が「同じ境遇の子どもを支援したい」と答えます。かれらは「支援される場所」を探しているのではなく「誰かの役に立ちたい」のであって社会のなかで認められる「居場所」を求めているのです。

以上のことから、わたしたちはスタッフと当事者の線引きをせず、スタッフと同じ役割

を提供しています。

指導されて更生をするよりも、自身の課題に自分で気づいて向き合う方が得策と考えたのです。自助グループでの居場所から、仲間と出会い、同じ境遇の子どもたちのために何かできないかと、目標を持つことで、非行以外の居場所を見つけることができます。アウトリーチでの介入から支援の網となるコミュニティ（居場所）に導くには、かれらが社会のなかで「やりがい」のある役割を見つけることが重要です。

社会貢献を居場所に「街頭パトロール」

③ セーフティネットの敗北

1）支援を受けようとしない子ども

支援機関は無数にありますが、利用しにくい部分が多々あります。例えば、学校などから生徒たちに配られているホットライン、SOSカードというものがあります。街頭で出会った少年少女や講義を受講してくれた大学生など、250人に使用したことがあるかをインタビューとアンケート形式で調査をしました。「捨てた」189人、「覚えていない」が60人。「使った」と答えたのは、わずか1人でした。

質疑応答で、捨てた理由を聞いたところ、学生は「それが何なのか分からなかった」と答え、街頭で回答をしてくれた少年少女の多くは「大人は信用できないから相談はしない」と答えました。この結果から、つまり配布した際に、カードの説明が十分になされていないことや信頼関係が形成されていないまま配布されていたこと伺えます。

また学校に行かない少年少女にとっては、そのカードの説明自体、聞くこともありません。このカードの最大の弱点は「相談を待つ」という支援スタイルです。

虐待によって行動を監視され、支配下に置かれている状態では相談できない場合があります。仮に相談ができたとしても、うまく言葉にできなかったり、相談したことが親に知らされ、関係が余計に悪化することもあります。特に18歳、19歳の場合、児童福祉法は18歳未満の子どもが対象であるため相談しても受け入れ先がどこにもないということで、放置されることもあるのです。

2）関係性を作れる支援者を

携帯電話が急速に普及し、子どもたちのツールとして使われるようになりました。ひとり一台、通信手段を持っていても子ども本人からの相談は非常に少なく、大人からの相談がほとんどです。

また、SNSなども普及し、ネットの世界は少年少女の居場所として、非行や犯罪の温床として急速に広がっていきました。それらはコミュニケーションツールとして、対面でのやり取り以上に時間が使われています。その結果、一方的にカードを配っても、かかわりが全くない支援者を信頼し、相談ができるはずもありません。

逆にこういった個人ツールの普及により、情報選択が自由にできる時代となったため、より気に入らない人と、関心ない情報は無視できるようになりました。

このように支援や相談の前提として少年少女との関係性が重要になってきているのですが、少年との関係性を作ろうともせず、「就労」の話や「障害者手帳を取らせればいい」、「農業をさせればいい」といった提案をしてくる大人がいます。「少年少女」はそういった話を毛嫌いします。このような一方的な「支援」の提示よりも、少年少女に寄り添い関係性をつくる大人が必要です。

子どもたちへの多文化共生・国際的な取り組み
～提言力のある市民社会組織へ～

概説

認定NPO法人 ラオスのこども
理事 森 透

1 「母国語」？「母語」？－多様な文化への気づき

「母国語」。このことばは日本ではごく普通につかわれます。「あなたの母国語は何ですか？」という日本人からの質問に、複数の言語が話されている国の人や、生まれ育った言語である「母語」と学校で習う「国語」とが異なる人は戸惑うのではないでしょうか。

例えばラオス（人口約660万人）は、50近い民族がさまざまな言語を持つ国です。家庭では自分の民族のことば、市場などで他の民族とやりとりをするときは両者が通じる言語、学校では教科書も授業もラオス語（1975年のベトナム戦争終結までは一部の子どものための学校でフランス語による教育）です。また、ラオスからの難民に少数民族のモン族の人々が多くいます。カナダ（公用語は英語、フランス語）に移り住んで英語圏で産まれた子どもは、家族とはモン語で話し、外では英語をつかうなどしています（言語はNGOの重要な取り組み課題で、各実践団体事例で取り上げています）。

「母国語」ということばが日本でつかわれてきた背景には、単一民族、一つの国語という考えがあるのでしょう。日本も他の多くの国と同様、単一民族国家ではなく、中学校の歴史教科書は「北海道旧土人保護法」（1899年施行、1997年廃止）の記述で「アイヌの人々の土地を取り上げ」としています（2015年、文部科学省は教科書検定で修正を求め、「アイヌの人々に土地をあたえ」（日本文教出版）となりました）。

ことばと文化は、互いに生み育てる間柄です。母語は民族の言語だけではなく、ろう者は手話という母語とろう文化を持っています。しかし、日本では最近までろう学校で手話が禁じられてきました。「聴覚障害児のコミュニケーション手段に関する調査研究協力者会議報告」（1993年）は、コミュニケーション手段の一つとは位置づけましたが、言語とはしていません。国は、今も日本手話を法的に言語として認めていません。いずれも聴者主導による判断といえます。

これに対し、ろう者は1999年にフリースクール龍の子学園（運営：(特活)バイリンガル・バイカルチュラルろう教育センター）をつくりました。2007年には、手話を第一言語とする学校法人として国が認め、明晴学園の開校にいたりました。

多文化共生とは、社会の少数者が不利な立場に置かれないことです。近年は、いじめへの取り組みの一つとして、これまでほとんど語られなかった性的マイノリティについても、子どものこととして取り上げられるようになりました。多文化共生の大きな課題は多数者の気づき、意識変容にあるといえるでしょう。

2　見えづらい子どもたちの状況を明らかにし、「制度の壁」に穴を開ける

　日本の社会で生きる上で「ことばの壁」「制度の壁」「こころの壁」の3つがあるといわれているのが、外国にルーツを持つ子どもたちです。

　文部科学省の調査によれば、公立小中高校、中等教育学校、特別支援学校に在籍する子どものうち日本語指導が必要な外国人児童生徒は27,013人。指導を受けているのは23,375人です（「日本語指導が必要な児童生徒の受入れ状況等に関する調査（平成24年度）」）。必要とする子の86.5％であり、また、この数字からは学校に在籍しない子どもたちの状況は知ることができません。

　これら外国にルーツを持つ子どもたちに、NPOやボランティア・グループが各地でフリースクールなどを実施しています。実践団体事例①のNPO、「多文化共生センター東京」はその一つです。同団体の活動の始まりは1995年1月、阪神・淡路大震災の発災に際して立ち上げた「外国人地震情報センター」です。外国人の被災者に情報支援をする中で、ふだんから情報が伝わりにくく、また姿が見えづらい状況が浮かび上がってきました。

　関西地区とともに東京にも2001年にNPO法人として拠点を設け、フリースクールや親子向けの進路相談を開始。併せて「東京都23区の公立学校における外国籍児童生徒の教育の実態調査」にとりかかります。各地のNPOやボランティア団体と連携し、これまでに8回にわたって実施し、そこから明らかになった「学齢超過」の子どもたちへの支援に力を入れてきました。同時に、行政に働きかけ、学齢超過生が、学ぶ場を必要としている子どもとして認識され、公的支援を受けることができました。子どもたちと日々ふれあい、親の声を聞き、ネットワークで実態を明らかにしながら「制度の壁」に穴をあけたNPO活動の成果といえるでしょう。

3　自分に引き寄せて世界を知る扉、「開発教育」

　日本社会の多数者である「日本人」の子どもたちが多文化共生について学ぶ機会は、多くの国際協力NGOによって設けられています。

　学校への出張授業などで、それぞれのNGOが活動する国々の子どもの暮らしなどについての写真や生活道具などを教材に、日本の自分たちとの違いや共通点を見つけていきます。「貧しい」と先入観を抱いていた国々の豊かさ、そして、家計を支える子ども、子ども兵士、女子の就学率の低さ、早期婚などの厳しい現実とともに、「南」

の豊かさを「北」が持ち去る南北問題など、地球規模のつながりで日本（自分）の暮らしが支えられていることなどを学びます。

また、自分たちに何ができるかについてグループでの話し合い、発表し合う参加型授業とすることで、自分に引き寄せて考える機会となります。

NGOが実施するこれらの活動は「開発教育」と呼ばれています。その教材開発などに取り組む教育NGOの開発教育協会（DEAR）は、「開発教育とは 共に生きることのできる公正な地球社会づくりに参加するための教育」としています。

開発教育は、1960年代にヨーロッパの国際協力NGOにより始まった取り組みです。英語のDevelopment Educationを直訳したため、「開発教育」という名称になりました。当初は「豊かな北の国々」の市民に、「貧しい南の国々」の状況を伝え、援助を促すための活動でした。その後、南北問題など開発には構造的な問題があることに気づく中から、よりよい開発・発展には「南」の人も「北」も一人ひとりの参加が重要であるとするものになったのです。

Development（開発）の語源は、De-envelop（封筒を開く）。封を開き、中身を取り出す。つまり、社会や人の可能性や能力を引き出す、伸ばすという意味もあります。

例えば、DEARの多文化共生をテーマにした教材「レヌカの学び」は、日本で暮らすアジアの人との共作で、その人の日々の生活での異文化体験をもとにしています。カードを使ってグループでゲームを通して疑似体験する手法で、子どもも大人も「自分ごと」に結びつけながら、多様性や異文化について気づき、学ぶことができます。実践団体事例③「世界一大きな授業」の教材もDEARが中心となってNGOで制作しているもので、毎年、数万人がこれで学び、日本政府への提言につなげています。開発教育は、地球規模で「こころの壁」を取り払うきっかけづくりといえるでしょう。

4 ベトナム戦争後、市民・若者が難民キャンプに飛び込む

NGO（Non-Governmental Organization）は、「国際協力を行う非営利の市民団体」を指すことばとしてつかいます。海外では地元の団体（日本のNPOに相当）をローカルNGOと呼んだりもします。そもそもは、1946年に国連の経済社会理事会（ECOSOC）で、政府の連合体である国連の協力関係にある、政府ではない主体をひっくるめて指したことばです。今日の地球規模の問題に取り組む市民団体としてのNGOは市民社会の成長とともに発展してきたといえます。

日本の市民による国際協力活動は、バングラデシュの独立の混乱の中で1972年、若者のボランティア50数名がバングラデシュ復興農業奉仕団（現シャプラニール＝市民による海外協力の会）として活動を始めたのが代表的な草分けの一つです。彼らが現地で見たものは、富める人に援助が集まり、貧しい人たちには届かないという矛盾に満ちた現実でした。新宿の歩行者天国で募金を集めるなどしながら、バングラデシュの農村を拠点にして、あるべき支援の模索が始まりました。

その後、1980年前後にインドシナ難民が大量に出て、欧米の民間医療関係者やボ

ランティアがいち早く難民キャンプに入ります。そうした活動に不慣れだった日本の若者も飛び込みます。よちよち歩きの日本のNGOと日本政府との関わりが始まり、NGOにとって心強い味方となる外交官もいれば、妨害する高官もいました（外務省ウェブサイト「NGOとの新しい関係（私見）星野昌子」）。

　子どもに焦点を当てた活動として、日本の保育士が中心となってキャンプでの保育士の育成や遊具づくり、内戦で本が大量に焼かれたことから本の復刻、絵本づくり、図書室の開設などが始まります。

5　子どもたちへの多様な支援

　今日、日本のNGOはアジアを中心に世界中で活動し、約半数が子どもを対象としています。取り組んでいる内容は多様ですが、国連ミレニアム開発目標（MDGs）に照らしていえば、教育（目標2）を挙げる団体が6割近くに上ります。

```
           国連ミレニアム開発目標（MDGs）
目標1   極度の貧困と飢餓の撲滅
目標2   初等教育の完全普及の達成
目標3   ジェンダー平等推進と女性の地位向上
目標4   乳幼児死亡率の削減
目標5   妊産婦の健康の改善
目標6   HIV／エイズ、マラリア、その他の疾病の蔓延の防止
目標7   環境の持続可能性確保
目標8   開発のためのグローバルなパートナーシップの推進
```

　これらの目標の1～7は、相互に密接な関係にあります。一つの出来事を解決するための7つの切り口がといったほうがいいかもしれません。初等教育が普及できていない現状とその要因については、実践団体事例③に詳述しています。

　NGOのネットワーク団体である国際協力NGOセンター（JANIC）のNGOダイレクトリーを「子ども」で検索すると213団体あり、取り組む子ども支援の内容は次のようなものがあります（アクセス日：2015年4月10日）。

日本のNGOによる子ども支援の取り組み

奨学金、保育施設・幼稚園・学校・フリースクールの建設・運営、養護施設・孤児院運営、児童館運営、医療、ワクチン供与、原発事故被災者への検診・医療支援、健康・衛生教育、環境教育、平和教育、車いすの寄贈、障がい児支援、給食、里親制度、母子保健衛生ケア、災害地支援、被災地・紛争地でのメンタルケア、性教育、エイズ教育、ストリートチルドレン保護、職業訓練、エイズ孤児支援、図書館建設、図書活動（学校、児童館、地域、家庭文庫、少年刑務所）、絵本出版、リーダー育成、ワークキャンプ、教員研修、内戦被災児・元子ども兵士への職業訓練、人身売買防止の啓発、有害危険な児童労働から守るキャンペーン、反FGM（女性性器切除）キャンペーン、人材派遣、国内・海外の子どもNPOへの資金支援、フェアトレード、水・食料・物品供与、住居建築など

6 試行錯誤、「外部者」の立ち位置

　それぞれの取り組みには、多くの試行錯誤があります。例えば、筆者が携わるラオスでの図書活動では、これまで学校に図書を届けて1年後に再訪すると埃が被ったままで、読まれていないことは珍しくありませんでした。先生は教員としての訓練を受けたことがなく、農業との兼業がふつうで、仕事で使う教科書以外の本にふれたことがなく、給料が遅配という状況にあっては、本が埃をかぶるのも当たり前とも言えます。その後、研修や先生の意欲を高める施策を重ね、読み書き能力の定着に役立ててきました。それには10年、20年という年月がかかっています。外部者（外国の団体。NGOもODAも）が自分たちの思い込みで資金を投入すると失敗したり、うまくいかないことが多いです。

紙芝居はラオスでも大人気

　実践団体事例②のIVYは、家庭と地域の発展のキーパーソンとして女性に焦点をあて、女性たちが力を発揮できる（発揮したくなる）筋道をつけることで成果につなげました。しかし、そんなIVYも子どもは学校に行けば学力が身につくという思い込みがありました。別の角度からの視点を持つ学生の参加によって、教育分野へとステージを広げ、成果に結びつけます。

7 国内の取り組みと国際協力の相乗効果

　IVYの海外での知見は東日本大震災の被災地支援に活かされ、その逆もありました。国内と海外の事業の両立は、資金面でも人材の配置においても容易ならざることですが、相互によりよい成果を生み出すことにつながる可能性を持っていることをIVYの事例は教えてくれます。

　一方、東日本大震災に際して支援を行った、あるNGOの日本のリーダーは、撤退をするにあたって、地元のNPOの組織基盤の脆弱性を危惧し、能力強化に努めました。

　さて、実践団体事例③はNGOのネットワークによる「万人のための教育」という国際的なキャンペーンを取り上げました。これまでは、豊かな先進国が貧しい途上国を支援するということが前提としてありましたが、今日、先進国内での貧困の問題が拡大しています。ともにある問題の解決に向けて、NPOとNGOの連携、経験交流・知見の共有が、これからさらに求められてくるでしょう。

統計・グラフ等ページ

表1　日本のNGO（国際協力を行う非営利の市民団体）

海外活動地域（n=207）	%
アジア	80
アフリカ	25
中南米	14
中東	12
欧州	7
オセアニア	5
北米	1

複数回答

対象者（n=223）		%
子ども	海外	48
女性	海外	34.5
少数民族	海外	25.6
被災者	海外	19.3
障がい者	海外	15.7
子ども	国内	15.7
難民・国内避難民	海外	12.6
女性	国内	10.3
その他	海外	9.4
少数民族	国内	8.5
在日外国人	海外	8.5
被災者	国内	7.2
在日外国人	国内	5.8
難民・国内避難民	国内	5.8
その他	国内	4.9
被拘束者	海外	2.2
被拘束者	国内	1.3

収入の構成（n=224）	%
寄付金	60
受託事業	15
助成金	9
自主事業	7
会費	6
基金運用	0.4
その他	3

NGOの総収入 275億円（2009年）

取り組んでいる国連ミレニアム開発目標（n=229）	%
教育を受ける機会を持つ（ゴール2）	57.6
貧困と飢餓をなくす（ゴール1）	53.7
環境を守る（ゴール7）	38.9
感染症を防ぐ（ゴール6）	22.7
ジェンダーの平等（ゴール3）	21.8
乳幼児死亡率を下げる（ゴール4）	21.4
妊産婦の健康改善（ゴール5）	20.5
世界的な協力体制（ゴール8）	19.7
取り組んでいない	9.2

国連ミレニアム開発目標（Millenium Development Goals:MDGs）
国連や各国政府が掲げる2015年までに達成すべき8つの世界共通の貧困削減目標。

出典：『NGOデータブック2011』外務省，（特活）日本国際協力NGOセンター（JANIC）

実践1 外国にルーツを持つ子どもたちが抱える問題への取り組み

認定ＮＰＯ法人多文化共生センター東京
代表代行 枦木 典子　新宿校担当 中野 真紀子
http://tabunka.or.jp/

① 実践の背景

1）外国にルーツを持つ子どもたちと教育

　2014年6月発表の法務省「在留外国人統計」による在留外国人数は2,086,603人、そのうち241,187人は、「子どもの権利条約」で学ぶ権利を保障されている18歳以下の子どもたちです。文部科学省によると「外国人の子どもには義務教育への就学義務はないが、公立の義務教育諸学校へ就学を希望する場合には日本人児童生徒と同様に無償で受け入れており、日本人と同一の教育を受ける機会を保障している」としています。

　「外国にルーツを持つ子どもたち」の置かれている状況は複雑です。日本で生まれ両親が外国籍であるため自身も父母の国の国籍となる子ども、学齢期に来日し、小・中学校に転入する子ども、多くの国が15歳や16歳で義務教育相当の学校教育が修了するため、それを区切りに来日する子どもたちもいます。

　一方、「在留外国人数」には含まれない「外国にルーツを持つ子ども」もいます。例えば親のどちらかが日本人で日本国籍があり日本で生まれ育っていても、家庭内では外国の慣習で育つ場合もあります。また日本人ではないほうの親の国でそれまでを過ごした後、日本で教育を続けることを望む場合、日本人として入国すると「在留外国人数」には含まれませんが、直面する困難な状況は外国籍の子どもたちと同じというケースもあります。

　一定期間を海外で暮らして帰国した日本国籍の「帰国生」の状況も多様化し、帰国後に学校生活に適応できなかったり、複雑な家庭事情から一貫した学習を受けられず、問題を抱えてしまう子どもたちもいます。

2）子どもたちの抱える問題

　出生時または幼少期から日本で育ち、小学校1年生から日本の学校に在籍していても、家庭内言語が日本語以外であるため日本語の習得がうまくいかず、勉強に十分についていけずに学校生活に影響が出る子どもたちもいます。また小学校相当の年齢で来日し日本の学校に早くから転入した場合も、年齢によっては、それまでの言語と日本語のどちらも母語として確立できず複雑な思考ができない子もいます。日本語の日常会話はできるため、学校側に日本語指導が必要な生徒と判断されずに適切な支援が受けられない場合もあります。

　また中学生以上で来日した場合は、勉強の言葉も難しくなっているので授業の内容がほとんどわからず、友達もできない状況で毎日を過ごすことが多く、たいへんなストレスとなります。学校の支援が不十分で日本語ができないままだと不安感や孤立感を抱え、不登校になってしまう可能性もあります。

　言葉の問題はなく適応しているように見えても、外国にルーツを持つ背景を周りに理解してもらえず辛い思いをしたり、自分のルーツを隠すこともあります。また、両親ともに外国人の場合は、日本の学校に編入できるこ

とを知らなかったり、日本語ができないことに不安を感じて子どもを学校に通わせないこともあります。その場合、子どもたちは家の手伝いなどをしながらほとんど外の世界と接することなく過ごすことになります。

日本の義務教育相当の年齢にあたる15歳を超えて来日した「学齢超過」の子どもたちはまた別の問題を抱えています。文部科学省の見解では学齢を超えたものが公立中学校に就学することについては、「その者が国内の中学校を卒業していない場合にはその就学を許可して差し支えありません」とありますが、実際には15歳以上で来日し母国で9年の教育課程を終えている場合は行政や中学校の判断で入学を断られることがほとんどです（9年の教育課程を修了していない場合は地域によっては夜間中学に編入できます）。

学齢超過の子どもたちが勉強を続けることを希望するならば高校へ進学するしかないのですが、その間に勉強ができる公の場所はなく、日本語指導などの公的支援も受けられません。「自力で」高校進学を目指さなければならない厳しい状況に置かれています。行政にはこのように中学にも高校にも所属していない子どもの教育に責任を持つ部署がなく、窓口をたらいまわしにされる場合もあります。また、進学に関する情報は日本語を母語としない親子にとっては難しく、母語での情報もなく支援者もいない場合は複雑な情報を理解できずに、高校進学を断念する場合もあります。問題は多岐にわたっています。

3）多文化共生センター東京の取り組み

私たち多文化共生センター東京がまず注目したのは高校進学を目指す日本語が母語でない親子への情報提供で、2001年に初めて「進学ガイダンス」を実施しました。その後、ガイダンスに来た中学3年生を対象にした土曜日の学習支援教室がはじまりました。そして日本語と教科の支援をする場所があるという情報が少しずつ広まり、教育相談に来る親子も増え、ボランティアベースの日本語や学習支援では支えきれない状況の子どもがいることが見えてきました。そして2005年、「たぶんかフリースクール」がスタートしました。

2006年5月に法人格を取得し、以降、外国にルーツを持つ子どもたちを学校につなげ、彼ら彼女らが日本社会で個性や能力を発揮できるようにサポートすることを通して、国籍・言語・文化の違いを互いに尊重する多文化共生社会を目指すという実践を続けています。

② 多文化共生センター東京の実践

1）教育事業

◇たぶんかフリースクール（2005年に開設し、現在荒川校、新宿校の2校で実施）

外国にルーツを持つ子どもたちが毎日通え、日本語や教科を勉強できる学びの場と居場所を提供しています。主に学齢超過の子どもたちが学んでいます。高校進学につながることを目標としています。

授業：通年（随時受け入れ）週20時間の授業
内容：日本語指導と高校入試を視野に入れた教科学習（数学・英語など）や作文・面接指導、進路指導などの高校入試サポート。

自分の町について紹介スピーチ

◇荒川区との協働によるハートフル日本語適応指導教室（2008年より実施）

荒川区内の中学校に通う来日間もない生徒を対象とした日本語の初期指導。
通室による指導：週4日3時間・2か月

修了後の補充指導：週3日2時間・3か月（小学5年生～中学3年生）

◇教育・進学相談

主に電話およびセンターでの面接による相談　学校教育（高校進学や小中編入）や日本語・教科指導場所を求めての相談多数。

◇キャリア教育

企業の支援を受け、生徒が将来の夢を考え、次の進路につなげるキャリア教育。

◇子どもプロジェクト（ボランティアによる日本語と教科の学習支援と居場所づくり）

毎週土曜、ボランティアによる個別対応の日本語や教科の学習支援。受験期には作文指導や面接練習も集中的に実施。企業・大学からのボランティア受け入れ先としても機能。

土曜日の学習支援ボランティアの方と面接練習

◇教育に関する調査・提言活動

2000年より、東京に暮らす外国にルーツを持つ子どもたちに関する教育実態調査を実施。報告書を作成。

◇日本語を母語としない親子のための多言語高校進学ガイダンス

日本の教育事情に不案内な、日本語を母語としない親子に教育制度や高校進学への理解を深めてもらう。多言語（6言語）で多団体と実行委員会形式で開催（年2回当センター担当）。

2）外国人の家族と子育て支援事業（ファミリーサポート事業）

◇親子日本語クラス

毎週、土曜日小学生以下の子どもと親（大人）を対象に日本語や教科の学習、生活面での相談などをボランティアが個別で支援しています。子どもたちには、季節行事や地域の行事に参加する体験も行っています。

3）多文化共生に関する情報提供事業

外国にルーツを持つ子どもたちの状況や多文化共生への関心を高め、より多くの方の賛同・支援を得るため、web、ブログ、Twitter、紙媒体などによる広報活動。

③ NPO の意義

多文化共生センター東京は2001年に「多文化共生センター・東京21」から始まり、2006年には特定非営利活動法人「多文化共生センター東京」として独立法人格取得、東京都よりNPO法人認証、2011年6月、国税庁より認定NPO法人として認定されました。

NPOは、行政や企業と違い、社会的課題に対し柔軟かつ機動的に活動できること、また、社会貢献の立場にたち先駆的できめ細かな活動が可能であることから、NPO法人としての特性を活かし活動してきました。

特に、多くのNPOやボランティア団体と連携し、外国にルーツを持つ子どもたちの抱える問題解決のため行政などへの働きかけや客観データの少ない外国にルーツを持つ子どもたちの調査と提言、学ぶ場の保障されていない学齢超過の子どもたちの深刻な状況を解決するための学ぶ場を提供してきました。

また、認定NPO法人として認定されたことにより、社会的に信頼度の高い組織として認知され、学校教育の狭間にいる学齢超過の子どもたちへの取り組みに対し、その意義を理解いただいた個人や企業から継続した支援をいただいています。

④ 到達点、今後の課題、展望

1）現状について

多文化共生センター東京は、学校教育の狭

間に置かれている子どもたちに学びの場を提供してきました。図1からもわかるように卒業生は年々増え、生徒総数は開校以来400人を超えて高校へとつながっています（国籍は15か国以上）。都および近県の外国にルーツのある子どもたちの学びの場としての成果は大きいといえます。

学ぶ場を求めての相談は日本全国、海外からも寄せられ、年間130件以上に上ります。

図1 相談件数と卒業生数

年	相談件数	生徒数
2009	92	48
2010	99	41
2011	118	46
2012	115	51
2013	117	55
2014	130	55

日本に在住する外国にルーツを持つ子どもたちや家族にとり、子どもの教育は切実、深刻で、適切な情報を提供する機関は不可欠です。自治体の窓口から聞いたと来所する親も増え、行政の補完的役割を果たしています。

文部科学省拠出国際移住機関（IOM）「定住外国人の子どもの就学支援事業（虹の架け橋教室）」に学齢超過生も対象となるように働きかけたことで、2012年度から2014年度まで学齢超過の子どもたちも積算対象となり、初めて公的支援を受けることができました。授業は一部を無償で提供でき、時数も増やすことができました。学齢超過生が、学ぶ場を必要としている子どもとして認識され学ぶ場所が確保できたことは、大きな前進でした。

しかし、この事業は、2015年度以降は、実施にあたり、自治体と連携することが必要条件となっています。学校に在籍していない学齢超過の子どもたちは、担当部署がないため連携先を見つけることが難しい状況です。

2) 今後目指すところ、そこに向けた課題

外国にルーツを持つ子どもたちの問題は、客観データが少なく、当事者である保護者は言葉の不十分さや在留資格等の問題で声をあげにくく、社会に認知されにくい問題です。

多文化共生センター東京は、学齢超過の子どもたちへの公的支援が一時的なものに終わることなく、行政の責任として継続していくよう今後も働きかけていきます。また、平成28年度の都立高校の入試改変にともない、外国にルーツを持つ子どもたちの高校進学の可能性が狭められることのないよう、他団体と共同し入試方法の改善を求めていきます。

「学校に行きたくても入れる学校がない」学齢超過の子どもたちの高校進学を保障するため、毎日通える教室を提供し、子どもたちの日本語及び教科学習を実施していきます。

卒業生が増えるにつれ、高校進学後の生徒たちが授業や生活でさまざまな困難を抱えていることがわかってきています。子どもたちにとって高校合格はスタートであり、入学後についての支援、就職、大学進学などのサポートは、今後の課題です。

日本に在住する外国にルーツのある全ての子どもたちが適切で十分な教育を受けられるためには文科省をはじめとする国や自治体の多文化共生教育に対する長期的展望をもった政策の実行が必須です。一方、日々成長していく子どもにとって、日本語指導や学ぶ場の確保は、早急かつ柔軟な実施が求められています。

2020年の東京オリンピックに向けて、短期間に莫大な予算が計上され、さまざまな新規の部署ができていますが、地域で共に生活していく住民として定住、永住していく外国にルーツを持つ子どもたちが持っている多文化、多言語、多様性といった豊かな特性を育て活かせるよう、長期的な展望をもった施策の実施を求めていきたいと思います。

実践2 平和のために、今、私たちにできること
～カンボジアの農村とシリア、イラク難民の子どもたちへの教育～

認定NPO法人　IVY（アイビー）
理事・事務局長 **安達　三千代**
http://ivyivy.org/

① IVY（アイビー）とは

　IVYは1991年、山形県人10人がカンボジア難民キャンプにスタディツアーに行ったのをきっかけに設立されました。まずは足元の国際化に伴う課題解決からと、山形県内に500人以上いた東南アジア、韓国、中国、中南米からのいわゆる「外国人花嫁さん」への支援を開始。カンボジアでは孤児・ストリートチルドレンの社会福祉センター、フィリピンでは日本へ嫁ぐ女性たちへの出発前教育、東ティモールでは成人識字教育と広がっていきました。

　2000年前後には在住外国人支援を「外国にルーツを持つ子どもたち」に広げ、さらに次世代教育として国際理解教育や環境教育を取り入れ、大学生らがファシリテーターとして参加。カンボジアは農村・農民の貧困削減のために地方に拠点を移し、当時主流だった「住民主体の学習と行動による地域開発（PLA = Participatory Learning and Action）」の試行を始めます。

　2010年前後には、これまでイベントや講座などでIVYに関わっていた大学生らが「IVYyouth（アイビーユース）」を生み出し、IVYカンボジアの活動地域の小学校で算数教育支援を開始しました。

　そして2011年3月11日の東日本大震災。4日後から名取市等仙南部、石巻市等北部へ救援物資を届け始めます。カンボジアでの経験を生かし、失業者を復興工事に雇用して給料を支払う「キャッシュ・フォー・ワーク」、原発事故で避難している母子のための「あいびぃ保育園」を開くなど緊急援助についても経験を積みました。

　そして、これらの蓄積を再び国際協力へ還元したいと思い、始めたのが「シリア難民支援」です。保育園開設の経験やIVYyouthとともに培った初等教育支援が役立ちました。

② カンボジアの子どもたち

1）農村開発と教育開発

　IVYは1999年からベトナムと国境を接するスバイリエン州で活動しています。貧困の代名詞と言われた州で、対象村では「年収が1万円にも満たない」「米の収穫量は山形県の7分の1。次の収穫前に食べる米もなくなってしまう」「食費だけでなく、薬代や化学肥料が家計を圧迫」「村には収入を増やす手段がない」「ふくらむ借金、借米。借りた米は倍返し。返済が滞って田んぼを手放す」その結果、ほとんどの男性が出稼ぎに出て、一家でホームレスとなることも少なくない地域でした（スバイリエン州スバイチュルン郡チューティール地区プレイチャンボック村基礎調査）。

242

IVYが最初に目標にしたのは「ホームレス化を村で食い止めること」。焦点を当てたのは、村や家庭を守っている女性たち。コミュニティと家庭両方の貧困削減の主役になると考えたのです。

　PLAを取り入れ、村の女性に「力を合わせて、村や家庭で抱える問題の解決に取り組んでいきましょう」と呼びかけました。見知らぬ外国の団体の声に応えてくれるのか心配でしたが歓迎してくれました。これまでトレーニングに呼んでもらえるのは男性と決まっていました。ほとんどの女性が読み書きできず、参加しても黒板の文字を理解できなかったのですが、きっと出番を待ち望んでいたんだと思います。イギリスの開発学のロバート・チェンバースの『第三世界の農村開発』にある「最後の人を最初に」を守り、誰にでもわかりやすいように絵を使って説明し、数を表すのに小石や種を使いました。

　女性たちは毎月1000リエル（約30円）をグループで貯蓄し、鶏のヒナや子豚を購入する元手をつくったり、家族が病気になったときには低利で借りたり。後には干ばつや収穫前の米が不足する時期に低利で米を貸し出す米銀行、野菜の共同出荷などに取り組んできました。副村長までなった女性もいます。

　そうした中でIVYは子どもたちの教育には全く手をつけませんでした。「私たちは農村開発。教育は自分たちの領域ではないので踏み込んではいけない」という気持ちがありました。それでもどのお母さんも「稼いだお金は子どもたちの文房具や制服に使う」ことは知っていましたし、女性組合は小学校までつくったほどでした。私たちは子どもたちへの波及効果にすっかり満足していました。

　ところが、「比較教育」を学ぶ大学生Sさんとの出会いが、別の開発課題をあぶり出してくれることになるのです。

2）「内部効率性」の低さ、教科書の不足

　学習会を開き、資料(平山雄大（2007）「カンボジアにおける初等教育の現状と課題」)にあたる中で、カンボジアは1年生の進級率66.4％、留年率21.8％、中退率11.8％、修了率は約40％（2004年／2005年度）と「内部効率性」の低さが深刻で、10人入学して4人しか卒業できていませんでした。

　IVYyouthが支援した農村部のアンクサット小学校は、2010年3月、1年生107人に対し、算数の教科書は7冊でした。先生が小石で足し算を説明しますが、後ろの席からは全く見えません。後は黒板に練習問題を書き、石版に書き写すよう指示して、指名した生徒だけ前で解かせて40分で授業はおしまい。宿題はありません。1年生後期で、2ケタのくり上がりのひっ算が解けるのは数人でした。

アンクサット小学校の授業風景

3）学生が、算数ドリルをつくる

　IVYyouthは、反復学習の不足、教師の指導力不足を補う算数ドリルをつくり、副教材として使ってもらうことになりました。算数を選んだ理由は「言語の障害が少ない」「他国の文化への介入が少ない」「農業に直結している」ことでした。カンボジアの算数の教科書を研究し、カリキュラムをそろえ、1年生用ドリルの上巻は「10のまとまり」の定着を目標にしました。翻訳は留学生、監修は小学校の先生。毎年夏休みと春休み、約10人が自費で現地を訪れ、配布予定校の先生方とワークショップを聞き、意見を聞いて改良を加えます。自分たちの意見が取り入れられていた方が、愛着を持って使ってもらえると思ったからです。最初は150冊刷ってアン

II 領域別9　子どもNPOと国際的視野

クサット小学校の新1年生に寄贈しました。「10のまとまり」はタマゴパックとおはじきで楽しく学べるようにしました。

　教科書に踏み込んでの支援となるため、州教育局、郡事務所への報告や相談をその都度行うよう心がけました。

　ドリルは2014年3月までに、4年生までの各学年前期用後期用各2冊ずつ完成しています。2014年／2015年度は1年生用ドリルの改訂も行いました。今では18校に配布。費用は募金や助成金を申請していますが、メンバーの費用負担も大きいようです。

③ シリア、イラクの子どもたち

1) シリア国民の半分以上が難民・避難民

　シリアの今の混乱が震災と同じ2011年3月に始まったことはあまり知られていません。きっかけは、首都ダマスカスの南、ダルアー県で「政権打倒」と壁に落書きした少年約30人が逮捕され、保釈を求めて起きたデモが発端でした。デモは国中に飛び火し、欧米側とロシア側、双方が武器を与えた結果、4年後の現在は難民400万人、国内避難民数700万人、国民の半分以上が難民という大変な事態です。

カウログスク難民キャンプ（撮影：著者）

表1「国外難民数」

レバノン	1,191,451人
トルコ	1,738,448人
ヨルダン	627,295人
イラク	246,836人
エジプト	133,619人
その他	24,055人
合　計	3,961,704人

出典：UNHCR　Mar 26, 2015

2) 難民キャンプ以外に暮らす難民を支援

　IVYが活動しているイラクのクルド自治区は難民の65％がキャンプ外に暮らしています。仕事を求めてキャンプから都市に移動し、アパートを借りたり、小屋を建て、日雇いなどをして暮らしていますが、物価は日本並みに高く、家賃と食べるだけで精いっぱいです。

　IVYは、国連や大手団体が支援するキャンプから自立しようとしている、キャンプ外の難民に焦点を絞りました。アルビル市内の家賃の安い3地区の中の貧困世帯、約350世帯にストーブや灯油を配りました。

　ストーブの使用状況を確認するため再訪問すると、一日中、部屋の中で過ごしている子どもたちの姿がありました。3地区合せて280人いた小学生年齢の子どものうち、学校に通えていたのはわずか10人でした。

一日中、家の中ですごす子ども達

①「学校へ行きたい」

　なぜ子どもたちは学校に通っていないのでしょうか。「学校言語の違い」と「交通手段がない」ことが大きな理由でした。

　クルド自治区に避難しているシリア難民は同じクルド人です。地元のクルドの公立校へ

通えれば良かったのですが、シリアはクルド語を認めず、シリア系クルド人の子どもたちもシリアの公用語のアラビア語しか話せなくなっていました。移民用にアラビア語で授業をする学校は郊外です。公共交通機関が未発達で、移動はタクシーに限られ、毎日となると高くて利用できなかったのです。

アルビル市には2014年1月時点で推定7,000人の小学生年齢のシリア難民の子どもたちがいましたが、就学児は1,820人（26％）。残る5,180人（74％）は通えていなかったのです。4人に1人という就学率の低さは、世界でも最下位のエリトリアの純就学率32％（日本ユニセフ「世界子ども白書2015（要約版）」）をさらに8％も下回っています。

紛争前、シリアの小学校の純就学率は99.5％、修了率は93％でした。戦争がなければみんな学校に通えていたはずでした。3年もの間、この状態を放置していた国際社会、市民社会の責任はとても大きいと思います。

②シリア難民専用の小学校をつくる

難民専用の小学校をつくる必要性を感じた私たちは、クルド教育省とかけあいます。教育は、一NGOがそこまで手を出すべきではないという意見もありましたが、任せておいても事態が動かないのは「あいびぃ保育園」で経験済みです。

ダイレクターは協力的で「公立校で空いている教室があり、あなたがたで見つけてくれば貸しましょう」「先生の給料とスクールバスを準備してください」という条件を出し、「この日本の団体が難民専用の小学校をつくる準備をしているので、全面協力するように」という書類を発行してくれました。

IVYの現地スタッフはその書類を持って、市の教育委員会、公立校を回り、公立の女子中学校で午前中しか授業がないので、午後は空いているというところが見つかりました。

3月下旬には父母への説明会、生徒の入学受付が行われ、4月1日、ついに「ガラナワ（クルド語で帰郷）補習校」をオープンすることができました。8月末までの5か月間、200人の子どもたちを1〜2年生と3〜6年生に分け、一日交代で学校にIVYの用意したスクールバスで来てもらい、授業を行ってきました。

また、補習校の実績が認められ、9月にはクルド政府の公立小学校（コバニ小学校。シリア北部、イスラム国とクルド人との間で激戦となった町が由来）に昇格しました。補習校では公式の履修単位とならないからです。

公立小学校になった途端、大勢の保護者と子どもたちが登録に押し寄せました。何もかも失ってしまった難民の人たちの間で教育熱が一気に高まる時期があると聞いたことがありましたが、そのとおりでした。

2015年4月現在、740人になり、他にも難民専用の学校が2校増え、就学児は3,790人（54％）となりました。バスの支援は2015年5月終了の予定ですが、親たちがバス会社と交渉して走らせることになっています。

③国内避難民の子どもたちも学校へ

2015年4月現在、クルド自治区には国内避難民約82万人も避難しています。2014年6月の武装勢力によるイラク第2の都市モスル侵攻以来、イラクで約263万人が避難民となった人たちの一部です。うちアルビル県には11万人いて、11月時点で児童24,200人のうち、学校に通えていたのはバハルカ難民キャンプの1,200人（5％)のみ。それ以外の場所に避難していた23,000人が未就学でした。

そこで、IVYは2015年度、シリア難民の子どもたちと同じ方法でクルド教育省とかけあい、郊外の仮設住宅2か所に移された国内避難民で通学手段がない子どもたちのために補習校2校を立ち上げようとしているところです。うまく運べば、公立学校に昇格してもらえるのではないかと期待しています。

どんなときでも人が人らしくあるために、力を尽くしたいと思います。

実践3 世界一大きな授業

教育協力NGOネットワーク（JNNE）
事務局長 三宅 隆史
http://jnne.org/

① なぜ小学校に行けない子どもが6,000万人もいるのでしょうか？

ケニアのキマニ・マルゲさんは、2003年に84歳で小学校に入学し、世界最高齢の小学生として、ギネス世界記録に認定されました。少数民族の出身であったことやイギリスからの独立戦争のため子どもの頃マルゲさんは小学校に通えないままマルゲさんは大人になりました。2003年に小学校へ入学した後、2009年に胃がんで亡くなるまで獣医になるという夢をあきらめずに勉強を続けました。マルゲさんは2005年に国連の会議でスピーチの場を与えられ、世界の学校へ通えない子どもたちの窮状を訴えました。マルゲさんをモデルにした映画『おじいさんと草原の小学校』（2010年）は日本でも上映されました。

子どもが小学校に行くという当たり前のことができない子どもが世界に5,780万人もいます。そしてマルゲさんのように小学校に行けないまま大人になった人たちは、8億人近くもいます。8億人という数は、世界の大人のほぼ5人のうち1人にあたります。なぜこんなに多くの子どもが学校に行けないのでしょうか。大きく3つの要因があります。

1) 貧困

一つは貧困です。世界には1億6800万人、子どもの9人に1人が児童労働をしています。児童労働とは、義務教育を妨げる労働や法律で禁止されている18歳未満の危険・有害な労働のことを指します。

貧しい世帯にとって大きな負担となるのが学費です。貧しい家の親が、学費がかかるのであれば、子どもを学校には行かせず、働かせた方がましだと考えるのは、当たり前のことと言えます。日本では小学校、中学校までは教科書も含めて無料ですが、世界の70カ国ではいまだに小学校に通うためには学費を払う必要があります。冒頭で紹介した84歳でマルゲさんが小学校に通うことになったきっかけは、ケニア政府が2003年に小学校の学費を無料にしたことでした。

2) 学校サイドの問題

二つ目の理由は、学校側の問題です。学校が遠くて通えない、学校があっても校舎がなく外で勉強をしないといけない、先生が足りない、先生がいてもやる気がなく学校に来ない、教科書や教材が足りない、暗記ばかりや知識を伝達するだけの授業でつまらない、といった問題があります。アフガニスタンでは、女の先生が不足しているため、女子の場合小学校5年生になると親が男の先生の学校に行かせたくなくなり、学校に通うのが難しくなります。カンボジアでは教室が足りないため2部制で午前と午後で生徒も教員も代わります。家族が暮らすにはひと月に農村部においても最低300ドルは必要ですが、教員の月給は約150ドルです。そこで、午前に威厳をもって教壇に立っていたのに、午後は学校の校庭で生徒にアイスクリームを売る先生もいます。給与が安い教員にやる気を出せと

いっても無理があり、多くの教員が他の仕事にも就いています。

教える内容、教科書の中身も問題です。アフガニスタンでは、暴力や戦争に子どもを駆り立てるための教科書が使われてきました。たとえば、算数の教科書には、「敵が10人います。3人殺しました。あと何人いるでしょうか」といった内容が含まれていました。このような教科書の開発を1990年代米国政府は支援しました。そして、このような教育を受けた人たちの一部が、9・11テロを起こしたアルカイダに協力したタリバンを設立したのです。学校で何を学んでいるか（あるいは学んでいないか）も大切だということがわかります。でもこれは他国のことではありません。わずか70年前にあたる太平洋戦争で負けるまでの日本でも同様の教育が行われていました。そしてアルカイダの自爆テロのモデルとなったと言われる「特攻隊」によって1,036名もの日本の男子が亡くなったのです。

3) 社会の問題

三つ目は、社会の問題です。多くの貧しい国では女子が教育を受けることに対する理解が不足しています。早婚の習慣も女子の教育を妨げています。教育を妨げる最大の要因は戦争です。学校に行けない5,780万人の子どもの半数は紛争地域の子どもたちです。たとえば、ノーベル平和賞を受けたマララさんを襲撃したパキスタンタリバン運動とパキスタン政府軍との間の紛争のために、2015年3月の時点で、パキスタンの北西部の60万人以上の子どもが難民あるいは国内避難民として生活しており、学校に行けずにいます。

② 学校に行けない子どもたちをなくすために

1)「万人のための教育」の目標と政府の役割

学校に行けない子どもや読み書きのできない大人を無くすために、2000年に164か国の代表、ユネスコやユニセフなどの国際機関が、セネガルのダカールで世界教育フォーラムを開きました。会議は、すべての子どもと成人に基礎教育の権利を保障するために、6つの目標を2015年までに達成することを合意しました。基礎教育とは、「人間の基本的な学習ニーズを満たすための教育」を意味し、幼児教育、初等教育（小学校）、前期中等教育（中学校）、成人識字を含む生活技能についての教育を指します。この目標は万人のための教育（Education for All）目標、EFA目標といわれています。

EFAの達成は夢ではなく、可能な目標です。しかしそのためには途上国政府と先進国政府が互いの責任を果たす必要があります。

日本を含む先進国の責任を3点述べます。第一は基礎教育分野の援助額を増やし、途上国が直面している資金不足を解消することです。第二に、貧しい国や戦争の影響を受けた国への教育援助を優先すべきです。第三に基礎教育の援助の質を改善すべきです。

2) EFA目標のための国際キャンペーン

学費が14か国で廃止されたり、教育予算が国家予算の20％にまで増えたりしたという教育政策の改善の背景には、教員や親、市民社会組織によるEFAのための運動がありました。EFAのためのNGOの世界組織である「教育のためのグローバル・キャンペーン」の呼びかけによって、「すべての子どもに教育を」という世論を喚起するためのキャンペーンが、毎年4月に世界100か国で一斉に行われています。2003年にスタートし、2008年には全世界で885万人が参加し、ギネスブックに登録されました。日本では23の国際協力NGOで構成されている教育協力NGOネットワーク（JNNE）が、「世界一大きな授業」という名前で実施しています。2014年には全都道府県の716校・グループの69,151人が参加しました。

II 領域別 9　子どもNPOと国際的視野

表1　2014年参加校・人数内訳

	学校・団体数	参加者数
小学校	113	7,522
中学校	185	29,337
高校	202	24,666
大学	79	3,850
青少年団体、NGOなど	140	3,776
合計	719	69,151

「授業」の目的は、日本の子どもたちが、①世界の教育の現状を知り、教育の大切さについて考える、②より良い世界のために活動する子どもたちがいることを知り、自分たちに何ができるか考える、③日本の教育分野の政府開発援助（ODA）について学び、よりよい支援のあり方を考えることです。

参加するには、「世界一大きな授業」のWEBサイトから教材をダウンロードします。子ども中心の参加学習であるという点が教材の特徴です。EFA目標を達成するためにはどうすればよいか、私たちに何ができるか、日本政府は何をすればよいのかについて、考え、話し合います。

2015年の教材には以下のアクティビティが含まれています。教員・指導者は、対象年齢やねらい、使える時間やコマ数に合わせて、アクティビティを選びます。

表2　「世界一大きな授業」のアクティビティ

アクティビティ	ねらい
クイズ	世界の教育の現状の概要を知る。
識字	文字が読めないことを疑似体験する。世界の非識字者の現状を知る。
教育と資金	途上国の教育費、先進国からの教育援助額、世界の軍事費を表すリボンの長さを比べる。教育のための資金が十分でないことを知る。
行動する子どもたちのエッセイを読もう	マララ・ユスフザイさんのノーベル賞授賞式でのスピーチと日本の子どもたちのストーリーを読んで、感想を共有する。
本当に必要な「教育援助」とは？	本当に必要とされる援助とは何かをロールプレイを通じて考える。
政策提言をしてみよう	子どもが学校に通えるようになるために大切なことを考え、日本政府に取り組んでほしいことについて首相・外務大臣への手紙を書く。

小笠原村立母島小学校

2014年には、参加者から日本政府に向けて3,000通のメッセージが寄せられ、首相官邸に送り届けました。

高校生が先生役となって国会議員のためにEFA問題について授業を行う「国会議員のための世界一大きな授業」も行っています。5回目となった2014年には、21名の国会議員が「生徒」となって参加しました。

高校生たちは、フリー・ザ・チルドレン・ジャパンというNGOで活動している子どもたちで、自分たちで学習プログラムを作りました。教育環境に恵まれて国の学校の生徒とそうでない国の生徒を国会議員が疑似体験します。続いて、日本政府の教育援助がどこの国で使われているかを学びます。これによって、日本の援助は、教育環境が悪く、援助のニーズが高い国に多く配分されていないことを議員は学びました。最後に、高校生は、自分たちの言葉で、小中学校への援助やアフリカなど援助の必要性の高い地域への援助に力を入れるよう、議員たちに訴えました。

③ 参加した子どもにとっての意義

子どもたちにとっての意義は、第一に、教育は普遍的な人権で、不可欠であると気づく

こと。「かわいそう」「日本に生まれてよかった」という慈善的な意識から、「自分たちにもできることはないか」「どうして学校に行けない子どもがいるのだろうか」という社会的公正を求める意識へ変化が見られます。以下、子どもたちの感想です。

・字の読めない人がたくさんいることを知り、驚いた。
・同じ子どもなのに、学校に行ける子といけない子がいて、大人は何とも思わないのだろうか。
・学校に行けないのは女の子が多いと聞いてとっても腹がたちました。
・今日は命がけで薬をえらびました。こわかったです（非識字体験のアクティビティ）。
・学校に行って勉強することは命を守ることになると思った。
・勉強するのは義務ではなく自分たちの権利だということを強く感じました。
・「現地に行って学校をたてる」というのも大切だけれど、まずはそこの土地の人が本当に困っている事を僕は知りたいと思う。

第二に、自分たちが現状を変える力があるという自己効力感が高まっていることです。マララさんのように困難な状況を変えるために行動している途上国の子どもたちの様子を知ったり、学んだことを基に「日本政府にお願いしたいこと」を書いたりすることを通じて、「何もできない自分」という意識から「何かできる自分」という意識への変化が見られます。以下は子どもたちの感想です。

・自分の考えを述べる大切さを知った。
・知らないことばかりで驚いたけど、自分にできることも少しはあるのだとわかった。
・国民が動けば政府も動くと思った。
・インドの子どもたちが全力でがんばっているのに、ぼくたちは何もやらなくてよいのだろうか、何かできることはないのだろうか、と思いました。
・子どもが団結して物事を考えると問題が解決できるのに、大人の方が解決できず問題がたくさん起きるのは不思議だ。
・一人ひとりの力は小さく限られていると思いますが、大勢で集まれば世界を動かすことができると思います。

以下は先生からの感想です。
・「知る」→「考える」→「行動する」プロセスになっている点がすばらしい。
・今回の生徒の真剣さは普段にないものでした。実際に自分の意見が総理へ届くと聞くと、懸命に考えて書いていて、生徒の新たな一面を発見。

④ 課題

課題は2点あります。第一は、参加校・参加者を増やすことです。世界同時に行われるキャンペーンのため、イスラム圏のラマダンやキリスト教圏のイースターを避けたりという配慮で、4月下旬に毎年行われているのですが、日本では新学期直後にあたり、参加しにくいです。実践した教員からは、「もっと多くの学校が参加すべき」という意見をいただいていますが、全国の約3万8000ある小中高校の1.8％にあたる684校しか参加できていません。より多くの学校にこのキャンペーンを周知したいと考えています。

第二はお金と人です。日本の多くのNGOはアドボカシー担当がおらず、ネットワークで進めるキャンペーンや政策提言活動に割ける人材が少ない状況です。

キャンペーンの費用は、すべての学校に送るDM代や報告書送料など150万円ほどかかり、資金の調達に非常に苦労しています。日本の助成財団の多くは、海外での事業やサービスは助成してくれるもの、日本国内の啓発やアドボカシーを支援してくれないからです。欧米の民間助成財団と同様に、NGOの役割には、社会や政策の改善であることが認識され、助成金が増えることが期待されます。

子供の未来応援国民運動 趣意書
～輝く日本の未来に向けて 子供たちに夢を！笑顔を！～

I 国民運動の趣旨・目的

　明日の日本を支えていくのは今を生きる子供たちです。その子供たちが自分の可能性を信じて前向きに挑戦することにより、未来を切り拓いていけるようにすることが必要です。

　いわゆる貧困の連鎖によって、子供たちの将来が閉ざされることは決してあってはなりません。子供たちと我が国の未来をより一層輝かしいものとするため、今こそ国民の力を結集して全ての子供たちが夢と希望を持って成長していける社会の実現を目指してまいりましょう。そのために、このたび、関係各位のご賛同の下に「子供の未来応援国民運動」を立ち上げ、推進していくことといたしました。

　国民の皆様には、本国民運動の趣旨等にご理解をいただき、ご支援・ご協力を賜りますようお願いいたします。

II 国民運動事業の例

① 国民への広報・啓発活動、地域における交流・連携事業の展開
　・シンボルマーク等を作成して協賛募集
　・地域の実情を踏まえた関係者の顔の見える交流・連携の推進
② 支援活動と支援ニーズのマッチング事業
　・企業・団体が行っている支援活動と地域における様々な支援ニーズとをマッチング
③ 優れた応援事例の収集・情報提供・顕彰
　・政府表彰事業の実施（総理大臣表彰等）
④ 支援情報の一元的な集約・情報提供
　・各種支援情報の総合的なポータルサイトの整備
⑤ 民間資金を核とする基金創設の検討
　・地域に根差した学習支援、生活支援等を行う支援団体への助成
　・スポーツ・芸術等の分野で意欲・能力のある子供の夢を応援するための支援

III 国民運動事業の展開に向けた広報・募金活動

　子供たちは無限の可能性を秘めた存在です。「子供の未来応援国民運動」は、全ての子供たちが「できないことへの諦め」を「できることへの喜び」に変えられるよう、国、地方公共団体、民間の企業・団体等による応援ネットワークを構築し、民間資金を核とする基金の活用等を通じて、各種支援事業を展開します。これにより、『全ての子供たちにチャンスがあふれる日本』を、力を合わせて創ってまいりましょう。

IV 国民運動推進事務局の設置等

　本国民運動の推進主体となる事務局について、平成27年年央の設置を目指して検討・準備を進めてまいります。

　そのための準備組織を3府省（内閣府、文部科学省、厚生労働省）及び日本財団を中心として立ち上げ、各種事業の内容の具体化や関係各方面との調整を進めます。

　　平成27年4月2日

子供の未来応援国民運動 発起人一同

第III部

資料編
－関係法規等の解説

1. 条約・勧告
2. 基本法規
3. 関係対策・支援法等
4. 宣言・憲章等

1 条約・勧告

子どもの権利条約

　1989年11月20日に国連総会で採択された国際条約で、子どもの権利保障に関する現行の世界的な基準と言うべきものです。1990年9月2日に発効しましたが、日本の批准は1994年まで遅れ、国内での効力の発生は、同年5月22日からです。以降、日本における法制上の位置づけは、憲法に次ぐものとなりました。従って、例えば、教育基本法や児童福祉法よりも優先される理念であることをしっかりと理解しておくことが肝心です。

　加えて、以下の要点を押さえておくことが、この条約を学び、運用する上でとても大切と考えます。第一は、この条約の目的なり本質です。それは、子どもの「人格の完全なかつ調和のとれた発達のため」（条約前文）に必須の要件を、"子どもの権利"として保障し、実現を求めたものであることです。そこで、子どもの"発達"を原理的にどのように捉えるかが、とても重要な考えどころとなります。

　第二は、この条約の構成です。条約本体はⅢ部構成54条から成り立っていますが、この他に、三つの「選択議定書」を伴って構成されています。「選択議定書」とは、後に条約の本体を補完するために作成された独立した国際文書ですが、条約と同じ効力を持つので、見落とせません。

　第三は、条約本体に盛り込まれた条文の比重の違いです。18歳未満のすべての子どもを対象とすることを明らかにした第2条、以降の子どもの人生を見据え、より良い状態となるように関わることを大人に規定した第3条、前文の本質を要約している第6条、「意見表明権」という解説で誤解が広まっていますが、子どもの発達を促す方法を明らかにした第12条は、「一般原則」と呼ばれ、条約全体を解釈したり、運用する上で拠り所となる最も重要な基本理念であるため、他の条文とは同列に扱うことができないので、注意が必要です。

　第四は、条約の運用を補助する重要な指針が二つ存在することです。これらをしっかりと学び、活かす努力が必要です。その一は、一般に「勧告」と呼ばれる国連子どもの権利委員会（CRC、国連における子どもの権利条約の実現状況を監督する機関）がまとめる「最終所見」です。実は、子どもの権利条約を批准した国は、5年に1度、ここで自国における条約の実現状況を審査される決まりになっているため、それを踏まえて作成され、CRCから渡される通信簿と理解していただけばわかりやすいでしょう。問題とされた点は反省し、改善が必要です。日本もこれまでに3回、「勧告」をいただきました。子どもの権利を普及する運動において、それに造詣の深い世界の識者が、日本の状況についてどのような指摘を行なったか、十二分に把握し、参考にしなければなりません。なお、「勧告」に至る審査の過程では、批准国政府からの報告のみならず、その国の子どもの実態に詳しい民間団体からのカウンターパートレポートも受け付けて審査を行なう仕組みとなっています。これまでCRCとの橋渡しとなるイニシアチブをいくつかのNGOが積極的に担ってきましたが、子どもの育ちに関わる分野は広く、加えて全国的な実態を把握することは容易ではありません。この点で、各地で活躍する子どもNPOが蓄えている情報や知見は極めて重要と言わねばなりません。カウンターパートレポートをまとめる取り組みに、全国の子どもNPOの果敢な関わりが多分に期待されています。

　その二は、やはりCRCが折々にまとめ、発表する「一般的注釈（General Comments、以下、GC）」です。CRCの重要な役割の一つ

は、特定の条文や条約を実現する上での課題を念頭に、そうした条文の規定やその運用のあり方などをめぐって、CRCとしての解釈を示すことですが、それらをまとめたものです。なお、子どもの権利の本質に対する理解を深める必要性や、日本の子どもNPOの多くが手がける事業の実態に照らして考えれば、特に、以下の二つの「GC」をしっかりと学習することが大切でしょう。

一つは、2005年に発表されたGC7です。"乳幼児期の子どもの権利の実施について"をまとめたものですが、子どもの発達の原理を考える上で、重要な指針と考えます。子どもの権利条約の英文原文では、子どもの"意見"の表現には、実は、opinionではなく、viewが用いられています。opinionは、そもそも言語的に表現されたものを意味するのに対し、viewは、それこそしぐさや泣き声に至るまで、何らかの対象に対してあらゆる方法で表現された思いや欲求を含みます。本質は、子どもがそれぞれの発達段階に合った表現方法で示した見立てといったところかもしれません。多くの子どもたちの自己肯定感が低い日本の現状を前に、CRCは、日本への第3回勧告（2010年）に際し、the right of the child to be heard（意見を聞かれる子どもの権利）の重要性を訴えましたが、viewをしっかり受けとめ、応じる優れた力量を、子どもNPOに集う人々はしっかりと培っていかねばなりません。

もう一つは、2013年に発表された条約第31条に関するGC17です。子どもの遊ぶ権利を保障、拡充するために、特に、自然発生的な遊びやレクリエーション、創造性を培うための時間や空間を作り出すことや、それを社会全体で支援したり、奨励することが大切とするCRCの見解が明らかにされていると思われます。一方、CRCは、子どもの遊具や施設の安全性、使いやすさを向上させることや自由に遊べる安全な住環境の創造も訴えています。特に、放射線による汚染という厄介な問題への対応を回避できない東日本では、この点は重大です。どのようにGC17を活かしていくか。多くの子どもNPO関係者の豊かな知恵が求められています。

第31条のゼネラルコメントGC17（報告の義務、載せるべき具体的な情報、内容の分析や正式な解釈、課題、報告書の不備、手つづきの改善などが盛り込まれている）は子どもの権利条約に関する17番目の解説書として発表されたことから、こう呼ばれます。要するに第31条の取り扱い説明書（略してトリセツ）です。

「子どもの声を聞くなんて、なまいきにさせるだけ！」と思っている大人には、「意見表明権」（12条）を教えてあげよう。ただ、意見表明ということばでは火に油を注ぎかねないので、英語のview（目の前の光景）から、「子どもの目にどう映っているか、気になりませんか？」と大人の言い方をしてあげましょう。

アナンド・グローバー勧告

国連人権理事会の「健康に対する権利」特別報告者であるアナンド・グローバー氏が、2012年11月15日〜26日まで日本に滞在し、福島原発事故の発生、緊急対応、修復、沈静化の各段階において、被災住民の「健康に対する権利」の実現に関する日本政府が講じた施策の妥当性を検討するため、被災者、政府関係者など、多くの関係者への聴き取り調査を行いました。その成果は、報告書（Report of Special Rapporteur on the right of everyone to the enjoyment of the highest attainable standard of physical and mental health, Anand Grover）としてまとめられると共に、2013年5月27日、国連人権理事会に報告され、それを踏まえた日本政府への勧告が出されました。

特に子どもの健康を守る観点から、重要

なポイント見られることは二つです。第一は被曝者の健康調査をめぐり、現状はあまりに不十分として、年間被曝線量が1ミリシーベルトを超えるすべての地域の住民を対象とすることや、尿や血液などの検査を含めた内部被曝検査の拡充、検査データの当事者への開示などが勧告されたことです。

第二は、被曝規制に関わって、年間総被曝線量1ミリシーベルトの限度の遵守、放射線から一段と強い影響を受ける子どもの特性に配慮し、その危険性に関する情報を積極的に提供することなどが勧告されました。

総じて、アナンド・グローバー勧告は、避難地域の設定や公衆の被曝線量の限度に関する判断やそれに基づく施策の策定において、"リスク対経済効果"ではなく、人間にとって、最も大切であるはずのもの（本質）は何であるのか、"生命や人権を守ること"を価値基準として行うよう求めていると思われます。

「社会的権益を総合的に勘案して判断する」という謳い文句の下、実質的には企業などの経済的権益と自治体の存在を保守することに重点を置く結果になっているとみられる日本政府や関係自治体に対し、180度の発想転換を求めるかのような指摘に、日本政府からの反論も相次ぎましたが、実態を知る多くの被曝者には、疑問を伴って聞こえるようです。

その上で、常に本質的な事業の展開を目指す子どもNPOにとって、この勧告が持つ重要な意義は以下の二つと思われます。第一は、この勧告が生命や人権を守るという本質に根ざすものであることから、被曝にさらされている子どもたちを救済する上で、有益な事業を構想したり、実践する上で、常に参照すべき見解であることです。

第二は、アナンド・グローバー氏の来日が、人権擁護に日々奮闘する多くの日本のNGOの要請を受けて実現したことです。

NPOもNGOもミッションに基づいて行動する非営利の民間団体である点で共通していると思いますが、NGOが生み出したこのようなインパクトのある社会貢献に注目する必要があります。例えば、日本の子どもNPOは世界の子どもNPOなどと連帯して何ができるのか。NGOの発想や手法にしっかりと学ばねばなりません（Ⅰ-7参照）。

❷ 基本法規

改正教育基本法

2006年12月15日、新しい教育基本法が成立しました。この背景について、文部科学省は以下のように説明しています。

「昭和22年に教育基本法が制定されてから半世紀以上が経過し、この間、科学技術の進歩、情報化、国際化、少子高齢化など、我が国の教育をめぐる状況は大きく変化するとともに、様々な課題が生じております。このような状況にかんがみ、新しい教育基本法では、国民一人一人が豊かな人生を実現し、我が国が一層の発展を遂げ、国際社会の平和と発展に貢献できるよう、これまでの教育基本法の普遍的な理念は大切にしながら、今日求められる教育の目的や理念、教育の実施に関する基本を定めるとともに、国及び地方公共団体の責務を明らかにし、教育振興基本計画を定めることなどについて規定しました」（http://www.mext.go.jp/b_menu/kihon/houan.htm）と。

しかしながら、「国を愛する心」「伝統の尊重」など、復古主義的な「徳目」がたくさん挿入されており、子どもに対し、為政者の理想にかなう"あるべき日本人像"の押し付けではないかとの批判や疑問も全国各地、各界各層から寄せられました。時代は次第に、個人の生き方やあり方が大切にされる方向に変わってきていると思いますが、ただでさえ学校の息苦しさに閉口している子

どもたちは、ますます閉塞感を強め、不登校になったり、ひきこもるなど、総じて自分の生き方に迷う子どもたちが増えていくのではないでしょうか。この点で、旧・教育基本法は、憲法が規定する基本的な人権を実現する趣旨とも響きあうように、第一条で、「教育の目的　平和な国家及び社会の形成者として真理と正義を愛し個人の価値をたつとび、勤労と責任を重んじ、自主精神に充ちた心身ともに健康な国民の育成を期して行わなければならない」と述べ、個人の価値を尊重しながら心身ともに健康な人間を育てることを明らかにしています。

　新しい教育基本法は、現行法として無視することはできませんが、それが内包する矛盾を念頭に、子どもの健やかな育ちを促す本質に迫る事業を子どもNPOが構想したり、展開する場合、重要と思われる心得どころが三つあると思います。

　第一は、日本の法制上、上位法となる「子どもの権利条約」と矛盾がないか確認する作業を行うこと。第二は、旧・教育基本法に基づいて考え、最大限その趣旨を活かす工夫をすること。第三は、子どもの実態や思いに詳しい子どもNPOの強みを踏まえ、真に教育基本法にふさわしい中身を構想し、新しい教育基本法の改正を求める運動にイニシアチブを発揮することです。

特定非営利活動促進法（平成24年改訂）

　同法は、1998年3月25日成立、12月から施行。2013年11月に改正されています。営利を目的としないこと、官庁による制約をできるだけ排除した自由度の高い非営利法人制度の必要性が、1990年頃から市民団体の間で訴えられるようになりました。1995年の阪神・淡路大震災の後、国会議員や市民団体が協力して立法活動が具体化し、最終的には全会一致でNPO法が実現します。NPO法人のバイブルであり、NPO法人はこの法律によって守られ、法令順守義務があります。どのNPO法人の定款もこの法律に準じて作られています。

　[before] これからNPO法人になろうとしているときは、自分たちの活動の社会の中での立ち位置をみんなで真剣に考えるチャンスです。

　[after] NPO法人になると、同好会ではなく社会的に認知された活動になります。資金・支援者集めの足固めです。

児童福祉法

　児童福祉法は、第二次世界大戦が終結した直後の混乱の中、1947（昭和22）年に制定されました。同法は、戦争で犠牲となった多くの孤児、浮浪児を保護・救済するという社会的な必要性から生まれた法律です。同法は、国連児童の権利に関するジュネーブ宣言（1924年）にいう「人類には、児童に対して最善のものを与える義務がある」という精神を引き受け、児童の最善の利益を保障する、わが国の子どものための福祉の法体系の根幹を成しており、児童福祉司や保育士等の、子どもに関わる専門職の立場を保障するものでもあります。

　同法の理念は第1条に「すべての国民は、児童が心身ともに健やかに生まれ、且つ、育成されるよう努め」、また「すべての児童はひとしくその生活を保障され、愛護されなければならない」と規定されています。この理念を実現させるための国・地方公共団体の責任について、続く第2条に明記されています。

　同法は子どもと家庭を取り巻くわが国の社会環境のめまぐるしい変化の中で、児童虐待の防止等に関する法律などの他法とあいまって何度も改正され、子どもと家庭の福祉を実現させる基本的、かつ総合的な法律としての内容を現在も保持しています。具体的には「児童、障害児、妊産婦、保護者」

など、同法が対象とする児・者について定義し、児童福祉の実施機関である児童相談所や市町村、保育所や児童福祉施設の機能と役割やそこで働く専門職員等について定めています。

近年の子ども・子育て新制度が施策化される中で、2008年には乳児家庭全戸訪問事業（こんにちは赤ちゃん事業）などの子育て支援サービスが同法に明記されたほか、家庭的保育事業や里親制度など社会的養護に関する規定もこの法律により規定されています。

また近年は、児童福祉法の規定に依らない新しい種類の施設も設置されるようになっているため、対象となる施設の法的根拠については確認が必要となります。と同時に多くの施設に言及し、設置の法的根拠となっている一方で、設置基準等については別途法律等で定めている場合が多いため、必要に応じて他の法律にも目を向ける必要があります。

少年法

わが国の少年法は、戦後間もない"少年非行"の多発期・1948（昭和23）年7月15日に、GHQの指導の下で制定されました。その目的は「少年の健全な育成」を期したもので、非行を行為した少年に対し「性格の矯正及び環境の調整に関する保護処分を行うとともに、少年及び少年の福祉を害する成人の刑事事件について特別の措置を講ずる」となっています。つまり、"非行少年"の保護と更生を目的としたものです。適用年齢も、従前・戦前の18歳未満から20歳未満に引き上げられました。

ところで、戦後約50年間変えられることのなかったこの少年法が2000（平成12）年に大幅「改正」となり、以後加害少年の低年齢化や再犯率の増加などを受けて2007（平成19）年、2008（平成20）年、そして20014（平成26）年と矢継ぎ早に改訂されました。これらの流れは、いずれも"非行少年"の厳罰化と社会的排除の方向に向かっているといえそうです。また、本年6月に成立した公職選挙法の改正によって、選挙権の行使が18歳に引き下げられることも確実視されています（Ⅱ-8参照）。

スポーツ基本法

同法は、従来のスポーツ振興法（1961年〔昭和36年制定〕）に代わり、2011年〔平成23年〕6月に制定されました。スポーツ基本法の前文には、「スポーツは、世界共通の人類の文化である」と書かれています。そして、「スポーツを通じて幸福で豊かな生活を営むことは、全ての人々の権利であり、全ての国民がその自発性の下に、各々の関心、適性等に応じて、安全かつ公正な環境の下で日常的にスポーツに親しみ、スポーツを楽しみ、又はスポーツを支える活動に参画することのできる機会が確保されなければならない」と記されていて、スポーツを権利として位置づけています。その上で、第1条に、「スポーツに関し、基本理念を定め、国及び地方公共団体の責務・スポーツ団体の努力等を明らかにし、スポーツに関する施策を総合的・計画的に推進する」と、その目的を定めています。

文化芸術振興基本法

同法は、平成13年12月7日に成立した超党派の議員による議員立法（法律第148号）。平成27年に第4次基本方針閣議決定。芸術の振興に関し、基本理念を定め、国や地方公共団体の責務を明らかにし、文化芸術の振興に関する施策の基本となる事項を定めています（文化庁）。これに基づいて、県や市町村でも文化芸術の基本法や条例が制定されています（平成25年10月1日現在　文化庁調べ　都道府県25 政令指定都市6 中核市9 市町村75）。

地方自治法

同法は、日本国憲法を踏まえ、地方自治の

本旨に基づいて定められた法律で、地方公共団体の組織及び運営に関する事項、国と地方公共団体との間の基本的な関係を明らかにしています。1999年、地方分権を目指した大がかりな改正が施され、2000年4月から施行となりました。この改正によって機関委任事務は廃止され、一般に、国と地方の関係は、「上下・主従から対等・協力へ」変わったと言われます。それは、自治体にそれぞれの自治体の実情に見合った施策を、自主的、創造的に企画、実行することを求めることになりましたが、これが大変苦手な自治体が多いと見えます。合わせてNPOにとって注目すべきことは、以下の条項です。

第244条の2の第3項（公の施設の設置、管理および廃止）のところで、必要があると認めるときは、条例の定めにより指定管理者に管理を行わせることができる。NPOの慧眼と先駆的で創造的な施策構想力、実行力が活かされるチャンスが明らかに存在します。「公益の増産」に向けて、大いにイニシアチブを発揮しましょう！

❸ 関係対策・支援法等

生活困窮者自立支援法

同法は、生活保護に至る前の段階にある生活困窮者の自立を促進するための自立支援法（平成25年法律第105号）で、平成27年4月1日施行。法に基づき、所要の経費が平成27年度厚生労働省予算案に計上され、各地方公共団体で複合的な課題を抱える生活困窮者からの相談に包括的に応じる窓口を設置し、必要な情報提供や支援を行う自立相談支援事業を中心とし、内容は住居確保給付金の支給、就労支援、児童生徒等への学習支援等を行います。支援対象者の早期発見や包括的な支援のためには、関係機関との連携が必要とされます。

子どもの貧困対策の推進に関する法律 & 子供の貧困対策に関する大綱

「子どもの貧困対策の推進に関する法律」は、平成25年6月に成立し（法律第64号）、平成26年1月から施行されています。同法は、全体で16ヵ条と附則4ヵ条から成り立っています。子どもの健やかな成長のための環境整備の為に教育の支援、生活の支援、親への就労の支援、経済的支援等の総合的な施策が示されています。そこでは国及び地方公共団体の関連機関相互の連携の基に関連分野の総合的な取り組みとして、実施には国や地方公共団体の総合的な対策の策定と、地域の状況に応じた施策の策定並びに実施の責務と国民の協力の責務、更に子どもの貧困対策会議の設置も定められています。このように、子どもの貧困に対する国の姿勢が示された法律ですが、最大の問題は子どもの貧困率の削減目標を設定していないことです。その点でイギリスの子どもの貧困対策法と決定的にちがっています。

「子供の貧困対策に関する大綱」（平成26年8月閣議決定）においても、「困難な環境に負けず、進学や就労による自立を目指す子どもたちを支援するため、新たに創設される自立相談支援機関を活用して児童福祉関係者、母子保健関係者、労働関係者、教育委員会等の関係機関が連携して地域におけるネットワークを構築する取組の実施を検討する。」とされ、基本的方針、貧困に関する指標やその改善に向けた施策、支援に関する施策、調査研究等が閣議決定されました。

しかし、大綱は、子どもの貧困率、生活保護家庭、児童養護施設、ひとり親家庭などの現状を数値的に示していますが、その現状を改善する目標と具体策と期限に関しては明示しないままです。また、「指標の改善に向けた当面の重点施策」が掲げられていますが、国の推進体制が予算の権限が少ない内閣府が担当していること、大綱の見直

しが「おおむね5年ごと」という姿勢、積極的な国の予算化の方針が見えないことなどをみても、国の本気度はまだ見えていないのが実際です。

こうした施策は　厚生労働省より新制度主管部（局）長に対しても、新制度と教育施策との連携についての通知、さらに平成26年4月には自立相談支援機関の設置による運営の手引きや、生活困窮者自立促進支援モデル事業等連絡会議により、具体的な進め方が示されています。

子ども・子育て支援法

同法は、平成24年8月成立し（法律第75号）、平成27年4月1日から施行されています。子育てに対する親や保護者の第1義的責任を明確にし、子どもが健やかに成長できる社会の実現に寄与することを目的に、子ども及び保護者への良質かつ適切な支援が地域の状況に応じて総合的かつ効果的になされ、そのための市町村、事業主、国民の責務が定められています。そして子ども子育て給付については施設型給付と地域型保育給付の2つの給付形態に共通の財政支援の仕組みを設けています。これら特定教育・保育施設及び特定地域型保育事業者についての責務や市町村による命令、斡旋や要請への協力、相談・情報提供や報告、また養育支援訪問事業、一時預かり、乳児家庭全戸訪問事業、延長保育事業、病児・病後児保育事業、放課後児童健全育成事業等の地域子ども・子育て支援事業についても相談、情報提供、助言などを行うことも条文化されています。地域自治体は利用者のニーズに応じ、子どもの教育や福祉の基本的な計画・労働や家庭などの施策と調和がとれた事業計画を勘案、作成することや合議制の期間を置くことも定められています。さらに、幼稚園教諭、保育士及び放課後児童健全育成事業従事者の処遇改善や人材確保への措置を講ずること等も条文化されています。

認定こども園を拡充することとしたことに併せて、市町村長が確認する教育・保育施設については施設型給付費、市町村長が確認する地域型保育事業者については地域型保育給付費を保護者に支給するとともに、地域子ども・子育て支援事業に、相談、情報提供、助言等を総合的に行う事業を追加する等の修正も行われました。

いじめ防止対策推進法

同法は、2012年7月に発覚した滋賀県大津市のいじめ自死事件が大きなきっかけとなり、制定された経緯があります。学校、家庭、地域のみではもはや解決できない、ということから国が介入するということになりました。当初国家が教育に介入すべきではない、という意見もありましたが、結果としては2013年6月に同法は成立しました。

内容としては、厳罰主義的なことが色濃く、学校に対しては道徳教育の義務、家庭に対しては家庭教育に力を入れることが盛り込まれてもいます。そもそもいじめ問題は、根底にはストレスフルな環境の中で子どもたちが日々を過ごしている、ということをがあります。まずは子どものの権利を守る、ということを念頭に入れた取り組みが必要です。

児童虐待防止法

「児童虐待の防止に関する法律」は、平成19年6月1日（法律第73号）に成立しました。

「この法律は、児童虐待が児童の人権を著しく侵害し、その心身の成長及び人格の形成に重大な影響を与えるとともに、わが国における将来の世代の育成にも懸念を及ぼすことにかんがみ、児童に関する虐待の禁止、児童虐待及び早期発見その他の児童虐待の防止に関する国及び地方公共団体の

責務、児童虐待を受けた児童の保護及び自立の支援のための措置等を定めることにより、児童虐待の防止等に関する施策を促進し、もって児童（18歳に満たない者）の権利利益の擁護に資することを目的とする。」として身体的、性的、ネグレクト、暴力などの有害かつ心的外傷を禁じています。そして国及び地方公共団体の責務として必要な体制の整備（早期発見や人材確保、資質の向上等の研修、広報啓発活動、調査研究と検証等）学校及び児童福祉施設の施策への協力と責務、通告と措置・保護、立ち入り調査と出頭要求、警察への援助要請、保護者への指導、施設入所、親権喪失などについても定められています。

放課後児童健全育成事業の設備及び運営に関する基準（厚生労働省令）

学童保育は、児童福祉法に位置づく児童福祉事業です。法律では、「放課後児童健全育成事業」という名称で、共働き・一人親家庭等の小学生に「遊び及び生活の場を与えて健全な育成を図る」事業と規定されています。市町村の責任は、児童福祉法では「利用の促進の努力義務」でしたが、2012年に制定された子ども・子育て支援法では、市町村は実施主体であると、しっかり位置づけられました。

2015年4月からは、児童福祉法と子ども・子育て支援法に法的な根拠を持ち、厚生労働省令「放課後児童健全育成事業の設備及び運営に関する基準」（2014年4月30日成立。市町村も条例で同じ基準を定めるように求めています）と、厚生労働省が策定した「放課後児童クラブ運営指針」に基づいて運営されることになります。

財政措置は、国の「子ども・子育て支援交付金」と「子ども・子育て支援整備費交付金」から市町村に助成があり（2015年度の国の予算では国負担分が575億円であり、都道府県と市町村も同額の負担をするので総額1,725億円の公費が使われます）、市町村は運営を委託する団体等（NPO法人も含まれます）に、委託料を出して運営が行われます。ほとんどの学童保育では、委託料・補助金に加えて、保護者からの保育料収入もあります。

運営費の多くは指導員の人件費です。現在、9万人以上の指導員が学童保育で働いていますが、まだまだ委託料・補助金等が少ないために、指導員の処遇改善が大きな課題となっています。

原発事故子ども・被災者支援法

正式な名称は、「東京電力原子力事故により被災した子どもをはじめとする住民等の生活を守り支えるための被災者の生活支援等に関する施策の推進に関する法律」で、2012年6月12日、超党派の議員による議員立法として成立しました。特に子どもの健康への放射線の悪影響を重視し、被災者の生活支援等に関する基本となる事項（「被災者生活支援等施策」）を定めています。

ポイントとして、以下の2点に注目する必要があります。一つは、基本理念を定めた第2条に明らかにされていることですが、被災者一人ひとりが、自らの意思によって被災地での「居住」、そこからの「避難」、そこへの「帰還」のいずれを選択した場合でも、それぞれに適した「被災者生活支援等施策」によって支援する旨が明らかにされていることです。もう一つは、「被災者生活支援等施策」の推進に関する基本的な方針（「基本方針」）を政府が定めることとし、「支援対象地域」（放射線量が一定の基準以上の地域）の明確化を含む施策の実質は「基本方針」が担保する仕組みとなっていることです。

法律の制定から1年以上も遅れて、法が定める被災者の意見を反映するための公聴会の開催なども十分に行わないまま、2013

年10月11日に、政府は「基本方針」を閣議決定しましたが、重大な問題を多々含むものでした。主要な矛盾の第一は、判断基準となる放射線量を定めることなく、福島県浜通り地方、中通り地方に位置する33市町村を「支援対象地域」としたことです。この結果、例えば、福島県外の放射線汚染地域が「支援対象地域」から除外されてしまいました。第二は、盛り込まれた施策の多くが、2013年3月に発表された「原子力災害による被災者支援施策パッケージ」のものと同じであるなど、新規のものに乏しく、取り分け、「避難」を希望する人たち向けの施策がほとんどない一方で、「帰還」を促す意図とみられるものが目立つことです。いずれの選択をした人たちも適切に支援する法の理念の体現はおざなりとなっています。自主避難している方々の生活困窮は概ね放置されることとなりました。

こうした中で、福島県から県外に避難した被災者に対する情報提供や相談などに対応する事業を、NPOなどの民間団体を活用して新たに実施するとしたことは評価できそうです。いずれにしても、国や当該自治体の対応が著しく後進的とみられる状況の下、本質的な事業を創造的、前衛的に展開するNPOの持ち味を考えれば、「避難」する人々への支援、福島県外の深刻と見られる放射線汚染地域の子どもたちを救済する事業の展開は、子どもNPOにとって、極めて重要なミッションとなり、そうした子どもNPOを増やす取り組みも必要でしょう（Ⅰ-7参照）。

障害者総合支援法

同法は、2005年に成立した障害者自立支援法を改正し、2012年に成立した法律。障害者自立支援法では、当事者に負担を強いる利用契約制度の徹底、応益原則、障害程度区分の導入などがなされ、課題が多く、違憲訴訟が起こされました。この訴訟における和解合意と、障害者権利条約の批准に向けての障がい者制度改革の一連の動きの中で、「応益負担を原則とする現行の障害者自立支援法を廃止し、制度の谷間のない支援の提供、個々のニーズに基づいた地域生活支援体系の整備等を内容とする『障害者総合福祉法』（仮称）の制定」に向けての閣議決定(2011)もなされました。しかしながら、現実に制定された「障害者総合支援法」は、総合福祉部会によってまとめられた総合福祉法制定に向けた骨格提言(2011)をほとんど反映させず、障害者自立支援法を一部改正した内容となっています。このように、同法は基本的な枠組みの変更には至りませんでしたが、目的規定において、「自立」という表現に代わり「基本的人権を享有する個人としての尊厳」と、明記されました。障害者総合支援法では、2013年4月施行以降、3年をめどに、障害支援区分の認定のあり方、当事者の意思決定のあり方などを検討することとなっています。

❹ 宣言・憲章等

不登校の子どもの権利宣言

東京シューレにおいて、「子どもの権利条約」を学ぶ中で、「不登校を経験した自分たちからも思いを発信したい」と、子どもの権利と不登校をテーマに話し合いを重ね、2009年8月に完成したものです。不登校の子どもの権利を保障するといったときに、学校復帰を前提にしていることが多く、結果それがまた不登校の子ども、家族を追い詰めることがあります。まず、子どもにはいろいろな生き方、可能性、選択肢があるということを明記しているところが、今までにないものだといえます（宣言文は、Ⅱ-6、191頁参照）。

IPA・子どもの遊ぶ権利宣言

1977年11月11日、国際遊び場協会（IPA）マルタ会議、1982年9月子どもの遊ぶ権利に関する国際協会（IPAの改称）ウィーン会議で改訂。IPAは、国連・子どもの権利宣言第7条にある「子どもは、遊び及びレクリエーションのための十分な機会を持たなければならない。その遊び及びレクリエーションは、教育と同じ目的に向けられるべきである。社会及び公の機関は、この権利の享有を促進するよう努力しなければならない。」という規定を基にして、保健、教育、福祉、余暇、計画といった5項目の行動への提案を、すべての国でのあらゆる組織が、行動を起こすことを呼びかけています（Ⅱ-4．5．6参照）。

外国にルーツを持つ子どもの学習権保障

外国にルーツを持つ子どもたちの学びの保障は、①国際人権規約（社会権規約）②子どもの権利条約がベースになっています。

学校教育法第一条で定める「学校」の範疇にないのが"たぶんかフリースクール"。学齢超過でかつ既卒の子どもたちは、教育委員会に担当部署もないのが実情。

学齢主義の日本の教育制度は、狭間にいる子どもたち（日本の子どもたちも含めて）にとって学びを保障する制度とはいえません。

児童憲章（昭和26年5月5日制定）

われらは、日本国憲法の精神にしたがい、児童に対する正しい観念を確立し、すべての児童の幸福をはかるために、この憲章を定める。

児童は、人として尊ばれる。
児童は、社会の一員として重んぜられる。
児童は、よい環境の中で育てられる。

一　すべての児童は、心身ともに健やかにうまれ、育てられ、その生活を保障される。

二　すべての児童は、家庭で、正しい愛情と知識と技術をもつて育てられ、家庭に恵まれない児童には、これにかわる環境が与えられる。

三　すべての児童は、適当な栄養と住居と被服が与えられ、また、疾病と災害からまもられる。

四　すべての児童は、個性と能力に応じて教育され、社会の一員としての責任を自主的に果すように、みちびかれる。

五　すべての児童は、自然を愛し、科学と芸術を尊ぶように、みちびかれ、また、道徳的心情がつちかわれる。

六　すべての児童は、就学のみちを確保され、また、十分に整つた教育の施設を用意される。

七　すべての児童は、職業指導を受ける機会が与えられる。

八　すべての児童は、その労働において、心身の発育が阻害されず、教育を受ける機会が失われず、また、児童としての生活がさまたげられないように、十分に保護される。

九　すべての児童は、よい遊び場と文化財を用意され、悪い環境からまもられる。

十　すべての児童は、虐待・酷使・放任その他不当な取扱からまもられる。あやまちをおかした児童は、適切に保護指導される。

十一　すべての児童は、身体が不自由な場合、または精神の機能が不充分な場合に、適切な治療と教育と保護が与えられる。

十二　すべての児童は、愛とまことによつて結ばれ、よい国民として人類の平和と文化に貢献するように、みちびかれる。

（編集委員会）

日本子どもNPOセンターの紹介

日本子どもNPOセンターは、2002年、子どもたちがいきいきと育つことを願う、多くの人々の熱い思いから生まれました。各NPOや行政、企業とも連携しながら、子どもNPOの輪を広げています。

1. 設立趣旨書
―21世紀　子どもの育ちを支える地域社会の創造をめざして―

　子どもには底知れないエネルギーがあります。大人からは思いもつかない創造力と果てしない想像力、あふれるような好奇心があります。子どもたちのそうした日常に触れるとき、私たちは、乳幼児を含めてすべての子どもたちに「自らを育てる力」が備わっていることを、確信せずにはいられません。

　しかし現在の日本では、子どもの育つ環境だけではなく、「子どもの生きる権利」さえおびやかされています。虐待をはじめ、いじめや自殺はあとを絶たず、不登校、引きこもりも社会問題になっています。また、乳幼児期における支援策は不十分で親、ことに母親に過大な負担が集中しています。

　高度成長期たしかに経済は発展し、生活も便利になりましたが、地域の支え合いは少なくなり、家庭での人間関係も希薄になる中で、子どもたちの多くは大人への信頼が揺らぎ、この国で生きていく希望になる中で、子どもたちの多くは大人への信頼が揺らぎ、この国で生きていく希望や夢を失いかけています。

　子どもは大人の、そして社会の写し絵であり、合わせ鏡です。私たちは、子どもたちのさまざまな現象は、大人の生き方や社会のあり方への問題提起であると考えます。新しい世紀を迎えて、私たちはこれまでの価値観を問い直し、長期的な視野で、子どもが育つ社会を再構築していく必要があります。

　それは、"子どもの生命（いのち）が尊ばれ、子どもの意思が尊重される"社会です。

　そのために、私たちがしなくてはならないことは、

◆"子育ては社会のみんなの手で"という合意形成と"子どもの育ちを喜びあえる地域社会"を再生すること

◆子どもを人として尊び、大人も子どもも学び合い、育ち合っていくという"子ども観"を形成すること

◆そのための支援のしくみづくりを行うこと

　これらのことを実現するために、日本子どもNPOセンターは、子どものNPOの各団体と市民、専門家などと幅広いネットワークを形成すると同時に、子どもに関わる諸機関、行政や企業とも連携しながら、「子どもや"子どもNPO"に関する情報収集と発信」、および「子育ての社会化と子どもの育ちを支え合う基盤整備」を進めていきます。

　子どもの育ちに関わる営みは、あらゆる世代の交流を生み、人間性を回復していく限りない力を秘めています。子どもに暖かい社会をつくることは、「すべての人が、その人らしく生きていくことができる社会」を創っていくことに繋がると信じます。

　「市民の手による子どもの育ちを支える地域社会の創造」をめざして、ここに特定非営利活動法人「日本子どもNPOセンター」を設立いたします。

2002年9月21日

2. わたしたちがめざすもの
私たちは
- 「子育ては社会のみんなの手で」という合意形成と、「子どもの育ちを喜び合える地域社会」を再生すること
- 子どもを人として尊び、大人も子どもも、学びあい育ちあっていくという「子ども観」の形成
- そのための支援のしくみづくりを行うこと

　の実現をめざし、日本子どもNPOセンターは子どもにかかわるNPOや市民、専門家など幅広いネットワーク形成と、子どもに係る諸機関、行政、企業とも連携しながら「子どもや子どもNPOに関する情報収集と発信」、「子育ての社会化と子どもの育ちを支えあう基盤整備」を進めていきます。

　子どもに暖かい社会をつくるには、「すべての人がその人らしく生きていくことができる社会」を創っていくことに繋がると信じます。

3. 事業内容

● 調査・研究政策提言
- 子育て・子育ちに関する行政への施策提言
- 子育て・子育ち支援団体に関する調査・提言
- 各国の子育て支援に関する研究
- 研究交流集会の開催
- 指導者研修

● 人材育成事業
- 現場の悩みを解決できるリーダーのための交流学習システムの創造
- 子育て支援リーダーのためのスキルアップ講座
- 行政・企業・NPOを対象にした地域の"共育力"向上のための講座の実施と講師の派遣
- 子ども関連NPO設立や運営のための支援

● 情報交差点事業
- さまざまな分野で子どもに関わる活動を行うグループ・団体にとって必要な情報を整理し、発信する。
- それらのグループ・団体が情報発信し、互いに交流できる場をつくる。
- 各子ども関連団体と行政・企業の連携をはかる。
- 「子どもは社会みんなで育てよう!」を具現化する場づくりやメッセージ。

● 基盤整備事業
- 財政基盤整備のサポート
- 行政関連諸機関との連携
- 子育て当事者・地域に向けた、子育て支援の基盤整備

4. 役員

■ 代表理事
小木美代子　(特)あいち・子どもNPOセンター／日本福祉大学(名誉教授)

■ 専務理事
立柳　聡　福島医科大学

■ 理事
上野陽子　(特)日本子どもNPOセンター
江川和弥　(特)寺子屋方丈舎
川野麻衣子　奈良教育大学／(特)北摂こども文化協会
喜多明人　早稲田大学/(特)子どもの権利総合研究所
木村砂織　(特)東京シューレ理事
多湖光宗　ウエルネス医療クリニック院長／(社)自立共生会
春口　類　(特)所沢市学童クラブの会
森　透　(特)ラオスのこども
吉野裕之　(特)子どもたちを放射能から守る福島ネットワーク

■ 監事
菅野　司　(特)OTA子育て支援ネットふぼれん
大河内千恵子　(特)OTA子育て支援ネットふぼれん

5. 会員のお誘い

日本子どもNPOセンターでは、「子どもの生命(いのち)が尊ばれ、子どもの意思が尊重される社会」を実現するために、活動を支えてくださる会員を募集しています。あなたも一緒につくっていきませんか？

■ 正会員
当センターのミッション実現に向け、一員として事業と運営に参加してみませんか？
団体または個人で登録でき、議決権があります。

個人　5,000円/年
団体　10,000円/年
(ユース会員2,000円/年)

■ 賛助会員
当センターの趣旨に賛同し、それを支えてくださる団体・個人を広く募集します。

団体・個人　5,000円/年

● 入会お申込みは郵便局備えつけの払込取扱票に住所、氏名、電話番号、メールアドレス、所属団体を記入の上、ご入金ください。
● 寄付も随時受け付けております。

■ 振込先
郵便振替　00130-1-572944
日本子どもNPOセンター

6. 連絡先

特定非営利活動法人 日本子どもNPOセンター
〒113-0034　東京都文京区湯島3丁目20番9号
ニューハイツ湯島603コンセプトワークショップ内
Tel　080-3197-0794
Mail　2002jcnc@gmail.com

『子どもNPO白書2015』編集委員会　　　　　　　　　　　　　◎編集委員長

◎小木　美代子　(特)日本子どもNPOセンター代表理事
　立柳　　聡　　(特)日本子どもNPOセンター専務理事
　井上　恵子　　(特)日本子どもNPOセンター
　上野　陽子　　(特)日本子どもNPOセンター
　姥貝　荘一　　東京都スポーツ少年団常任委員
　大山　　宏　　中高生施設職員交流会TEENS事務局
　木村　砂織　　(特)東京シューレ理事
　中村　雪江　　(特)子どもNPO・子ども劇場全国センター専務理事
　春口　　類　　(特)所沢市学童クラブの会
　森　　　透　　(認特)ラオスのこども
　金　　舜姫　　(社)子どもの文化研究所

『子どもNPO白書2015』編集実務

　杉山　拓也　（エイデル研究所）

子どもNPO白書2015

2015年9月30日　初版発行

編　　　集　　特定非営利活動法人 日本子どもNPOセンター
発　行　者　　大塚智孝
発　行　所　　株式会社エイデル研究所
　　　　　　　〒102-0073
　　　　　　　東京都千代田区九段北4-1-9
　　　　　　　TEL. 03-3234-4641
　　　　　　　FAX. 03-3234-4644

装幀・本文デザイン　株式会社オセロ
印刷・製本　中央精版印刷株式会社

落丁・乱丁本はお取替えいたします。
定価はカバーに表示してあります。

ISBN 978-4-87168-565-8　 ⓒ2015 Printed in Japan